二十一世纪普通高等院校实用规划教材 经济管理系列

中国对外贸易概论
(第3版)

熊晓亮　杨清震　主　编

清华大学出版社
北　京

内 容 简 介

"对外贸易"是改革开放后兴起的一门新学科,在高校国际经济与贸易专业中被列为主干必修课,在对外贸易行业是获得职业资格证的必考科目。本书是为了适应中国由外贸大国向外贸强国转变,需要培养大量对外贸易应用型人才的新形势而编写的。本书总结了中国对外贸易产生和发展的历史经验和教训,提出了中国迈向外贸强国的途径;阐述了中国发展对外贸易的理论依据;讨论了中国实行对外开放、发展社会主义市场经济和加入世界贸易组织与发展中国对外贸易的关系;研究了中国进出口贸易、服务贸易、技术贸易、外贸价格的政策和做法;论证了深化外贸体制改革和加强外贸管理,提高外贸经济效益的途径;分析了针对不同的外贸国别对象的政策与原则;诠释了中国对外贸易发展的总体战略和基础战略。

本书既强调本学科的基础理论、基本知识和基本技能技巧,又注意在理论和实践结合上开拓创新,激发、培养学生的创新能力。本书采用了大量最新资料、事例、阅读材料和案例讨论,突出了新颖性、实践性、应用性的特点,适合培养应用型人才。

本书既可作为高校国际经济与贸易专业及有关专业的教学用书,也可作为对外贸易行业获取职业资格证的考试复习资料和在岗培训教材,还可作为对外贸易实际工作者和理论工作者的参考书。

本书封面贴有清华大学出版社防伪标签,无标签者不得销售。
版权所有,侵权必究。举报: 010-62782989, beiqinquan@tup.tsinghua.edu.cn。

图书在版编目(CIP)数据

中国对外贸易概论/熊晓亮,杨清震主编. —3版. —北京: 清华大学出版社,2020.7(2025.1重印)
二十一世纪普通高等院校实用规划教材. 经济管理系列
ISBN 978-7-302-55849-1

Ⅰ. ①中… Ⅱ. ①熊… ②杨… Ⅲ. ①对外贸易—中国—高等学校—教材 Ⅳ. ①F752

中国版本图书馆 CIP 数据核字(2020)第 106065 号

责任编辑: 陈冬梅
封面设计: 刘孝琼
责任校对: 吴春华
责任印制: 杨 艳

出版发行: 清华大学出版社
网　　址: https://www.tup.com.cn, https://www.wqxuetang.com
地　　址: 北京清华大学学研大厦A座　　　邮　编: 100084
社 总 机: 010-83470000　　　　　　　　　邮　购: 010-62786544
投稿与读者服务: 010-62776969, c-service@tup.tsinghua.edu.cn
质量反馈: 010-62772015, zhiliang@tup.tsinghua.edu.cn
课件下载: https://www.tup.com.cn, 010-62791865

印 装 者: 大厂回族自治县彩虹印刷有限公司
经　　销: 全国新华书店
开　　本: 185mm×260mm　　印　张: 15.75　　字　数: 383千字
版　　次: 2009年1月第1版　2020年8月第3版　印　次: 2025年1月第5次印刷
定　　价: 48.00元

产品编号: 079742-01

前　言

"对外贸易"是我国实行改革开放后建立和发展起来的一门新学科。该学科研究我国对外经济贸易的基础理论、基本政策和基本实践，是高等学校国际经济与贸易专业必修的主干专业基础课程，也是获得对外经济贸易行业职业资格证的必考课程。

本书根据中共十九大的会议精神以及本书第 2 版出版以来我国国民经济的发展以及对外经济贸易的新情况、新变化、新成果进行了修订和补充，着重研讨了为实现中华民族伟大复兴的"中国梦"，如何由外贸大国迈向外贸强国。

本书总结了中国对外贸易产生和发展的历史经验和教训，探讨了中国由外贸大国迈向外贸强国的途径；阐述了中国发展对外贸易的理论依据；讨论了中国实行对外开放、发展社会主义市场经济和加入世界贸易组织与发展中国对外贸易的关系；研究了中国进出口贸易、服务贸易、技术贸易、外贸价格的政策与做法；论证了深化外贸体制改革和加强外贸管理，提高外贸经济效益的途径；分析了针对不同的外贸国别对象的政策与原则；诠释了中国对外贸易发展的总体战略和基础战略。本书具有以下特点。

一是新颖性。随着中国改革开放的不断深入，中国的外贸体制、做法逐步与世贸组织的要求接轨，中国对外贸易的战略、方针、政策以及外贸实际部门的工作都在不断发生变化，面对新的国际经济形势，特别是美国金融风暴和欧洲债务危机的影响，需要探讨的新情况、新问题很多。本书从最新的角度切入，运用最新的材料(一般是 2012 年的新材料)，针对最新的问题进行探讨，如中国如何从外贸大国迈向外贸强国、如何实行互利共赢的战略等，并提出了编者最新的看法。

二是实践性。本书强调从实际出发，针对当前我国对外贸易实践，分析对外贸易面临的国内外新形势、新情况，注重解决实践中凸显的新问题，以促进对外贸易更快更好地发展。

三是应用性。本书依据《中华人民共和国对外贸易法》和其他有关法律、法规，以及世贸组织法规、惯例，对外贸业务工作的宏观和微观管理及运作做了全面、具体的阐述和介绍，并配有阅读材料和案例讨论材料，具有很强的应用性、可操作性。

本书由中南民族大学、河南理工大学、中南财经政法大学和武汉长江工商学院长期从事国际经济与贸易专业的研究生教学工作和本科教学工作的教师编写。本书第三版修订工作由熊晓亮主持，参加修订的人员有：杨清震修订第一、二、三、五章，熊晓亮修订第四、六、七、八、九、十章。

在本书的编写过程中，参阅了大量国内外有关教材和著作以及许多报刊、网站的内容，并引用了其中的一些观点和材料，在此谨向原作者表示感谢。

由于编者水平有限，疏漏和错误在所难免，恳请广大读者批评、指正。

编　者

目 录

第一章 中国对外贸易的产生和发展 1

第一节 封建社会的对外贸易 2
一、对外贸易的产生 2
二、封建社会对外贸易概况 3
三、封建社会对外贸易的特点 6

第二节 半殖民地半封建社会的对外贸易 7
一、半殖民地半封建社会对外贸易概况 7
二、半殖民地半封建社会对外贸易的特点 10

第三节 社会主义初级阶段的对外贸易 14
一、中共十一届三中全会前的对外贸易(1949—1977年) 14
二、中共十一届三中全会后的对外贸易(1978年至今) 18
三、从外贸大国向外贸强国转变 21

本章小结 26
思考题 26
案例分析 27

第二章 中国发展对外贸易的理论依据 28

第一节 传统理论 29
一、亚当·斯密的绝对成本理论 29
二、大卫·李嘉图的比较成本理论 30
三、赫克歇尔-俄林的要素禀赋理论 30

第二节 现代理论 31
一、偏好相似理论 31
二、规模经济理论 31
三、国际贸易新要素理论 32

第三节 马克思主义关于发展对外贸易的理论 34

一、国际分工理论 34
二、国际价值理论 34
三、社会再生产理论 35

第四节 邓小平关于发展对外贸易的理论 35
一、对外开放理论 35
二、社会主义市场经济理论 37

本章小结 38
思考题 39
案例分析 39

第三章 中国对外贸易战略 41

第一节 对外贸易战略的概念与分类 42
一、对外贸易战略的概念 42
二、对外贸易战略的分类 43

第二节 制定中国对外贸易战略的原则与指导思想 45
一、制定中国对外贸易战略的原则 45
二、制定中国对外贸易战略的指导思想 46

第三节 中国对外贸易总体战略 47
一、关于中国对外贸易总体战略选择的争论 47
二、改革开放前的进口替代战略 50
三、有限开放时期的混合发展战略 51
四、全面开放以后的对外贸易战略 53

第四节 中国对外贸易基础战略 59
一、以质取胜战略 59
二、科技兴贸战略 63
三、对外贸易可持续发展战略 67

本章小结 68
思考题 69
案例分析 69

第四章　中国进出口贸易 71

第一节　出口贸易 72
一、发展出口贸易的重要意义 72
二、我国出口贸易发展概况 73
三、出口商品战略 74
四、出口市场战略 77

第二节　进口贸易 80
一、发展进口贸易的重要意义 80
二、我国进口贸易发展概况 81
三、进口商品战略 82

本章小结 85
思考题 85
案例分析 85

第五章　中国服务与技术贸易 87

第一节　服务贸易 87
一、国际服务贸易概述 87
二、我国服务贸易进出口的发展概况 92
三、中国发展服务贸易的意义 95
四、服务贸易发展"十三五"主要目标 98

第二节　技术贸易 98
一、国际技术贸易概述 98
二、我国的技术引进 102
三、我国的技术出口 107

本章小结 109
思考题 109
案例分析 110

第六章　中国对外贸易价格 111

第一节　进出口商品的国内外市场价格 112
一、国内外市场价格的区别 112
二、国内外市场价格的联系 113

第二节　中国处理国内外价格关系的政策 114
一、正确处理国内外价格关系的意义 114
二、中国处理国内外价格关系的政策 115

第三节　中国进出口商品的作价原则 118
一、作价原则的影响因素 118
二、出口商品的对外作价原则 119
三、进口商品的对外作价原则 123

第四节　影响对外贸易价格的因素 124
一、商品成本 124
二、供求关系 127
三、竞争机制 128
四、经济政策 129
五、市场条件 129

本章小结 134
思考题 134
案例分析 134

第七章　中国对外贸易经济效益 136

第一节　对外贸易经济效益的形成 137
一、对外贸易经济效益的概念 137
二、对外贸易经济效益的形成过程 138

第二节　影响对外贸易经济效益的因素 141
一、影响对外贸易社会经济效益的主要因素 141
二、影响对外贸易企业经济效益的因素 145

第三节　对外贸易经济效益的评价 148
一、对外贸易社会经济效益的评价原则 148
二、对外贸易企业经济效益的评价 149

第四节　提高对外贸易经济效益的途径 151
一、提高外贸社会经济效益的途径 151

二、提高外贸企业经济效益的
　　　　途径 152
本章小结 154
思考题 155
案例分析 155

第八章　中国对外贸易管理 157

第一节　对外贸易管理的必要性 158
　　一、弥补市场调节机制的不足 158
　　二、保证对外贸易体制改革的顺利
　　　　进行 158
　　三、保证国家对外贸易方针和政策的
　　　　贯彻执行 158
　　四、保证对外贸易健康有序发展 159
　　五、保证对外贸易获得最佳经济
　　　　效益 159
　　六、保证在激烈竞争的国际市场上
　　　　处于有利地位 159
第二节　对外贸易的立法管理 159
　　一、对外贸易管理的法制手段
　　　　概述 159
　　二、《中华人民共和国对外贸易法》
　　　　概述 162
　　三、对外贸易其他各项立法 165
　　四、中国对外贸易救济措施立法 170
第三节　对外贸易的经济调控管理 172
　　一、汇率杠杆 172
　　二、税收杠杆 174
　　三、信贷杠杆 179
　　四、价格杠杆 181
第四节　对外贸易的行政管理 181
　　一、配额管理 182
　　二、许可证管理 182
　　三、经营审批管理 183
　　四、商标管理 184
　　五、外汇管理 184
　　六、海关管理 185
　　七、商检管理 187
本章小结 189
思考题 189
案例分析 190

第九章　中国对外贸易体制改革 191

第一节　对外贸易体制改革的必要性 192
　　一、保持出口贸易持续快速发展，
　　　　加快实现现代化目标的需要 192
　　二、实施以质取胜战略，转变外贸
　　　　增长方式的需要 193
　　三、与国际接轨，适应我国加入
　　　　WTO新形势的需要 193
　　四、与时俱进，适应经济全球化快速
　　　　发展的需要 194
第二节　以打破旧体制为主要内容的外贸
　　　　体制改革 194
　　一、初步改革阶段(1979—
　　　　1987年) 194
　　二、深化改革阶段(1988—
　　　　1990年) 196
　　三、出口自负盈亏承包经营责任制
　　　　阶段(1991—1993年) 198
第三节　以建立外贸新体制为主要内容的
　　　　外贸体制改革 199
　　一、对外贸易管理体制改革 199
　　二、对外贸易经营体制改革 206
　　三、对外贸易协调体制改革 209
　　四、中国加入世界贸易组织后的对外
　　　　贸易体制改革 210
本章小结 214
思考题 215
案例分析 215

第十章　中国对外经济贸易关系 216

第一节　中国对外贸易关系的基本
　　　　政策 216

一、中国对外贸易关系的发展..........216
　　二、中国发展对外贸易关系的原则..218
第二节　中国与主要贸易伙伴的经济
　　　　贸易关系..............................218
　　一、中国与欧盟的经贸关系...........219
　　二、中国与美国的经贸关系...........222
　　三、中国与日本的经贸关系...........226
　　四、中国与东盟的经贸关系...........230
　　五、中国与俄罗斯的经贸关系.......232
第三节　中国内地与港、澳、台地区的
　　　　经济贸易关系......................236

　　一、中国内地与香港特别行政区的
　　　　经济贸易关系......................236
　　二、中国内地与澳门特别行政区的
　　　　经济贸易关系......................238
　　三、中国大陆与台湾的经济贸易
　　　　关系..................................239
本章小结.......................................241
思考题...242
案例分析......................................242

参考文献..**244**

第一章　中国对外贸易的产生和发展

【学习要求】

通过本章的学习，要求学生了解中国对外贸易产生与发展的历程，掌握不同时期中国对外贸易的性质和特点，总结中国对外贸易的历史经验和教训，探索中国如何从外贸大国迈向外贸强国。

【主要概念】

对外贸易　封建对外贸易　半殖民地半封建对外贸易　社会主义对外贸易　外贸大国　外贸强国

【案例导读】

> **《人民日报》新论：用高质量发展开创外贸新局面**
>
> 《中共中央 国务院关于推进贸易高质量发展的指导意见》(以下简称《意见》)为推进我国贸易高质量发展描绘了路线图。《意见》立足更广的视野、更高的目标和更开放的胸襟，为推进我国从外贸大国向外贸强国迈进提供了系统性的顶层设计，将有力促进用贸易高质量发展，进而推动经济高质量发展。
>
> 《意见》既有整体谋划，也有具体举措。从战略规划来看，明确提出"到2022年，贸易结构更加优化，贸易效益显著提升，贸易实力进一步增强，建立贸易高质量发展的指标、政策、统计、绩效评价体系"；从具体举措来看，针对加快创新驱动、优化贸易结构、促进均衡协调、培育新业态等9个方面，提出实质性改革举措。落实好《意见》，有利于更好服务国家发展大局、维护国家和企业利益、提升全球竞争力。
>
> 准确理解贸易高质量发展的内涵，需要从两个层面入手。首先，贸易高质量发展体现了建设贸易强国的内在要求。《意见》提出的夯实贸易发展的产业基础、优化国际市场布局、推动贸易与双向投资有效互动等，为推进建设贸易强国提供了具体的抓手。其次，贸易高质量发展，顺应了我国社会主要矛盾发生变化的时代大势。《意见》提出的34条举措中，很大一部分是着力于满足人民群众日益增长的优质化和多元化消费需求。
>
> 为推进贸易高质量发展，《意见》不仅着眼于商品与货物的流通，更把着眼点放在制度建设上，明确了打造国际一流、公平竞争的营商环境的目标。我国的贸易开放，正在经历从商品和要素流动型开放，到规则等制度型开放的转变。《意见》要求"深化改革开放，营造法治化国际化便利化贸易环境"，就是在逐步形成与国际经贸活动通行规则相衔接的基础上，还要进一步改革和完善自身的制度设计和安排，以更好推动贸易高质量发展。
>
> 从全球范围来看，中国推进贸易高质量发展，展示了主动塑造全球治理体系的姿态。习近平总书记强调，随着全球性挑战增多，加强全球治理、推进全球治理体制变革已是大势所趋。《意见》明确指出"坚持互利共赢，拓展贸易发展新空间"。在关乎全球经济增长、

多边贸易规则和自由贸易秩序的维护等重大问题方面，我国要发挥主动引领和塑造的建设性作用，从而为国际规则体系的调整和优化；贡献中国力量、中国方案和中国智慧。

(资料来源：人民网 http://theory.people.com.cn/n1/2019/1210/c40531-31497958.html)

对外贸易是一国政府和企业与国外进行的商品和服务的交换活动，是一国国民经济的重要组成部分。各国对外贸易的总和构成国际贸易。对外贸易是一国社会生产力发展到一定水平的产物，是一国参与国际分工、开展对外经济联系的重要形式，也是衡量一国国民经济发展水平的重要指标。中国对外贸易早在公元前 5 世纪就已经产生了。西汉张骞、班固通商西域，西北丝绸之路和西南丝绸之路的开通，郑和下西洋，海上贸易的形成，使中国古代对外贸易进入了较快发展时期。鸦片战争以后，资本主义列强利用中国对外贸易，加强了对中国的掠夺。新中国成立后，中国对外贸易经历了十一届三中全会以前受政治因素影响较大的对外贸易发展时期和十一届三中全会以后受经济利益驱使的对外贸易发展时期。回顾中国对外贸易产生和发展的历程，总结历史经验教训，对于我们实现由外贸大国向外贸强国的转变，实现中华民族伟大复兴的中国梦，加快与世界各国的经济技术交流和合作进程，构建和谐世界具有重要的战略意义。

第一节　封建社会的对外贸易

一、对外贸易的产生

对外贸易是一国社会经济发展到一定条件下产生和发展起来的。对外贸易产生的基础条件是社会生产力发展到一定程度，有剩余产品可以作为商品与外国进行交换。人类历史上经历的三次社会大分工，是社会生产力不断向前发展的结果。人类社会的第一次社会大分工，是畜牧业和农业之间的分工，它促进了原始社会生产力的发展，产品开始有了少量剩余，原始公社之间出现了以物易物的剩余产品的交换。人类社会的第二次社会大分工，是手工业从农业中分离出来，产生了直接以交换为目的的生产——商品生产。随着商品生产和商品交换的不断扩大，出现了货币，商品交换由物物交换逐渐变成了以货币为媒介的商品流通。随着商品流通的扩大，出现了专门从事贸易的商人，从而产生了人类社会的第三次社会大分工。在社会生产力发展和社会分工扩大的基础上，商品交换开始成为社会生活中的经常现象。商品的本性是开放的，是没有边界和国界的。商品不仅在国内交换，而且可以越过国界，与外国进行交换，从而产生了对外贸易。正如马克思所指出的："随着生产分为农业和手工业这两大主要部分，便出现了直接以交换为目的的生产，即商品生产，随之而来的是贸易，不仅有部落内部和部落边界的贸易，而且还有海外贸易。"由此可见，对外贸易的产生必须具备两个基本条件：一是社会生产力发展到一定水平，有剩余产品作为商品与外国进行交换；二是各自为政的社会实体或国家的形成。

我国春秋时期处于由奴隶制向封建生产关系过渡的时期。铁器的使用和牛耕的推广，成为当时世界上最先进的生产技术，社会生产力有了很大发展，私营商业也开始兴盛，出现了带着车马货物，周游列国做生意的商人，产生了中国封建社会早期的对外贸易。春秋时期，中国与中亚国家之间就有经济往来。在俄罗斯戈尔诺阿尔泰省巴泽雷克发现的公元前5世纪的墓冢中，出土了大量的中国凤纹丝绸刺绣。这说明最迟在春秋时期丝绸就已传到了西方，表明中国对外贸易在公元前5世纪就已经产生了。

二、封建社会对外贸易概况

(一)封建社会对外贸易开拓时期

战国时期，中国齐燕两地与朝鲜经贸往来十分密切，不少人还迁往朝鲜，中国的铁器货币开始流入朝鲜。

秦汉时期，随着国家的统一和社会经济文化的发展，对外贸易有了较大发展。秦始皇派"徐福发童男女数千"到三神山"入海求仙"后，开始了与日本、朝鲜的交往。中国的铜器、铁器、丝帛等传入日本，日本的兵器等也传入中国。

西汉前期，我国北方的匈奴西迁后，加强了对西域的控制，并经常南下骚扰，严重阻碍了中国和西域各国之间的交通。为了联合大月氏共同抗击匈奴，汉武帝派遣张骞出使西域。途中张骞被匈奴所俘，流放戈壁十多年。后来得便走脱，经疏勒(今喀什)，越过葱岭(今帕米尔高原)，经大宛(今乌兹别克斯坦)、康居(今阿姆河以北)，到达大月氏(今乌兹别克斯坦和土库曼斯坦一带)。张骞在大月氏逗留了一年多，没有完成联合抗击匈奴的任务，便先后游历大宛、大夏(今阿富汗北部)、康居，回国途中又被匈奴拘禁一年多。后来由于匈奴发生内乱，张骞才得以脱身回到长安，并带回了有关西域各国的山川地理、人口物产、民情风俗等方面的情况。公元前119年，汉武帝再次派遣张骞出使西域，带领一支300人的大探险队，每人各备马两匹，带牛羊一万头，以及金帛货物。张骞到达乌孙(今伊犁河、伊塞克湖一带)后，分遣副使前往大宛、康居、大月氏、大夏等国，开展了与这些国家的经济贸易往来。此后，汉武帝连年派遣使官到安息(今波斯)、身毒(今印度)、黎轩(今埃及亚历山大城)诸国，商人也不断来往。这就为欧亚两大洲的贸易开辟了一条通道，在我国享有盛誉的丝织品顺着这条路源源不断运往西方各国，这条商道被誉为"丝绸之路"。"丝绸之路"的名称，是19世纪70年代德国地理学家李希霍芬在其所著《中国》一书中首先使用的，意指两汉时期中国与中亚地区及印度之间，以丝绸贸易为主的对外贸易通道。

"丝绸之路"东自我国西汉的长安(今西安)，横贯亚洲大陆，西达地中海东岸，全长7000多公里。从长安到武威，经永昌、永丹、张掖、临泽、高台、盐地、临水、酒泉、嘉峪关、玉门、布隆吉、安西至敦煌。自敦煌再向西，分为南北两道：北道经天山南麓西行，即由敦煌出玉门(今敦煌西北小方盘城)，越流沙，至车师前国(今吐鲁番)，再沿天山南麓西行，经焉耆、龟兹(今库车)、姑墨(今阿克苏)至疏勒，然后越过葱岭，向西至大宛、康居等地；南道经昆仑山北麓西行，即由敦煌出阳关(今敦煌西南古董滩附近)，过鄯善(今新疆若羌县卡里克里)，沿昆仑山北麓西行，经且末、精绝(今民丰县北)、于阗(今和田)、皮山至沙东，然后越过葱岭，西行至大月氏、安息等地。南北两道在木鹿城(今土库曼斯坦拜拉姆—阿里附近)交会后向西延伸，经过椟城(今伊朗姆甘)、阿蛮(今伊朗哈马丹)、斯宾(今巴格达东南)等地后抵地中海东岸，再由此转达古罗马各地及欧洲各国，中国同古罗马帝国的对外贸易就是通过这条"丝绸之路"进行的。但中间要经过伊朗，受到伊朗商人的控制，古罗马商人又开辟了与东方经商的海上通道。中国输出的主要商品是丝绸，此外还有铁器、漆品、铜镜等，输入的有汗血马、香料、药材、玻璃、苜蓿、葡萄、胡桃、蚕豆、石榴、明珠等。

后来阿拉伯帝国兴起后取代古罗马帝国，在与中国的贸易中逐渐取得优势地位，成为中国的主要贸易对象。

古代中国与西南邻国之间还有一条开展对外贸易的西南"丝绸之路"，从盛产蜀锦的四川成都起，经雅安、凉山和宜宾，入"五尺道"，再到滇池后分为两路：一路南下通达越南；另一路入"博南古道"，即从云南驿(今祥云)经博南(今永平)到永昌(今保山)。在永昌以西又分为南北两路。南路经过龙陵、畹町，到缅甸的勃生，再往南就可与"海上丝绸之路"连接起来；北路经腾冲、盈江，通向缅甸密支那、印度华氏城(今巴特那)、巴基斯坦的义始罗(今拉瓦尔品第附近)和阿富汗的喀布尔，进而通至土库曼的马里与西北"丝绸之路"会合。中国以丝绸、瓷器、铜器、漆器、茶叶等，换取南亚、东南亚的宝石、珍珠、木棉、犀角、象牙等。

两汉时期，中国还通过海路与许多东南亚和南亚国家开展对外贸易。当时的海路是：从徐闻县(今广东徐闻西)和合浦县(今广西合浦东北)海岸出发，穿过我国南海诸岛，行船约五个月，可到马来半岛的都元国；再行船四五个月，可到达缅甸沿岸的一些国家，再行船两个月，就能到达印度的黄支国。公元97年，中国西域都护班超派遣甘英出使大秦，到达波斯湾，开辟了欧亚交通，为进一步发展中西交流做出了贡献。公元166年，罗马皇帝安敦的使者由海路来到中国，带来了一些礼品赠给东汉皇帝。在我国山西灵石县，曾发现罗马皇帝提比留和安敦在位时铸造的罗马铜币，就是中国与古罗马外贸交往的见证。

三国两晋南北朝时期，通往西方的"丝绸之路"又开辟了一条新道。除丝绸品贸易外，中国的养蚕技术也在这个时期通过波斯传入欧洲。中亚、西亚的许多国家不断派使节前来我国访问。波斯与北魏和西魏有过密切的交往。三国时，大秦(罗马帝国，公元395年以后分为西罗马和东罗马)商人秦伦会见过孙权。在河北赞皇县出土的北齐墓葬文物中，曾发现三枚东罗马金币。

(二)封建社会对外贸易发展时期

隋唐时期，社会经济稳定发展，特别是盛唐时期中国已发展成为世界上最富强的国家，同时实行了开明的对外开放政策，因而吸引了世界许多国家的商人前来进行贸易，中外经济文化交流和对外贸易有了很大发展。中国与朝鲜和日本的经贸往来继续发展。朝鲜用马、牛、布、苎、麻、药材、折扇与唐朝交换丝绸、茶叶、瓷器、刺绣等物品。从公元630年到838年，200多年间，日本派来的遣唐使者有13次之多，人数最多达到600人。遣唐使吉备真备根据汉字楷书偏旁创造了"片假名"，形成了日文字母。唐朝也派使臣、僧侣和商人到日本交流，中国著名的鉴真和尚经过十多年的努力，六次出海，历尽艰辛，于公元754年到达日本，把中国的建筑技术、雕塑艺术和医药学带到了日本。唐后期去日本经商的船只，有记载的就有数十次之多。1970年在西安出土的唐代文物中，曾发现日本元明天皇时期铸造的"和同开珍(宝)"银币。在日本奈良正仓院博物馆的陈列品中，也有许多唐代精美的手工艺品、乐器、纺织品及生活用具。这些都是中日历史上外贸往来的见证。

公元641年，天竺(今印度、巴基斯坦和孟加拉国)遣使与唐通好，双方互赠礼物。唐太宗派人去学习熬糖技术。天竺的天文、医学、历史和音乐等先进成就被唐吸收。中国的纸和造纸方法传入天竺。公元629年，唐代名僧玄奘去天竺取经。他曾在天竺居住15年，具有很高的佛学理论造诣，受到天竺各地名僧的赞赏和敬佩。他回国时带回天竺佛经600多

第一章 中国对外贸易的产生和发展

部。南亚泥婆罗(今尼泊尔)的使者来中国时,带来了菠菜、浑提葱等。吐火罗(今阿富汗)的使者送来了鸵鸟、玛瑙灯树、碧玻璃和药材等。公元637年,罽宾(今克什米尔)使者赠送给唐朝的礼物有名马、宝带和水晶盏,唐朝赠送给他们许多缯采。师子国(今斯里兰卡)的使者带来了大珠和象牙。骠国(今缅甸)的使者随南诏官员到长安,带来了"骠国乐"。此外,东南亚的林邑(今越南)、真腊(今柬埔寨)、婆利(今婆罗洲)、诃陵(今爪哇)、室利佛逝(今苏门答腊)等国都同唐朝有密切的经贸联系。

波斯(今伊朗)从西汉张骞通西域建立经贸关系后,到唐朝经贸往来有了更大发展。波斯商人的足迹遍布唐朝著名城镇。波斯萨珊王朝的银币在我国吐鲁番、西安、太原、洛阳等地的出土文物中多次被发现,表明波斯与唐朝各地的经贸往来十分密切。

大食(今阿拉伯)于公元651年遣使到唐,与唐正式建立国交,大食商人活动在唐朝各地。1964年在西安曾发掘出阿拉伯的金币多枚。1912—1913年在伊拉克底格里斯河西岸的玛拉城遗址,发掘出土大批唐代陶瓷。8—9世纪时,大食国首都巴格达城曾开设过专卖中国货物的市场。

东罗马拂菻(今扶凛)曾遣使与唐通好,并互赠礼物,发展经贸关系。拂菻送来狮子和羚羊等,唐朝的丝绸等也通过"丝绸之路"输往拂菻。1970年在西安何家村的唐代窖藏中,曾发现东罗马皇帝希拉克略时代(公元610—641年)的金币。

在唐代,中国南方经济迅速发展,也带动造船业和航海技术有了很大进步,对外贸易逐渐转向南方,主要是南方的广州、潮州和扬州三大港口。为了适应对外贸易的发展,在陆路设置安西都护府、北庭都护府等六大都护府的基础上,又在海路方面,在广州设置了"市舶司",委任"市舶使"管理对外贸易。

宋朝时,海上对外贸易获得了迅速发展,甚至超过陆路贸易。宋代发达的手工业为对外贸易提供了物质保证,使丝织业获得进一步发展,而陶瓷业的发展则更迅速。丝织品和瓷器成为宋朝主要的出口商品。同中国有经贸关系的国家有日本、朝鲜、南洋各国、印度、阿拉伯帝国、波斯等50多个国家。"市舶司"是宋朝管理对外贸易的专职机构,兼有外交与外贸两种职能:一方面,通过颁发"公凭"(即许可证)来监督和管理中外商人的贸易活动和船舶进出港口,负责接待监督外商;另一方面,根据进口货物的种类分别征收实物税。此外还行使处置舶货职能,即对进口货物中很大一部分由政府专卖;非专卖部分,允许中外商人自由买卖。

元朝承宋制,在泉州、上海、温州、宁波等地设立"市舶司",并制定了《市舶抽分则例》22条,使对外贸易的管理制度比宋朝更健全了。元朝横跨欧亚两大洲的大帝国的建立,使中国对外贸易的陆路和海路通道都比较畅通,有效地促进了中国古代对外贸易的进一步发展。

随着明朝政权的稳定,经济的发展,特别是纺织业、陶瓷业、漆器业、冶炼业、铸造业的发展,促进了商品经济的迅速发展,并客观上要求对外贸易有相应发展。1405年,明朝政府恢复了宁波、泉州和广州的"市舶司",并在云南等地增设了"市舶司"。派郑和率领庞大船队在1405—1433年的28年间,七次下西洋,足迹遍布东南亚、南洋诸岛、阿拉伯半岛和东非一带,与36个国家发展外贸和外交关系,使中国成为当时最大的海上贸易强国。

(三)封建社会对外贸易衰落时期

清朝1656年颁布"禁海令",使中国的对外贸易大大衰落。到康熙年间,"海禁"有所放松。1685年清朝宣布限定广州、漳州、宁波和云台山为对外通商口岸,设粤海关、闽海关、浙海关和江海关,并实行严格的管理。1757年清朝又限定广州为唯一的对外通商口岸,关闭了其他三个口岸。经营对外贸易的机构为"行商",由清政府特许的专营进出口贸易的中国商人经营。由"行商"组成的机构称为"公行",由"公行"控制对外贸易的经营、对外商的管理和征税。这种状况一直延续到1840年鸦片战争前夕。

三、封建社会对外贸易的特点

中国封建社会的对外贸易,具有以下一些不同于资本主义对外贸易的特点。

(一)建立在封建社会手工业基础上的以丝织品和陶瓷品为主要商品的出口贸易

中国封建社会的手工业十分发达,特别是丝织业和陶瓷业在当时世界范围内长期处于领先地位。中国封建社会的对外贸易就是建立在这种发达的手工业基础之上的。早在秦汉时期,中国的丝绸已通过河西走廊和西域商道运往中亚各国,甚至远销到欧洲。明代中期以后,由于东南部地区优越的气候和地理条件,种桑和植棉业获得了巨大发展,民间纺织业也迅速发展起来。物美价廉、色彩鲜艳的丝绸和其他纺织品,深受世界各国人民的欢迎,出口大量增加,畅销世界各地。丝绸成了当时中国最主要的出口商品。此外,中国陶瓷技艺在世界上长期首屈一指,精美的陶瓷产品享有盛誉,也是中国重要的出口商品。

(二)建立在封建社会以"天朝"自居理念基础上的朝贡贸易

中国历代封建王朝都认为自己是世界的中心,以"天朝"自居,别的国家与自己是臣属关系,因此,别的国家与自己发生的经济、外交关系是"朝贡"关系,即两国国王之间以"贡礼""酬谢"的形式进行商品交换。对方送来的物品被称作"贡",而给予对方用于交换的物品称作"赐"。早在公元前11世纪,周边各诸侯国与周王朝就开始了"朝贡"往来。各国入贡的时间是有一定规定的,例如琉球(今日本冲绳)是两年一次入贡,安南(今越南)、占城(今越南)、高丽(今朝鲜)是三年一次入贡,日本是十年一次入贡。中国封建王朝与周边王朝的贸易,长期以来都是以这种方式进行的,它在中国封建社会对外贸易中占有突出地位。"朝贡"贸易的政治色彩极大地限制了外贸的品种、数量的扩大,使封建社会的对外贸易限制在满足皇室和统治者的需求范围之内。

(三)适应封建专制主义中央集权要求的垄断和集中的外贸管理制度

与封建社会中央集权要求相适应,中国封建社会对外贸易采取了官方经营方式和官方管理措施。汉王朝就曾规定,私商没有得到政府许可而与外商私市者处以重刑。从唐朝到明朝前期的市舶制度,集中体现了封建国家对外贸易的垄断和集中管理。宋朝的"市舶司"作为管理对外贸易的专职机构,集外交与外贸于一身,行使着颁发"公凭"(即"许可证")、征税、专卖等职能,征得的税款和专卖所得都必须上缴国库。在宋代进口的300多种商品中,大多数商品都集中由国家专卖。

第一章 中国对外贸易的产生和发展

明朝隆庆年间，开放"海禁"后实行了新型的海商管理制度，这种制度较原来的"市舶司"制度有了较大的灵活性。新型海商管理制度取消了"朝贡"贸易制度下对朝贡国家入贡时间、贡使人数的限制；规定对进口商品征收水饷和陆饷(类似关税)后可以上岸交易；凡纳过税的商品均可以自由交易；将原来的抽分实物改为征收货币的饷银制。这种新的海商管理制度就是现代海关管理制度的萌芽。

(四)建立在封建社会自然经济基础上的对外贸易发展速度非常缓慢

中国封建社会建立在自给自足的自然经济基础之上，就整个社会来说，生产主要是为了自身的消费，而不是为了交换。个体手工业的小商品生产的生产力发展水平有限，整个社会可用于交换的产品十分有限，对外贸易的开展被限制在一定的范围之内，对外贸易的发展速度非常缓慢。对外贸易对全国经济的影响和带动作用非常有限。

第二节 半殖民地半封建社会的对外贸易

一、半殖民地半封建社会对外贸易概况

(一)鸦片战争后中国的对外贸易(1840—1894年)

1840年鸦片战争以后，资本主义列强依靠强权与武力，通过不平等条约，在中国攫取了大量政治、经济特权，通过对华商品输出及资本输出，逐步瓦解了中国传统的自然经济基础，中国经济被纳入世界资本主义经济体系之中，成为资本主义经济的附庸。中国独立自主的封建性质的对外贸易逐渐变成受西方资本主义控制的半殖民地半封建性质的对外贸易。

1842年中英《南京条约》强迫中国割让香港，开放广州、厦门、福州、宁波、上海五个通商口岸，同意英国向中国输入货物和从中国输出货物的税则不能由中国自己决定，必须同英国协商决定，英国商人在各口岸可以自由地和中国商人交易，不必通过公行。1843年中英《五口通商章程》和《虎门条约》使英国取得了更多的特权：英国货物进出中国海关，只抽5%的税；英国人可以在通商口岸划出一定的地方，租地造房；英国人在中国犯了法，由领事照英国法律办理；中国给其他国家的优惠权利，英国可以同样享受。

1844年中美《望厦条约》签订，美国取得了《南京条约》及其附约除割地赔款以外的全部特权。同年中法《黄埔条约》签订，法国获得了与英、美同样的特权。此后，许多欧洲国家都强迫清政府签订了不平等条约，取得了许多特权。

鸦片战争后，中国领土主权的完整性遭到破坏。英国占领香港，葡萄牙强占澳门。英、美、法等国军舰任意巡行各口岸，破坏了中国的领海主权。领事裁判权使外国侵略者在中国横行无忌、为所欲为，中国的司法主权遭到破坏。协定关税的规定，破坏了中国关税自主权。片面最惠国待遇，使中国开始变成资本主义世界共同宰割的对象。资本主义列强在上海等地开辟"租界"，取得了租界中的行政、司法和警察权，把"租界"变成"国中之国"。

随着世界经济体系的形成，带有掠夺性的殖民贸易日益成为资本主义再生产过程中的重要环节，资本主义列强对中国的剥削由赤裸裸的掠夺变为倾销商品和掠夺廉价的原料。

中国市场被迫全面开放,西方工业品的输入及海外市场对中国原料性产品及手工业品需求的增加,破坏了中国自给自足的自然经济基础,造就了西方工业品的市场。同时,也刺激了中国出口商品的生产,茶叶、桑蚕的生产规模迅速扩大,为这一时期对外贸易的发展提供了物质基础。

由于中国坚固的小农经济对西方工业品有着顽强的抵抗性,除鸦片外,西方正当商品的对外贸易并无明显增长,中国在正当商品(即不包括鸦片)贸易中始终处于顺差地位。第二次鸦片战争后,西方资本主义国家的国际竞争力显著提高,对中国经济的掠夺能力大大增强。与此同时,中国对外贸易的市场条件的改善、贸易制度的建设,促进了中国对外贸易的发展。中国进出口贸易规模有了较为明显的扩大。1864年进口额为4600万海关两,1894年增加到1.6亿海关两,比1864年增长2.5倍左右。1864年出口额为4900万海关两,1894年增至1.28亿海关两,比1864年增长1.6倍左右。

(二)甲午战争后中国的对外贸易(1895—1910年)

1894年7月至1895年3月,日本在英、美的支持下挑起甲午战争,迫使中国签订了《马关条约》,规定中国对日本割地、赔款及增辟通商口岸,还允许日本在华投资设厂。西方列强由此掀起了瓜分中国的狂潮,中国对外贸易主权进一步惨遭践踏。西方资本主义列强通过对华资本输出,再度加强了对中国的商品倾销和原料掠夺,中国对外贸易的半殖民地性质进一步加深了。

在市场的刺激下,中国农产品商品化率日益提高,自然经济的解体加速进行,沿海沿江地区出现了一批新兴的工商业城市,西方工业品的消费市场逐步培植起来,中国传统社会逐渐向近代社会转变。这为西方工业品提供了市场,准备了新的出口货源,有利于对外贸易的发展,但整体上自然经济的继续存在又成为对外贸易发展的巨大障碍。

中日《马关条约》签订后,中国又被迫与西方列强签订了一系列不平等条约,先后增辟沙市、重庆、苏州、杭州、河口、思茅、梧州、三水、江门、长沙、长春、吉林、哈尔滨、瑷珲、满洲里、江孜等为开放商埠,中国广袤的领土从沿海到沿江,从内陆到边疆,全部对西方资本主义列强敞开。西方资本主义列强控制中国对外贸易的基础进一步扩大。

甲午战争后,西方资本主义列强在中国肆意扩大原有租界和新设租界。在中国设立租界最多的是日本,于1895—1905年先后在杭州、苏州、沙市、汉口、天津、厦门、福州、重庆、奉天、安东等地设立了十余处租界。各国还在华强占胶州湾、旅顺口、大连湾、广州湾、威海卫、威海湾、九龙半岛等作为它们的租借地,租借地完全由列强直接管辖,租借地内的对外贸易行政管理及经营均为"租借国"控制。到1899年,整个中国基本上都被列强瓜分完毕。美国在中国被列强瓜分的形势下,提出了"门户开放"政策,要求各国在其势力范围内对其他国家予以开放,使美国按"利益均沾"原则获得相应利益。

资本主义列强在一系列强加于中国的不平等条约的基础上,对华资本输出迅速增加。据统计,到1902年各国对华投资总额已达15亿美元,其中直接投资高达65.1%。它们通过资本输出,操纵中国市场,加强了对中国对外贸易的控制。

随着资本主义列强在华特权的进一步扩大,外国洋行的势力也越来越大。为了推销商品和掠夺原料,通过在华雇用买办,外国洋行迅速在中国建立起了全国各通商口岸到穷乡僻壤的多级庞大的推销网及经营体系。通过一套营销系统,洋行可以快速、高效地将进口

第一章 中国对外贸易的产生和发展

商品推销到各地初级市场，同样也可以极为便利地掠购中国土特产品出口。煤油的进口，主要被英国的亚细亚火油公司和美孚石油公司垄断。肥皂的进口则主要由英国利华兄弟托拉斯的中国肥皂公司所垄断。烟草及纸烟则被英美烟草公司所控制。大豆的出口主要被日本的三井洋行垄断。皮毛的出口由英商高林、仁记等洋行控制。

甲午战争前的1894年，中国进出口额为2.23亿美元，到1911年增长到5.5亿美元。中国进口以消费性工业制成品为主，出口以农矿原料及手工业品为主，表明中国的进出口商品结构完全适应了资本主义列强倾销商品和掠夺原料的需要。

(三) 辛亥革命后中国的对外贸易 (1911—1936年)

1911年辛亥革命为资本主义的发展创造了一定的有利条件，历史发展的潮流不可逆转地推动中国向近代社会转变。

第一次世界大战爆发后，西方列强放松了对殖民地半殖民地国家经济的控制和掠夺，给中国民族经济发展带来了前所未有的良机，中国民族资本主义发展进入了它的"黄金时期"。1920—1927年，中国民族资本主义工矿业产值年均增长率为8.5%。工业发展使部分产品替代了进口，一些工业制成品还出口到海外市场。工业的发展和城市的扩大，增加了对原材料及食品等的市场需求，带动了农产品商品化水平的提高。工农业产品总量的增加，农产品商品化程度的提高，增强了对外贸易的物质基础，使中国的对外贸易在世界贸易量下降的条件下还是获得了较快发展。从第一次世界大战爆发到20世纪20年代末，中国对外贸易年均增长率为2.39%。

1928年南京国民政府建立后，国家经济主权有所恢复，为民族工业的发展提供了一些有利条件，民族工业在艰难曲折中向前发展。随着工业和农业商品化程度的提高，国家的综合国力也有所提高。争取民族独立的反帝爱国运动高涨，促进国民党政府恢复关税自主权，实行国定关税政策，中国海关管理权得到部分恢复。同时，收回租界，取消西方资本主义列强在华的治外法权，并出台了一系列鼓励民族资本发展、限制外国商品倾销、推动出口贸易的政策和措施，使中国的经济和对外贸易都有了一定发展。但总体来说，这一时期制约中国经济和对外贸易发展的因素，如繁重的苛捐杂税、混乱的货币制度、西方资本主义列强的控制等，使中国经济和对外贸易并未得到长足发展。世界经济危机爆发后，西方资本主义列强争夺中国市场的斗争更加激烈，从而给中国对外贸易带来了极其不利的影响。1929—1936年，中国出口量年均下降2.4%，进口量年均下降8%。日本占领中国东北后，东北地区的经济迅速殖民地化，东北地区的对外贸易几乎被日本所垄断。1932—1933年东北地区出口增长19%，进口增长高达278%。

(四) 抗战后中国的对外贸易 (1937—1949年)

1937年日本发动全面侵华战争，华北、华东、华中、华南相继沦为日本的殖民地。日本在对华进行狂轰滥炸的同时，还进行了疯狂的经济掠夺。中国的对外贸易被分割为沦陷区的殖民地贸易和国统区的半殖民地贸易。

在国统区，国民党政府公布《抗战建国经济建设实施方案》，逐步将和平时期的经济转向战时经济，建立起了战时统制经济体制，对外贸易实行国家统制，通过易货偿债贸易，利用有限的渠道出口盟国需要的中国农矿产品等战略物资，进口中国急需的军用及民用物资。战时经济在特定的战争环境中有力地促进了对外贸易的开展,增强了中国抵抗日寇的力量。但这一时期中国对外贸易的半殖民地性质没有改变,易货偿债贸易的发展方式、贸易价格主要由西方债权国决定。

日本帝国主义将其在东北的一套殖民统治制度移植到广大的沦陷区,疯狂掠夺中国的经济资源,试图将中国变为其原料产地,形成所谓的"工业日本,农业中国"。1938年,日本政府设殖民侵略机构,不仅控制了关内沦陷区农矿原料性产品的开发与生产,而且还控制了农矿原料的运销。要求沦陷区主要为日本生产提供原料、燃料及粗加工品,并提出"自给主义"政策,要求在华日军不再依赖本国,加强对占领区的掠夺,达到"自给""自养"的目的。沦陷区的对外贸易日益殖民地化。1945年,沦陷区对外贸易基本陷入停滞。

东北在"九一八"事变后沦为日本的殖民地,占全国对外贸易1/3的东北的对外贸易从中国对外贸易中分离出去,成为完全殖民地的对外贸易。一方面,东北成了日本的销售市场和原料供应地;另一方面,日本将东北作为进一步侵华进而占领整个东南亚的军事基地,兴建军事工业,积蓄战争能量,同时极力限制其他国家及当地中国人的经济活动,造成了东北经济的畸形化。为了满足日本对外侵略战争的需要,日本进一步加强了对东北对外贸易的控制,中国被当作"外国"处理,并宣布取消东北与日本之间的关税。东北的对外贸易在日本推行的对外贸易统制政策下曲折发展,随着日本在战争中不断失利,东北对外贸易总规模开始逐步缩小。

抗战胜利后,美国利用其强大的政治经济实力独占了中国市场,使战后中国的对外贸易被美国所控制,中国成了美国的商品市场和原料产地。中国出口商品结构依然维持传统的殖民地、半殖民地的特征。同时"四大家族"大肆聚敛财富,导致恶性通货膨胀发生,中国国民经济崩溃,半殖民地性质的对外贸易随之终结。

二、半殖民地半封建社会对外贸易的特点

中国半殖民地半封建性质的对外贸易具有以下特点。

(一)对外贸易管理丧失独立主权

鸦片战争后,中国被迫与资本主义列强签订了一系列不平等条约,条约规定了资本主义列强在中国对外贸易中的种种特权。凭借特权,资本主义列强逐步控制了中国的对外贸易,中国对外贸易管理完全丧失了独立主权。

1. 通商口岸开放和控制权的丧失

自1842年中英《南京条约》被迫开放广州、厦门、福州、宁波、上海五个通商口岸后,先后被迫增开了牛庄(今营口)、登州(今烟台)、淡水、潮州(今汕头)、琼州、汉口、九江、南京、镇江、天津、宜昌、芜湖、温州、北海、重庆、龙州、蒙自、亚东、伊犁、塔尔巴哈台(今塔城)、喀什噶尔(今喀什)、库伦(今蒙古国乌兰巴托)、吐鲁番、哈密、乌鲁木齐、古城、乌里雅苏台(今蒙古国布哈兰图)、肃州(今嘉峪关)等为通商口岸。在这些通商口岸,准许外商携带家眷自由居住,派驻领事等驻华官员,外商可以自由贸易。中国逐步丧失了对这些通商口岸的控制权。

第一章 中国对外贸易的产生和发展

2. 租界中的行政、司法和警察权的丧失

租界是由外国人在华居留地发展而来的,通常设立于通商口岸。甲午战争后,资本主义列强控制的包括城乡在内的广大区域被称为租借地。租界和租借地是外国人在中国的殖民地,即"国中之国"。

到 1904 年,英国、美国、法国、德国、日本、俄国、比利时、意大利、奥地利九国先后在中国的上海、广州、厦门、福州、天津、镇江、汉口、九江、烟台、芜湖、重庆、杭州、苏州、沙市、鼓浪屿及长沙 16 个口岸建立了 37 处租界。

甲午战争后,资本主义列强还大肆在中国强占租借地和瓜分势力范围。德国强租胶州湾;俄国强租旅顺口、大连湾;法国强租广州湾;英国强租威海卫、威海湾、九龙半岛;长江流域及西藏,广东、云南两省的部分地区成了英国的势力范围;广东、广西、云南邻近越南的地区成了法国的势力范围;东三省、内蒙古及长城以北为俄国的势力范围;山东为德国的势力范围;台湾、澎湖、福建为日本的势力范围。

租界完全脱离了中国政府的控制,实行了一套完全独立于中国的行政系统、法律制度,设有列强自己的警察,是资本主义列强管理的"国中之国"和中国境内的殖民地。租界和租借地的对外贸易行政管理及实际经营均为资本主义列强所控制。此外,资本主义列强还取得了在各自势力范围内的铁路修筑、经营管理及矿山开采管理的优先权。

3. 关税自主权的丧失

关税自主权是一个国家对外贸易管理权最重要的标志之一。鸦片战争后,资本主义列强强迫中国签订了一系列不平等条约,使中国丧失了关税自主权。首先,1842 年中英《南京条约》规定关税"宜秉公议定则例",1843 年中英签订的《中英五口通商章程》的《海关税则》提出片面协定关税税则,标志着中国关税制定权丧失,中国关税自主权被剥夺。其次,1844 年中美《望厦条约》和中法《黄埔条约》从法律上剥夺了中国的关税修订权,确立了中国进出口税则的修订必须征得资本主义列强同意的原则,中国关税的修订权被剥夺。最后,1860 年的中英、中法《北京条约》规定中国用关税抵押战争赔款,1874 年、1877 年英国借款给中国要求用关税抵押后,中国关税的支配权被剥夺。此外,五口半税制度的确立和关税减免范围的肆意扩大,使外商凭借特权在华可以享受超国民待遇,从而使中国商人、中国商品在国内、国际竞争中处于不利地位。中国关税作为保护本国经济发展屏障的作用彻底丧失。

4. 海关管理权的丧失

"协定关税"制度的实施导致中国市场的门槛基本取消,掌管中国大门的海关行政管理权也随着外籍税务司制度的建立而丧失。

1843 年中英《五口通商章程:海关税则》和 1844 年中美《望厦条约》、中法《黄埔条约》都规定了领事报关制度,使中国海关不能独立行使职权,中国海关行政主权的完整性遭到了破坏。1854 年由外籍税务司控制的上海海关的开办,标志着清政府丧失了上海海关的行政管理权。

1858 年中英《通商章程善后条约:海关税则》确立了外籍税务司制度,1859 年英国人李泰国被任命为中国第一任外籍总税务司,此后近半个世纪中国海关的行政管理权一直都

掌握在英国人手里，中国丧失了海关管理权。

(二)对外贸易进出口商品结构适应资本主义列强掠夺和倾销需要

随着中国对外贸易管理主权的丧失，中国被迫开放的程度逐步加深，中外经济联系不断加强，为了适应资本主义列强掠夺原料、倾销商品的现实，中国对外贸易进出口商品结构开始发生变化。

1. 进口方面

在进口方面，消费性工业制成品的比重逐步上升，达到了资本主义列强倾销商品的目的。鸦片战争后，鸦片仍然是居于第一位的进口商品，其次是棉纺织品(棉布和棉纱)和毛纺织品，此外还有食品、药品、卷烟、蜡烛、纸张、染料、火柴、洋针、洋钉、洋伞等。燃料、机械、交通设备等生产资料的进口也开始出现，但进口规模都很小，直到1886年，此类进口商品都未列入海关贸易统计的专项。

甲午战争后，进口工业品的种类更丰富了，在进口商品中仍以消费资料为主，消费资料占进口额的比重在85%左右，生产资料仅占15%左右，直接消费资料的进口又高于消费品原料的进口，最大宗的进口货物是棉织品，其次是鸦片、棉纱，此外还有大米、面粉、小麦、糖、烟叶、煤油及金属类。

第一次世界大战期间及战后，由于商品种类日趋多样化和中国社会特别是沿海地区进口商品的消费品市场逐步扩大，对西方工业品的需求不断增长，进口商品结构更趋于多样化。毛、麻、人造丝、煤油、汽油、粮食进口增长迅速。这一时期进口规模较大的商品还有食糖、纸张、火柴、肥皂、烟叶等。

以上情况表明，中国进口商品中，消费性工业制成品占绝对优势，反映了中国进口商品结构的半殖民地性质。

2. 出口方面

在出口方面，中国的大宗传统出口商品在国际市场上的地位日趋衰落，原料性农副产品进入国际市场，适应了资本主义列强掠夺原料的需要。

第二次鸦片战争后，当西方消费性工业品在中国销路越来越好的同时，中国的大宗传统出口商品茶叶和生丝在国际市场上的地位日趋衰落。中国丝、茶在出口贸易中的比重由19世纪70年代前期的89.6%下降到19世纪90年代前期的42.8%，糖、烟草、牛皮、驼毛、草帽缏、豆类、棉花、麻类、羊毛、植物油等农副产品及矿产品，成为新的出口商品品种。

进入20世纪后，出口商品种类不断增加，丝及丝制品和茶叶的出口额占出口总额的比重进一步下降，而豆类、植物油占出口总额的比重大量增加。占有一定比重的出口商品还有皮货、棉花、羊毛、蛋类等杂项商品，以及煤、铁、钨、锡等矿产品。这使中国成为西方资本主义列强的原料来源地，进一步加深了中国对外贸易的半殖民地化程度。

(三)对外贸易交换不等价和长期入超

中国出口商品以原料性农副产品和矿产品为主，附加值低，而进口则以消费性工业制成品为主，附加值高，在国际市场竞争与交换中处于不利地位。再加上西方资本主义列强凭借其对中国对外贸易管理的控制，肆意扩大中国进口工业品和出口原料产品之间的价格剪刀差，通过不等价交换，进行残酷的掠夺和剥削。进出口贸易掌握在洋行手里，洋行通过买办制度建立起了商业网，控制着中国的商品市场和原料市场。如美孚石油公司1901年在上海设立油栈后，在中国城乡各地设立了分支机构及代理店，其所经营的煤油占中国进口煤油的50%以上。英商高林、仁记、新太兴等十余家洋行在石嘴山、银川、兰州、西宁等地设立收购毛皮的"外庄"和"分庄"，洋行派出买办通过密布的收购网垄断了西北毛皮的出口。中国的出口商品生产者与国际市场不发生联系，无法根据国际市场行情组织生产，严重影响到出口商品的价格和效益。为最大限度地赚取国内外差价，洋行操纵进出口商品价格，或结成价格同盟，人为地压低出口商品价格，或采取高价放盘、低价收进的手段进行价格操纵。

19世纪70年代以前，在自然经济的抵制下，中国在对外贸易中处于顺差地位。第二次鸦片战争后，进出口贸易有了较大增长。经济发展水平落后的中国被迫向列强敞开大门，国内市场没有任何保护措施，加上中国出口商品的竞争力不强，未能与进口贸易同步发展，而且大宗商品出口额开始下跌，导致进口贸易增长超过出口贸易的增长。从1877年开始，中国对外贸易的长期优势被打破，经常性国际收支由顺差转为逆差，直到1949年连续70多年出现长期入超。

(四)对外贸易对象主要集中于资本主义列强

中国半殖民地半封建社会对外贸易对象主要集中于英国、日本、美国、德国、法国、俄国等少数资本主义列强。自18世纪以来，英国在中国对外贸易中占据首位。到19世纪30年代初期，英国占中国对外贸易份额的80%左右，居于绝对优势地位。19世纪40年代末的上海，进口货物额的80.6%来自英国，出口货物额的82%也输往英国。1868年英国占中国对外贸易的比重降至70%。1888年英国对华直接贸易(不包括香港转口)占贸易总额的1/4。居于第二位的是美国。1845—1860年，美国对华出口增加了近3倍。除英、美两国外，其他国家在中国对外贸易中所占比重很小。

甲午战争后，英国独占中国市场的格局被打破，日美两国的地位开始上升。1905年英国在中国对外贸易中的比重由19世纪的70%～80%降至52.7%，到1911年进一步跌至48.7%，其中英国本土所占比重则由1894年的14.1%降至12.48%。而日本在中国对外贸易中的地位则由6.2%上升到16.46%。美国1905年对华贸易占中国外贸总额高达15%。

第一次世界大战期间，资本主义列强对落后国家和地区的政治、经济控制松弛，中国与周边国家的经济联系加强。同时远离战争中心的日本及美国在华势力进一步增强，并逐渐在中国经济中占据主导地位，使中国对外贸易日益被纳入有利于日美经济发展的轨道。

1931年之前，日本在华贸易中占第一位，美国占第二位，英国占第三位。1932年，美国在中国对外贸易中跃居第一位，日本退居第二位(不包括对东北的贸易和对华北的走私)，英国占第三位。与此同时，德国在中国对外贸易中的地位迅速上升。1936年美国在中国对外贸易中占22.6%，英国占10.64%，日本占15.5%。到1946年，美国占中国对外贸易总额的比重升至53.19%，英国及日本分别降至4.55%和0.99%。1947—1948年，美国在中国进口总额中的比重保持在50%左右。

第三节 社会主义初级阶段的对外贸易

一、中共十一届三中全会前的对外贸易(1949—1977年)

日本帝国主义投降后至新中国成立前，在东北、山东、华北等解放区的民主政权先后建立了对外贸易管理机构和外贸公司，开展了对苏联、朝鲜、日本等国家和我国港澳地区的小规模贸易往来，这是我国社会主义对外贸易的雏形。

1949年3月召开的中国共产党七届二中全会确定了新中国"对内节制资本和对外统制贸易"的基本政策。根据这个规定，刚成立的人民政府立即废除了帝国主义在华的各种特权，没收了国民党政府和官僚资本的外贸企业，建立了国家统一管理的以国有外贸企业为经营主体的社会主义对外贸易体系，并对私营进出口商进行社会主义改造，建立起了中国社会主义对外贸易。

中国社会主义对外贸易与旧中国半殖民地半封建对外贸易和资本主义对外贸易有着根本不同的性质。它是在公有制发挥主导作用基础上有计划发展的对外贸易，是独立自主、维护国家利益和民族尊严的对外贸易，是以发展社会主义建设和提高人民生活为经营目的的对外贸易，是促进世界和平与发展事业的社会主义对外贸易。

从1949年新中国成立至今，中国社会主义对外贸易发展经历了中共十一届三中全会前后两个历史时期。十一届三中全会前的对外贸易又经历了恢复国民经济和开始社会主义建设时期、"大跃进"和国民经济调整时期、"文化大革命"和拨乱反正时期等三个时期。

(一)恢复国民经济和开始社会主义建设时期(1949—1957年)

新中国成立时，国民经济经过战争创伤，已濒临绝境。而帝国主义又对我国采取敌视、孤立和封锁禁运的政策。在这一形势下，国家提出了恢复国民经济，进行土地改革，实行抗美援朝，开展反封锁禁运的斗争。中国对外贸易根据恢复国民经济和抗美援朝的需要，在实行对外贸易统制和扶助生产的基础上，努力组织出口和进口，积极开展对苏联、东欧社会主义国家及其他友好国家的贸易，同帝国主义的封锁禁运进行坚决斗争，对外贸易获得了较快发展。

1. 着重发展对苏联和东欧等社会主义国家的经济合作和贸易

中国大力开展对苏联和东欧等社会主义国家的经济合作和贸易，使中国同各社会主义国家特别是苏联的贸易额有了很大增长。1957年对苏联进出口贸易额为13.64亿美元，比1950年的3.38亿美元增长了3倍多。1950—1955年，苏联向中国提供了8笔贷款，用以购买建设设备和器材以及抗美援朝的军事物资。自1952年开始，中国从苏联和东欧国家进口成套设备和技术，主要是苏联所援建的"一五"计划156项重点工程，包括钢铁、有色金属、重型机器、汽车、航空、煤炭、石油、化工、电力、电信等方面的企业项目和军工项目。这对于中国社会主义工业化建设特别是建立重工业基础加强国防建设，起了重要作用。此外，中国还从苏联和东欧国家进口了机械、仪器、车辆、船舶和原材料等物资。同时，中国供应了它们十分需要的战略原料和其他重要物资，如稀有矿产品、稀有金属、有色金属、大豆、大米、食用植物油、冻肉、茶叶、桐油、绸缎、呢绒、棉布等。此外，针对帝国主义的"航运管制"，中国租用苏联、波兰等国家的船舶承运进口物资，成立中波合营轮船公司，办理中国对欧洲各国进出口货运。

2. 逐步打开同亚非民族独立国家经贸合作局面

亚非民族独立国家同中国有着共同的历史遭遇，面临发展民族经济、巩固政治独立的共同任务。中国政府为了支持民族独立运动，加强同亚非民族独立国家的团结合作，同时也为了打开"封锁、禁运"的缺口，于1950年同印度、缅甸、巴基斯坦、印度尼西亚等国政府建立了双边贸易关系，并同亚洲和非洲的一些国家开展了民间贸易往来。1952年锡兰(今斯里兰卡)的主要出口商品橡胶因美国禁运而价格大跌，同时国内粮食供应困难。中国按照平等互利的原则，以公平合理的比价，同锡兰政府签订了中锡大米、橡胶5年贸易协定，取得了反禁运斗争的重大胜利，开拓了同尚未建交国家开展政府间贸易的新路，促进了中国同东南亚国家贸易关系的发展。

1955年，在万隆举行的亚非会议上，周恩来总理阐明了和平共处五项原则。亚非会议后，中国同印度、缅甸、印度尼西亚、巴基斯坦、埃及等许多亚非国家的贸易额有了成倍增长。中国的对外贸易关系由东南亚开始向西亚、非洲迅速扩展，贸易额由1950年的3.6亿美元上升到1957年的7.67亿美元。

3. 大力开展内地同香港、澳门地区的贸易

中国政府把开展内地同港澳地区的贸易作为发展对外贸易的反禁运斗争的重要方面，实行了对港澳地区长期稳定供应的政策，积极扩大对港澳出口及经港澳转口东南亚的贸易。内地对港澳以出口为主的贸易逐年增长，1957年比1950年增长22.7%。港澳地区不仅向一些对中国实行贸易限制和歧视政策的国家转销商品，还从西方国家购进了许多"禁运"物资，这对于恢复和发展中国国民经济，逐步开拓对西方资本主义国家的贸易起到了重要作用。

4. 努力开拓对西方资本主义国家的民间和政府贸易渠道

为了开拓对西方国家的贸易渠道，中国政府于1950年同瑞典、丹麦、瑞士、荷兰建立了外交和贸易关系。同时利用各种机会和途径，积极开展工作，争取团结西方国家工商界和开明人士，"以民促官"，推动民间贸易以至官方贸易逐步开展。1952年4月，在莫斯科举行的国际会议上，中国代表同英国、法国、联邦德国等11个国家的工商团体和企业签订了贸易协议。同年6月在北京签订了第一个中日民间贸易协议。1953年7月，中国在柏林设立中国进出口公司代表处，开拓了中国同西欧国家进行民间贸易的渠道和"窗口"。1954年4月，在瑞士举行的第一次日内瓦会议期间，中国代表同英国与会人士商谈建立贸易关系问题，并在后来的谈判中取得了积极成果。随后中国同许多西欧国家的工商企业或团体签订了民间贸易协议和合同。到1957年年底，中国对西方资本主义国家的贸易额比1952年增长了6倍多。

这一个时期中国的对外贸易关系，确立了社会主义国有对外贸易的领导和核心地位，粉碎了帝国主义的封锁禁运。到1957年，中国已同82个国家和地区建立了贸易关系，与24个国家签订了政府间贸易协定或议定书，对外贸易额得到了持续较快的增长，并且基本

上保持了进出口平衡。1957年进出口总额达到31.03亿美元,比1950年的11.35亿美元增长了1.73倍,平均每年递增15.4%。其中国民经济恢复时期平均每年递增30.8%,"一五"计划时期平均每年递增9.8%。中国进出口贸易额占世界进出口贸易额的比重由1950年的0.91%上升到1957年的1.85%。进出口贸易,有力地支持了国民经济的恢复和发展,促进了第一个五年计划目标的胜利实现。

(二)"大跃进"和国民经济调整时期(1958—1965年)

从1958年开始,在全国范围内开展了"大跃进"和人民公社化运动以及"反右倾"斗争,加上当时的自然灾害和苏联政府背信弃义地撕毁合同,中国国民经济在1959—1961年发生了严重困难。经过了3年经济调整,国民经济重新走上健康发展的轨道。这一时期的中国对外贸易也经历了一些反复和波折。

1. 纠正外贸领域的"大进大出"错误并明确外贸方针政策

"大跃进"蔓延到外贸领域,实行了外贸"大进大出",严重冲击了正常的对外贸易管理制度和经营秩序,助长了互相争客户、争市场、抬价抢购、低价竞销等不良现象。为了纠正"大进大出"的错误,国家首先明确规定了对外贸易统一对外的原则和制度。同时进一步强调"自力更生为主,争取外援为辅""量力而行,逐步发展""国内市场为主,国外市场为辅""国外市场极为重要,不可轻视"及"平等互利"等方针政策。"大进大出"的错误及时得到了纠正。

2. 大抓外贸以克服经济困难并偿还外债

"大跃进"和自然灾害导致国民经济比例严重失调。再加上苏联政府背信弃义,撕毁合同,撤退专家,逼迫还债(主要是抗美援朝中的军火债款),中国经济陷入严重困难时期。大抓外贸、克服困难、偿还外债,成为当时外贸的首要任务。为大力组织出口,从1960年开始,国家建立了出口商品生产基地和出口专厂、专车间;实行"以进养出",进口原料加工成品出口;并根据当时的特殊情况,调整进口结构,在急需物资进口中,把粮食列为首位,依次安排化肥、农药、油脂、工业原料、设备等进口,保证了重灾区和大城市的粮食供应,对于稳定市场,恢复和发展农业生产,克服国民经济困难,起到了重要的作用。

3. 外贸主要对象转向资本主义国家和地区

在中苏关系破裂,中国对苏联、东欧国家贸易急剧缩减的情况下,中国对外贸易的主要对象开始转向资本主义国家和地区。在积极发展中国同亚非拉民族独立国家贸易关系的同时,中国进一步打开了对西方贸易的渠道。为了适应资本主义市场的需要,通过革新工艺,使商品的品质、规格、款色、包装和装潢有了显著改进,新品种迅速增多,1963年出口的纺织品增加到840多种,轻工业品增加到400多种。在贸易方式上采用国际贸易通行的灵活做法。到1965年,中国对西方资本主义国家进出口总额在全国进出口总额中所占的比重,由1957的17.9%上升到52.8%。并先后从日本、英国、法国、联邦德国、瑞典、意大利、瑞士、荷兰、比利时、奥地利等国家进口了石油、化工、冶金、矿山、电子和精密机械等成套设备和技术84项。

与此同时,中国在同拉美国家发展贸易关系方面,也开始迈出较大步伐,中国内地与港澳地区的贸易仍稳步发展。

到1965年，中国已与100多个国家和地区建立了贸易关系，进出口总额达到42.45亿美元，比1962年的26.63亿美元增长了59%，平均每年递增16.8%。1964年中国提前一年还清了苏联的全部债款。

(三)"文化大革命"和拨乱反正时期(1966—1977年)

1966年5月开始的"文化大革命"(简称"文革")，使对外贸易遭到严重的干扰和破坏，走上了非常艰难的反复坎坷的路程。

1. "文革"干扰破坏使外贸出现大曲折

"文革"这场全面性动乱，冲击和破坏了对外贸易的生产基础、运输渠道、机构队伍、规章制度，使收购、出口、进口等业务都难以正常开展。大批出口商品生产基地被迫停产，不少出口专厂改产，大量产品设计资料散失，出口产品的花色品种减少，质量规格下降，不少出口商品长期滞销和大量积压，"以进养出"业务被迫停止，来料加工、定牌生产、中性包装等灵活贸易做法都被砍掉，技术引进工作中断。20世纪60年代前期引进的84个项目的建设也受到了影响，造成工程拖期或不能正常生产。1967—1969年连续3年外贸额下降。1969年进出口总额只有40.29亿美元，比1966年的46.14亿美元下降了12.7%。

2. 周恩来、邓小平反干扰使外贸一度迅速扩大

1971年，周恩来总理主持中央日常工作，采取正确措施调整国民经济，并积极支持外贸工作，提出了要以国内市场为主，国外市场为辅，要争取多出口，进口工作同样重要，同时提出了外贸促生产、促内贸、促科研的方针。1971年恢复了"以进养出"业务，1972年恢复和新建了出口生产综合基地、单项农副产品出口基地和出口工业品专厂、专车间，实行国家投放资金和给予优惠贷款等扶持政策。

1975年周恩来总理病重，邓小平副总理主持中央日常工作，坚决进行了反干扰斗争，对各条战线进行整顿。他把"引进新技术、新设备、扩大进出口"列为加快工业发展的一项重要措施，指出"要多争取出口一点东西，换点高、精、尖的技术和设备回来，加速工业技术改造，提高劳动生产率"，提出可采取补偿贸易这个"大政策"；并强调"要想在国际市场上有竞争能力，必须在产品质量上狠下功夫"。

全国外贸职工根据周恩来总理、邓小平副总理的指示精神，努力完成各项外贸任务，尽最大努力减少了外贸损失。

3. 国际环境的有利变化使我国外贸获得了较大发展空间

20世纪70年代前期，国际环境开始发生有利的变化。在毛泽东主席和周恩来总理的亲自领导下，积极开展了一系列有效的对外活动，争取到了外贸发展的更广阔空间。1969年9月，周恩来总理在北京机场会见苏联部长会议主席柯西金，中苏两国关系有所缓解。1970年和1971年，中国先后同加拿大、意大利、奥地利和比利时等国建交。1971年联合国恢复了中国的合法席位，1972年2月美国总统尼克松访华，中美发表《联合公报》，在正式建交之前先恢复了贸易关系。1972年以后，中英、中荷的外交关系由代办级升格为大使级，中日邦交实现了正常化，联邦德国、西班牙等西方国家及其他地区许多国家纷纷同中国建交，

1975年5月中国与欧洲经济共同体建立正式关系。从1970年开始,中国进出口贸易额迅速增长,再次开始从西方国家大量引进技术和成套设备,对港澳地区出口以更快速度增长,对亚非拉国家的贸易继续蓬勃发展,对苏贸易也开始回升。

在"文化大革命"和拨乱反正期间,我国对外贸易经历了停滞下降—较快发展—又趋回落这样一个极不稳定的曲折过程。1976年全国进出口贸易总额为134.33亿美元,比1966年的46.14亿元增长1.9倍,平均每年增长11.25%。1977年全国进出口贸易总额比1976年增长10.2%。

二、中共十一届三中全会后的对外贸易(1978年至今)

1978年12月召开的中共十一届三中全会,全面纠正了"文化大革命"的错误和"左"的指导思想,决定把工作重点转移到社会主义现代化建设上来,制定了调整国民经济,改革经济体制,实行对外开放、对内搞活经济的政策。提出了要"在自力更生的基础上,积极发展同世界各国平等互利的经济合作,努力采用世界先进技术和先进设备",加快社会主义现代化建设。中共十一届三中全会的正确决策,使国家全面振兴、走向繁荣,也开创了对外贸易发展的新局面。中共十一届三中全会以来的对外贸易,呈现出以下几个特点。

(一)外贸持续大幅增长

1979年以来,在国民经济调整和发展的基础上,初步改革了外贸体制,调动了各方面经营外贸的积极性,外贸额持续大幅度增长。1978年外贸进出口总额为206.4亿美元,1985年增加到696亿美元,2000年增加到4743.08亿美元,2005年增加到14 220亿美元,2017年增加到22200亿美元,2017年比1978年外贸进出口总额增加107.5倍。我国外贸进出口总额的增长速度高于同期国内生产总值的增长速度,也高于同期世界贸易的增长速度。我国进出口贸易在世界的排名不断提升。据世贸组织(WTO)发布,2004年我国货物进出口总额位次由2002年的第五位上升至第三位,2005年和2006年继续稳居第三,在世界贸易中所占比重由2002年的4.7%上升到2006年的7.2%。2011年我国货物贸易进出口总额跃居世界第二位,连续三年成为世界最大出口国和第二大进口国。2011年,我国外贸出口额和进口额占世界货物出口和进口的比重分别提高到10.4%和9.5%。2012年,我国进出口总值为38667.6亿美元,与上年同期相比增长了6.2%。其中,出口20489.3亿美元,增长7.9%;进口18178.3亿美元,增长4.3%;贸易顺差2311亿美元,扩大48.1%。2017年,我国货物贸易进出口总值40867亿美元,比2016年增长14.2%,扭转了此前连续两年下降的局面。其中,出口22544亿美元,增长10.8%;进口18323亿美元,增长18.7%;贸易顺差4220亿美元,收窄14.2%。

我国利用外资稳居发展中国家首位,2003年实际使用外商直接投资为535亿美元,2004年为606亿美元,2007年为748亿美元,2017年增至1191亿美元,全球排名上升至第二位。此外,对外援助、境外加工贸易、资源开发等都取得了显著成绩。

(二)商品结构逐步优化

这一时期我国对外贸易商品结构发生了实质性的变化,实现了由以初级产品为主向以

第一章 中国对外贸易的产生和发展

工业制成品为主的出口商品结构转变。1990年工业制成品出口额占出口总额的比重由1978年的46.5%上升到74.4%，初级产品出口所占比重则相应由1978年的53.5%下降到1990年的25.6%。20世纪90年代以来，出口商品结构进一步优化，到1998年，我国工业制成品的出口额占出口总额的比重进一步上升到88.8%，初级产品的出口额所占比重下降到11.2%。其中资本和技术密集型的机电产品的出口额1995年达到438.6亿美元，占全国出口总额的29.5%，其出口额首次超过纺织品，成为我国最大的出口商品类别。2000年机电产品出口额进一步达到1053亿美元，保持了12.2%的增长率，在总出口额中所占比重上升至42.23%。在高科技出口方面，我国制造的飞机及零部件、卫星运载火箭也已进入国际商业合作领域，技术出口初具规模。1998年我国高科技出口额达到200亿美元，1999年为250亿美元，2000年达到370亿美元，2001年跃升到464亿美元，占当年出口总额2661亿美元的17.5%。2002年高科技出口额又跃升到528亿美元。2007年，我国机电产品和高新技术产品出口额分别跃升至7102亿美元和3478亿美元，占出口总额的比重分别上升到58.3%和28.6%。2017年，我国机电产品出口额占出口总额的比重由2002年的48.2%上升到59%；高新技术产品出口额占出口总额的比重由2002年的20.8%上升到29%；高耗能和高排放产品出口额得到有效控制，汽车、船舶、飞机、铁路装备、通信产品等大型机电产品和成套设备出口均有新的突破。

(三)国际合作进展顺利

改革开放以来，中国的对外经济合作事业经历了从无到有、不断壮大的发展历程。1979年4月首批批准设立的4家国有公司率先开展对外工程承包业务，在伊拉克、沙特阿拉伯、也门、埃及、索马里、马耳他等国以及中国香港地区签订了36项对外承包、劳务合同，总金额为5117万美元。此后我国对外工程承包业务发展迅速，每年递增20%左右。2002—2011年，中国对外直接投资保持了10年连续增长。对外承包工程完成营业额已连续8年保持20%以上的增长速度，新签合同额连续11年保持10%以上的增速。2012年，我国对外承包工程业务完成营业额1166亿美元，新签合同额1565.3亿美元。新签合同额在5000万美元以上的项目有586个，合计金额1252.1亿美元，较去年同期增长11.4%。截至2012年12月底，我国对外承包工程业务累计签订合同额9981亿美元，完成营业额6556亿美元，累计派出各类劳务人员639万人。2015年，我国企业在"一带一路"工商协会联盟相关的60个国家新签对外承包工程项目合同3987份，新签署合同金额926.4亿美元，完成营业额692.6亿美元。目前中国企业"走出去"的步伐仍在加速。截至2017年，中国对外承包工程业务累计签订合同额约16300亿美元，完成营业额11300亿美元。对外投资的同时，还增加了就业，截至2017年，我国对外劳务合作业务累计派出各类劳务人员共计约816万人。我国对外工程承包和劳务合作方式越来越多样化，对外承包工程不断向EPC总承包、BOT等更高层次发展，大项目不断增多，技术含量也日益提高。中国企业境外的直接投资也有很大突破，境外中资企业超过30000家，对外投资遍及世界160多个国家。我国已由初期的贸易、航运、餐饮为主拓展到以工业制造、建筑、石油化工、资源开发、交通运输、水利电力、电子通信、商业服务和农业等行业为主，并广泛涉及国民经济其他诸多领域，如环境保护、航空航天、核能和平利用以及医疗卫生、旅游、咨询服务和研究开发等众多领域。投资方式从建点、开办"窗口"等简单方式发展到投资建厂、收购兼并、股权置换、境外上市和建立战略合作联盟等国际通行的跨国投资方式。2017年，共有69家中国内地企业入选《财富》杂志世界500强企业，有61家中国企业入选美国ENR国际承包工程商225强。

此外，中国积极参与世界贸易组织、亚太经合组织、东盟与中日韩(10+3)合作、上海合作组织、东亚—拉美论坛、博鳌亚洲论坛等世界及区域经济合作组织，并在其中发挥了重要作用。

(四)贸易对象不断扩大

改革开放以来，我国坚持平等互利原则，致力于同世界上所有国家和地区发展多种形式的多边、双边经济贸易关系，对外贸易对象不断扩大。

我国十分重视发展同西方发达国家的经贸关系，这些国家经济实力雄厚、科技先进、工业发达、生产能力强、消费水平高。我国的现代化建设需要吸收发达国家的先进技术和管理经验，发达国家也需要向我国输出工业产品和进口我国的资源性产品、劳动密集型产品及传统的农副土特产品等。发展双边贸易关系符合双方的经济利益，也有利于世界经济的繁荣与发展。

我国也非常重视发展同发展中国家和地区的经贸关系，探索"南南合作"的新途径。通过发展同广大发展中国家和地区的贸易，促进我国经贸关系的多元化。

为了充分利用国内国际两种资源、两个市场，加快改革步伐，扩大对外开放，我国还积极拓展独联体各国和东欧国家市场，发展与港、澳、台地区的经贸关系。

目前，我国对外贸易的主要伙伴已达227个国家和地区，呈现出多元化、全方位的经贸关系格局。但贸易方向则相对集中于发达国家和地区，其中我国对欧盟、美国、日本和中国香港特别行政区4个市场的出口额占出口总额的70%。按贸易额的大小居于前10位的贸易伙伴依次是欧盟、美国、东盟、中国香港特别行政区、日本、韩国、中国台湾地区、澳大利亚、俄罗斯、巴西。

(五)自由贸易制度初步形成

改革开放以来，外经贸体制改革不断深化，完全独立自主的、具有中国特色的自由贸易体制初步形成。根据《中华人民共和国对外贸易法》等有关外贸法规，我国已初步构建了具有中国特色的自由贸易制度的基本框架。除了国家法律和行政法规有明确规定(禁止或限制)的以外，一切包括在国际贸易范畴内的进出口都是自由的。自2018年11月1日起，我国将降低1585个税目的进口关税，关税总水平从9.8%降至7.5%。其中纺织品、建材、钢材等具有比较优势商品的进口降税，共涉及677个税目，平均降幅为27%，将助推供给侧改革；部分机电设备进口降税，共涉及396个税目，平均税率由12.2%降至8.8%，平均降幅为28%，有助于产业结构升级；部分资源性商品及初级加工品的进口降税，共涉及390个税目，平均税率由6.6%降至5.4%，平均降幅约18%，将进一步缓解制约我国经济社会发展的资源瓶颈，基本完成了我国加入世贸组织承诺的降税义务。此外，我国还实行进出口经营权登记制，允许非公有制经济组织进入外贸领域，国家保障对外贸易经营者的经营自主权，具有外经贸经营权的企业已多达数十万家，形成了由多层次、多类型外贸企业进行多渠道经营的"大经贸"格局，在商品交换和价值规律基础上，实行了指导性宏观计划管理。

三、从外贸大国向外贸强国转变

改革开放以来,特别是中国加入世界贸易组织以来,中国对外经济贸易发展迅速,国际地位显著上升,已成为名副其实的贸易大国。但是中国还不是贸易强国,与贸易强国相比,中国还存在很大差距。努力实现由外贸大国向外贸强国转变,是我国社会主义初级阶段对外贸易发展的战略任务。

(一)中国已成为名副其实的外贸大国

1. 进出口总额跻身世界前列

改革开放前的 1978 年,中国对外贸易规模只有 206.4 亿美元,只占世界贸易总额的 0.78%,名列世界第 34 位。

自 2001 年中国加入世界贸易组织以来,对外贸易增长速度连续 6 年保持在 20%以上,2007 年外贸进出口总额达 21738 亿美元,增长 23.5%,其中出口额达 12180 亿美元,增长 25.7%;进口额达 9558 亿美元,增长 20.8%;年度进出口总值首次超过 20000 亿美元,跃升为世界第三大贸易国。据世界贸易组织统计,中国在 2009 年就超过德国,成为全球第一大出口国,至 2011 年中国货物出口和进口已连续三年居全球之首和全球第二,进出口总额居世界第二位。2012 年中国外贸总额超过美国,成为全球最大的贸易国。2017 年中国进出口总额为 41045.04 亿美元,同比增长 11.4%,其中出口额为 22635.22 亿美元,同比增长 7.9%;进口额为 18409.82 亿美元,同比增长 15.9%。2019 年美国的进出口商品总额是 42139.98 亿美元,中国进出口商品总额为 45761.26 亿美元,比美国高出 3621.28 亿美元。

2. 利用外商直接投资和对外投资居于世界前列

从 1993 年起,中国成为全球利用外商直接投资最多的发展中国家和世界利用外商直接投资第二大国。2002 年中国利用外商直接投资 518.58 亿美元,首次超过美国成为全球利用外商直接投资最多的国家。2007 年实际使用外商直接投资从 2003 年的 535 亿美元增加到 748 亿美元,2011 年增至 1160 亿美元,连续 19 年成为发展中国家吸收外资最多的国家。自 1978 年至 2018 年,中国累计实际使用外资 2.1 万亿美元;自 1992 年以来,中国利用外资已连续 27 年位居发展中国家首位。2019 年全年实际利用外资 9415 亿元,同比增长 5.8%,新设外资企业超过 4 万家,保持第二大外资流入国地位。与此同时,我国企业"走出去"步伐加快,非金融类对外直接投资从 2007 年的 248 亿美元上升到 2017 年的 820.2 亿美元,平均每年增长 25.50%,跻身对外投资大国行列。2018 年中国对外直接投资 1430.4 亿美元,略低于日本(1431.6 亿美元),成为第二大对外投资国,对外直接投资流量和存量稳居全球前三。

3. 外汇储备为世界最多的国家

我国的外汇储备 1979 年只有 8.40 亿美元,但进入 20 世纪 90 年代后增幅很大,1990 年为 110.93 亿美元,1995 年为 735.97 亿美元,2001 年为 2122 亿美元,2008 年 4 月增至 17600 亿美元,为世界第一外汇储备大国。2010 年中国外汇储备规模已达到 28000 亿美元。2012 年中国外汇储备超过 30000 亿美元。2015 年 12 月末中国外汇储备为 33300 亿美元,较 11 月下降创纪录的 1079 亿美元。2017 年我国外汇储备规模为 29982.04 亿美元,较

2016年年底下降123.13亿美元,并自2011年2月以来首次低于3万亿美元。2019年,我国外汇储备规模始终稳定在3万亿美元以上,全年环比8个月回升,4个月回落,整体呈现稳中上升的态势。

大量的外汇储备,表明我国在国际市场上具有强大的购买支付能力,具备充足的国际清偿能力,有利于国民经济的持续快速发展和人民生活的改善。大量外汇储备对于增强国家宏观调控能力,维护国家经济安全,防止国际金融风险也有重要意义。

4. 外贸对世界的影响力不断增强

世界贸易组织的数据显示,2008年爆发国际金融危机后,2009年世界货物贸易出口量下降了12.8%,而中国的进口量则增长了2.9%,缓解了世界市场需求萎缩的压力,带动了世界经济复苏。2001—2017年中国货物贸易进口额年均增长13.5%,高出全球平均水平6.9个百分点,已成为全球第二大进口国。自2009年起,中国跃居全球货物贸易第一大出口国,在世界贸易体系中占有举足轻重的地位;经济规模先后超过英国、法国、德国、日本,成为世界第二大经济体;自2002年以来,中国对世界经济增长的平均贡献率接近30%。美国摩根士丹利公司在一份研究报告中指出,过去10年来自中国的进口商品为美国消费者提供了6000亿美元,为生产商节省了大量成本。2018年,中国贸易伙伴数量由1978年的40多个发展到230多个;对欧盟、美国、日本和中国香港之外的贸易伙伴进出口占比达57.7%。

(二)世界外贸强国的基本特征

纵观世界外贸强国的情况,可以看出,作为世界外贸强国,应具备以下几个基本特征。

1. 经济高度发达,是名副其实的经济强国

世界主要外贸强国美国、德国、日本、英国、法国、加拿大、意大利、荷兰等都是经济强国,不仅国内生产总值居于世界前列,而且人均GDP都在20000美元以上,人均GDP相当于世界人均GDP平均水平的4倍以上。

这些国家作为经济强国,它们的经济、技术和资本实力雄厚,科学技术发展水平高,商品和服务的技术和质量具有较强的国际竞争力。这些国家的制造业和高新技术产业生产水平高,所生产的产品具有很强的国际竞争力,因而成为推动本国外贸发展强大的物质技术基础。

2. 对外贸易对世界外贸影响力强

外贸强国的货物外贸规模大,对世界外贸影响力强。美国、德国、日本、法国、英国、意大利、荷兰、加拿大、比利时等国家作为世界产品和资本的主要供应者和需求者,在钢铁、机器设备、化学制品等资本和技术密集型产品出口方面居于世界前列,其对外经济外贸活动在很大程度上左右着世界外贸和资本市场的变化方向和趋势。例如,美国的化学制品、机器和交通设备出口总额居世界首位,汽车出口居世界第三位;德国的钢铁产品、化学产品、纺织品、汽车出口居世界首位,机器和交通设备出口居世界第二位;日本的钢铁产品出口居世界第二位,机器和交通设备出口居世界第三位,办公和电信设备、汽车产品出口居世界第二位,对世界外贸市场有很强的影响力。

此外,外贸强国对世界外贸的影响力还可以通过发达的服务贸易体现出来,这已经成

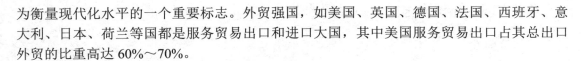

为衡量现代化水平的一个重要标志。外贸强国,如美国、英国、德国、法国、西班牙、意大利、日本、荷兰等国都是服务贸易出口和进口大国,其中美国服务贸易出口占其总出口外贸的比重高达60%~70%。

3. 有明显的比较优势和竞争优势

外贸强国在国际分工中,都有明显的比较优势和竞争优势,在质量和技术上保持着世界一流的水平。外贸强国在出口产品中以高新技术产品为主,因而能以较少出口产品换回更多的进口产品,外贸条件处于优势地位。多年来,世界主要外贸强国,如美国、日本、法国、德国、英国、意大利、加拿大、荷兰等国的外贸条件,一直处于比较优势的地位,并具有很强的竞争优势。例如,美国进入世界500强的企业有176家,日本有81家,德国有31家。

4. 有很强的国际经营能力

外贸强国凭借其大规模的对外直接投资和技术优势,具有很强的国际经营能力和管理能力,因而获得了丰厚的经济利益。

(三)中国与世界外贸强国的差距

中国虽然是一个外贸大国,但还不是外贸强国,与世界外贸强国比起来,还有比较大的差距。

1. 货物贸易进出口结构不合理,贸易条件恶化

中国货物贸易进出口总额虽然很大,但结构不合理。出口主要是附加值不高的初级产品和劳动密集型产品,而进口则主要是附加值较高的资本密集型产品和技术密集型产品。在国际市场上,初级产品和劳动密集型产品的贸易条件指数一直呈下降趋势;而资本密集型产品和技术密集型产品由于市场需求大,价格居高不下。因而,中国进出口商品的交换价格比例差距较大,贸易条件恶化。

2. 货物贸易与服务贸易发展不平衡,服务贸易落后

中国服务贸易的发展起步较晚,服务业在GDP中的比重较低,服务业发展不仅规模小,而且档次低,服务产品的竞争力较差,服务出口贸易结构相对落后,主要靠旅游和运输,金融、保险、商贸、电信领域的出口很少。服务贸易进出口结构不合理,一直处于贸易逆差。中国服务贸易不仅落后于以美国为首的发达国家,还落后于印度、巴西等发展中大国,低于世界服务贸易的平均水平。

3. 对外直接投资严重滞后,国际化经营能力不强

中国是利用外资最多的发展中国家和世界上采用外商直接投资的第二大国。但是中国对外直接投资却严重滞后,国际直接投资流入量与流出量的比例远远高于发达国家,也大大高于发展中国家的平均水平。2017年,国际直接投资流入量与流出量的比值为43.3,而美国、英国、法国、日本、加拿大、意大利、新加坡、韩国、印度9个国家的平均值只有5.39,这反映了中国企业国际化经营能力不强。

(四)实现由外贸大国向外贸强国的转变

要实现由外贸大国向外贸强国的转变,必须采取以下对策和措施。

1. 实施科技兴贸战略,提高企业和产业的国际竞争力

首先,要立足比较优势,争取竞争优势。在国际贸易中立足比较优势,可以实现比较利益,并为竞争优势创造条件,打好基础。而为了实现后发优势,就不能满足于比较优势,必须谋求竞争优势,从比较优势走向竞争优势。中国的比较优势现在仍然集中在劳动密集型产业和产品上,要在进一步保持和扩大其国际市场份额的同时,注意通过技术改造来提升其科技含量,提高附加值,增强国际竞争力。此外,更要通过增加对高新技术产业的投资培育新的竞争优势,以国际市场为导向,引进先进的技术设备,培植新兴产业,发展高新技术产品出口。

其次,调整和优化产业结构,以信息产业带动制造业升级。积极发展大型企业和企业集团,放开搞活中小型企业,优化产业布局和企业结构。大力发展高新技术产业,尤其是信息技术产业,带动产业升级,提高中国产业的国际竞争力。

再次,引进跨国公司投资,提升中国产业结构。当今世界范围内的技术流动越来越依靠跨国公司作载体,跨国公司掌握先进技术实现跨国转让,已占据世界先进技术转让的85%以上。跨国公司在中国的投资主要集中在微电子、汽车制造、家用电器、通信设备、办公用品、仪器仪表、制药、化工等资金、技术密集型行业,有利于提升中国的产业结构。应继续加大引进跨国公司投资的力度,更好地利用跨国公司对中国产业升级和技术创新的积极作用。

最后,增强自主创新能力,提高产业整体素质。我们在引进外国资本和技术的同时,要注意提高自我开发能力,培育创新精神和竞争意识,提高各类产业的素质,创建国际名牌,提升企业和产业的国际竞争力。

2. 大力发展服务业,提升服务贸易的国际竞争力

首先,要大力发展服务业。我国服务业产值占国内生产总值的比重还比较低,只有通过加快发展现代服务业来提高第三产业在国民经济中的比重,才能为进一步发展服务业出口奠定雄厚的产业基础。

其次,要优化服务业产业结构,促进服务业产业升级。要在充分发挥劳动密集型服务业竞争优势的同时,分阶段、有重点地发展高资金技术、知识密集型服务产业,优化服务业内部结构,提高服务贸易的技术档次,使服务业发展建立在提高劳动生产率的基础上。

最后,提升服务贸易的国际竞争力。要大力发展信息、科技、咨询、金融等对中国总体服务贸易国际竞争力有影响的战略性服务行业,加快服务企业联合重组,培育跨国企业集团,通过开展专业化、集约化、规模化的生产经营,增强竞争实力、经营活力和规避风险的能力,大力发展连锁经营、物流配送、多式联运等新型业态,提升服务贸易的国际竞争力。

3. 实施"走出去"战略,大力推进对外直接投资

中国要成为外贸强国,面对全球化竞争,必须拥有自己的跨国公司,拥有国际化经营的战略优势。因此,实施"走出去"战略,大力推进对外直接投资,是中国企业参与国际

第一章 中国对外贸易的产生和发展

竞争和国际分工的必然选择。

首先，要结合中国实际，确定对外直接投资的途径和产业。经过30多年的对外开放和经济发展，中国在国际分工中处于中游地位。一方面，我们要推进面向发达国家的学习型对外投资，以吸收发达国家先进的生产技术和管理经验，带动国内产业升级，创造新的比较优势；另一方面，要促进面向发展中国家的优势型对外投资，转移中国传统的"夕阳"工业和某些"朝阳"产业中的"夕阳"环节，延长产业和产品的生命周期，获取更多的投资利益。

其次，要适应全球化经济发展要求，适度扩大对外直接投资的规模。我国企业对外直接投资规模偏小，竞争能力和抗风险能力较差。因此，要适应全球化经济发展要求，应适度扩大对外直接投资规模，形成规模经济。如海尔、华为、春兰等一些大型企业，采取绿地投资和跨国并购，快速扩张规模，打破原有的竞争均势，实现了生存和盈利的发展要求。

最后，要以投资带动我国技术、设备、产品和服务的出口，并推进我国产业结构的调整。通过发展对外投资，扩大外贸出口，改变主要依赖产品的贸易出口模式。同时向国外转移过剩的生产能力，并积极参与全球的资源分配，缓解我国资源短缺对经济发展的压力。

4. 发展开放型经济，提高对外开放水平

经济全球化深入发展是当代世界经济发展的必然趋势。中国必须大力发展开放型经济，积极参与国际分工和竞争，积极参与多边贸易体制和区域经济合作，建立和完善对外贸易体制，提高我国对外开放水平。

首先，要大力发展开放型经济，积极参与国际分工和国际竞争。通过实行对外开放，利用外资，引进技术，发展面向国外市场的产业，加强对外经济技术交流与合作，在参与国际分工和竞争中，全面提升中国经济的国际竞争力。

其次，要积极参与多边贸易体制，加强区域经济合作，实现共同发展和繁荣。积极参与多边贸易体制，建立适应世界贸易组织规则要求的政策协调机制，利用世贸组织规则维护本国权益。此外，还要加强区域和双边经济合作，推进区域贸易自由化和经济一体化。加强与东亚、日本、韩国的合作，东盟和中日韩(10+3)合作，东盟和中国(10+1)合作，上海合作组织合作等。

最后，建立和完善与国际接轨的对外贸易体制。深化外贸体制改革，尽快建立和完善适应社会主义市场经济发展的、符合国际贸易规则的对外经贸体制，建立良好的市场秩序和统一的市场规则。

5. 在促进国际经济新秩序建立的过程中，抓住机遇向外贸强国转变

为应对2008年美国金融风暴以及欧洲债务危机给国际贸易和世界经济带来的严重影响，20国集团峰会和世界贸易组织拉开了国际金融体制改革的序幕，一个崭新的国际经济新秩序将建立起来。中国应抓住这一历史机遇，加快实现由外贸大国向外贸强国的转变。

首先，要促进国际金融体制改革，改善我国对外贸易的国际环境。通过加强国际监管合作，推动国际金融组织改革，鼓励区域金融合作，改善国际货币体系，建立国际经济新秩序。

其次，用好国家应对美国金融风暴和欧洲债务危机影响而刺激经济的投资，夯实发展对外贸易的国内基础设施和经济环境，促进日益繁荣的国内市场更快地融入国际消费活动。

再次，在新的国际经济秩序建立的过程中，争取更大程度地参与整个国际经济体系，包括世界银行、世界贸易组织和国际货币基金组织，更好地融入国际经济体系，担负起更大责任，发挥更大影响力。

最后，在国际经济活动中争取更大发言权。与中国在世界经济领域举足轻重的地位相适应，中国应在整个国际经济体系中有更大的声音，积极参与制定和修改国际经济的游戏规则，在开展国际经济活动中更好地体现自身价值和发展中国家的要求。

本 章 小 结

对外贸易是一国政府和企业与外国进行的商品和服务的交换活动，是一国经济的重要组成部分。中国对外贸易早在公元前5世纪就已经产生了。西汉张骞、班固通商西域及"丝绸之路"的开通，到明朝郑和下西洋海上贸易的形成，使中国古代封建社会对外贸易进入了较快发展时期。

封建社会对外贸易的特点：一是建立在封建社会手工业基础上的以丝织品和陶瓷为主要商品的出口贸易；二是建立在封建社会以"天朝"自居理念基础上的朝贡贸易；三是适应封建专制主义中央集权要求的垄断和集中的外贸管理制度；四是建立在封建社会自然经济基础上的对外贸易发展速度非常缓慢。

鸦片战争后，资本主义列强利用中国对外贸易，加强了对中国的掠夺，使其成为半殖民地半封建性质的对外贸易：对外贸易管理丧失独立主权；对外贸易进出口商品结构适应资本主义列强掠夺和倾销需要；对外贸易交换不等价和长期入超；对外贸易对象集中于少数资本主义列强。

新中国成立后建立起了社会主义对外贸易，它是在公有制发挥主导作用基础上有计划发展的对外贸易，是独立自主、维护国家利益和民族尊严的对外贸易，是以发展社会主义建设和提高人民生活为经营目的的对外贸易，是促进世界和平与发展事业的社会主义对外贸易。

从新中国成立到十一届三中全会前的对外贸易冲破帝国主义的封锁禁运和"文化大革命"及极"左"思想的干扰，在艰难曲折中仍然在不停地向前发展。十一届三中全会的正确决策，开创了对外贸易发展的新局面：外贸持续大幅增长；商品结构逐步优化；国际合作进展顺利；贸易对象不断扩大；自由贸易制度初步形成。

中国已成为外贸大国，现正朝外贸强国迈进。

思 考 题

1. 中国对外贸易是怎样产生的？
2. 中国封建社会的对外贸易有什么特点？
3. 从鸦片战争到新中国成立前夕的中国对外贸易为什么具有半殖民地半封建性质？
4. 试比较十一届三中全会前后中国对外贸易的区别和经验教训。
5. 中国应怎样由外贸大国转变为外贸强国？

第一章 中国对外贸易的产生和发展

案 例 分 析

格力家用空调全球市场占有率20.6%

近日，日本经济新闻社发布了2018年全球"主要商品与服务份额调查"。在家用空调领域，格力电器以20.6%的市场占有率蝉联全球第一，自2005年以来，已经连续14年位居全球首位。

早在2010年，格力就提出品牌战略："掌握核心科技"。多年来，格力坚持走自力更生、自主创新的发展道路，培养了大批专业人才，研发出了可观的技术成果，锻造了强大的自主创新能力。

有数据显示，格力现有1.2万名研发人员，已建成15个研究院，拥有94个研究所、929个实验室、2个院士工作站，拥有国家重点实验室、国家工程技术研究中心、国家级工业设计中心、国家认定企业技术中心、机器人工程技术研发中心各1个，同时成为国家通报咨询中心研究评议基地，为核心技术自主创新打下了坚实基础、提供了根本保证。

格力坚持"按需投入、不设上限"的研发策略，经过长期沉淀积累，格力现有24项"国际领先"技术，已申请国内专利51664项，在2018年国家知识产权局排行榜中排名全国第六，位居家电行业第一。

消费者对产品的喜爱，首先来自对品质的认可。质量是企业和消费者的生命，"完美质量"则是格力电器一直以来孜孜以求的质量标准。

以消费者需求为导向，格力正不断以自主掌握的核心科技突破行业"无人区"：三缸双级变容压缩机技术突破了空调制热的"生命禁区"，-40℃仍可稳定制热；光伏空调让空调从"用电大户"变成"不用电费"；"零碳健康家"实现全屋生态智能化管理，打造节能环保、舒适健康的全新智能家居……众多国际领先技术、专利技术和产品，正成为格力在消费升级时代的看家本领和制胜法宝，深刻影响和改变着广大消费者对美好生活的定义。

"'让世界爱上中国造'是愿景，更是责任和担当。"董明珠在受访时曾表示："随着海外发展布局不断深化，格力的海外发展必将迈上新台阶，我们的优质产品也必将造福更多的国家和人民。"

在"先有市场，再有工厂"的全球战略部署下，格力的海外市场布局不断深化，自主品牌的国际影响力不断加大，全球化进程持续加快。发展至今，格力自主创新的产品已远销160多个国家和地区，全球用户超过4亿。在"福布斯全球上市公司2000强"榜单中，格力电器位居全球294位。

(资料来源：https://www.sohu.com/a/326413662_114731，2019年7月12日)

问题：

1. 格力电器是怎样成为世界名牌的？
2. 为什么格力电器能在激烈的欧洲市场和中国香港市场的竞争中胜出？它是怎样取得国际市场竞争优势的？
3. 以格力空调为例，说明中国从外贸大国迈向外贸强国该走什么样的发展道路。

第二章 中国发展对外贸易的理论依据

【学习要求】

通过本章的学习,要求学生了解中国发展对外贸易的理论依据,掌握马克思主义、邓小平理论以及西方经济学中的绝对成本理论、比较成本理论、要素禀赋理论、偏好相似理论、规模经济理论、新要素理论。特别是要结合当前国际经济形势,思考各种理论对我国发展对外贸易的指导意义。

【主要概念】

绝对成本理论 比较成本理论 要素禀赋理论 偏好相似理论 规模经济理论 新要素理论 国际分工理论 国际价值理论 社会再生产理论 对外开放理论 社会主义市场经济理论

【案例导读】

中美欧日博弈 WTO 关键新规

据路透社 1 月 25 日报道,电子商务,即商品和服务的在线交易,已经成为全球经济的一个巨大组成部分。据一份 WTO 报告估算,2016 年全球电子商务总价值为 27.7 万亿美元,其中有近 24 万亿美元是企业对企业电子商务(B2B)交易。

2019 达沃斯世界经济论坛期间,76 个国家和地区的谈判代表同意制定出一个谈判日程,他们希望今年启动制定新的电子商务规则的谈判。

"我已经说过很长时间,对于今天推动全球经济增长的这种现象,到 2018 年仍没有进行更深入、更有效的磋商,这是不可接受的。"WTO 总干事阿泽维多表示。

"中国当初不是原始签署国,但现在是。他们已确认有意就电子商务展开磋商。我认为这是令人乐见的发展。"他在达沃斯一场简报会中说。

日本经济产业大臣世耕弘成说,日方希望利用今年担任 20 国集团(G20)轮值主席国的机会协助加快磋商。

报道称,中方认为应该"尊重发展中成员的合理诉求,在技术进步、商业发展与各成员合理的公共政策目标之间实现平衡,通过平等协商达成各方都能接受的成果",这样的呼吁可能增加中国与美国的摩擦。

美方称,WTO 应停止给予中国等自称"发展中国家"的国家特殊待遇。

另一个亚洲大国印度则未加入倡议。印方稍早前表示,WTO 在进入新领域之前,应该先完成停滞中的、以发展为取向的"多哈回合谈判"。

印度虽未加入倡议,但其在国内修改电商法规之举已引发美国关注。

另据台湾中时电子报 1 月 24 日报道,消息人士透露,印度修改电子商务法规引起美国政府关切,美方告诉新德里的官员,这项政策将阻碍亚马逊和沃尔玛在印度的投资计划。

第二章 中国发展对外贸易的理论依据

印度的电商投资规定将自2月1日起上路,将禁止企业透过其持有股权的公司销售产品,亦禁止他们与卖家签订在其平台独家销售的协议。

这项政策已对沃尔玛和亚马逊造成冲击,将迫使两家公司改变在印度的事业结构,导致经营成本攀升。

(资料来源:网易财经网 http://money.163.com/19/0129/07/E6M25OM5002581PP.html)

我国是一个发展中的大国,实行的是社会主义市场经济体制,有着独特的国情。我国发展对外贸易,必须有自己的理论作为指导。这就要求我们一方面要批判性地借鉴西方的国际贸易理论,并为我所用;另一方面更要求我们牢固树立科学发展观,坚持邓小平的中国特色社会主义理论指导,运用和发展马克思主义相关理论,大力发展中国的对外贸易。

第一节 传统理论

传统国际贸易理论,大体上经历了三个发展阶段,即亚当·斯密的绝对成本理论阶段、大卫·李嘉图的比较成本理论阶段、赫克歇尔-俄林的要素禀赋理论阶段。

一、亚当·斯密的绝对成本理论

亚当·斯密(1723—1790)是英国工场手工业向机器大工业过渡时期的资产阶级经济学家,英国古典政治经济学的杰出代表和理论体系的建立者,其代表作是1776年出版的《国民财富的性质和原因的研究》(中译本曾译为《原富》或者《国富论》)。正是在该著作中,亚当·斯密提出了贸易的"绝对优势理论"(或者叫"绝对利益理论")。因为一国的这种优势总是体现为成本优势,也就是说该国生产某种产品的成本绝对地低于他国,所以该理论又被称为"绝对成本理论"。具体来说,该理论至少包括以下几个方面的内容。

(1) 分工可以提高劳动效率。亚当·斯密说:"劳动生产力上最大的增进,以及运用劳动时所表现的更大的熟练、技巧和判断力,似乎都是分工的结果。"[①]他举例说,在当时情况下,没有分工时一个粗工每天连一根针也制造不出来,而在分工的情况下,十个人每天可制造48000根针,每个人的劳动生产率提高了几千倍。

(2) 分工的基础就是绝对优势或绝对利益。亚当·斯密认为,只有当每个人都专门从事具有优势的产品的生产并进行交换,才会对每个人有利。这里的优势主要是自然禀赋或后天获得的有利条件,前者如自然赋予的有关气候、土壤、矿产、地理环境等方面的优势;后者如自身掌握的特殊技术等。

(3) 分工的程度取决于市场范围。亚当·斯密认为,不仅一国内部不同个人和家庭之间的劳动分工可以提高劳动生产率,国际上的地域分工也可以促进生产力的发展。每个国家都应当按照各自绝对优势的生产条件去进行专业化生产,然后进行自由贸易,这样对每个贸易国家都有利,如互通有无、交换多余的使用价值、增加社会价值等。

(4) 主张自由贸易,反对国家对对外贸易的干预。亚当·斯密认为,国家为了保护某

---

① 亚当·斯密. 国民财富的性质和原因的研究:上卷[M]. 北京:商务印书馆,1972:5.

一产业而限制外国商品进口,实质上是使本国的资源从效率高的部门转移到效率低的部门,从而形成资源的不合理配置使用。

按照亚当·斯密的理论,一个国家只要按照自己的绝对优势开展国际分工和进行自由贸易,一定会使社会财富总量增长,从而使全体社会成员受益。但是,亚当·斯密的绝对优势理论也存在明显的局限性,它无法解释那些没有绝对优势部门的国家也能参与国际分工并开展国际贸易的现实,无法揭示这些国家开展国际贸易的利益所在。

二、大卫·李嘉图的比较成本理论

大卫·李嘉图(1772—1823)是19世纪初英国资产阶级古典政治经济学的杰出代表和完成者。1817年,他出版了代表作《政治经济学及赋税原理》,成为当时最著名的英国经济学家。李嘉图在斯密的理论基础上,发展了国际分工论,提出了比较利益学说,或称为比较成本理论。该理论表明,绝对优势并非国与国之间贸易的必要条件,不具备绝对优势的国家仍然可以按照比较优势参与国际分工并开展自由贸易,可以获得贸易利益。一国只要按照比较优势原则参与国际分工和国际贸易,即专业化生产和出口本国生产成本相对较低的产品,进口本国生产成本相对较高的产品,便可获得贸易利益。这一理论为世界各国广泛参与国际分工和国际贸易提供了理论依据,成为西方国际贸易理论的一大基石。

大卫·李嘉图的比较成本理论具有重要的历史意义,推动了自由贸易,加速了社会经济的发展。然而,该理论也具有一定的局限,主要表现在:它所揭示的贸易各国获得的利益是静态的短期利益,对于是否符合一个国家经济发展的长期利益没有考虑;它没有从根本上揭示国际分工形成与发展的原因,对于两国之间商品交换的比例以及贸易利益的分配等问题没有涉及,从而忽视了发达国家利用国际贸易掠夺落后国家的事实。因此,该理论对落后的发展中国家发展对外贸易的指导作用是有局限性的。

三、赫克歇尔-俄林的要素禀赋理论

1919年,瑞典经济学家赫克歇尔(1879—1952)发表论文《对外贸易对收入分配的影响》,第一次运用生产要素密集的分析来解释国际贸易。1933年,他的学生俄林(1899—1979)出版《地区间贸易与国际贸易》一书才使该理论方法产生了很大影响。赫克歇尔提出了生产要素禀赋理论的基本论点,俄林则完整、系统地创立了该理论。因此该理论被称为"赫克歇尔-俄林的要素禀赋理论"或者"H-O 理论",也就是通常所说的狭义的生产要素禀赋论。

李嘉图的比较成本理论强调了国际交换关系中的比较利益来自劳动要素的差别。而赫克歇尔-俄林的要素禀赋理论,是从各国的资源条件出发,强调多种生产要素条件的差别形成的比较优势。他们认为,两个国家在封闭条件下,资源禀赋差异导致供给能力差异,进而引起相对价格差异。价格差异是两国发生贸易的直接原因。开展自由贸易后,一个国家会出口密集使用其要素丰裕的产品,进口密集使用其要素稀缺的产品。

1948年,萨缪尔森发表《国际贸易与要素价格均等化》一文,在 H-O 理论的基础上,考察了国际贸易对生产要素价格的影响,论证了自由贸易将导致要素价格均等化,发展了要素禀赋理论，后人因此称之为 H-O-S 理论。这就是广义的生产要素禀赋论。

要素禀赋理论在理论与实际运用中的成功，使其在一段时期内一直被公认为国际经济学中的一颗"明珠"。然而，20 世纪 50 年代中期，美国经济学家里昂惕夫(1906—1999)分别于 1953、1956、1963 年发表了《国内生产与对外贸易：美国地位的再审查》《要素比例和美国的贸易结构：进一步的理论和经济分析》《国内生产与贸易结构》三篇文章，提出了一个尖锐的问题：美国是一个资本充裕而劳动力稀缺的国家，按照 H-O 定理，美国应该多生产资本密集型产品，少生产劳动密集型产品。可是美国的统计数据表明，美国出口大量的劳动密集型产品，而进口大量的资本密集型产品。这个结论震惊了国际经济学界，故成为著名的"里昂惕夫之谜"或者"里昂惕夫反论"。自此，很多国家的经济学家根据本国的统计数据进行了验证，部分国家也存在类似的情况。"里昂惕夫之谜"是西方国际贸易理论发展的转折点，它促使经济学界从新的角度、更多的因素去考虑国际贸易理论问题，从而推动了国际贸易理论的新发展。

第二节　现　代　理　论

一、偏好相似理论

根据传统的 H-O 理论，要素禀赋差异越大，国际贸易量就应该越大。但是，第二次世界大战后国际贸易的发展状况却有所变化，发达国家之间的贸易在国际贸易中的比重不断增加，逐渐超出了要素禀赋差异很大的工业国与非工业国之间的贸易量。

瑞典经济学家林德在 1961 年出版的《论贸易与转变》著作中提出了"偏好相似理论"。他重点从需求方面探讨了国家间贸易的原因、模式，认为 H-O 理论只是从供给角度分析了国际贸易，而国家之间的需求结构也是影响国际贸易的十分重要的因素。偏好相似理论认为，制成品的贸易形态取决于需求结构，而需求结构又取决于人均收入水平。工业发达水平接近的国家具有相似的收入水平，决定了这些国家的需求结构相似，因此这些国家之间的贸易量很大。

需求偏好相似导致产业内贸易的深刻原因是什么？也就是说产业内贸易的利益何在？发达国家之间相互进行工业产品贸易的利益来自两个方面：一是有利于实现更加专业化的分工，扩大市场规模，充分利用和实现规模经济效益；二是各国消费者可以因为产品差异化而得到更大的满足。

林德的偏好相似理论有一定的道理，对第二次世界大战以来发达国家之间的贸易现象做出了说明和解释，然而它无法解释有些出口产品在国内根本没有需求或者需求很小的现象。因此，该理论的指导作用是不全面的。我国作为发展中国家，不仅要大力发展同发展中国家的贸易，更应该重视与发达国家之间的贸易。

二、规模经济理论

所谓规模经济，是指投入增加引起产出增加，而产出增加的比例高于投入增加比例的情况。但是，规模经济受到市场规模的限制，当市场规模较小时，如果盲目追求规模，会造成产品积压、资金周转缓慢等问题。

传统国际贸易理论都假设产品规模报酬不变。然而，在现代化工业生产中，规模经济是比较普遍的现象，因此传统国际贸易理论没有揭示新时期国际贸易的新利益动因。1978年，克鲁格曼在其博士论文中首次将迪克西和斯蒂格利茨两人所共同提出的将差异产品和内部规模经济考虑在内的垄断竞争模型推广到开放条件下，从模型上证明了规模经济和差异产品是国际贸易中产业内贸易的原因，揭示了两个生产完全相同的国家之间也能够因为规模经济和产品差异开展国际贸易，并且这种产业内贸易会提高两个国家的总体福利水平。

同样，规模经济理论也只是揭示了有别于比较优势的另一种国际贸易的动因，但是它无法解释不同国家之间关于产品品种的选择性生产，从而无法确定具体的贸易产品模式。

三、国际贸易新要素理论

针对"里昂惕夫之谜"，西方经济学界的一些经济学家直接修正和发展了 H-O 学说。其中一部分人仍用生产要素差异来论述国际贸易，但同时扩大了要素的范围，赋予要素新的含义，由此产生了新要素理论。新要素理论当然是对要素禀赋理论的发展，但就分析方法而言，新要素理论与传统要素贸易理论并无本质的不同。

国际贸易新要素理论认为，应赋予生产要素以新的含义，扩展生产要素的范围，生产要素不仅仅是生产要素禀赋理论所说的劳动、资本和土地，技术、人力资本、研究与开发、信息以及管理等，都是生产要素，这些无形的"软件"要素越来越成为形成贸易的基础，它们决定着一国的比较优势格局。国际贸易新要素理论主要有以下几个方面的学说。

1. 人力技能说

人力技能说是由里昂惕夫的劳动熟练说发展而来的。所谓人力技能是指人的劳动技术熟练程度，是通过储蓄和投资形成的，实际上也可以看成是人力投资。人们通过对劳动力进行投资(如教育、职业培训、保健等)，可以提高劳动力的素质和技能，使劳动生产率得到提升，从而对一国参加国际分工的比较优势产生作用与影响。该学说认为，一个国家在新时代只有重视人力投资以提高人力技能，才可能产生新的比较优势。

2. R&D 学说(研究与发展学说)

R&D 学说强调的是研究与发展作为一种新的生产要素对于国际贸易比较利益的重要作用。研究与发展要素是指经济发展过程中用于研究和开发各种新项目、新技术、新产品的投资，在实际衡量中多用开发经费占销售额的比重来计算。研究与发展的多少，可以改变一个国家在国际分工中的比较优势，而丰裕的资金、丰富的自然资源、高质量的人才是从事研究开发的条件，市场对新产品的需求是研究开发产业化的基础，研究与发展密集度高的产品就是知识密集型或技术密集型的产品，其变化可以产生新的比较利益。该学说强调了科技在国际贸易优势形成中的作用，符合国际贸易发展的趋势。

3. 技术进展论和技术差距论

技术进展论认为技术是过去对研究与开发进行投资的结果，也可以作为一个独立的生产要素。技术进展同人力技能、研究与发展等要素一样，也决定着一国生产要素禀赋状况及其在国际贸易中的比较利益。由于该理论是在上述理论的基础上发展起来的，所以，强

第二章 中国发展对外贸易的理论依据

调技术进展对国际贸易比较优势的决定作用，实际上也就是强调研究与发展要素的作用。在技术进展论基础上，后来又有人进一步提出了技术差距论，认为由于各国技术投资和技术革新的进展不一致，因而存在着一定的技术差距。这就使技术资源相对丰裕或技术领先的国家，具有较强开发新产品和新工艺的能力，从而有可能暂时享有生产和出口某类高技术产品的比较优势。该理论补充了要素禀赋论，并根据创新活动的连续性使要素禀赋论动态化。

4. 信息贸易理论

信息是能够创造价值并进行交换的一种无形资源，是现代生产要素的组成部分。信息本身同时又是可以交换的商品，是一种软件要素，而且是一种无限的资源。占据信息意味着比较优势的改变，可以促进一国贸易格局的变化。目前信息贸易理论并不很完善，但它却代表着重要的发展方向。

以上这些新要素理论，虽然都未成系统，也不很完善，但能够为我国对外贸易的发展提供新的思路。

【案例 2-1】

日本模式与奇迹

"日本模式"是 20 世纪六七十年代形成的，震撼欧美的"世界奇迹"。它的主要特点如下所述。

(1) 核心是"追赶"欧美。所谓"追赶"，就是追赶欧美先进工业国。战后的日本自称是"资本主义后进国"，也自称是"2.5 流国"，随时都有可能成为三流国。战后的日本，技术落后欧美 20 年，设备陈旧，重工业薄弱，许多新兴产业如石油化学工业是空白，生产供给严重不足。因此，"日本模式"的核心就是追赶欧美，成为重工业化的先进工业国。

(2) 关键是"后发效益"。后进追赶先进，决定因素是后发效益。欧美的先进技术和相应的技术设备，以及由此形成的高附加值的产品和产业，是经过半个多世纪的努力，投入大量的资金和智力，通过反复研究和开发方才取得的成果。而后进的日本，却能够用低廉的费用购得这些技术和设备，在短时间内形成生产能力，甚至能够通过改良和完善这些技术和设备，部分地超过欧美，从而高速地发展经济和快速地赶上欧美先进工业国。这是只有追赶型经济才能获得的后发效益。

(3) 加强政府干预。政府干预经济是"日本模式"的主要特征。仅中央各省厅拥有的许可认可权就多达 1 万多项，此外还有无法可据的"行政指导"和"窗口指导"。直至 20 世纪 90 年代，日本 GDP 的 40%仍处在政府控制之下，而美国只有 6%。

(4) 引进技术，是追赶型现代化的主要手段。日本的实践经验表明，引进技术是弥补技术落后的捷径。日本在短时间内，仅从美国无线电公司一家就反复引进电视技术 36 次之多。以引进技术为主作为首要手段追赶欧美的"日本模式"，就是在这种摸索中形成的。

(5) 出口主导、"贸易立国"，以保证"追赶现代化"所需的外汇。日本的出口主导与东亚不同，东亚出口主要是为了偿还因国内资金不足而引进的外债。日本有力量解决国内资金需要问题，但是不能解决购进昂贵外国技术和设备的外汇问题，因而日本拼命出口价格低廉的轻工业品以换取外汇。这就是"贸易立国"的实质。"贸易立国"的实质只不过是"引进技术立国"而已。

(6) 实行统制金融，以保证追赶所需要的低成本的巨额资金。日本政府对经济的干预体现在各个方面，尤其是通产省推行的产业政策和外贸、外汇、外资政策，更是功不可没。日本政府对实体经济也进行诸多限制，但基本上是实行市场机制，唯有在金融领域是实行统制性金融政策。

(7) 西方国家的经济发展道路为日本提供了明确的发展方向，日本政府也有意识地通过管理经济的方式引导日本经济沿着这条道路奋起直追。例如，战后日本政府认识到汽车制造将是未来的支柱产业，于是通过引进西方技术，以及投入大量的人力、物力和财力进行研制开发，使日本最终成为世界上最大的汽车生产和出口国。又如，日本在战后不久就认识到电子产业在未来的发展前景，政府也就有意识地引导科研单位和企业进行这方面的研制与生产。

(资料来源：http://www.superist.com/newmarch/ChaseMode.htm，2014年8月18日)

第三节　马克思主义关于发展对外贸易的理论

一、国际分工理论

马克思批判地继承了资产阶级古典经济学家关于国际分工的理论，阐明了分工的产生和发展的历史进程，揭示了国际分工对资本主义工业化国家和落后国家的不同作用。国际分工是一个历史范畴，是社会生产力和社会分工发展到一定阶段的必然产物，是一国内部的社会分工超越国家界限向外发展的结果，是一种进步趋势。马克思认为，一个国家在国际分工中的地位和参与国际贸易的能力，取决于这个国家内部分工的发展程度[①]。

国际分工具有两重性。一方面，国际分工具有积极意义。近代国际分工摧毁了封建社会自给自足和闭关自守的落后状态，现代国际分工有效地促进了生产的国际化发展，促进了世界范围内的资源优化配置。另一方面，国际分工存在不平等性，现有的国际经济秩序、世界贸易格局和金融体制等对发展中国家不利，部分落后国家甚至完全处于从属依附地位。

马克思的国际分工理论对我国具有重要指导意义。我国是发展中国家，生产力发展水平还比较低，与发达国家还存在很大的技术差距，我国应该大力发展对外贸易，积极参与国际分工，消化吸收西方发达国家的先进技术成果，逐渐缩小差距。同时，我们又必须保持高度警惕，必须根据国情，走独立自主、平等互利、自力更生的发展道路。

二、国际价值理论

马克思认为，由于各个国家商品生产的条件各异、劳动强度和劳动生产率有别，不同国家生产商品的价值也各不相同。在这种情况下，各个国家内部生产的商品价值仅仅表现为国别价值。很显然，国别价值是各个国家内部商品交换的依据。一旦商品越出国境，交换在国与国之间进行，这时交换的依据就不再为国别价值，即不再取决于各个国家内部生产商品所耗费的社会必要劳动时间，而是国际价值了。衡量国际价值的内在尺度为世界劳

---

① 马克思. 资本论：第1卷[M]. 北京：人民出版社，1995：613～614.

动的平均单位,外在尺度为世界货币。可以说,国际价值是由世界劳动的平均单位决定的。而世界劳动的平均单位,实际上也就是指在一般条件下,国际上生产某种商品所需要的社会必要劳动时间。

马克思认为,劳动强度和劳动生产率是影响国际价值的重要因素。他指出:"国家不同,劳动的中等强度也就不同,有的国家高些,有的国家低些。于是各国的平均数形成一个阶梯,它的计量单位是世界劳动的平均单位。因此,强度较大的国民劳动比强度较小的国民劳动会在同一时间内生产出更多的价值,而这又表现为更多的货币。"①

世界市场上,商品的国际价值如何实现?在马克思看来,在国内市场上,生产商品的私人劳动只有转化为社会劳动,交换才能成功,商品的价值才能实现。在世界市场上,商品的国别价值只相当于个别价值,而商品的国际价值就是它的现实价值。由国别价值到国际价值的转化,同样是通过竞争和价值规律的作用而实现的。

三、社会再生产理论

马克思的社会再生产理论认为,社会生产各部类之间以及每个部类的内部都必须保持一定的比例关系,社会扩大再生产才能够顺利进行。马克思指出:"要想得到和各种不同的需要量相适应的产品量,就要付出各种不同的和一定数量的社会总劳动量。这种按一定比例分配社会劳动的必要性,绝不可能被社会生产的一定形式所取消,而可能改变的只是它的表现形式,这是不言而喻的。"②

社会再生产客观上要求社会各部类以及各部类内部按比例平衡,这种比例平衡关系不仅体现在价值形态上,还体现在实物形态上。实践中,各个国家的实物构成,不可能绝对准确地符合该国扩大再生产以及技术改进的要求。也就是说,任何一个国家都不可能生产出自身经济发展所需要的一切。而进行对外贸易,就可以在世界范围内实现实物形态的转换,互通有无,调剂余缺,这样就能够在较高的水平上实现综合平衡,取得社会经济发展的宏观效益。

马克思的社会再生产理论表明,我国应该积极发展对外贸易,积极利用国内资源和国外资源,积极开发国内市场和国外市场,形成超越本国经济内在力量的扩大再生产规模和高级的国民经济综合平衡,以追求最佳的经济发展速度和质量,提高资源配置的效率。

第四节 邓小平关于发展对外贸易的理论

一、对外开放理论

马克思、恩格斯指出:"资产阶级开拓了世界市场,使一切国家的生产和消费都成为世界性的了。"③列宁第一次提出社会主义国家的对外开放问题。但自从第二次世界大战以后,

---

① 马克思. 资本论:第1卷[M]. 北京:人民出版社,1995:613~614.
② 马克思恩格斯全集:第4卷[M]. 北京:人民出版社,1972:368.
③ 马克思恩格斯选集:第1卷[M]. 北京:人民出版社 1972:276.

两大阵营形成,冷战开始,斯大林由此提出两个平行市场的理论,把社会主义世界同资本主义世界隔绝了。毛泽东提出自力更生为主、争取外援为辅,还是想利用一切可能与西方发展经济关系。但是,由于国际形势的复杂性,以及"极左"思潮的影响,我国实际上长期处于孤立封闭的状态。邓小平总结了社会主义国家的严重教训,在和平与发展成为时代主题的国际条件下,提出了一整套社会主义国家对外开放理论。

邓小平指出,我们的对外开放,是全面开放,是对世界所有国家的开放,对所有类型国家的开放。具体地说,"一个是对西方发达国家的开放,我们吸收外资、引进技术等主要从那里来。一个是对苏联和东欧国家的开放,这也是一个方面。国家关系即使不能够正常化,但是可以交往,如做生意,搞技术合作,甚至于合资经营,技术改造……还有一个是对第三世界发展中国家的开放,这些国家都有自己的特点和长处,这里有很多文章可以做"。①邓小平讲的全面开放,除对国外开放外,更重要的是对国内各地区之间的相互开放,特别是落后地区要向经济比较发达的地区开放,内陆地区要向沿海地区开放。这是发展经济最快、最有效,也是破除保守落后的最好办法。邓小平说:"三十几年的经验教训告诉我们,关起门来搞建设是不行的,发展不起来。关起门有两种,一种是对国外;还有一种是对国内,就是一个地区对另外一个地区,一个部门对另外一个部门。两种关门都不行。"②邓小平反复强调,对外贸易在社会主义建设中处于重要的战略地位。进行现代化建设,需要利用两种资源、打开两个市场,这一切都要求大力发展对外贸易。邓小平还指出,社会主义作为一种崭新的社会制度,必须大胆借鉴、吸收人类社会包括资本主义社会创造出来的文明成果,结合新的实践进行新的创造,为我所用,才能加快发展,赢得同资本主义相比较的优势。

【案例 2-2】

美国贸易政策调整　将对全球经济产生深远影响

自参加竞选到正式就任美国总统后,特朗普一直秉持"美国利益最大化"的贸易理念,把扭转贸易失衡、重振制造业、提升就业作为对外贸易政策的优先议题。伴随纳瓦罗、科恩、罗斯、努钦等核心经济团队成员悉数到位,美新一届政府贸易政策正加速形成。

3月1日,美国贸易代表办公室(USTR)发布《2017年贸易政策议程及2016年度报告:美总统贸易协定规划》,标志着特朗普贸易政策基本框架确定。作为世界头号经济体的美国,其贸易政策进行深刻调整,会对全球经济产生怎样的影响?

第一,美世界经济"引擎"作用减弱。业内专家认为,美国新政府表面强调公平贸易,而实质是向贸易保护主义、单边主义、本土主义回归,希望把增长红利更多留在国内。

据 WTO 统计,2016年世界贸易增速仅为1.7%,远低于2.2%的预测值,创2009年以来最低值。美国新贸易政策或令原本就低迷的世界贸易形势雪上加霜,并导致美未来对世界经济的带动作用减弱。即使美经济走强,其"溢出效应"也有限,全球经济"引擎"作用或难再现强劲之势。

第二,全球贸易壁垒存在激增风险。有网站称,USTR 报告实质是在强调美国政府会无

---

① 邓小平文选:第3卷[M]. 北京:人民出版社,1993:99.
② 邓小平文选:第3卷[M]. 北京:人民出版社,1993:64~65.

视甚至违反 WTO 规定，提升美国采取更多单边制裁措施的能力，实现"保卫国家主权"。《华盛顿邮报》认为，此举很可能使第二次世界大战后美苦心经营的世界贸易体系"失去吸引力"。美试图违反 WTO 规则、推行保护主义的做法，不仅会导致他国贸易报复，还会引发"破窗效应"，被他国纷纷效仿。国际贸易体系一旦缺乏"硬约束"，各国利己主义、保护主义必将抬头，有可能导致全球贸易壁垒陡增，与全球化渐行渐远。

第三，国际货币体系面临风险挑战。长久以来，美通过大量贸易逆差来保持资本账户顺差，进而实现其国际收支平衡。而他国资本流入、购买美元资产，支撑起美元主导的国际货币体系。第二次世界大战以来，无论是"布雷顿森林体系""牙买加体系"，还是当前美元主导的货币体系，"特里芬两难"问题始终存在。若美国苛求贸易平衡，"美元荒"将再现，并动摇美元国际地位。

美企业研究所高级研究员史剑道就指出，美若强制实现贸易平衡，美元会丧失国际储备货币地位，现行国际货币体系将瓦解，"货币集团"林立的时代会再次袭来。

(资料来源：http://www.rf.hk/news/1044.shtml，2019 年 3 月 14 日)

二、社会主义市场经济理论

相对于人们的需求而言，资源总是稀缺的。因此，需要对有限的、相对稀缺的资源进行合理配置，即怎样以最少的资源耗费生产出最适用的产品和劳务，获取最佳效益。在社会化大生产条件下，资源配置方式主要有两种：计划配置和市场配置。一般来说，计划经济指的是以计划手段作为资源配置的主要手段的经济体制；市场经济是指市场对资源配置起基础性作用的经济体制。

我国过去实行的是高度集中的计划体制。它的特点是国家运用指令性计划，直接掌握、控制人财物资源；权力主要集中在各级行政部门手中，所有的经济活动都在计划规定的范围内进行。这种高度集中的计划经济体制的建立，与当时我国社会主义工业化初期的经济条件和经济发展要求是相适应的，并在当时起到了重要的积极作用。通过集中人力、物力和财力，保证了国家重点建设，比较迅速地奠定了社会主义工业化的基础，并在此基础上初步建立了独立的比较完整的工业体系和国民经济体系。但是，高度集中的计划经济体制在运行过程中也逐渐暴露出了不少问题，具体表现有：政企职责不分，条块分割，国家对企业统得过多过死，权力过于集中，忽视商品生产、价值规律和市场机制的作用，分配中平均主义严重。这就造成了企业缺乏应有的自主权，企业吃国家"大锅饭"、职工吃企业"大锅饭"的局面，严重压抑了企业和广大职工群众的积极性、主动性、创造性，使本来应该生机盎然的社会主义经济在很大程度上失去了活力。

以党的十一届三中全会为标志，我国进入了改革开放的新时期。经济体制改革的一个主要方面，是正确认识和处理社会主义和市场经济的关系。

早在改革开放初期，邓小平在思考用什么方法才能更有效地发展生产力时，就已经在思考市场经济与社会主义的关系问题。他指出："说市场经济只存在于资本主义社会，只有资本主义的市场经济，这肯定是不正确的。社会主义为什么不可以搞市场经济，这个不能说是资本主义。我们是计划经济为主，也结合市场经济，但这是社会主义的市场经济。虽然方法上基本和资本主义社会的相似，但也有不同……归根到底是社会主义的，是社会主义社会的。市场经济不能说只是资本主义的……社会主义也可以搞市场经济。"①

1987年党的十三大召开前，邓小平进一步指出："为什么一谈市场就说是资本主义，只有计划才是社会主义呢？计划和市场都是方法嘛。只要对发展生产力有好处，就可以利用。它为社会主义服务，就是社会主义的；为资本主义服务，就是资本主义的。好像一谈计划就是社会主义，这也是不对的，日本就有一个企划厅嘛，美国也有计划嘛。我们以前是学苏联的，搞计划经济。后来又讲计划经济为主，现在不要再讲这个了。"②

在1992年初的南方谈话中，邓小平更加明确地指出，计划经济不等于社会主义，资本主义也有计划；市场经济不等于资本主义，社会主义也有市场。计划和市场都是经济手段。邓小平的这些论断，明确界定了市场经济的属性，从而解除了把社会主义与市场经济对立起来的思想束缚，为我国最终确立社会主义市场经济体制的目标模式奠定了理论基础。1993年11月，党的十四届三中全会通过了《关于建立社会主义市场经济体制若干问题的决定》。从此，中国进入了全面建设社会主义市场经济的新阶段。

邓小平的社会主义市场经济理论，具有十分重大的理论意义和实践意义。在理论上，结束了长期以来有关计划与市场的争论，解放了思想，使社会主义与市场经济有机结合起来，为社会主义现代化建设提供了理论依据，丰富和发展了马克思的科学社会主义经济理论。邓小平的社会主义市场经济理论更重要的意义还在于对改革实践的科学指导。在该理论的指导下，我国市场经济体制改革和现代化进程取得了举世瞩目的成就。市场经济体制的建立，为我国加入WTO，与国际经济接轨，更好地发展与世界各国的贸易及经济技术交流与合作，提供了前提条件。

本 章 小 结

我国是一个发展中的大国，实行的是社会主义市场经济体制，有着独特的国情。我国发展对外贸易，一方面要批判性地借鉴西方的国际贸易理论为我所用，另一方面更要求我们牢固树立科学发展观，坚持邓小平的中国特色社会主义理论指导，运用和发展马克思主义关于发展对外贸易的理论，大力发展中国的对外贸易。

我国发展对外贸易应该批判借鉴的西方国际贸易理论主要包括亚当·斯密的绝对成本理论、大卫·李嘉图的比较成本理论、赫克歇尔-俄林的要素禀赋理论、偏好相似理论、规模经济理论、新要素理论。

马克思的国际分工理论、国际价值理论、社会再生产理论等，以及邓小平的对外开放理论和社会主义市场经济理论是我国发展对外贸易的重要理论依据。

---

① 邓小平文选[M]. 第2卷. 北京：人民出版社，1994：236.
② 邓小平文选[M]. 第3卷. 北京：人民出版社，1993：203.

第二章 中国发展对外贸易的理论依据

思 考 题

1. 马克思主义关于发展对外贸易的理论对我国对外贸易发展的指导意义有哪些？
2. 为什么邓小平理论是我国对外贸易发展的重要理论依据？
3. 西方国际贸易理论有哪些值得借鉴？它们有哪些局限性？

案 例 分 析

从吉利"汽车语"听中国制造"引擎声"

从"造老百姓买得起的汽车"，到"造每个人的精品车"，再到"做新能源节能技术的引领者"，乘着改革开放东风，我国第一家民营汽车制造企业吉利集团用产品"说话"，持续创新升级，赢得了市场的认同。吉利汽车澎湃的创新动力，也是中国制造实施创新驱动、迈向高质量发展的时代回响。

"造老百姓买得起的汽车"

吉利进军汽车行业得益于党和国家改革开放政策。身为吉利创始人的浙江吉利控股集团董事长李书福回忆起自己15岁那年，看到有关十一届三中全会的报道，萌发了创业的念头。

1981年，李书福开了一家照相馆，迈出了创业的第一步。1986年，李书福从生产冰箱配件、装潢材料和摩托车等开始，成为制造业创业大军中的一员。1997年，吉利正式进军汽车行业，在浙江临海建立了首个汽车生产基地。同年8月，吉利的第一辆整车下线。

2001年，中国加入世界贸易组织，吉利也拿到"准生证"，获准生产轿车，开始规范化生产。

这一时期，随着改革开放的深入推进，我国经济实力不断提升，老百姓对汽车等消费品的需求越来越大。而在当时，汽车价格昂贵，属于高档奢侈品。

吉利敏锐地察觉到市场需求和价格供给这一矛盾，果断采取"低价战略"，提出"三五"造车目标，即"五万元、五升油、五个人"，意即车子售价仅为五万元，跑一百公里只需五升油，车内能坐下五个人。

价格低廉但质量过关的吉利汽车一举冲破轿车合资企业的市场垄断，使轿车从奢侈品变成老百姓都买得起的消费品，吉利成功跻身中国轿车行业十强。

从无到有、从小到大、从弱到强，吉利集团从"小作坊"起步，靠着"小步快跑""薄利多销"，探索出了一条民族品牌走向世界的造车之路。

"造每个人的精品车"

雪后的江南，气温骤降。但在浙江的一些汽车4S店，"一车难求"的吉利领克汽车是一个常被问及的"热词"。2018年1—11月，领克品牌销量11.46万辆，连续5个月销量过万辆，尤其是获得了年轻消费者的广泛认可，成为中国汽车品牌向高端化突破的领先力量。

在发展过程中,吉利不光追求价廉,更注重产品品质,其间经历了两次"转身"。

在相继推出几款靠低价占领市场的车型后,2007年,吉利和经销商签署《宁波宣言》,宣布放弃价格战,向"技术先进、品质可靠、服务满意、全面领先"转型,在技术、品质、服务、员工生产条件、车内空气质量、零部件采购等方面,都提出新的要求。

收购沃尔沃之后,吉利的技术水平也获得提升,2014年开始第二次转身,制定了"造每个人的精品车"的发展战略。吉利车的平均售价从以前的五六万元提升到8万元,一些高端车卖到18万到20万元,在市场上收获了良好的销量和口碑。随着吉利汽车高端产品结构的持续优化,单车售价逐年攀升,消费族群也在不断变化升级,向一二线城市和年轻化转型。

这个从坊间出发、一锤一锤敲出来的汽车品牌,开始代表中国的民营汽车企业,在世界舞台上绽放光芒。

"做新能源节能技术的引领者"

面向未来,如何打好转型之战?吉利集团相关负责人表示,对内,吉利通过持续性的研发投入,增强自主创新能力;对外,以开放的胸襟、全球化视野,积极开展跨国并购,成为吉利创新转型的关键之举。

吉利精品车战略的底气在于技术。2017年,吉利和沃尔沃联合推出开发的CMA架构问世,引发行业震动。在技术研发方面,吉利不遗余力。2017年,吉利汽车收入超过1100亿元,研发投入占10%。

围绕"让中国的汽车跑遍世界"的目标,吉利积极对接国家发展战略,不断推进中国民族汽车品牌的全球布局。2010年,吉利并购沃尔沃,进入世界五百强,成为唯一入围的中国民营汽车企业,也正式迈出了进军世界的步伐。

除沃尔沃汽车外,吉利还并购了宝腾、路特斯、戴姆勒,收购了美国一家飞行汽车公司。吉利的人才也实现了国际化,控股集团1.35万名研发设计和工程技术人员,来自全球40多个国家。

目前,全球汽车工业进入新赛道。一方面,新能源汽车是吉利布局的重点之一,吉利提出了"做新能源节能技术的引领者"的目标,打算2020年销售的汽车中90%的是新能源汽车,自动驾驶也在加紧布局。另一方面,利用"互联网+"契机,吉利成立曹操专车,实现汽车制造商向平台服务商的转型。

(资料来源:新华网. http://money.163.com/18/1214/16/E30HRT1L002580S6.html,2018年12月14日)

问题:
1. 请结合国际贸易理论分析吉利汽车成功的原因。
2. 请思考吉利汽车的成功经验对我国汽车行业的借鉴意义。

第三章　中国对外贸易战略

【学习要求】

通过本章的学习，要求学生了解对外贸易战略的概念和分类，明确制定中国对外贸易战略的原则和指导思想，掌握中国对外贸易的总体战略和基础战略。

【主要概念】

对外贸易战略　进口替代战略　出口导向战略　混合型外贸战略　外开内撑型外贸战略　"大经贸"战略　"走出去"战略　互利共赢战略　自由贸易区战略　"以质取胜"战略　科技兴贸战略　对外贸易可持续发展战略

【案例导读】

站在新的历史起点献策国家发展

清人陈澹然在其《寤言二·迁都建藩议》中说："不谋万世者，不足谋一时；不谋全局者，不足谋一域。"国家发展战略是在空间上统筹世情国情两个大局，在时间上立足于历史的客观总结、现实的准确评判、潮流的深刻洞察、趋势的准确研判，科学预测未来国家发展的内外环境、主要矛盾、机遇挑战和优势劣势，明了世势国情于胸，顶层谋划未来国家发展的方向、目标、路线、方针和政策，以顺应历史潮流，抓住历史机遇，赢得主动、赢得优势、赢得未来。

历史告诉我们：战略问题是一个国家发展的核心问题，缺乏战略谋划的国家很难成为真正的强国，重大战略的成功是最重要的成功。谋划战略就是要把握现实，选择未来。实践证明，在当代中国的发展进程中，改革开放是重大并成功的战略决策。面向未来，需要在坚持改革开放这个大战略下，探索和谋划大国发展的未来之路。

(资料来源：《国家发展战略研究丛书》总序)

中国对外贸易战略是我国经济发展战略在对外贸易方面的内容，是在全国国民经济总体发展战略指导下，在一个比较长的历史时期内有关对外贸易发展的全局性决策和长期性规划。中国对外贸易战略是实现我国经济发展战略目标的重要保证，它对于我国社会主义现代化建设、中华民族振兴有着重要的战略意义。中国对外贸易战略包括总体外贸战略和基础外贸战略。实施中国对外贸易战略，既要在宏观与总体上把握，又要在微观上落实到具体的基础上，才能不断开创对外贸易发展的新局面。

第一节 对外贸易战略的概念与分类

一、对外贸易战略的概念

对外贸易战略是指在一国经济总体发展战略指导下的对外贸易部门发展战略，即对对外贸易发展目标和实现手段的全局性的长期安排和筹划。

对外贸易战略的内涵，首先应包含明确的对外贸易发展战略目标，考虑外贸利益。外贸利益大致有三种情况：第一种情况是谋求外贸之外的利益，即在特定时期，针对特定政治、经济环境做出的选择。例如，在中华人民共和国成立初期，为了突破帝国主义的封锁、禁运，我们着重发展了对苏联、东欧国家的全面紧密的经济合作和贸易往来，逐步同亚洲、非洲和拉丁美洲的独立国家建立了贸易合作关系，体现了谋求国家政治利益的战略思想。第二种情况主要是获得静态的外贸利益。第三种情况则主要是获得动态的贸易利益。20世纪90年代以来，我国外贸发展战略的目标已从出口创汇等静态利益转向促进产业结构调整、升级，提高规模经济水平和增强国际竞争力等动态贸易利益目标上来。

其次，对外贸易战略应包含战略重点，即部门发展偏向。实行进口替代战略，就是要进口工业设备，限制进口消费品，为国内工业的成长创造条件。实行出口导向型贸易战略，重视在国际市场上合理调配资源，放松进口管制，对出口生产部门和外贸部门采取多方面支持措施，目的是以出口增长带动产业升级和经济增长。

最后，对外贸易战略应包含保证外贸战略目标和重点实现的体制和政策体系。与外贸战略相适应的体制以及相互配合的政策体系是对外贸易战略是否完善的标志和能否成功的保证。对外贸易体制主要通过决策机制、信息机制和动力机制逐步实现对外贸易战略的目标意图，通过收集、处理信息推进对外贸易战略的实施，并根据条件的变化及时纠正对外贸易战略实施过程中出现的偏差，调节对外贸易利益分配关系。对外贸易政策包括总体政策、具体政策和国别政策。总体政策规定了一国对外贸易的总的方针和方向。具体政策包含产业政策、结构政策、商品政策等相关配套政策。国别政策是根据国家之间的关系决定的一国的政治利益。

对外贸易战略是经济总体发展战略的重要组成部分，是反映经济总体发展战略要求的，并在一定程度上决定了一国经济发展的目标和方向。

对外贸易战略在一国经济发展战略中居于核心地位。对外贸易战略是一国经济发展战略的有机组成部分，但对外贸易战略与经济发展战略不是一般的整体与部分之间的关系。因为对外贸易战略要考虑如何在世界经济的大环境下参与国际分工、实现资源优化配置、促进经济发展，其发展规划决定了一国经济发展战略的许多重要内容，反映了一国经济发展的目标和方向，因而处于一国经济发展战略的核心地位。

对外贸易战略的核心地位使其具有以下几个特点。

一是对外贸易战略具有全局性特点。一国对外贸易战略的制定，要着眼于国际经济和世界经济的国际分工体系，充分考虑到国内的资源条件和经济发展目标，所提出的体制和政策，不仅对外贸行业，而且对全国经济发展都能起到指导作用，因而具有全局性的特点。

第三章 中国对外贸易战略

二是对外贸易战略具有整体性特点。对外贸易战略的各构成部分,包括对外贸易战略的制定原则、指导思想、总体战略及模式、基础战略以及外贸体制、外贸政策等,具有相互联系、相互协调、相互促进、相辅相成的关系,从整体上对外贸发展和经济发展发挥着促进和制约作用,具有整体性特点。

三是对外贸易战略的稳定性特点。稳定性是一国经济发展战略和外贸发展战略内在的要求。经济发展战略和外贸发展战略都是对未来较长时期经济和外贸发展方向、发展方式、发展目标等方面的安排,要长期发挥引导作用,不能朝令夕改、随意变动,要在一定时期保持稳定。虽然由于国际、国内环境的变化,可以对战略的某些具体指标和要求做调整,但其基础部分和基本要求是不能随意改变的。只有对外贸易发展战略保持稳定,才能保证经济和外贸的安全有序发展,才能吸引更多的投资者和贸易伙伴。

二、对外贸易战略的分类

西方经济学家和国际组织在开展广泛调查研究的基础上,依据不同的研究目的和研究方法,将发展中国家的对外贸易战略进行了不同的分类。

钱纳里等人应用多国计量模型进行分析比较,把发展中国家的对外贸易战略划分为出口促进战略、进口替代战略和平衡发展战略。

克鲁格根据统计数据对第二次世界大战后10个发展中国家的制造业的有效保护率进行测算,把发展中国家的对外贸易战略分为出口促进战略、进口替代战略和温和的进口替代战略三种类型。

世界银行根据1963—1985年41个国家和地区的资料,把发展中国家的对外贸易战略分为坚定外向型、一般外向型、一般内向型和坚定内向型四种类型。

以上对外贸易战略类型的划分,可以归结为以下三种基本的类型。

(一)进口替代战略

进口替代战略又称内向型战略,是指用本国产品替代进口品。通过建立和发展本国的工业,实现对进口工业制成品的替代,从而达到减少进口、节约外汇、发展本国工业,加强经济自立能力,减少对国外经济依附的目的。实行进口替代战略一般都会对本币汇率高估,保护本国幼稚产业,对本国市场实行不同程度的保护,抵制外来产品。

实施进口替代战略一般要经过两个发展阶段:第一阶段主要是建立和发展一般的最终消费品工业,实现对这方面产品的进口替代;第二阶段是在第一阶段实施到一定程度后,需集中力量建立和发展生产资本品、中间产品的工业,如机械设备制造、石油提炼、炼钢轧钢、冶金、化工等需要大量资本和专门技术的工业,实行替代工业升级。第一阶段的实施比较容易,一般发展中国家都可实现。但第二阶段的实施受资金、技术、人才和市场等条件的限制,许多发展中国家难以成功实施。

进口替代战略的优点是:首先,所生产的一般工业品的国内有效需求已经基本存在,建立新工业的风险较低,较易实施;其次,对本国幼稚工业和民族工业的保护,有利于本国建立独立的工业体系;最后,一般消费品工业发展有利于解决就业问题。

进口替代战略随着经济的发展显露出明显的局限性:一是国内市场容量决定了进口替代战略的发展潜力有限。国内经济获得了一定发展后,有限的市场需求将成为制约经济发展的主要因素。一旦国内市场达到饱和,经济的增长速度就会受到抑制,甚至出现倒退。二是容易造成国际收支失衡。实行进口替代的国家一般是依靠农产品、资源性初级产品的出口换取外汇,用于进口国内经济发展所需的机器设备。初级产品换汇能力低,而进口所需外汇量大,长期下去易导致国际收支失衡。三是国内受到保护而获得发展的行业容易失去竞争意识,产生不求进取的懒惰行为,对经济发展产生不良影响。

实施进口替代经过一定时期的发展后,进口替代战略就走到了尽头,就会以极端扭曲的国内资源配置和国际比较利益关系换取本国工业在"闭关锁国"状态下的缓慢发展,维护其落后状态。对此,世界上不少发展中国家都有过深刻的历史教训。

(二)出口导向战略

出口导向战略又称为外向型战略,是指主要通过促进和扩大制成品出口,以出口增长带动产业升级和经济增长。这是一种出口鼓励型贸易战略,重视在国际市场上合理调配资源,贸易和工业政策不歧视内销的生产或供出口的生产,也不歧视购买本国商品或外国商品。它将国内国际市场同等看待,把国内市场视为开放性市场,视为国际市场的一个组成部分。该战略遵循国际分工的比较优势原则,利用国内丰富的资源或廉价的劳动力等优势发展资源密集型和劳动密集型产品,参与国际分工和合作,获取国际贸易的静态利益和动态利益,促进国内产业结构升级、改善出口产品结构、实现国际收支平衡等经济发展目标。

实施出口导向战略的配套政策有:降低关税,减少配额、许可证等数量限制,实施自由贸易政策;对出口部门采取特殊优惠政策,包括税收优惠、出口退税、提供出口信贷、外汇担保;货币对外贬值,促进出口贸易发展。

出口替代是外向型或出口导向战略发展到较高阶段的产物。出口替代可分为两个相互连接的阶段:首先实行以制成品出口替代传统的初级产品出口;接着实现出口产品由简单制成品向高新技术、高附加值制成品转换。

出口导向战略的优点是:能克服发展中国家国内市场狭小的限制,把国内市场和国际市场融合在一起,形成无限的市场容量,因而有利于引进先进技术、改造产业结构,利用规模经济,促进本国经济的工业化和现代化。中国香港、新加坡、中国台湾和韩国通过成功实施出口导向战略而实现了经济腾飞。

但出口导向战略也会随着经济发展的内外部环境的变化而表现出它的不足:一是过度依赖国际市场,容易受国际经济波动的影响。亚洲金融危机的爆发就是这种对国际市场过度依赖造成的。二是在要求别国开放市场的同时必然要开放自己的市场,国内经济面临着发达国家雄厚大公司激烈竞争的巨大压力,给本国工业发展、产业结构升级带来了严重的困难。三是发达国家由于经济衰退,新贸易保护主义抬头,对发展中国家的劳动密集型产品的出口实施了各种贸易限制,使发展中国家实施出口导向战略面临巨大挑战。

(三)混合发展战略

混合发展战略是在总结发展中国家实施进口替代战略和出口导向战略的经验教训,比较两种不同类型战略优点和局限的基础上提出的,力图将进口替代战略和出口导向战略各自有效的成分结合起来,取长补短,集合而成的一种新型对外贸易战略。

混合发展战略在战略重点上既利用进口替代迅速形成能满足国内需求的独立工业化体

系，又积极利用国际分工扩大出口；在战略措施上则既要继续实行较严格的贸易保护政策，又要采取财政和金融措施扶持出口。

在理论界，关于如何实现进口替代战略和出口导向战略的结合有以下几种主要观点：一种观点认为应综合运用两种战略优势，实施双层次的、重点有序的综合发展战略；另一种观点认为，应该平衡交叉运用进口替代战略和出口导向战略；第三种观点认为，进口替代战略以国内市场为主要目标，出口导向战略以国际市场为主要目标，应交替实施两种战略；第四种观点认为，出口导向战略要求比较自由的贸易政策，而进口替代战略则要求高度保护的贸易政策，将体现两种相互矛盾、排斥的政策要求的贸易发展战略结合在一起是无法操作实行的。

在实践中，巴西在20世纪60年代中期开始混合使用两种贸易发展战略并取得了成功，创造了经济快速发展的奇迹。印度从20世纪70年代初对这两种战略的结合进行了尝试，但由于开放的程度不足，对国内工业保护过度，因而实施效果不理想。

第二节 制定中国对外贸易战略的原则与指导思想

一、制定中国对外贸易战略的原则

制定中国对外贸易战略，应根据我国现阶段国民经济、社会发展水平和要求，经济体制改革与对外开放的进程，考虑到国际经济、政治环境的变化，参照国际惯例和经验，并贯彻以下原则。

(一)自由贸易与保护贸易适当结合的原则

那些国内产业发达，掌握贸易竞争优势或经济技术先发优势的发达国家和地区是自由贸易坚定的支持者；而那些国内产业不发达，居于贸易竞争劣势或经济技术后进地位的国家和地区则倾向于保护贸易。但是在当代世界经济由单纯的商品贸易向服务贸易、国际投资与技术知识产权、环境保护及可持续发展等领域交流合作转化的过程中，竞争更趋激烈和复杂。采用纯粹的自由贸易或保护贸易都不是制定对外贸易战略的良好原则。更多的国家开始转向实行自由贸易与保护贸易相结合的"管理贸易"的政策。我国虽是一个经济和外贸大国，但产业发展参差不齐，地区经济呈现明显的二元经济特征，出口产品结构水平低，竞争优势不足，因此，在制定对外贸易战略时更应贯彻自由贸易与保护贸易适当结合的原则。

(二)进口替代和出口导向有机结合的原则

我国国民经济与社会发展正处在工业化的关键时期，扩大经济总量、提升产业结构、改善贸易条件、增进社会福利的任务十分繁重，因此在对外贸易发展中必须强调进口替代。但在经济全球化和国际分工不断深化的今天，我们必须遵循国际分工的比较优势原则，利用国内比较优势，在参与国际分工和合作中获取国际贸易的静态利益和动态利益。这就要把进口替代和出口导向结合起来，通过出口为进口创造条件，通过进口替代实现重要产业的建立和发展,然后通过出口进一步实现国内产业升级,使进口替代的成果落实到出口替代的实效中去,发挥出两个战略成果的优点,实现二者优势互补的有机结合。

(三)国内市场和国际市场主辅结合的原则

中国应坚定不移地实行对外开放,与国际经济接轨,但是绝不能过度依赖国际市场,特别是少数几个发达国家的市场。过度依赖国际市场很容易受到发达国家经济运行和波动的影响。亚洲金融危机中,一些国家就是被发达国家的经济波动卷入危机深渊的。所以中国在制定对外贸易战略时,在充分利用国际市场特别是发达国家市场的同时,要保持国家经济发展的独立性,不要过度依赖发达国家市场。要坚持国内市场为主,以国内市场作为中国经济发展的中心和依托,把国际市场作为促进国内市场发展的有效补充。中国作为一个经济大国,国内市场巨大,有着很大的发展潜力。制定对外贸易战略应以国内市场为主,以国际市场为辅,实现二者协调发展的主辅结合。

二、制定中国对外贸易战略的指导思想

(一)坚持从实际出发

制定中国对外贸易战略,首先,必须从中国社会主义现代化建设的实际出发,既要符合国民经济总体发展战略的需要,与国民经济各部门发展要求相适应,又是我国现在的国力和发展水平有可能实现的。中国社会主义现代化建设的现实条件,是制定中国对外贸易战略的国内依据。其次,制定中国对外贸易战略,还必须依据国际条件,从世界经济的客观实际出发。要根据世界经济发展状况和国际贸易发展趋势以及世界政治经济格局的变化,制定中国对外贸易发展战略。

(二)坚持对外开放的基本国策

对外开放是被载入我国宪法的一项基本国策,制定中国对外贸易战略,必须坚定不移地坚持贯彻这一基本国策。不仅对社会主义国家开放,而且对资本主义国家开放;不仅对发达国家开放,而且对发展中国家开放;不仅国内经济特区、沿海发达地区开放,而且沿边地区和内陆地区也开放;不仅现在开放,而且将来也长期开放,对外开放政策永远不会变。要通过开放,摆脱那种基本上属于一国经济自我循环的状态,建立以国内资源和市场为主的、国外资源和市场为辅的有机结合的新的良性循环系统。

(三)坚持以提高经济效益为中心

提高经济效益是我们考虑一切经济问题的根本出发点,也是我们制定中国对外贸易战略的指导方针。我们在处理经济效益与发展速度的关系时,要确定能够取得最佳经济效益的对外贸易发展规模和速度。通过对外经济技术的交流与合作,使国民经济实现实物形态的转换,取得社会劳动的节约,达到增加使用价值和价值、争取最佳经济效益的目的。

(四)坚持科学发展观

科学发展观是在经济全球化迅猛推进,中国全面实行对外开放历史条件下提出的发展

战略理念，是处理中国对外经贸关系，引领中国对外贸易战略调整的重要指导思想。制定中国对外贸易战略，要以科学发展观为指导，在客观、全面分析全球经济发展格局和变化态势的基础上，抓住经济全球化不断深化的历史机遇，进一步扩大对外开放，全面提升中国参与国际经济技术合作的水平，进而为中国经济社会全面、协调、可持续发展提供强大动力，并采取有效措施，确保国家利益和社会、经济以及生态安全，实现国际、国内全面、协调和可持续发展。

(五)坚持自力更生方针

独立自主、自力更生是我国社会主义现代化建设的根本指导方针。在我们这样一个有14亿人口的大国进行社会主义现代化建设，必须主要依靠本国的资源和市场，依靠本国人民的力量。同时，我们还要通过对外开放，充分利用国内外两种资源和市场，还要学习和借鉴外国有益的经验，目的是增强自力更生的能力，加快社会主义现代化建设。但绝不是要依赖外国，放弃自力更生。我们在制定中国对外贸易战略时，既要反对忽视国外资源和市场，闭关自守，孤立奋斗的做法；又要反对一切依靠国外资源和市场的做法，自主决定和处理本国一切事物，在和平共处五项原则基础上发展对外经济技术交流合作，利用好国内外两个市场、两种资源。

第三节 中国对外贸易总体战略

中国对外贸易总体战略是从宏观角度提出的全局性的总体上的战略。在不同时期由于开放程度不同，对外贸易总体战略也不相同，具体包括改革开放前的进口替代战略、有限开放时期的混合发展战略、全面开放后的"大经贸"战略、"走出去"战略、互利共赢战略和自由贸易区战略。

一、关于中国对外贸易总体战略选择的争论

改革开放以来，开展了关于中国对外贸易总体战略选择的讨论，特别是东南亚金融危机爆发后，对中国对外贸易的发展该选择哪种战略的争论非常激烈。针对中国经济发展情况的不同侧重，大致形成了以下四种不同的看法。

(一)主张实行进口替代战略

主张实行进口替代战略的理由有以下几个。

1. 保护幼稚产业的需要

中国作为一个发展中的大国，国内工业体系还不完善，还有许多幼稚产业需要保护，只有实行进口替代战略，才能继续实施保护贸易政策，有效保护幼稚产业，促进中国民族工业发展，完善中国的工业体系。

2. 坚持独立自主对外政策的需要

实行进口替代战略有助于中国实行独立自主的对外政策，有利于降低国际政治、经济

的影响。

3. 中国目前经济发展水平不高的需要

中国是一个发展中大国,人口众多、地域辽阔,区域经济发展很不平衡,二元经济特征明显,因而不适合采用出口导向战略,否则就会加剧地区间不平衡,拉大收入差距,不利于构建和谐社会和实现共同富裕。此外,中国的市场体系还不够完善,还缺乏在国际市场上具有导向性的出口产业和出口导向的条件,因而只能实行进口替代战略。

4. 中国国内市场巨大的需要

由于中国国内市场巨大,应立足于国内市场,通过实行进口替代,促进国内经济大循环,依靠内需拉动经济增长。实践已经证明,中国完全可以依靠扩大内需来拉动经济增长。

5. 应对发达国家市场壁垒的需要

在当今国际市场上,发达国家一面高喊自由贸易,竭力打开发展中国家的市场,一面又对发展中国家高筑市场壁垒。在这种情况下很难实行出口导向战略,参与国际分工,因而只能实行进口替代战略。

(二)主张实行出口导向战略

主张实行出口导向战略的观点如下。

1. 实行出口导向战略是进口替代战略已经完成使命,必须转向的要求

中国经过多年实行进口替代战略取得了良好效果,已经建立起了完整的工业体系,完成了该战略的历史使命,只有转向出口导向战略,通过出口导向,实现出口创汇,进口先进的技术、设备,才能促进国民经济的进一步发展。

2. 实行出口导向战略是适应当今世界经济发展趋势,融入国际分工的要求

长期实行进口替代,过度进行贸易保护,会导致国内产业的"惰性"。但当代世界经济一体化趋势不可阻挡,要实行高度贸易保护几乎不可能。实行出口导向适应了世界经济发展的大趋势,通过发展外向型经济,实现用工业制成品替代初级产品出口,用技术层次高、附加值高和加工层次深的产品出口代替技术层次低、加工层次浅的产品出口,这样就可以更好地融入广泛深入的国际分工之中。

3. 实行出口导向战略是实现中国产业升级的必由之路

通过实行出口导向战略,建立起中国与世界经济的联系,利用中国的比较优势参与国际分工,在积极引进外国资金和先进技术、设备的条件下,集中资源和优势培育中国出口行业的竞争力,发展对外贸易,不仅可以解决中国外汇短缺的问题,而且还可以获得国际贸易的各种静态利益和动态利益,并逐步实现中国产业升级。

(三)主张实行混合型外贸战略

混合型贸易战略是基于出口导向战略和进口替代战略各有利弊,在综合考虑中国国情

条件下提出的将两种战略结合起来互补的混合型或平衡型外贸战略。至于如何实行这种混合型外贸战略，有以下三种不同的看法。

1. 在沿海、东部等经济比较发达的地区以及中、西部经济欠发达的地区分别实行出口导向战略和进口替代战略

由于中国地域辽阔，区域经济发展很不平衡，不可能在全国一刀切地实行单一的进口替代战略或出口导向战略。从中国经济发展的这种不平衡的实际出发，就只能是在沿海和东部等经济发达地区实行出口导向战略，直接参与国际竞争；而在中西部经济欠发达地区继续实行进口替代战略，对中国的幼稚产业进行保护，经过一段时间的发展后再适时转向实行出口导向战略。

2. 在不同的产业部门分别实行出口导向战略和进口替代战略

在一些关系到国计民生的重要部门和幼稚产业部门实行进口替代战略，以通过实施必要的保护，促进这些产业部门的发展；而在纺织行业、机电行业等已经发展得比较成熟的产业实行出口导向战略，通过发展外向型出口部门产业，进行出口创汇，引进先进的技术、设备，改善国内产业，促进中国经济发展。

3. 通过实现要素融合把两种战略有机结合起来

就是既鼓励进口替代的部门发展外向型经济成分，同时也在外向型经济出口产业部门引进先进的技术、设备，提升出口产品的竞争力，把两方面战略要素有机结合起来。这种结合既不受地区、部门的限制，又不受时间制约，要根据需要交替强调、灵活调整。

由于两种战略要求实行的是相反的政策措施，进口替代实行的保护贸易政策就会影响到出口部门的发展，而出口导向实行的促进出口和保护进口的措施又会因不同政策的抵消而难以获得预期效果。

(四)主张实行外开内撑型外贸战略

外开内撑型战略是中国经济学者提出的一种新的外贸战略。外开内撑型战略是以国际比较优势为依据，以国内市场为依托，以适度保护为辅助，努力撑大本国内部市场，全面对外开放的贸易战略，其内容如下。

1. 发挥比较优势走开放发展道路

当代世界经济联系越来越紧密，国际分工不断深化，经济全球化进程加快，任何国家和企业企图摆脱国际经济联系，走自我封闭、自我发展的道路，都是一条走不通的死路。中国应坚定不移地走开放型发展道路，重视扩大国外市场，积极主动参与国际分工，在扩大国际经济的交流与合作中发现并利用本国的比较优势，建立自己的有竞争力的出口产业和主导产业，促进对外贸易和国民经济的长期持续发展。

2. 撑大国内市场促进对外贸易发展

在走开放型发展道路时，还应当强调重视国内市场的作用。我国由于经济高速增长、实行扩大内需政策带来了巨大的市场机会，对于对外贸易的发展将有重要支撑作用。首先，广阔的国内市场对出口产业能发挥规模经济的作用。可以使本国产品成本降低，有利于获得国际竞争优势。其次,广阔的国内市场对国外资本、技术流动有吸引作用。这对于国家的工业化和现代化有重要作用。再次,广阔的国内市场可以起到出口商品"蓄水池"的作用,出口产品在国际市场一旦受阻,就可以通过扩大国内市场销售的办法来缓解压力。最后,广阔的国内市场对国外的贸易壁垒有抑制作用。由于担心失去中国的巨大市场,国外的贸易保护不得不有所收敛。

3. 适度保护下的自由贸易政策

我们要实行全面对外开放,就要实行自由贸易政策。但实行自由贸易政策并不是完全排斥任何形式的政府保护,适度的政府保护还是必要的。当今世界上没有完全实行自由贸易的国家。我们应该利用自由贸易参与国际竞争,但同时也应该由政府提供适度的保护,以促进国内幼稚产业的发展。

二、改革开放前的进口替代战略

改革开放前(1949—1978),我国实行的对外贸易总体战略是进口替代战略。对外贸易的目的是"互通有无,调剂余缺",着重强调的是自力更生,只有中国生产不了的才考虑进口,而不是为了根据国际分工的比较优势原则参与国际分工获取对外贸易利益。

(一)实行进口替代战略的依据

改革开放前实行进口替代战略的依据如下:首先,当时国内形势严峻,经济环境险恶。当时新中国成立不久,国民经济经历了多年战争的摧残,全面崩溃,百废待兴,急需要建立工业、恢复生产、保障供给。其次,国际上存在着资本主义和社会主义两大阵营的对立。以美国为首的西方资本主义国家对中国实行了经济封锁和禁运,企图完全切断中国与世界经济的联系。再次,中国经济建设的指导思想。面对国内、国外严峻的形势,我国不得不采取独立自主、自力更生的建设方针,建立和发展自己的工业体系,逐步恢复国民经济。最后,中国当时实行的是高度集中的计划经济体制。为了保护国内幼稚产业的发展,防止西方资本主义经济对中国的冲击,维护社会主义制度,在高度集中的计划体制下,经济建设实行自力更生,实现进口替代。

(二)实行进口替代战略的意义

在改革开放前的历史环境条件下,实行进口替代战略,对中国的外贸和经济发展还是起到了积极作用。一是外贸和经济都得到了恢复和发展,达到了较高的增长速度。1952—1978年中国对外贸易增长了5.5倍,其中出口增长约6.2倍,进口增长6倍。经济增长率在1949—1978年达到年均增长7.3%的水平,特别是工业产值的平均增长率在1953—1978年达到了11.3%的水平。二是中国初步建立起了比较完整的民族工业体系,并实现了出口产品由农产品为主到轻工业产品为主的过渡。三是充分发挥国内劳动力资源充裕的优势,形成了劳动密集型的轻工业产品略占优势的出口商品结构,在国际市场的竞争中取得了一定的比较优势。

(三)实行进口替代战略的缺陷

由于长期实行进口替代战略,暴露了该战略存在的缺陷,给中国经济发展带来了以下不利影响:首先,实行这种战略使中国一直孤立于世界经济之外。进口替代战略从本质上排斥进口,同时也歧视出口,不是以比较优势为原则发展对外贸易,因而不能获得国际贸易的各种静态利益和动态利益,使自己孤立于世界经济之外。其次,导致了资源配置的低效率。由于对国内产业过度保护,资源配置不合理、效率低,加上实行高度集中的计划经济体制,致使企业更加缺乏竞争意识和效率观念,效率低下造成资源的极大浪费。最后,结构失衡影响中国经济的进一步发展。实行进口替代优先发展重工业,使轻工业与重工业、农业与工业、生产与生活等经济结构严重失衡,中国经济的进一步发展受到很大影响。

三、有限开放时期的混合发展战略

1978—1992年的有限开放时期,我国基本上实行的是混合发展战略。1978年我国将对外开放确定为基本国策后,外贸战略开始转变,由进口替代战略逐步转向混合发展战略。

(一)实行混合发展战略的依据

实行外贸发展战略的转变,主要是由于当时中国国情的变化和世界经济全球化趋势的发展。

1. 国内经济体制的变化

通过改革,国内经济体制逐步实现了由高度集中的计划经济体制向市场经济体制的转变,外贸体制也进行了符合市场经济体制要求的改革。原来计划经济体制下的对外贸易战略随着其赖以存在的经济体制基础的转变,而必然表现出与新的经济体制不相适应的矛盾和冲突,需要用混合发展战略来代替原来的进口替代战略,即只有实行以进口替代为主,与出口导向相结合的对外贸易战略,才能与市场经济的新体制相适应。

2. 国内经济发展不平衡,结构不合理

中国幅员辽阔、人口众多,城乡之间、地区之间、产业部门之间经济发展很不平衡,经济结构很不合理。因此,需要针对不同地区、产业部门实行不同的外贸发展战略。在经济比较发达的东部沿海地区和有条件的地区实行出口导向战略,在经济欠发达的中西部地区实行进口替代战略。充分发挥这两种战略的优势,利用出口导向战略增加外汇收入,利用进口替代战略维护国民经济基础。通过两种战略的相互作用,实现国民经济结构的合理化和高级化。

3. 1986年提出了复关申请

进口替代战略的高度保护不符合关贸总协定倡导的自由贸易原则。为了适应关贸总协定所倡导的自由贸易原则,早日恢复中国在关贸总协定中的缔约国地位,需要对进口替代战略进行调整,并同时实行出口导向战略。

4. 高估汇率抑制了出口

实行进口替代战略,采取了高估汇率的政策,严重影响了中国对外贸易的发展,抑制

了出口，造成了外汇的紧缺，并影响到国内资源的优化配置。要改变这种状况，就必须调整对外贸易战略，从实行进口替代战略转到混合发展战略，并制定出相应的外汇政策，促进外贸发展，以发挥外贸在推动国民经济发展中的作用。

5. 对外开放基本国策确立

随着社会生产力和国际分工的迅速发展，世界上各个国家和地区在经济上的联系更加紧密，经济生活国际化趋势日益加强。各国孤立不群与闭关锁国的状态日益被打破。而中国由于长期实行进口替代战略，基本上孤立于国际分工和世界经济之外，被迅速发展的世界经济远远抛在后面。为了顺应世界经济的开放潮流，1978年后，对外开放被确定为我国的基本国策，并采取逐步推进的办法进行。我国的对外贸易战略必须做相应调整。在有限开放时期，在率先开放的经济特区、沿海开放城市、沿海经济开发区实行出口导向战略，在其他地区实行进口替代战略，实现两个战略的互补。

(二)实行混合发展战略的意义

1. 充分利用了中国丰富的劳动力资源

在沿海经济特区、开放城市和沿海经济开发区，利用国际经济处于产业结构升级和转移阶段的机会，通过大力引进外资，兴办中外合资、中外合作、外商独资企业，利用我国农村劳动力资源优势，发展劳动密集型加工业，有效利用了丰富的劳动力资源，解决了大量人口的就业问题。据测算，20世纪80年代中期以后，中国每出口1亿元人民币工业品，一年可为1.2万人提供就业机会。每年通过进出口生产大约可安排上千万人就业。

2. 实现了出口商品由初级产品为主向以工业制成品为主的转变

按国际贸易标准分类统计，工业制成品占出口总额的比重，1953年为20.6%，1978年上升到46.5%，1988年为64.6%，2011年达到65.34%，2017年又上升到80%，其中重工、化工制成品出口占出口总额的24.5%，并呈现出深加工和精加工制成品逐年上升的趋势。

3. 加速了工业化和现代化建设

1978—1979年的成套设备和技术进口项目，具有20世纪70年代末至80年代初的世界先进水平，对推进我国现代化发挥了重要作用。20世纪80年代以来，着重引进软件和关键设备，改造现有企业，使许多产品的生产技术日趋现代化。沈阳水泵厂引进联邦德国和比利时先进技术，生产的电站高压锅炉给水泵达到了80年代初的世贸先进水平。造船、机械、电子等产业，通过外贸引进技术，进行了全行业技术改造，推动了技术水平的飞跃，达到了国际标准，生产出世界先进水平的船舶新产品系列，80%的出口船舶销往发达国家。中国机械工业通过引进技术，使400多个重点企业的技术水平进入世界先进行列。

(三)实行混合战略的缺陷

1. 外贸政策的地区差异造成了各地不公平的竞争地位

当时实行的外贸政策，地区之间有很大差异，各地为了地区利益竞相争夺资源，甚至实行地区限制，人为分割国内市场，使沿海地区的经济发展面临着很大困难。

2. 国家倾斜的外贸政策拉大了地区经济发展的不平衡

国家向比较发达地区的外贸倾斜政策，加快了比较发达地区经济的快速发展，这样就进一步拉大了地区发展差距，加剧了地区经济发展的不平衡，影响到整个国民经济的协调、稳定发展。

四、全面开放以后的对外贸易战略

1992 年邓小平"南方谈话"和党的"十四大"对市场经济地位的确立，标志着中国改革开放进入了全面开放时期。此后，我国先后提出了"大经贸"战略、"走出去"战略、互利共赢战略和自由贸易区战略。

(一)"大经贸"战略

我国在 1994 年春举办的"90 年代中国外经贸战略国际研讨会"上，正式提出了"大经贸"战略构想。

1. "大经贸"战略的含义和内容

"大经贸"战略就是实行以进出口贸易为基础，商品、资金、技术、劳务合作与交流相互渗透、协调发展，外经贸、生产、科技、金融等部门共同参与的经贸发展战略。

"大经贸"战略的基本内容如下。

(1) 大开放。要通过进一步拓展对外经贸的广度和深度，形成对内对外全方位、多领域、多渠道的开放格局。开拓以亚太市场和周边国家市场为重点，发达国家和发展中国家合理分布的多元化市场，提高我国的整体开放程度，加快国内经济与世界经济接轨，奠定我国开放型经济体系的基本格局，最大限度地获取参与国际分工的好处。

(2) 大融合。一是加快实现对外经贸各项业务的融合，实现商品、技术和服务贸易一体化协调发展；二是在维护全球多边贸易体制的前提下，努力实现双边、区域和多边经贸合作；三是积极推进贸易、生产、科技、金融等部门的密切合作，提高企业的国际竞争力；四是外贸稳定发展，维护国际收支平衡，把对外经贸的宏观调节与国民经济宏观调控更好地结合起来。

(3) 大转变。就是要在转变对外贸易的功能，扩大外贸规模、提高外贸贡献度的同时，着力发挥其促进产业结构调整、加快技术进步、提高宏观和微观经济效益的作用，同时，通过利用国际分工，对国民经济发挥引导性功能，提供多方面综合服务。

2. "大经贸"战略的目标

(1) 适度超前增长。外经贸要继续保持适度超前增长，提高对经济增长的贡献度。

(2) 集约化发展。要进一步优化进出口商品结构，加快技术进步，提高效益，促进国民经济产业结构调整。

(3) 市场多元化。逐步实现以亚太市场为重点，周边国家市场为支撑，发达国家和发展中国家合理分布的市场结构。

(4) 地区外经贸协调发展。要努力改变外向产业发展雷同化、重叠化现象，减少地区之间的矛盾和摩擦，形成各地区外经贸合理、协调发展的格局。

(5) 实现外经贸不同方式的融合和良性循环。把商品、服务、技术、出口和利用外资相互融合，实现良性循环和协调发展。

3. 实施"大经贸"战略的措施

(1) 树立社会主义市场经济观念，提高宏观决策的经营管理水平。
(2) 深化外贸体制改革，完善外经贸宏观调控机制。
(3) 推进全方位、多层次、多渠道的对外开放，为实施"大经贸"战略创造良好的外部环境。
(4) 推动贸、工、农、技、银密切结合，加快技术进步和出口产品升级换代，增强国际竞争力。
(5) 加强外经贸法制建设。
(6) 加快外经贸人才培养与信息开发。

4. 实施"大经贸"战略的意义

(1) 为加强和改进对外经贸宏观调节和管理提供了依据，推动在全面开放新形势下，外经贸发展面临的一系列深层次问题的解决。
(2) 打破了国内外市场之间的阻隔以及国内各部门、各地区间的界限，促进了专业化协作与联合，推动了工贸结合及代理制改革目标的实现，推动了集团化、国际化的发展。
(3) 提高了外经贸质量、效益，整顿了外经贸秩序。
(4) 促进了产业结构调整和技术进步，推动了出口产业产品结构升级。

（二）"走出去"战略

"走出去"战略是我国政府在世纪之交经济全球化不断发展，国家综合国力要进一步增强，经济结构要调整升级的背景下做出的重大决策。在新的条件下发展对外经贸，就必须在"引进来"的同时，加快实施"走出去"开拓国际市场的战略。

1. "走出去"战略的内容与目标

(1) 鼓励有条件的企业"走出去"开展跨国经营。发挥比较优势，带动我国技术、设备、商品和劳务出口。鼓励和支持各类所有制企业"走出去"在境外投资办厂，开展各种各样的经济技术合作，更多地利用国外的资源和市场。

(2) 逐步拓宽境外投资领域。鼓励企业采取多种形式开拓市场，形成多元化的投资格局。鼓励企业从初期简单从事进出口贸易、餐饮、劳务承包拓展到投资办厂、境外加工装配、境外资源开发、对外承包工程、对外劳务合作、设立境外研发中心、建立国际营销网络、提供境外咨询服务、开展对外农业合作、卫星通信等众多领域。

(3) 推动对外承包工程和劳务合作发展。加大开拓国际工程承包市场的力度，鼓励和支持企业在境外开展对外设计咨询、工程承包和劳务合作，重点带动成套设备、技术和服务出口的总承包项目、大型工程和"交钥匙"工程，推动对外承包与劳务合作上规模、上档次。鼓励企业采取的承包方式从分包为主逐步向施工总承包和"咨询设计—采购—施工"全过程承包转变，项目经营方式逐步向项目管理、BOT等高层次发展。

通过上述"走出去"战略内容的实施，实现开拓国际市场、拓展我国经济发展空间的

第三章　中国对外贸易战略

战略目标。

2. 实行"走出去"战略的措施

（1）进行规划和协调。要从宏观上进行总体的规划和协调，从微观上积极引导企业根据国家外贸发展的长远目标和阶段安排制定跨国经营战略，避免"一窝蜂"式的大干快上。

（2）制定促进措施。为提高企业的国际竞争能力，要建立企业境外带料加工装配、对外承包工程保函风险专项资金、出口信贷及出口信用保险、中小企业国际市场开拓资金、援外合资合作基金。充分发挥商业贷款、优惠贷款、无息贷款和发展援助的作用，鼓励企业带资承包，在境外承揽大项目。允许具备条件的企业在国内外资本市场融资，利用国际商业贷款增加资本金。

（3）加强信息和政策服务。引导企业选择好目标市场和项目。发挥驻外经商机构、商业行会和各类中介组织的作用，为企业提供信息、法律、财务、知识产权和认证等方面的服务。加快建立信息服务网络系统，扩大信息采集渠道，向企业提供境外经营环境、政策环境、项目合作机会、合作伙伴资质等信息。

（4）建立保障机制。加强多边、双边经贸磋商，减少和排除境外各种贸易壁垒。加强领事保护，制定境外企业和人员领事保护实施办法，维护我国境外企业和人员的合法权益。

3. 实施"走出去"战略的意义

（1）有利于提高对外开放水平。开拓了国际市场，拓展了我国经济发展空间。

（2）有利于增强我国经济发展的动力和后劲。为弥补国内资源不足，开发利用国外石油、天然气、铁矿、森林等资源取得积极进展，缓解了我国能源、原材料的紧缺状况。

（3）有利于推进经济结构优化升级。对外投资合作规模不断扩大，我国已进入国际工程承包的世界十强，投资领域、方式向人才、资金、技术密集型行业拓展，推动了我国经济结构的优化升级。

（4）有利于保证国家的经济利益和安全。企业跨国经营迈出了重要步伐，海外跨国经营业务取得重要进展，国际竞争力增强，一批企业开始进入世界同行业最强的大型企业行列。

(三)互利共赢战略

2001年中国正式加入世贸组织后，制定对外贸易战略和政策时，必须考虑对其他国家的影响，同时更重要的是要适应国民经济发展战略，促进国内经济的发展。因此，中国在进入21世纪后的对外贸易战略应该是在科学发展观指导下能实现对外贸易的可持续发展，并具有全方位、多层次、宽领域的综合性特点，应该是一种比较自由的贸易发展战略，配合以适当的保护。这就要在继续实施"大经贸"战略和"走出去"战略的同时，实行互利共赢的战略。

1. 互利共赢战略的内容

（1）加快转变对外贸易增长方式和优化对外贸易结构。按照发挥比较优势、弥补资源不足、扩大发展空间、提高附加值的要求，积极发展对外贸易，促进对外贸易由数量增加为主向质量提高为主转变。在优化出口结构的基础上，积极扩大进口，完善公平贸易政策；

大力发展服务贸易，2019年我国服务进出口总额达到54152.9亿元人民币，其中出口总额19564.0亿元，同比增长8.9%；进口总额34588.9亿元，同比减少0.4%。

(2) 提高利用外资质量。抓住国际产业转移机遇，继续积极有效地利用外资，重点通过利用外资引进国外先进技术、管理经验和高素质人才，把利用外资同提升国内产业结构、技术水平结合起来。引导外商投资方向，充分发挥集聚和带动效应；促进利用外资方式多样化，发挥外资的技术溢出效应。

(3) 积极开展国际经济合作。完善促进生产要素跨境流动和优化配置的体制和政策，积极发展与周边国家及其他国家的经济技术合作，实现互利共赢。

2. 实行互利共赢战略的措施

(1) 树立科学发展观，实现对外经贸动力机制的转变。中国对外经贸既要适应中国经济社会发展的宏观要求，为全面小康建设发展目标和现代化建设发展目标服务，同时也要根据WTO规则的要求考虑到其他国家的利益和发展要求，要通过发展对外经贸活动给双方都带来好处，对双方都有利，中国既不做单纯追求自己利益的事，更不会做损人利己的事，中国追求的是互利共赢的战略目标。只有这样，才能实现对外经济贸易的可持续发展。

(2) 增强综合竞争力，构建质量效益导向的外贸促进和调控体系。要以自主品牌、自主知识产权和自主营销为重点，引导企业增强综合竞争力；支持自主性高技术产品、机电产品和高附加值劳动密集型产品出口；严格执行劳动、安全、环保标准，规范出口成本构成，控制高耗能、高污染和资源性产品出口；完善加工贸易政策，继续发展加工贸易，着重提高产业层次和加工深度，增强国内配套能力，促进国内产业升级；加强对出口商品价格、质量、数量的动态监测。

(3) 实行进出口基本平衡的政策。发挥进口在促进我国经济发展中的作用。完善进口税收政策，扩大先进技术、关键设备及零部件和国内短缺的能源、原材料进口，促进资源进口多元化。

(4) 积极稳妥扩大服务业开放。建立服务贸易监管体制和促进体系。扩大工程承包、设计咨询、技术转让、金融保险、教育培训、信息技术等服务；建立服务业外包基地，有序接受国际服务业转移。

(5) 完善公平贸易政策。提高应对贸易争端能力，维护企业合法权益和国家利益；加强国际贸易的多、双边对话与合作，实现共同发展；完善贸易法律制度，建立大宗商品进出口协调机制，加强行业自律，规范贸易秩序；有效运用技术性贸易措施，加强进出口检验检疫和疫情监控。

(6) 合理引导外资投资。引导外资更多地投向高技术产业、现代服务业、高端制造环节、基础设施和生态环境保护，投向中西部地区和东北地区等老工业基地。鼓励跨国公司在我国设立地区总部、研发中心、采购中心、培训中心；鼓励外资企业技术创新，增强配套能力，延伸产业链；吸引外资能力较强的地区和开发区，要注重提高生产制造层次，积极向研究开发、现代流通等领域拓展；引导国内企业同跨国公司开展多种形式的合作，有效利用境外资本市场，支持国内企业境外上市；继续用好国际金融组织和外国政府贷款，合理、审慎地使用国际商业贷款；加强外资的宏观监测和管理，保护适度外债规模。

(7) 实施"走出去"战略。支持有条件的企业对外直接投资和跨国经营，培养和发展我国的跨国公司。完善境外投资促进和保障体系，加强对境外投资的统筹协调、风险管理和资产监管；推进国际区域经济合作，积极参与国际区域经济合作机制，加强对话与协商，发展与各国的双边、多边经贸合作，积极参与多边贸易、投资规则制定，推动建立国际经济新秩序。

(8) 促进国际金融体系改革。加强国际金融监管合作，推动国际金融组织改革，鼓励区域金融合作，改善国际货币体系，促进国际金融体系改革，保障国际贸易健康发展，实现国际贸易互利共赢。

(9) 大力培养对外贸易人才，建设高素质的对外贸易队伍。实行互利共赢战略，关键是培养大批政治过硬、业务精湛的对外贸易人才，建设一支高素质的队伍。要把通过高校对外经济贸易专业培养专门人才和对现有外经贸队伍的培训、提高结合起来，并使专门人才中博士、硕士、本科和专科不同层次的人才合理组合，形成一支思想端正、事业心强、勇于开拓、无私奉献、知识广博、精通业务的高素质对外贸易队伍。

3. 实行互利共赢战略的意义

(1) 有利于在更大范围、更广领域、更高层次参与国际经济技术合作，更好地促进国内发展与改革。

(2) 有利于加快转变对外贸易增长方式，实现对外贸易由数量增加为主向以质量提高为主转变。

(3) 有利于优化出口商品结构，促进国内产业升级。

(4) 有利于扩大进口，缓解国内能源、原材料短缺。

(5) 有利于发展服务贸易，有序承接国际服务贸易转移。

(6) 有利于提高利用外资的质量，提升国内产业结构和技术水平。

(7) 有利于促进生产要素跨境流动和优化配置。

(8) 有利于维护国家经济安全，实现互利共赢，构建和谐世界。

(四)自由贸易区战略

自由贸易区是指经双方或多方商定，减少贸易投资壁垒，推动贸易投资自由化和便利化的一定贸易区域。由两个或两个以上的国家或地区组成，其开放程度超越WTO现有框架的贸易自由化，是WTO规则所允许的。我国于2000年首次提出与东盟建立自由贸易区的构想，中共十七大报告提出要"实施自由贸易区战略"，中共十八大报告再次提出要加快实施这个战略，从而把建立自由贸易区提升为国家外贸发展战略。

1. 实施自由贸易区战略的必然性

(1) 是"入世"过渡期结束后急需解决的迫切问题。"入世"过渡期结束后，如何进一步拓展对外开放的广度和深度，提高开放型经济水平，从开放中继续获取发展动力，在开放中得到更大利益，是我们面临的一个迫切需要解决的问题。将自由贸易区建设作为扩大开放的新战略，以此更好地统筹双边、多边、区域次区域开放合作，推动同周边国家互联互通，从而促进我国对外经济贸易发展，实为一条有效途径。

(2) 是寻求国家外贸利益最大化的必然趋势。国家对外经贸利益的获取往往受制于步履艰难的多哈回合谈判和区域经济一体化的阻碍，于是各国纷纷从自由贸易区中来寻求自身利益的最大化。2016年，世贸组织发布《世界贸易统计报告》。按世贸组织的统计口径，现仍生效并通报的区域贸易协定(RTAs)约有423个，其中最大的为欧盟、北美自由贸易区和东盟。WTO的绝大多数成员参加了一个或几个区域贸易协定，多的参加了20多个协定。寻求我国外贸利益的最大化，也必须顺应这种趋势，积极组建自由贸易区。

(3) 是已取得初步成果实践基础上的必然发展。我国从2000年开始组建区域贸易安排，已取得了初步成果，已有了5个实施中的区域性自由贸易安排，这就为我国在"十七大"确立自由贸易区战略提供了实践基础。

2. 自由贸易区战略实施进程

(1) 组建区域贸易安排的初步实践阶段。一是建立中国—东盟自由贸易区。这是我国组建的第一个自由贸易区，时任总理朱镕基在2000年11月第四次中国—东盟领导人会议上提出倡议，次年专家组建议10年内建成"10+1"自由贸易区。2002年11月，在第六次中国—东盟领导人会议上，中国与东盟10国签署了《中国与东盟全面经济合作框架协议》，决定到2010年建成自由贸易区。目前，这一协议目标已经实现。

二是签署内地与港澳CEPA。2003年内地与香港、澳门特区政府分别签署了内地与香港、澳门《关于建立更紧密经贸关系的安排》(简称CEPA)，2004年、2005年、2006年又分别签署了《补充协议》《补充协议二》和《补充协议三》。

三是实施中智自由贸易协定。2004年11月18日，胡锦涛主席与智利总统拉戈斯共同宣布启动中智自贸区谈判。2005年11月18日，在韩国釜山APEC领导人非正式会议期间，双方签署了《中智自贸协定》，并于2006年10月1日起开始实施。

四是达成《亚太贸易协定》。1975年，在联合国亚太经济社会委员会的主持下，中国与孟加拉、印度、老挝、韩国和斯里兰卡达成的优惠贸易安排，称为《曼谷协定》。2005年11月2日，《曼谷协定》更名为《亚太贸易协定》。自2006年9月1日起，各成员国开始实施第三轮谈判结果。我国向其他成员国的1717项8位税目产品提供优惠关税，平均减让幅度为27%；我国还向最不发达成员国孟加拉和老挝的162项8位税目产品提供特别优惠，平均减让幅度为77%。同时，根据2005年税则计算，我国可享受印度570项6位税目、韩国136项10位税目、斯里兰卡427项6位税目和孟加拉209项8位税目产品的优惠关税。

(2) 提出自由贸易区战略后的实施阶段。2007年，在中共十七大报告中明确提出要实施自由贸易区战略。组建自由贸易区提升到国家发展战略后，中国与有关国家和地区的自由贸易区建设有了较大发展。首先，建成了一批自由贸易区。中国积极主动参与和推动区域一体化进程，到2010年年底，中国已经与五大洲28个国家和地区进行了15个自由贸易安排或紧密经贸关系安排谈判，签订和实施了10个自由贸易协定或紧密经贸关系安排。中国与东盟、巴基斯坦、智利、新加坡、新西兰、秘鲁、哥斯达黎加、中国香港、中国澳门、中国台湾等10个自由贸易协定或紧密经贸关系伙伴的双边货物贸易总额达到7826亿美元，占我国进出口总额的1/4强。

其次，积极发展新的自由贸易区。当前，正在进行自由贸易协定谈判的有6个国家和组织，即海湾合作委员会、澳大利亚、冰岛、挪威、南部非洲关税同盟和瑞士；正在研究中的自由贸易区有中国—印度自由贸易区、中国—韩国自由贸易区、中国—日本—韩国自由贸易区；正在考虑与我国签订自由贸易协定的还有一批国家和组织。

自由贸易区战略的实施和推进，对于统筹双边、多边、区域次区域开放合作，推动同周边及相关国家的地区、组织互联互通，提升我国对外贸易的水平，提高抵御国际经济风险能力，将发挥重要作用。

3. 实施自由贸易区战略的意义

(1) 有利于统筹双边、多边、区域次区域开放合作，稳定外贸市场，拓展我国外贸发展空间。

(2) 有利于推动同周边及其他国家互联互通，弥补国内资源不足，提高能源、原材料供应水平，改善交通状况，开辟新的出海通道。

(3) 有利于转变对外经济发展方式，增强发展动力，实现人才、资本、技术的合理流动，实现要素优化配置，推动经济结构调整升级。

(4) 有利于实现优势互补，形成引领国际经济合作和竞争的开放区域，培养带动区域发展的新高地。

(5) 有利于服务贸易的发展和升级，推动对外贸易平衡发展。

(6) 有利于做强外贸，提高外贸经济效益，增强抵御国际经济风险的能力。

第四节　中国对外贸易基础战略

中国对外贸易基础战略是从微观角度提出的带有全局性的基础方面的战略，包括出口商品战略、出口市场战略、进口贸易发展战略、以质取胜战略、科技兴贸战略和对外贸易可持续发展战略。这些战略从各自不同的角度谋划了对外贸易发展带有全局性的基础方面的要求，共同保证对外贸易总体战略落到实处。

一、以质取胜战略

20世纪90年代以来，随着世界市场竞争的日趋激烈，产品质量在竞争中逐渐处于焦点地位，价格竞争退居次要地位，而质量成为出口商品是否具有国际竞争力的先决条件。改革开放以来，我国对外贸易的发展虽然比较迅速，但主要是依靠数量的扩张，通过低质低价、削价竞争取得。"以量取胜"，低质低价，不但造成资源和社会劳动的浪费，而且难以适应现代国际市场已经从以价格为中心的竞争转变为以质量为中心的竞争，使我国在竞争激烈的国际市场上处于极其不利的地位。特别是随着国际贸易保护主义盛行，国外对我国设限和贸易摩擦加剧，使我国外贸出口陷入困境。

为了全面提高质量，国务院于1996年12月24日颁布了《质量振兴纲要》，明确制定了以质取胜战略。

(一)以质取胜战略的内涵

外经贸以质取胜战略是指正确认识并处理好质量和数量、效益和速度、内在质量与外观质量、样品质量和批量质量，以及质量和档次等方面的关系，把出口商品本身的质量同国际市场的需要有机结合起来。

就出口商品而言，外经贸以质取胜战略包括下述三个方面的内容。

1. 提高出口商品的质量和信誉

通过提高出口商品生产者和外贸企业经营者对商品质量和信誉的认识，加强对生产过程、产品品质以及包装储运的质量管理，加大对我国出口商品质量的监督检查和执法力度，提高我国出口商品的质量和信誉。

2. 优化出口商品结构

优化出口商品结构要从生产领域入手，密切跟踪国际先进技术，通过引进先进技术和设备，推进技贸结合，使科技成果尽快实现商品化、产业化，形成国际竞争的综合优势。要加强高科技产品的研制和开发，以便较快地提高我国出口商品的质量、档次和加工深度。引进先进生产技术要与引进先进检测手段相配套，保证产品技术性能和档次的提高。

3. 创名牌出口商品

通过创名牌、保名牌，实施名牌战略，树立我国优质商品和知名企业在国际贸易中的形象和地位，以提高我国出口商品的国际竞争力和出口创汇能力。实施名牌战略不仅是我国贯彻以质取胜战略的重要内容，也是我国促进企业建立质量效益机制，提高出口竞争力的重要途径。一方面，创造名牌是实施名牌战略的首要环节，质量是创立名牌的基础。另一方面，要善于在发展中保护名牌，既要加大惩处假冒伪劣产品的力度，也要对名牌产品的认定严格把关，保护知识产权和名牌商标。

(二)实施以质取胜战略的措施

1. 强化质量控制的立法与执法

强化质量意识，并加强质量方面的法律法规建设，为实施以质取胜战略提供必要的法律保障。加快《中华人民共和国对外贸易法》《中华人民共和国产品质量法》《中华人民共和国进出口商品检验法》配套法律法规的建设，保证出口商品质量，维护对外贸易的合法权益。

2. 推行与国际标准接轨的质量管理体系

我国出口商品与国外同类商品相比，薄弱环节主要体现在安全、健康和环境保护等方面。此外我国有很多产品常常因为不符合国际标准而被进口国拒之门外，因此积极推行与国际标准接轨的质量管理体系已经是立足国际市场的必经程序。

首先，要按照国际标准，建立健全企业质量保障体系认证标准。按照国际标准化组织的《ISO系列标准》进行企业质量保障体系认证，已经成为当前国际市场领域中对供应方产品保证能力的一个基本要求。另外，我国在1992年3月开始实施的《出口商品生产企业质量体系评审管理办法》，对于确保出口产品质量、促进国家间的相互认证，推动我国对外贸易的发展有着十分重要的积极作用。

第三章　中国对外贸易战略

【阅读资料 3-1】

推行 ISO 9000 的作用

1. 强化品质管理，提高企业效益；增强客户信心，扩大市场份额

负责 ISO 9000 品质体系认证的认证机构都是经过国家认可机构认可的权威机构，对企业的品质体系的审核是非常严格的。这样，对于企业内部来说，可按照经过严格审核的国际标准化的品质体系进行品质管理，真正达到法治化、科学化的要求，极大地提高工作效率和产品合格率，迅速提高企业的经济效益和社会效益。对于企业外部来说，当顾客得知供方按照国际标准实行管理，拿到了 ISO 9000 品质体系认证证书，并且有认证机构的严格审核和定期监督，就可以确信该企业是能够稳定地生产合格产品乃至优秀产品的信得过的企业，从而放心地与该企业订立供销合同，扩大了该企业的市场占有率。可以说，在这两方面都收到了立竿见影的功效。

2. 获得了国际贸易"通行证"，消除了国际贸易壁垒

许多国家为了维护自身的利益，设置了种种贸易壁垒，包括关税壁垒和非关税壁垒。其中非关税壁垒主要是技术壁垒，在技术壁垒中，又主要是产品品质认证和 ISO 9000 品质体系认证的壁垒。特别是在世界贸易组织内，各成员国之间相互排除了关税壁垒，只能设置技术壁垒，所以，获得认证是消除贸易壁垒的主要途径。(在我国"入世"以后，淡化了区分国内贸易和国际贸易的严格界限，所有贸易都有可能遭遇上述技术壁垒，应该引起企业界的高度重视，及早防范。)

3. 节省了第二方审核的精力和费用

在现代贸易实践中，第二方审核早就成为惯例，但其存在很大的弊端：一方面，一个供方通常要为许多需方供货，第二方审核无疑会给供方带来沉重的负担；另一方面，需方也需支付相当的费用，同时还要考虑派出或雇佣人员的经验和水平问题，否则，付出费用也达不到预期的目的。唯有 ISO 9000 认证可以消除这样的弊端。因为作为第一方的生产企业申请了第三方的 ISO 9000 认证并获得了认证证书以后，众多第二方就没有必要再对第一方进行审核，这样，不管对第一方还是对第二方都可以节省很多精力或费用。如果企业在获得了 ISO 9000 认证之后再申请 UL、CE 等产品品质认证，还可以免除认证机构对企业的品质保证体系进行重复认证的开支。

4. 在产品品质竞争中永远立于不败之地

国际贸易竞争的手段主要是价格竞争和品质竞争。由于低价销售的方法不仅使利润锐减，如果构成倾销，还会受到贸易制裁，所以，价格竞争的手段越来越不可取。20 世纪 70 年代以来，品质竞争已成为国际贸易竞争的主要手段，不少国家把提高进口商品的品质要求作为奖出限入的贸易保护主义的重要措施。实行 ISO 9000 国际标准化的品质管理，可以稳定地提高产品品质，使企业在产品品质竞争中永远立于不败之地。

5. 有效地避免产品责任

各国在执行产品品质法的实践中，由于对产品品质的投诉越来越频繁，事故原因越来越复杂，追究责任也就越来越严格。尤其是近几年，发达国家都在把原有的"过失责任"转变为"严格责任"法理，对制造商的安全要求提高很多。例如，工人在操作一台机床时受到伤害,按"严格责任"法理,法院不仅要看该机床机件故障之类的品质问题,还要看其有没有安全装置,有没有向操作者发出警告的装置等。法院可以根据上述任何一个问题判定该机床存在缺陷,厂方便要对其后果负责赔偿。但是,按照各国产品责任法,如果厂方能够提供ISO 9000品质体系认证证书,便可免赔,否则,就会败诉且要受到重罚。(随着我国法治的完善,企业界应该对"产品责任法"高度重视,尽早防范。)

6. 有利于国际经济合作和技术交流

按照国际经济合作和技术交流的惯例,合作双方必须在产品(包括服务)品质方面有共同的语言、统一的认识和共守的规范,方能进行合作与交流。ISO 9000品质体系认证正好提供了这样的信任,有利于双方迅速达成协议。

(资料来源:ISOYES 国际认证联盟. http://www.isoyes.com/ISO 9000/2140.html)

其次,积极推行与环境保护相关的国际认证体系。随着经济全球化的发展、人类环保意识的增强,发达国家开始日益关注产品是否环保。而国际标准化组织在1996年正式推出了《ISO 14000环境管理标准体系》,目前,它已经成为通往国际市场的"绿色通行证"。

3. 培育国际知名品牌和知名企业

培育国际知名品牌和知名企业,树立我国优质商品和知名企业在国际市场中的形象和地位,是提高我国出口商品竞争力的重要途径。创立品牌有利于促进企业建立质量效益机制,有利于促进出口增长方式从粗放型向集约型转变。知名品牌是企业形象的代表,也是开拓国际市场的重要武器,知名品牌意味着企业具有良好的信誉与素质。我国政府积极培育在国际市场上的知名品牌和知名企业,根据国家的产业政策确定了重点支持和发展的名牌出口商品;另外商务部还采取六大举措实施自主出口品牌战略(见下面的阅读资料)。

【阅读资料3-2】

商务部将采取六大举措实施自主出口品牌战略

2005年12月,记者从商务部召开的全国自主出口品牌建设工作会议上了解到,为了认真贯彻中央经济工作会议提出的加快实施品牌战略,推动外贸增长方式转变的精神,商务部将采取树立自主品牌典型、提供政策支持等六大举措,从明年开始大力实施品牌战略。商务部正在抓紧制订工作方案,主要抓好六项具体工作。一是树立一批自主品牌的典型。二是为品牌企业提供必要的政策支持。三是帮助企业进行品牌宣传。四是推动名牌企业"走出去"。商务部将多方面为名牌企业在国外投资建立研发、生产、销售和售后服务体系提供便利。五是开展"品牌万里行"活动。联合主要媒体和有关中介机构在全国范围内开展"品牌万里行"活动,通过一系列的舆论宣传和舆论监督,推动我国的自主品牌建设。六是加大自主品牌知识产权保护力度。名牌都是经过无数次的市场风浪摔打出来的,而不是靠政府保护出来的。政府在实施品牌战略中的作用是以市场为导向,充分发挥市场在品牌发展中优胜劣汰的作用。积极鼓励竞争,为自主品牌的发展营造良好的市场环境。

(资料来源:http://www.gov.cn/jrzg/2005-12/10/content_123519.htm)

4. 提高产品科技含量，优化出口结构

科技的竞争是国际贸易竞争的重要内容。从全球来看，高新技术迅速发展，各国纷纷注重高新技术的发展和出口，发达国家更是如此。一个企业要想在国际市场上保持一定的竞争优势，就必须注重提高产品的科技含量，注重研究与开发。我国还可以依靠技术进步来优化出口商品结构，提高高新技术产品的出口比重；通过引进技术提高传统出口产品的质量、档次和水平。

(三)实施以质取胜战略的意义

(1) 提高出口产品质量和创造品牌。提高出口产品质量和创造品牌，是出口企业在国际竞争中制胜的法宝和求得生存发展的必由之路。在日趋激烈的国际市场上，只有提高出口产品的质量和创造名牌，才能提高竞争力，出口企业才能"以质量求生存，以品质求发展"。

(2) 实施以质取胜战略有助于推动我国出口商品质量和档次的提高，能够增加商品的附加值，提高出口经济效益。

(3) 实施以质取胜战略有助于树立企业形象和国家信誉。出口企业要通过提高出口商品质量、创立品牌，在国际市场上树立企业形象。出口商品质量还是中国商品的信誉，反映了民族的素质，关系到国家的信誉。因此外贸工作者用自己的实际行动来提高商品质量，就维护了中国商品的信誉，维护了国家的信誉。

(4) 实施以质取胜战略是转变对外贸易增长方式和实现资源优化配置的途径。提高对外贸易增长的质量水平，增加高附加值、高技术含量、高档次和高质量商品的出口比重，就能促进对外贸易增长方式的转变，实现资源的节约和优化配置。

二、科技兴贸战略

1999 年，为贯彻科教兴国战略以及适应科技、经济全球化形势下国际经贸发展的新形势，我国又提出了科技兴贸战略。

(一)提出科技兴贸战略的背景

1. 基于国际高技术产品贸易加速发展的趋势

从 20 世纪 80 年代以来，主要发达国家高新技术产品出口的增长速度均高于全部制造业产品出口的增长速度，这表明传统产品市场需求的增长有限，高新技术产品出口已成为国际贸易新的增长点。1985—2003 年，世界高新技术产业年增长率均为 14.3%，低技术产业年增长率为 9.4%，高新技术产业比低技术产业出口年增长率高 4.9 个百分点。世界制造业出口结构也发生了重大变化，高新技术产业在制造业出口总额的份额从 1985 年的 13%上升到 2002 年的 24.5%；而中低技术产业的市场份额从 1985 年的 58%开始下降，到 2002 年降为 47.2%。2017 年我国高技术产品贸易总量止跌回升，进出口总额达 12575.5 亿美元，较上年增长 11.5%。

2. 高新技术产品出口成为促进经济发展的重要因素

随着经济全球化的发展，高新技术产业以及高新技术产品出口在促进各国经济发展方面的作用日益凸显。根据美国商业部的统计，美国高新技术出口已占世界高新技术出口的 2/3 以上，高新技术产品出口对美国经济的持续增长发挥了重要作用。

3. 技术型贸易壁垒对国际贸易的影响越来越大

关贸总协定第八轮谈判，关税已经大幅度削减，传统的非关税壁垒如数量限制等也大大减少，但是新的贸易壁垒特别是技术性贸易壁垒对国际贸易的影响正在日益增大。技术性贸易壁垒具有名义合理、形式多样、方法隐蔽、种类繁多等特点，从而被发达国家广泛采用，因此加强对技术性贸易壁垒的研究，提高出口产品质量和技术标准，提高产品的科技含量对于发展中国家来说非常紧迫。

在上述背景下，1999 年年初，我国提出了"科技兴贸"战略，这也是科教兴国的基本国策在对外贸易领域的具体体现。

(二) 科技兴贸战略的内涵

科技兴贸战略是以提高我国出口产业和产品的国际竞争力、加强体制创新和技术创新、提高我国高新技术产业国际化水平为基本指导思想，以"有限目标、突出重点、面向市场、发挥优势"为发展思路，进一步转变政府职能，通过面向国际市场的科研开发、技术改造、市场开拓、社会化服务等部署，提高企业出口竞争力和自主创新能力，加快出口商品结构的战略性调整，实现我国由贸易大国向贸易强国跨越的贸易发展战略。

实施科技兴贸战略，发挥了我国的科技优势，扩大了我国机电产品和高新技术产品的出口，提高了出口商品的科技含量、档次和附加值，促进了科技成果向现实商品转化，是我国从贸易大国走向贸易强国的关键。

从商品生产和交换角度来看，科技兴贸战略包括两个方面的内容：一是大力推动高新技术产品出口；二是运用高新技术成果改造传统出口产业，提高传统出口产品的技术含量和附加值。实施科技兴贸战略，推动我国高新技术产品出口，不仅可以改善我国出口商品结构，增强出口创汇能力，而且可以促进企业技术进步和产业结构的优化与升级，增强国民经济抗风险能力；利用高新技术成果改造传统产业，提高传统出口商品的技术含量和附加值，也会极大地促进产业结构调整和经济增长。实施科技兴贸战略，大力推动高新技术产品出口，提高传统出口产品的技术含量和附加值，正好适应了当今世界经济、科技全球化发展的大趋势。

(三) 实施科技兴贸战略的措施及成效

1. 实施科技兴贸战略的措施

(1) 进一步加强各部委的联合工作机制，建立以促进高新技术产品出口和提高传统出口产品技术含量和附加值为核心的多部门参加的部际领导体系。

(2) 在科技兴贸重点城市率先建立较完善的出口服务体系和政策环境。从财政、金融、市场准入等方面研究促进高新技术产品出口和利用高新技术改造传统出口产业的鼓励政策。

(3) 充分利用国际技术贸易、国际工业技术合作的多边、双边机制，稳步推进建立多、双边高新技术产业化示范基地。

(4) 完善我国出口管制法律体系，为我国高新技术进口和高新技术产业发展创造良好的外部环境。

(5) 在重点行业和地区发展一批为高新技术产品出口企业服务的规范化的中介服务代理机构。

(6) 为出口培育科技兴贸人才，培养一批管理人才和中介代理人才。

2. 实施科技兴贸战略的成效

"十五"期间，国务院有关部门共同组织实施科技兴贸战略，在各方面的共同努力下，取得了显著成效。

(1) 高新技术产品出口迅猛增长。"十五"期间，我国高新技术产品累计出口超过6000亿美元，是"九五"期间的5倍多，年均增长45%左右，高出全国外贸出口增幅20个百分点；2005年高新技术产品出口接近2200亿美元，占外贸出口比重超过28%，对外贸出口增长的贡献率达到35%，拉动外贸出口增长13个百分点。推动了国内产业结构升级。"十五"期间累计引进国外先进适用技术金额近700亿美元，占我国改革开放以来引进技术总额的30%左右，电力、冶金、石化等装备制造业的技术水平和生产能力得到明显提高。

(2) 形成了若干个各具特色的高新技术产品出口"增长集群"。珠江三角洲已成为世界知名的IT加工组装中心和重要出口基地；长江三角洲已经成为现代通信、软件、微电子等领域的外商投资集中地带；环渤海地区的移动通信、航空航天和集成电路产业呈现出了迅速发展的态势。

(3) 显著增强了企业国际竞争力。一批有自主知识产权的知名品牌和著名企业迅速崛起，企业出口规模迅速扩大，2005年年底，高新技术产品年出口额超过1亿美元的企业超过300家。科技兴贸工作在取得显著成效的同时，也逐渐形成了科技兴贸战略的组织、政策、出口和服务体系。

(4) 形成了科技兴贸十部门联合工作机制。财政部、国家税务总局、海关总署、国家质检总局、国家知识产权局和中国科学院相继加入联合工作机制，从原外经贸部、原经贸委、科技部和原信息产业部四部委扩大到了科技兴贸十部门联合工作机制。

(5) 建立了科技兴贸政策体系。2003年11月，国务院办公厅转发的商务部等八部门联合制定的《关于进一步实施科技兴贸战略的若干意见》(以下简称《若干意见》)，初步建立了我国科技兴贸政策体系框架；各部门、各地区认真贯彻落实《若干意见》，相继在便捷通关、便捷检验检疫、出口退税、出口信贷和出口信用保险等方面出台了一系列的政策措施，进一步完善了科技兴贸政策体系。

(6) 确立了高新技术产品出口体系。"十五"期间，我国相继认定了20个科技兴贸重点城市、25个高新技术产品出口基地、6个国家软件出口基地和医药出口基地，建立了1000家重点企业联系制度，出口体系正发挥着日益显著的示范和带动作用。搭建了高新技术成果展示和交易的平台。中国(深圳)国际高新技术成果交易会、中国苏州电子信息博览会、中国大连国际软件交易会、中国北京国际科技产业博览会、上海国际工业博览会和中国杨陵农业高新科技成果博览会六大高科技会展已逐步成为展示我国高新技术领域最高发展水

中国对外贸易概论（第3版）

平、最高发展成就的窗口，科研成果产业化、商品化的重要平台，高新技术国际交流与合作的桥梁和国内外客商交流合作、共同发展的舞台。

【阅读资料3-3】

中国高新技术产业园发展现状及发展趋势分析

作为改革开放事业的重要组成部分和实践探索者，国家高新区从1988年诞生之日起，就肩负起了"发展高科技，实现产业化"，推动"科技与经济结合""创新与创业结合"的历史使命。

国家高新区坚持转变发展方式，践行新发展理念，不断提升发展质量和效益。据统计，2017年156家国家高新区GDP总和为9.52万亿元，占我国国内生产总值的11.5%；全口径出口总额为3.45万亿元，占全国货物和服务出口总额的20.4%。在经济发展持续稳中向好的同时，质量、效益同步提升，全年税收收入1.2万亿元，同比增长20.1%，占全国税收的8.2%；2017年国家高新区新产品实现销售收入73597.0亿元，新产品销售收入占产品销售收入的33.3%，新动能不断显现。以杭州高新区为例，近五年固定资产投资平均增长仅0.5%，GDP年均增长9.4%，一般公共预算年均增长17.4%，园区R&D占GDP的比例在13%以上，充分体现了更高质量、更有效益、更可持续的发展。高新区万元GDP能耗0.484吨标准煤，约为全国平均水平的2/3。近50%的国家高新区获得国际或国内认证机构评定认可的ISO14000环境体系认证，绿色发展正成为高新区普遍形态。

国家高新区坚持集聚各类创新要素，持续优化创新创业环境。目前，国家高新区聚集了全国一半的孵化器和众创空间，以及4971家创业风险投资机构和3127家科技金融服务机构，是我国天使投资、风险投资最活跃的地区，创新创业已成为国家高新区的价值导向和生活方式，形成了"科技报国、产业报国"的精神追求和"鼓励创新、宽容失败"的文化氛围。

2017年，国家高新区新注册企业38.6万家，同比增长36.9%，平均每天新注册企业1058家。拥有核心关键技术的科技型创业成为国家高新区的显著特色，2017年国家高新区拥有2576家"瞪羚企业"，同比增长23.5%，125家"独角兽企业"，占全国的76.2%，同比增长20.2%。创新创业活力不断涌现，创业带动就业效果明显。

截至2017年年底，全国高新区内企业年末从业人员1940.6万人，较上年增加134.7万人；当年吸纳高校应届毕业生61.5万人，较上年增加7.6万人，国家高新区企业成为吸纳高校毕业生就业的重要渠道。

（资料来源：https://www.qianzhan.com/indynews/detail/150/180627-3b7cf760.html，2018年6月27日）

(四) 实施科技兴贸战略的意义

1. 实施科技兴贸战略是加快我国由外贸大国迈向外贸强国的必由之路

我国已成为世界外贸大国，但与外贸强国相比还有很大差距。在商品结构上，只有改变我国出口商品中高技术含量、高附加值的产品比重偏低，企业规模偏小，竞争力不强等问题，就需要实施科技兴贸战略，大力推动高新技术产品的生产与出口，培植我国出口产业和产品的动态比较优势，提高企业的核心竞争力，才能由外贸大国迈向外贸强国。

2. 实施科技兴贸战略有助于顺应世界科技发展趋势和参与国际分工

随着科技革命的迅速发展、经济全球化趋势的不断加强，国际经济贸易将面临新的调整，我国对外贸易的发展面临强劲的竞争压力。国际市场商品的结构将发生深刻变化，技术密集型机电产品，特别是高附加值的高新技术产品将成为出口增长最快和发展后劲最大的支柱商品。坚定实行科技兴贸，才能顺应世界科技贸易发展的趋势，参与新的国际分工，分享较高的贸易利益。

3. 实施科技兴贸战略是我国对外贸易抢占国际市场竞争制高点，突破技术壁垒的重要手段

大力发展高新技术产品出口，严格遵守《技术性贸易壁垒协定》，才能打破我国与东南亚国家等发展中国家出口商品雷同，处在较低层次上竞争的局面，在国际市场竞争中占领制高点，并突破发达国家利用高科技对我国设置的技术壁垒，开创对外贸易的新局面。

4. 实施科教兴贸战略是落实科教兴国基本国策的要求

对外贸易作为国民经济的重要组成部分，从总量和结构上促进了国民经济的发展。据有关部门测算，高新技术产品出口对经济增长的促进作用相当于一般出口商品的两倍。实施科技兴贸战略，推动高新技术产品出口，不但可以改善我国出口商品结构，增强出口创汇能力，还会促进企业技术进步和企业结构的优化升级；用高新技术成果改造传统产业，提高传统出口商品的技术含量和附加值，可以促进产业结构调整，带动经济增长。

三、对外贸易可持续发展战略

1. 对外贸易可持续发展战略的含义和目标

对外贸易可持续发展战略是指对外贸易实现可持续发展的行动计划和纲领。我国对外贸易的发展，应与我国自然资源可供状况相适应，以环境不被污染为界限。对外贸易可持续发展战略追求用最小的稀缺资源成本获得最大的福利总量，实现持续发展，不损害他国环境，也不受其他国家环境污染的影响。通过实行对外贸易可持续发展战略，应实现以下目标。

(1) 调整出口商品结构。在减少资源型产品出口的同时，增加技术含量高、附加值高及可实现资源替代的产品出口。

(2) 适度减少高档进口产品。进口产品应体现适度消费的要求，以不污染我国环境的资源性产品和技术设备型产品的进口为主，减少高档消费品进口。

(3) 将生态观念纳入外经贸的经营与决策过程。在外贸企业引入生态会计原则，把进出口造成的环境成本纳入外经贸的经济核算过程，使环境保护成为外经贸组织的自觉行为。

(4) 对外贸易环保行为法制化。与国际环保规范接轨，制定有中国特色的对外贸易环保法规，以预防为主，加强管理监督。

(5) 实现环保领域的国际合作。特别是加强与已取得很多环保成绩的发达国家交流与协作，共同促进全球环境的改善。

2. 实施对外贸易可持续发展战略的措施

(1) 培养对外贸易的绿色竞争优势。对外贸易的发展应逐步向符合可持续发展要求的增长方式转变，提高环境资源的利用率，减少严重环境污染的产品的生产与出口；加大对环保产业的投入，争取绿色营销，产品环境标志认证工作向国际靠拢，培养绿色优势。

(2) 推广出口产品的绿色生产和清洁技术，发展与贸易有关的环境服务。使我国出口商品符合国际市场环境标准，扩大绿色产品的出口数量，避免国外"环境补贴"指控。

(3) 防止不符合环境标准的商品流入，减少外来污染。严格限制、制止危害环境的产品进口；限制、禁止高污染产业移入，加强对外商投资企业环境影响的监督；积极参与国际立法条约的制定，维护本国环境利益。

(4) 引导外资投向对外贸易环保领域。在对外贸易环保领域大力引进外资，推动对外贸易可持续发展战略的实行。

(5) 加快绿色贸易立法，与国际环保法规接轨。深入开展全民环保运动，提高全民环保意识，加强环保立法、执法；根据国际环保法规加快制定或修改《中华人民共和国对外贸易法》《包装法》《涉外产品质量法》等法规，使之与国际接轨。

3. 实行对外贸易可持续发展战略的意义

(1) 有利于贯彻可持续发展的基本国策。20 世纪 90 年代，我国根据联合国环境与发展大会精神，制定了《中国 21 世纪议程》。1996 年全国人大通过的"九五"计划和 2010 年发展纲要中又进一步将我国社会、经济的可持续发展确定为我国的基本国策。实行对外贸易可持续发展战略，就可促使国民经济可持续发展战略的目标要求在对外贸易领域落到实处。

(2) 有利于对外贸易增长方式转变。高投入、高消耗、低效益的数量增长模式，严重影响了对外贸易的健康发展，并对我国产品走向国际市场产生了不利影响。实行对外贸易可持续发展战略，就要求改变对外贸易发展模式，用最小的稀缺资源成本获得最大的福利总量，坚持效率和持续性并举的原则。

(3) 有利于对外贸易的发展适应国际经济贸易发展的新趋势、新要求。可持续发展已成为世界经济发展的主流，它要求社会的发展、经济的增长必须控制在自然资源和环境能够支持和持久实现的范围内。贸易的可持续发展问题已成为当代国际经济贸易领域的中心议题。在贸易中实施环境标准日益成为各国在对外贸易中强制执行的法律要求。国际标准化组织制定了 ISO 14000 环境管理系列国际标准，规定了环境审核、环境标志、环境行为评估等内容。只有实行对外贸易可持续发展战略，才能适应这种新趋势和新要求。

(4) 有利于正确应对国际贸易壁垒中的"绿色壁垒"。西方发达国家借口环境保护，通过制定高标准的国内环境法规，实施贸易保护和贸易歧视。实行对外贸易可持续发展战略，就可正面应对"绿色壁垒"，保证出口贸易的健康持续发展，使我国由贸易大国迈向贸易强国。

本 章 小 结

对外贸易战略是指在一国经济总体发展战略指导下的对外贸易发展战略，即对对外贸易发展目标和实现手段的全局性的长期安排和筹划。对外贸易战略可以分为进口替代战略、

第三章 中国对外贸易战略

出口导向战略和混合发展战略三种基本类型。

中国对外贸易战略要根据国内外经济政治环境的变化，参照国际惯例和经验，遵循自由贸易与保护贸易适当结合的原则、进口替代和出口导向有机结合的原则、国内市场和国际市场主辅结合的原则，并以坚持从实际出发、坚持对外开放的基本国策、坚持以提高经济效益为中心、坚持科学发展观、坚持自力更生方针为指导思想。

中国对外贸易总体战略是从宏观角度提出的全局性的总体战略，包括改革开放前的进口替代战略，有限开放时期的混合发展战略，全面开放后的"大经贸"战略、"走出去"战略、互利共赢战略、自由贸易区战略，反映了与不同开放程度相适应的不同时期的对外贸易总体战略。

中国对外贸易基础战略是从微观角度制定的带有全局性的基础方面的战略，包括出口商品战略、出口市场战略、进口贸易发展战略、以质取胜战略、科技兴贸战略和对外贸易可持续发展战略。

思 考 题

1. 什么是对外贸易战略？对外贸易战略有哪些特点？
2. 对外贸易战略怎样分类？
3. 制定中国对外贸易战略的原则和指导思想是什么？
4. 怎样选择中国对外贸易发展战略？
5. 为什么在改革开放前要实行进口替代战略，有限开放时期要实行混合发展战略？
6. 全面开放后，为什么要实行"大经贸"战略、"走出去"战略、互利共赢战略和自由贸易区战略？
7. 怎样实行以质取胜战略、科技兴贸战略和对外贸易可持续发展战略？

案 例 分 析

京东物流海外布局初见成效，国际化战略长尾价值凸显

随着中国"一带一路"倡议的提出，对于改善世界格局，发展周边关系产生了重要影响。中国经济总量日益攀升，在世界市场上所处的地位也日益提高。同时国务院常务会议也展开有关跨境电商的部署，明确提出创新进口贸易方式、完善免税店政策、扩大免税品进口、支持跨境电商新业态发展的要求。受益于此，带动跨境物流迅猛发展。那么，在海外布局初见成效的京东物流，体现出国际化战略的哪些长尾价值？

1. 跨境物流发展迅猛，出口模式百花齐放

受益于"一带一路"倡议和国家对于跨境电商的政策扶持，跨境物流行业发展呈现出前所未有的迅猛之势。自2018年以来，跨境物流碎片化和国际化趋势愈发明显。随着移动互联网和人工智能技术的普及，跨境物流也进入了多种模式并存的黄金高峰时期。

而电商巨头们对于跨境物流的争夺也日趋激烈，各种出口模式开始百花齐放。目前主

要有三种模式,第一种是京东物流式,即京东物流直接把技术和服务搬到海外,通过海外仓储配送体系来服务海外当地的消费者。比如京东物流在印度尼西亚就"复制"了一套完整的电商物流基础设施,通过搭建仓配一体化物流,在当地实现了配送服务覆盖七大岛屿和 483 个城市,配送时效从 5~7 天缩短为 85% 的订单 1 天内交付,这套系统和体系也在泰国得到了良好的发展与认可。目前京东物流在五大洲设立超过 110 多个海外仓,原产地覆盖达到 100%。第二种为"买买买"模式,目前菜鸟等电商物流企业采取通过广泛的投资与合作的方式来整合跨境物流,降低企业成本,寻求利益最大化。第三种则相对规模较小,以代理公司的形式面向中小型电商,展开相应的跨境物流业务。

2. 618 数据傲人,海外布局初见成效

有关京东物流在国内和国际的表现,618 期间产生的大数据颇能说明问题。据京东最新数据显示,截至 6 月 18 日 24 点,累计下单金额达到 1592 亿元,其中京东物流出库订单金额同比增长超过 37%,京东物流跨境出口单量在 618 当天第一个小时即超过去年全天单量,送至海外的订单量同比增长了近 6 倍。

显然,618 期间的数据证明京东物流的海外布局初见成效。以中国作为核心向全球辐射,搭建 830 双通全球网络,即国内八大物流枢纽加全球三十大核心供应链节点完成全球化布局。通过设立海外仓、开通跨境专线、智慧化多式联运等方式,实现 48 小时中国与全球相通。京东物流过去 10 年自主研发的物流科技迎来全面应用阶段,智慧系统和包括无人机、无人车、无人仓、无人超市在内的无人"黑科技"等软硬件结合,对于各个国家当地的物流提升产生了积极的促进作用。

同时发展需要因地制宜,京东物流在发达国家采取的是寻找当地巨头合作的方式,因为这些巨头已经在当地根基稳固,形成了独特的商流体系,比如与日本乐天和美国沃尔玛的合作,以"商流+物流"的方式出海;而在不发达国家京东物流则选择自建仓配体系,通过"复制"完整的电商物流基础设施实现物流价值,从印尼和泰国的市场反应来看效果不错。

3. 国际化战略清晰,长尾价值凸显

国际化战略清晰的京东,加上 618 傲人的数据,也吸引了来自美国互联网巨头 Google 的关注。就在 618 当天,Google 以 5.5 亿美元投资京东,双方将在战略项目上合作,为东南亚、美国和欧洲等多个国家或地区提供开发零售解决方案。京东在供应链和物流领域的专业能力,与 Google 在搜索引擎技术和精准营销方面的优势不谋而合。可以想见,这一合作有望探索全新时代的零售基础解决方案,对于全球的消费者来说,购物体验将会变得更为个性化、便捷化与科学化。

(资料来源:https://item.btime.com/m_99ad3ca7b4dd2bbe8,2018 年 6 月 20 日)

问题:

1. 京东物流的发展是怎样体现我国对外贸易总体策略的"大经贸"战略、"走出去"战略和互利共赢战略的?
2. 京东物流在国际市场上如何"以质取胜"?
3. 京东物流怎样贯彻"科技兴贸"战略?
4. 京东物流怎样实现可持续发展?

第四章　中国进出口贸易

【学习要求】

通过本章的学习，要求学生了解我国发展进出口贸易的意义和状况，懂得我国出口商品战略和出口市场战略以及进口商品战略，正确理解和把握现阶段我国发展进出口贸易的各项举措。

【主要概念】

出口商品战略　　出口市场战略　　出口贸易结构　　进口商品战略

【案例导读】

"十三五"规划纲要：2020年我国GDP将超90万亿

3月16日，十二届全国人大四次会议表决通过了我国《国民经济和社会发展第十三个五年(2016~2020年)规划纲要》(下称《纲要》)。17日，新华社受权播发了《纲要》全文。全文总共20篇，约6.5万字的《纲要》描绘了我国未来五年的发展蓝图。

未来五年，将是我国全面建成小康社会的决胜阶段。《纲要》从指导思想、主要目标和发展理念；实施创新驱动发展战略；构建发展新体制；推进农业现代化；优化现代产业体系；拓展网络经济空间；构筑现代基础设施网络；推进新型城镇化；推动区域协调发展；加快改善生态环境等20个方面全面描绘了我国进入全面小康社会的路径。

经济保持中高速增长，到2020年国内生产总值和城乡居民人均收入比2010年翻一番，主要经济指标平衡协调，发展质量和效益明显提高。《纲要》将这一发展目标列入各项目标之首。而在今年全国两会上，李克强总理在政府工作报告中也提及上述目标，并指出，届时我国经济总量超过90万亿元，发展的质量和效益明显提高。

在清华大学教授蔡继明看来，到2020年实现国内生产总值和城乡居民人均收入翻一番，意味着这五年我国经济年均增速至少要达到6.5%以上。同时，以目前的发展趋势来看，未来五年先进制造业和战略性新兴产业将加快发展，新产业新业态喷涌而出。

《纲要》将贯彻落实新发展理念、适应把握引领经济发展新常态，必须在适度扩大总需求的同时，着力推进供给侧结构性改革，使供给能力满足广大人民日益增长、不断升级和个性化的物质文化和生态环境需要作为发展的主线。

贾康说："中国的供给侧改革，龙头应该是制度供给，提升整个供给体系质量和效率。具体来说，既要守正，也要出奇，守正就是必须要充分认识、适应、尊重市场规律，出奇就是要把有效市场和有为、有限政府复杂的结合关系把握好，要有中国人自己的成功创新。"

《纲要》显示，必须以提高供给体系的质量和效率为目标，去产能、去库存、去杠杆、降成本、补短板，加快培育新的发展动能。

(资料来源：至诚财经网 http://www.zhicheng.com/hgcy/n/57835.html)

出口和进口,是对外贸易的两个重要方面。出口是发展对外贸易的关键,是开展进口、引进技术、利用外资及一切对外经济活动的基础。出口贸易的规模和水平制约着对外开放的范围和程度,影响国民经济建设的规模和进程。进口通过引进技术、利用外资和购买必要物资,利用国内外两个市场、两种资源,促进我国新兴产业的开发和传统产业的改造,促进产业结构调整和优化,加快国民经济发展和改善人民生活。出口和进口两个方面互相制约、互相渗透、互为条件。只有出口,没有进口,出口就没有意义;只有进口,没有出口,进口就没有基础。既要大力发展出口贸易,也要积极开展进口贸易,使进出口保持基本平衡,才能实现对外贸易的持续、快速、协调发展。

第一节　出　口　贸　易

一、发展出口贸易的重要意义

(一)为我国增加进口、引进资金技术、开展对外经贸合作提供外汇保障

我国的外汇收入有 4/5 左右来自出口贸易的收入,只有 1/5 左右来自旅游、侨汇等非贸易外汇收入。我国要增加进口,大规模地利用外资、引进技术、开展对外承包工程、开展劳务合作、对外援助、进行双边和多边经贸合作等,都要靠出口贸易提供外汇保障。我国进口的重要原材料和人民生活急需的物品,要靠外汇支付;我国利用外资的本息要靠外汇来偿还;引进先进技术设备、开展对外承包工程和劳务合作以及对外援助,都需要靠出口贸易提供的外汇资金作保证。出口贸易的规模制约着进口、利用外资、引进先进技术设备、开展对外承包工程和劳务合作及外援等对外经贸活动的规模,从而影响我国现代化经济建设的规模和进程,也影响到人民物质文化生活改善的进程。

(二)为我国国民经济技术进步提供强大推动力

我国国民经济的发展必须依靠科学技术的进步。发展出口贸易,国内产品进入国际市场,参与激烈的国际市场竞争,就必须不断降低产品成本,提高产品质量。这就要求出口生产企业不断提高生产技术水平,更新设备和采用新工艺,采用新的原材料和先进的经营管理方法,才能提高劳动生产率,改善出口商品质量,增加花色品种。这样就能引起一系列国民经济技术改造的连锁反应,促进整个国民经济的技术进步。

(三)有利于国内产业结构和整个国民经济结构的调整与优化

出口贸易的发展对产业结构和经济结构的调整与优化有巨大的促进作用。大力发展出口贸易,就要根据国际市场的需要,不断调整和改善出口商品结构,建立新的出口生产体系。这就必然要发展技术密集型产业和相关先进的基础产业,使出口产业结构得到调整和优化。这一过程还会通过与国内产业的关联性而传导并波及国内其他产业,从而带动国内产业结构的调整,促使整个国民经济结构不断优化和升级。

第四章 中国进出口贸易

(四)可以促进我国现代化建设外部环境的改善

我国社会主义现代化建设需要有一个宽松和谐的外部环境。出口贸易作为对外经贸关系最基本的内容,是广泛参与世界各国经济、技术交流与合作的重要手段。通过发展出口贸易,可以加强与其他国家的经济联系,促进我国同其他国家建立和发展良好的国家关系,从而有助于为我国社会主义现代化建设创造一个宽松和谐的外部环境。

二、我国出口贸易发展概况

(一)改革开放前我国出口贸易的发展

1. 出口贸易规模:逐渐扩大,但增速缓慢

改革开放前,由于受自给自足的自然经济思想的影响,我国没有建立面向国际市场的产业。客观上则由于我国经济发展水平和国际环境的制约,出口贸易规模不大,虽然在逐年增长,但增长速度相对缓慢。1950年我国出口贸易额为5.5亿美元,1978年达到97亿美元,比1950年增长了近17倍。28年来出口贸易额年均增长率为10.8%。我国出口贸易额占世界出口贸易总额的比重,1953年为1.23%,但到1978年则降到0.75%。中国在世界出口贸易中所居位次,也由1953年的第17位降到1978年的第32位,说明中国出口贸易发展速度大大低于世界出口贸易的平均发展速度。

2. 出口商品结构:逐渐改善,但比较落后

1950年我国出口商品构成中,初级产品所占比重高达90.3%,而工业制成品仅有9.7%。1957年初级产品在出口总额中的比重降至79.4%,工业制成品上升到20.6%。1978年工业制成品所占比重上升至46.5%,初级产品所占比重降为53.5%,出口商品结构有了较大改善,但初级产品所占比重仍然高于工业制成品,这表明我国出口商品结构不合理。

(二)改革开放后我国出口贸易的发展

1. 出口贸易规模:迅速扩大,增长强劲

1978年我国对外贸易出口额为97.5亿美元,在世界货物贸易中排名第32位;1990年我国对外贸易出口额增长为620.9亿美元,位居世界各国和地区的第15位;到2005年我国对外贸易出口额增长为7620亿美元,位居世界各国和地区的第3位。2012年中国对外贸易出口额达到20489亿美元,为1978年的210倍。2017年,对外贸易出口额为22544亿美元,为1978年的232倍,高于同期世界出口平均增长水平。整体而言,在新中国成立以来的70年中,尽管对外贸易在国内外环境的影响下有所波动,但是其适应了不同阶段经济增长与发展的需要,保持了年均13%的增长速度,远高于世界贸易的增长(8%),而进出口的同步高速增长(12.8%和13.2%,世界进出口年均增速均为8.8%)推动中国成为全球贸易大国。

2. 出口商品结构:根本变化,日趋优化

从出口的初级产品来看,1978年初级产品出口额为52.16亿美元,占当年的出口比重为53.5%,而且以活动物、原料、油等占较大比重;到1990年,初级产品在出口中的比重

已下降为25.59%；2011年初级产品出口为1005亿美元，占当年出口中的比重下降为5%，其中，食品及活动物、饮料及烟类、非食用原料、矿物燃料、润滑油及有关原料出口分别增长了22.7%、19.4%、29.1%、21%和47.9%。2017年我国初级农产品出口仅占出口比重的2.76%。

从出口的工业制成品来看，1978年工业制成品的出口额为45.29亿美元，占当年的出口比重为46.5%；到1990年，工业制成品出口额为462.05亿美元，占出口的比重上升为74.41%，机械与运输设备占9.00%；2011年，我国工业制成品的出口额为17980.5亿美元，占当年的出口比重为95%，其中化学成品及有关产品、按原料分类的制成品、机械及运输设备、杂项制品(包括活动房屋、家具、旅行用品、服装和鞋靴等)出口分别增长31.1%、28.3%、15.6%和21.6%。2017年我国工业制成品出口额为19924.4亿美元，占当年的出口比重为88.12%。2018年我国工业制成品出口额为2352021.25百万美元，同比增长9.62%。

同时，我国高技术产品出口额也不断增加，我国商品出口呈现多元化和结构升级的趋势。1991年我国高技术产品出口额占工业制成品出口比为5.2%；1995年我国高技术产品出口额占工业制成品出口比为7.9%；2003年我国高技术产品出口额占工业制成品出口比为27.3%；2006年我国高技术产品出口额为2814.7亿美元，占工业制成品出口比为30.7%。2011年，中国高新技术产品出口额已达到5488亿美元，占工业制成品出口比为30.5%，居世界第一位。2017年我国高技术产品出口额为6708.2亿美元，较上年增长11.0%，高技术产品出口的技术领域仍以计算机与通信技术为主，占高技术产品出口总额的68.7%。

从出口贸易方式来看，加工贸易支撑着出口贸易的半壁江山。1995年加工贸易在出口贸易中的比重为49.5%，1997年为54.5%，2000年为55.2%，2012年为42.1%，2017年为60%。

从出口市场来看，改革开放以来，我国出口市场比较集中于西方发达国家，2019年前8个月，中国前三大贸易伙伴分别是欧盟、东盟和美国，中国对它们的出口分别增加11.8%、15.7%、-3.7%，顺差分别扩大22.9%、65.4%和7.7%。中国对三大贸易伙伴的顺差都在增长，说明中国与世界经济相互依存的程度继续加深。

三、出口商品战略

出口商品战略是出口贸易战略的一个重要组成部分，是关于出口商品结构的战略和规划。一国根据自己经济发展的具体情况和国际市场的需要，对出口商品构成做出战略性安排，就是出口商品战略。制定出符合我国国情的出口商品战略措施，对于增强我国出口商品竞争力、扩大出口创汇能力、提高经济效益非常重要。出口商品结构不仅受国内经济发展水平、产业结构和发展政策的制约，还受国际市场和国际经济环境的制约。

从新中国成立到中共十一届三中全会，我国出口贸易规模逐渐扩大，但增长速度相对缓慢；出口商品结构虽然在逐渐优化，但始终以初级产品出口为主。而中共十一届三中全会以后，我国实行改革开放政策，国民经济得以全面迅速发展，对外贸易进入新的发展时期。因此，根据我国经济发展的具体情况和国际市场的需要，在不同的历史时期制定了不同的出口商品战略。

（一）"六五"时期(1981—1985年)

"六五"时期，我国开始实行改革开放，面对落后的产业结构和生产技术，我国实行的出口商品战略是：发挥我国资源丰富的优势，增加出口矿产品和农副土特产品；发挥我国传统技艺精湛的优势，发展工艺品和传统的轻纺工业品出口；发挥我国劳动力众多的优势，发展进料加工；发挥我国现有工业基础的作用，发展各种机电产品和多种有色金属、稀有金属加工品的出口。

（二）"七五"时期(1986—1990年)

在20世纪80年代，国际初级产品价格大幅下跌，初级产品的贸易开始萎缩。"六五"时期后期，我国初级产品的比重逐步下降，制成品比重逐步上升，但初级产品和粗加工制成品占绝大多数份额。为此，我国在"七五"计划中提出了以实现"两个转变"为核心内容的出口商品战略，即我国出口商品结构要逐步由主要出口初级产品向主要出口制成品转变，由主要出口粗加工制成品向主要出口精加工制成品转变。

在此期间，我国减少了一些大宗原料性产品的出口，轻纺织产品迅速发展。到"七五"计划末期，我国实现了由主要出口初级产品向主要出口制成品的历史转变。

（三）"八五"时期(1991—1995年)

进入"八五"时期，从国际市场来看，机电产品贸易迅速增加，并成为贸易额最大的一类产品。据此，我国提出的出口商品战略是：逐步实现由粗加工制成品为主向精加工制成品为主转变，努力增加附加值高的机电产品、轻纺产品和高技术产品的出口，鼓励那些在国际市场有发展前景，竞争力强的拳头产品的出口。

此间，我国出口商品结构进一步优化，机电产品已取代轻纺产品，成为出口的支柱性产品。

（四）"九五"时期 (1996—2000年)

进入"九五"时期，国际贸易中机电产品仍迅速增长，而高技术含量、高附加值的高新技术产品则增长更快。从我国国内来看，虽然出口结构不断优化，但总体上还是以粗加工、低附加值的劳动密集型产品为主，出口产品的竞争力不强。因此，根据"九五"提出的要实现经济增长方式从粗放型向集约型转变的方针，我国还制定了"以质取胜"战略，努力实现外贸出口增长方式由主要靠数量和速度向质量和效益转变。

因此该时期提出的出口商品战略是："着重提高轻纺产品的质量、档次，加快产品升级换代，扩大花色品种，创立名牌，提高产品附加值。进一步扩大机电产品出口，特别是成套设备出口。发展附加值高和综合利用农业资源的创汇农业。"

（五）"十五"时期 (2001—2005年)

21世纪是知识经济时代，在国际贸易中，高附加值、高技术含量的产品增长十分强劲。经过改革开放以来二十多年的经济发展，我国的产业结构和出口商品结构都有较大的改变，特别是高科技产业发展迅速，产品出口快速增长，但是出口产品中低技术、低附加值产品仍占主导地位。因此，我国提出要继续贯彻以质取胜战略，重视科技兴贸，优化出口商品结构。

据此，我国提出的出口商品战略是：继续贯彻以质取胜战略，重视科技兴贸，优化出口商品结构，增加产品的国际竞争力，努力保持对外经济贸易的可持续发展。

（六）"十一五"时期(2006—2010年)

在"十五"期末已经取得的成绩上进一步加快转变对外贸易增长方式，促进对外贸易由数量增加为主向质量提高为主转变，到2010年，货物贸易、服务贸易进出口总额分别达到2.3万亿美元和4000亿美元。优化出口商品结构，着力提高对外贸易的质量和效益。扩大具有自主知识产权、自主品牌的商品出口，控制高能耗、高污染产品出口。继续发展加工贸易，着重提高产业层次和加工深度，增强国内配套能力，促进国内产业升级。大力发展服务贸易，不断提高层次和水平。完善公平贸易政策，健全外贸运行监控体系，增强处置贸易争端能力，维护企业合法权益和国家利益。

（七）"十二五"时期(2011—2015年)

国际服务贸易已经成为推动世界经济贸易发展的重要力量，大力发展服务贸易将是"十二五"期间加快对外贸易发展方式转变的重要战略任务。在此期间，我国外贸发展的目标有以下四个。

一是稳增长促平衡取得实质进展。进出口平稳增长，总额年均增长10%左右，到2015年达到约4.8万亿美元。贸易平衡状况继续改善。

二是进出口商品结构进一步优化。机电产品进出口年均增长10%左右，总额到2015年达到2.5万亿美元。劳动密集型产品出口附加值进一步提高。自有品牌和知识产权产品、大型成套设备出口比重显著提高。先进技术、关键零部件、国内短缺资源和节能环保产品进口比重进一步提高。消费品进口适度扩大。

三是发展空间布局更加完善。在巩固欧、美、日等传统市场的同时，着力扩大新兴经济体、发展中国家等新兴市场的贸易规模。到2015年，与新兴市场的贸易占全国外贸的比重力争提高5个百分点左右，达到58%。东部地区外贸发展质量和效益明显提高，中西部地区加快发展，到2015年，中西部地区占全国外贸的比重力争提高5个百分点，达到15%。

四是国际竞争力明显增强。以技术、品牌、质量、服务为核心的竞争新优势加快形成，贸易渠道控制力明显增强。在优势产业中形成一批具有全球资源整合能力的跨国企业。

（八）"十三五"时期(2016—2020年)

"十三五"期间将重塑大国外贸发展战略，定下适度增速目标的同时，将产业升级与外贸结构调整更加紧密地结合，以提升外贸价值链为重点，推动对外贸易迈向中高端水平。"十三五"时期确定科学适度的预期增长目标，大致与GDP增长同步，略高于GDP增速的水平。"十三五"期间中国外贸年均增速将与"十二五"持平，略高于全球贸易增速。到2020年，中国货物贸易进出口总额将超过6万亿美元，服务贸易进出口总额将超过1万亿美元，货物出口占全球出口市场的比重将上升到14%。不仅是增速的问题，新形势下，外

第四章　中国进出口贸易

贸怎样发展才能适应和满足国民经济发展的要求，将是"十三五"期间需要重点解答的问题。

从国内来看，我国已经进入经济结构大调整阶段：一是基于廉价生产要素，尤其廉价劳动力之上创建的出口导向发展模式不能再持续推进，并开始大调整。二是整个国家从引进、模仿技术阶段向自主创新驱动阶段升级。进入"十三五"之后，我国劳动密集型低端产业的国际转移压力会越来越大。

"十三五"时期的外贸战略也是与国内经济结构调整的进程紧密相连的，应该有两个关键任务。一是加快培育新竞争优势，加强对外经济贸易政策与中国制造 2025、战略性新兴产业政策等的配合，以提升外贸价值链为重点，实施促进产业升级的外贸政策。二是将产业对外转移与"一带一路"等战略结合，通过"走出去"的联动，逐渐形成以中国企业为主导的区域性的乃至全球性的生产网络和全球价值链体系。

【案例 4-1】

农产品魅力绽放

随着甘肃"一带一路"建设和向西开放战略的有序推进，甘肃交易团实施外贸"扶优、育新"举措，发挥省级外贸联系机制，加强农业标准化和市场追溯体系建设，助推"兰州百合""定西马铃薯""静宁苹果"等一大批特色农产品走出国门，形成了享誉世界的生态绿色品牌，带动了对"一带一路"沿线国家外贸出口增长。2017 年第一季度，甘肃与"一带一路"沿线主要国家贸易额已接近全省进出口总额的 1/3，蔬菜的出口额同比增长了 143%。

本届广交会上，甘肃景泰虎博园大展风采，作为第二次的参展企业，在四个展位的特装中展现了甘肃大枣的魅力，大枣制品种类繁多，争相夺艳，促成了大单。甘肃大河中草药首日实现 80 万美元的成交额，与马来西亚采购商签订合同；庄浪槿源果蔬的苹果受采购商青睐有加，实现开门红；甘肃中天羊业让采购商直接品尝鲜美有机涮羊肉，热腾腾的火锅吸引了中西亚国家的采购商，在美味诱惑下，已签单 10 万美元。

(资料来源：甘肃商务网 http://gansu.mofcom.gov.cn/article/sjshangwudt/201705/20170502570418.shtml)

四、出口市场战略

为加速我国外经贸的发展，我国在出口市场战略上提出了出口市场多元化战略。

(一)市场多元化战略的背景

在我国对外贸易的发展过程中进出口市场往往过分集中于少数国家和地区。在 20 世纪 80 年代末"七五时期"，我国的主要出口市场是中国港澳地区、日本、美国和欧盟，这些市场在我国总出口中所占的比重为 74.8%。以 1990 年为例，我国出口额为 520 亿美元，上面的四个市场所占的比重为 75%；而对于其他的 100 多个发展中国家和地区以及苏联、东欧国家所占的出口比重还不到 25%(苏联、东欧国家所占的出口比重为 5.8%，周边 11 国所占的出口比重为 6.6%，东盟所占的出口比重为 6%，中东所占的出口比重为 2.7%，拉美所占的出口比重为 1.27%，非洲所占的出口比重为 1.26%)。到了 1998 年，我国出口的市场结构中香港地区占 21%，美国占 20.6%，日本占 16.1%，欧盟占 15.3%。

乌拉圭回合多边贸易协定的签订和世界贸易组织的建立，为世界贸易的发展创造了一个更加开放和自由的贸易环境，世界市场的多元化趋势日益明显。但是近年来，由于贸易保护主义抬头和区域集团化的消极影响，以及歧视性贸易壁垒、反倾销诉讼，加剧了国际贸易冲突，妨碍了贸易自由、健康地进行，单一的市场格局不利于我国外经贸事业的进一步发展。因此，我国在 20 世纪 90 年代初提出实施市场多元化战略，以改善出口市场过于集中的状况，通过开辟新市场，促进对外经济贸易的进一步发展。

(二)市场多元化战略的含义与内容

1. 市场多元化战略的含义

市场多元化战略就是根据国际政治经济形势的变化，充分发挥我国的优势，有重点、有计划地采取巩固、发展、开拓、辐射等多种渐次推进策略，逐步建立起我国出口市场合理的、多元化的总体格局。

2. 市场多元化战略的内容

(1) 深度开发日、美、欧和中国港澳地区等传统市场。首先，对该市场的深度开拓要以商品结构的优化为保证，在维持传统商品出口的同时，要提高出口产品的技术含量，增加技术、知识密集型产品的出口，逐步扩大参与水平分工的比重，以获取更多的比较利益。其次，要进一步了解和研究发达国家和地区的贸易法规和惯例，充分运用其先进的贸易基础设施和经销网络，特别是要进入这些国家市场上深层次的销售系统，如利用国外超市、连锁企业直接进入其销售网络。最后，要改善售后服务，稳定和提高我国出口商品的市场占有率。

我国在深度开发和巩固传统市场时，还应根据各个市场的不同特点，制定相应的开拓策略。重点突破美国轻工业品、机电产品市场；调整对日本的出口商品结构，在保持传统出口商品稳定增长的同时，积极扩大工业制成品，特别是机电产品对日本的出口。通过调整我国出口商品结构，提高出口商品质量，增加花色品种，增强商品的适销性，巩固和发展欧盟市场。港澳地区是内地主要的出口市场和最大的转口市场。应充分利用香港国际贸易和国际金融中心的地位，继续发挥其作为内地出口商品中转站的作用，推动内地与香港的经济合作向更高层次发展。同时，要加强对港澳地区出口的管理和协调工作，维护对港澳地区出口的良好秩序，保证对港澳地区出口的稳定增长。

(2) 重点开拓亚洲、非洲、拉丁美洲发展中国家和地区市场。加强同发展中国家和地区的经济贸易关系，使我国产品更多地进入这一市场。我国出口商品结构很适合发展中国家的消费水平，特别是我国的普通机电产品，操作技术要求不高，价格合理，与发展中国家的产业结构、生产力水平相配套，具有广阔的市场。但与此同时，我国开拓这一市场也存在一些障碍和问题，如许多国家经济发展水平低，贸易规模不大，外汇短缺，有些市场交通运输不便、气候不利等，这些都会制约我国对这些市场出口的扩大。因此，我国应做好市场调研，针对市场需要，组织适销对路的产品出口。同时我国应根据不同情况，采取灵活的贸易做法，将出口、援外、对外投资、承包工程和劳务合作等多种经济交往形式结合起来，对发展中国家和地区市场进行综合性开拓，以扩大对其出口。

(3) 积极扩大独联体、东欧国家市场。开拓独联体、东欧国家市场是我国实施市场多

第四章 中国进出口贸易

元化战略的重要组成部分。我国开拓这一市场的有利条件是：一方面独联体不少国家与我国相邻，发展双边经贸往来有着地理、交通上的便利；另一方面，我国与独联体国家在经济结构、产业结构上有一定的差异，从而使双方在经济贸易上有着广泛的互补性。应采取有力措施积极开拓独联体、东欧国家市场。为鼓励我国有实力、信誉好的公司、企业开拓独联体、东欧市场，国家在政策上，如贷款、配额等方面应予以扶持，使其与独联体、东欧信誉好的大企业建立长期合作关系，开展有一定规模、有较深层次的经贸活动，以促进对独联体、东欧国家出口贸易的发展。

(三)市场多元化战略的意义

首先，可以减少由市场集中可能带来的风险。其次，保证我国出口贸易持续、健康、快速发展。再次，多元化市场与我国多层次的产业结构和出口商品结构相适应，有利于促进产业结构调整。最后，发展多元化市场，有利于加强与第三世界国家的团结和合作，维护和发展世界和平事业，为我国经济建设创造良好的外部环境。

总之，实现市场多元化，既要求中央与地方相结合、政府与企业相结合，又要求贸易与投资、援外及其他经济合作形式相结合，同时还要求国家从宏观政策措施上予以整体推动。

【案例4-2】

多元化战略助外贸之路越走越宽

回顾我国外贸发展历程，由于改革开放，我国外贸发展潜力得到了充分激活；因为1994年推动的以"在保持原有市场的同时，努力开拓新的市场"为目标的市场多元化战略，使得外贸之路越走越宽，推动我国成长为世界贸易大国。有资料显示，改革开放40多年来，我国的贸易伙伴由1978年的40多个国家和地区发展到2017年的231个国家和地区。

商务部研究院国际市场研究所副所长白明在接受国际商报记者采访时指出，推动多元化战略主要是基于三点考量：一是要想实现将外贸做大的目标，仅靠单一市场不但难以为继，还蕴藏着巨大的经济风险，"鸡蛋不能放在一个篮子里"，所以在维持欧美等传统发达市场的前提下，鼓励外贸企业大力开拓以东南亚为代表的新兴市场；二是我国外贸发展潜能巨大，开放激发的产能释放仅靠传统市场是无法被完全消化的，如果说第一点考量是我国推动外贸发展多元化的主动选择，那么基于产能规模做出的推动市场多元化战略的决定完全可以看作是客观因素敦促的结果；三是外贸发展不仅要做大，也要做强，市场多元化战略可以帮助外贸企业在国际交换和国际竞争中处于积极主动的地位，为中国外贸向着"微笑曲线"两端发展腾挪空间，进而提升外贸企业在国际分工中的地位。

目前来看，我国外贸推动市场多元化战略的成果还是值得肯定的。贸易比重方面，一般贸易占比上升，加工贸易占比下降；出口市场方面，2011年起，东盟超越日本成为我国第三大贸易伙伴，在出口市场中的占比从2000年的7%提高到2017年的12.5%。特别是"一带一路"倡议提出以来，我国与"一带一路"沿线国家货物进出口贸易年均增长4%，更是成为我国对外贸易发展的一道亮丽风景线。

虽然改革开放40多年来中国外贸市场多元化战略效果显著，但从中长期来看，却仍有进步空间。白明指出，新时代给中国外贸多元化战略发展提出了新要求，一方面美国的单边主义行径令全球贸易保护主义风险激增，加大了进一步推动市场多元化战略的紧迫性；另一方面，逐渐成熟的中国外贸发展也给外贸企业在执行市场多元化战略上提出了更高的要求，比如多元化不再只停留在简单的产品销售，还包括品牌经营、市场影响、售后服务、人才培育等综合性要求。

不过，以上只是中国外贸企业践行多元化战略的手段，白明强调，更重要的是，企业不能忽视自身产品的竞争力，必须持续不断创新，这才是支持外贸多元化战略的真正内核。现在已有越来越多的外贸企业意识到创新的重要性并不遗余力地投入其中。

(资料来源：中国商务新闻网 https://www.sohu.com/a/278507421_275039)

第二节 进 口 贸 易

一、发展进口贸易的重要意义

(一)可推动国民经济持续、快速协调发展

进口贸易对国民经济有重要的推动作用。通过进口国民经济发展中急需的技术、设备和原材料，有助于实现社会扩大再生产，并实现对国民经济的技术改造，促进国民经济产业调整和优化，提高劳动生产率，增强生产能力，保证国民经济持续、快速协调发展。我国在经济建设的不同时期，根据国民经济发展规划和经济发展要求，在不同时期进口了大批先进的技术设备和有关建设物资，满足了经济建设需要，保证了生产和建设的顺利发展，取得了大大高于世界平均水平的高增长率，创造了中国经济持续快速发展的奇迹。

(二)可提高出口商品的国际竞争力，促进进出口贸易协调稳定发展

提高出口产品的国际竞争力，要靠降低生产成本，提高产品质量，这都需要以开发技术作为先导。通过进口引进先进技术，有利于提高我国出口商品的国际竞争力。同时进口的扩大还可以为出口商品开辟市场，促进出口扩大。另外，只有进口与出口保持基本平衡，在出口贸易发展的同时相应加快进口贸易发展，才能保证对外贸易发展进入良性循环轨道，实现对外贸易的协调稳定发展。

(三)可增加国内消费品生产，更好地满足人民需要

满足人民群众日益增长的物质和文化生活需要，是外贸行业的重要任务之一。通过进口，引进先进技术设备，有利于发展消费品工业的生产，有利于提高工业消费品的质量、性能，增加花色品种，改善国内市场供应，更好地满足人民群众的需要。

(四)有利于增进我国同各国经贸关系的发展

我国幅员辽阔，人口众多，国内市场庞大，对世界各国和地区都有着很大的吸引力。特别是那些拥有我国急需的高科技的先进技术与设备和能源、材料丰富的国家，其经济发

第四章 中国进出口贸易

展更是依赖中国市场,希望扩大对中国的出口。我国"十一五"规划中提出要积极扩大进口和积极发展国际经济合作,实现互利双赢战略,这对于我国全方位地发展同世界各国之间的贸易和经济技术合作,促进扩大国际经济交流的深度和广度,全面参与国际分工将起到重要的推动作用。

二、我国进口贸易发展概况

(一)改革开放前我国进口贸易的发展

改革开放前,我国的进口贸易随着国家经济建设发展和出口的扩大,得到了相应的发展。但由于"左"的错误和"文化大革命"的干扰,进口贸易发展出现波折和起伏。1959年,我国突破以美国为首的主要资本主义国家的封锁、禁运,进口从1950年的5.8亿美元增加到21.2亿美元,增长了3.65倍,其中生产资料占91.5%。这对于恢复和发展国民经济,改善人民生活发挥了重要作用。1966年进口贸易总值达22.48亿美元。

由于"文化大革命"的干扰,1969年进口贸易总值降到18.25亿美元。进口商品结构也不得不扩大消费资料进口的比重,以弥补因"文化大革命"造成的物质匮乏。消费资料进口的比重由20世纪50年代末的8.5%上升到28.4%,这对于缓解国内市场物质匮乏,改善人民生活起到了巨大作用。

20世纪70年代在我国政治、经济处于重大转折的时期,进口贸易起伏不稳。20世纪70年代前期由于周总理狠抓外贸,1974年进口总值达76.19亿美元,比1970年的23.2亿美元增长了2倍多。后来由于"四人帮"的破坏,在1974年以后进口贸易连续两年下降,1976年下降到68.8亿美元,比1974年下降了14%。经过1977年和1978年的拨乱反正,进口贸易有了发展,1978年进口总值达到108.93亿美元,比上年增长了51%。

(二)改革开放后我国进口贸易的发展

改革开放后,进口贸易得到了持续稳定的发展。1979年进口总值达到156.8亿美元,比1978年增长43.9%;1980年进口总值为195.5亿美元,比1979年增长24.7%;1985年突破400亿美元,达到422.5亿美元;1993年突破1000亿美元,达到1039.6亿美元;2000年突破2000亿美元,达到243.1亿美元;2004年突破5000亿美元,达到5613.8亿美元;2007年突破9000亿美元,达到9558亿美元。党的十八大以来,我国坚持深化改革、扩大开放,积极应对国际金融危机后续影响等一系列重大风险挑战,努力适应外贸发展新常态,进口形势明显好于世界其他主要经济体,对世界贸易发展做出重要贡献。2017年进口总额从1978年的109亿美元提高到18000亿美元。2019年中国进口总额超14万亿元,已连续10年成为世界第二大进口国。

这一时期,不仅进口总值连年增长,进口结构也在不断优化。1979年初级产品进口额为44.22亿美元,占当年进口的28.2%;2017年初级产品进口额为7013亿美元,占当年进口的39%;2018年初级产品进口额为701612.51百万美元,同比增长21.58%。在初级产品中,矿物燃料、非食用原料等进口比重逐年上升,表明我国在这方面资源短缺和经济迅速增长、工业化进程推进对燃料和原材料的需求量增大。在食品和活动物方面的进口呈现下降趋势，表明改革开放以来，我国的农业、养殖业等行业发展迅速。进口的工业制成品 1979 年为 112.53 亿美元，占当年进口的 71%；1990 年为 434.92 亿美元，占当年进口的 81.53%；2007 年为 7128.4 亿美元，占当年进口的 74.6%；2017 年为 13464 亿美元，占当年进口的 74.8%。工业制成品进口比重多年来一直维持在比较高的水平上，尤其是化工类产品和机械运输设备的进口存在逐年攀升趋势。这表明我国改革开放以来的进口贸易发展在推动工农业生产发展、加快现代化经济建设方面发挥着越来越大的作用。

三、进口商品战略

进口商品战略是指根据国内生产、消费的需要，对一定时期进口商品的构成所做的战略性规划。进口商品战略是以生产需求和消费需求为依据的，具体又表现为一定时期内国家的经济和社会发展目标与产业结构调整目标。

(一)改革开放以前我国进口商品战略(1949—1978 年)

新中国成立前，进口水平很低，进口的商品绝大部分是一般生活消费品和奢侈品。新中国成立后，随着我国社会主义建设事业的发展，进口贸易也得到相应的发展。

20 世纪 50 年代，是我国恢复国民经济和第一个五年计划建设时期。这一时期我国实行的进口商品战略是：大力组织国家经济建设所必需的机器设备、工业器材和原料以及其他重要物资的进口。这一战略的实施，不仅打破了以美国为首的世界主要资本主义国家的封锁禁运，而且对恢复和发展国民经济、增强我国的生产能力，改善人民生活，稳定市场价格起了重要的作用。

20 世纪 60 年代，是国民经济面临严重困难和调整的时期。三年自然灾害及中苏两党的矛盾和摩擦，加之当时经济建设指导思想"左"的错误，使国民经济的发展遇到了前所未有的困难。根据当时的特殊情况，进口商品战略调整了进口结构，在急需物资进口中，把粮食列为首位，依次安排化肥、农药、油脂、工业原料、设备等进口。进口贸易出现了上升继而下降的波动。

20 世纪 70 年代，是我国政治、经济发展史上极为复杂的时期，也是我国历史上重要的转折时期。在这个时期，中国再次从西方国家进口化肥、化纤、石油、化工、轧钢、采煤、火电、机械制造等方面的技术和成套设备共 222 个进口项目，但由于"四人帮"干扰，未能全面实现。进口贸易经历了上升、下降及再上升的变化。

(二)改革开放后我国的进口商品战略(1979 年至今)

20 世纪 80 年代以后，我国进入全面开创社会主义建设的时期。在这个时期，党中央做出了实行对外开放、对内搞活经济的战略决策，明确了对外贸易在国民经济发展中的重要地位。

我国各个五年计划都对进口结构进行了规划。

1. "六五"计划时期(1981—1985 年)

"六五"计划时期，我国实行的进口商品战略是：引进先进技术和关键设备；确保生产和建设所需的短缺物质的进口;组织好国内市场所需物资和以进养出物资的进口;对本国能够制造和供应的设备,特别是日用消费品,不能盲目进口,以保护和促进民族工业的发展。

2. "七五"计划时期(1986—1990年)

我国在此时期的进口重点是引进软件、先进技术和关键设备,以及必要的、国内急需的短缺生产资料。

3. "八五"计划时期(1991—1995年)

我国实行的进口商品战略是:按照有利于技术进步、增加出口创汇能力以及节约使用外汇的原则合理安排进口,把有限的外汇集中用于先进技术和关键设备的进口,用于国家重点生产建设所需物资以及农用物资的进口,以促进民族工业的发展;国内能够生产供应的原材料和机电设备争取少进口或不进口;严格控制奢侈品、高档消费品和烟、酒、水果等商品的进口。

4. "九五"计划时期(1996—2000年)

"九五"计划以来中国进口商品结构升级显著:大量进口了短缺的资源型商品;以信息、通信类产品为主的高新技术产品的进口大增;技术引进项目和金额成倍增长;国内技术和生产能力逐步完善的进口商品大幅度减少。我国实行的进口商品战略是:积极引进先进技术,适当提高技术、设备和原材料产品的进口比例,努力发展技术贸易和服务贸易。

5. "十五"规划时期(2001—2005年)

根据"十五"规划期间我国社会经济发展目标和我国产业结构和进口结构的现状,我国进口商品战略结构的重点应是引进先进技术和关键设备;保证重要资源和加工贸易物资的进口;按照我国对国际社会承诺的市场开放进程和国内市场的需求,扩大消费品进口。

6. "十一五"规划时期(2006—2010年)

实行进出口基本平衡的政策,发挥进口在促进我国经济发展中的作用。完善进口税收政策,扩大先进技术、关键设备及零部件和国内短缺的能源、原材料进口,促进资源进口多元化。积极发展对外贸易,优化进口商品结构,着力提高对外贸易的质量和效益。鼓励进口先进技术设备和国内短缺资源,完善大宗商品进出口协调机制。

由于进口贸易持续、稳定的发展,使国民经济对进口的依存度也不断增长。总之,新中国成立以来,特别是实行改革开放政策以来,我国进口贸易对推动工农业生产的发展、加快现代化建设的步伐起到了重要的推动作用。

7. "十二五"规划时期(2011—2015年)

"十二五"规划期间将通过优化进出口结构、提高贸易便利化水平、加强进口国内流通对接等手段加强扩大进口工作。

我国以前的进口以中间产品、资源性产品和矿产品居多,而现在要加大资本品、关键零部件和消费产品的进口。在进口国别和企业上,要向贸易顺差较多的国家及拥有话语权的企业增加产品进口。通过商务部、海关等部门的合作,进口产品的通关效率及贸易便利化的水平要进一步提高；同时优化管理措施，进一步清除进口环节的不合理限制，降低进口成本。

在进口国内流通的对接上，要鼓励大型企业与国外消费品供应商建立长期合作机制，减少中间环节；还要鼓励有实力的企业把内贸物流等环节进行整合，使得国外产品顺利进入国内流通领域，鼓励发展直购式的消费平台，打破垄断。

应该通过"走出去"带动进口，利用国外成本优势来提高进口产品的竞争力。同时，进一步完善的进口促进体系将提高政策透明度，利用各种金融税收手段扩大进口，向企业提供更多信息及融资便利。

8."十三五"规划时期(2016—2020年)

改革开放40多年来，我国对外贸易持续高速增长。国际金融危机爆发以来，我国对外贸易面临的市场环境发生了深刻变化，一些传统的比较优势面临外部挑战，同时也面临国内经济转型升级，特别是消费需求升级所带来的新机遇。"十三五"时期，实施优进优出战略，推动外贸向优质优价、优进优出转变，就是要从我国长远和根本利益出发，有选择性地进口紧缺先进技术、关键设备和重要零部件。

优进重点工作是：一要提高传统优势产品竞争力，鼓励企业提高产品科技含量和附加值，加强营销和售后服务网络建设，鼓励跨境电子商务、市场采购贸易、外贸综合服务企业等新型贸易方式发展；二是要大力发展服务贸易，进一步落实和完善促进服务贸易发展的政策措施，在稳定和拓展运输、旅游、劳务等传统服务贸易的同时，重点培育通信、金融、会计等新型服务贸易，提高服务贸易比重，实现服务贸易与货物贸易融合发展相互促进；三是积极扩大进口，完善进口促进政策，扩大先进技术设备关键零部件进口，稳定能源、资源产品进口，合理增加一般消费品进口，引导境外消费回流。

【案例4-3】

文莱官员表示希望扩大对华食品农产品出口

新华社斯里巴加湾市6月25日电(记者薛飞)文莱财政与经济部副部长阿卜杜勒·马纳夫25日表示，文莱希望尽快与中国就便利食品农产品贸易达成一致，扩大文莱对华食品农产品出口。

马纳夫在与到访的中国海关总署代表团举行会谈时表示，中国是文莱最大的贸易伙伴之一，文方致力于持续扩大双边贸易，特别是通过机制性安排，便利文莱农产品和水产品对华出口。文方提议与中方签署的《关于加强合作便利食品农产品贸易的协定》就是这种机制性安排之一。

马纳夫表示，文莱正在推动经济多元化，改善国内营商环境，大力发展食品、油气下游行业、旅游业、服务业以及信息技术等产业，摆脱对油气采掘和出口的依赖，期待更多中国企业到文莱投资。

中国海关总署副署长邹志武表示，中国海关重视文方关于签署便利食品农产品贸易的协定的提议，希望双方在工作层面继续保持紧密沟通，早日达成一致，推动两国食品农产品贸易便利化。

据中国海关统计，中国和文莱2018年双边贸易额为18.4亿美元，较2017年增长86%。

第四章 中国进出口贸易

邹志武表示，中文两国经贸合作潜力巨大，中国将进一步深化与文莱的互利友好合作，服务两国友好关系大局和人民福祉。

(资料来源：搜狐网 https://www.sohu.com/a/322939022_267106)

本 章 小 结

　　出口和进口是对外贸易的两个重要方面，它们互相制约、互相渗透、互为条件。只有出口，没有进口，出口就没有意义；只有进口，没有出口，进口就没有基础。既要大力发展出口贸易，也要积极开展进口贸易，使进出口保持基本平衡。

　　出口贸易为我国增加进口、引进资金技术、开展对外经济合作提供外汇保障，为国民经济技术进步提供强大推动力，推动产业结构和国民经济调整与优化，促进国际环境改善。出口商品战略是一国根据自己经济发展的具体情况和国际市场需要，对出口商品构成做出的战略性安排。我国在不同时期制定了不同的出口商品战略。在出口市场战略上，我国提出了市场多元化战略。

　　发展进口贸易可以推动国民经济持续、快速协调发展；提高出口商品的国际竞争力，促进进出口贸易协调稳定发展；增加国内消费品生产，更好地满足人民需要；增进与各国经贸关系的发展。进口商品战略是根据国内生产、消费的需要，对一定时期进口商品的构成所做的战略性规划。它以生产需求和消费需求为依据，体现一定时期内国家的经济社会发展目标和产业结构调整目标。

思 考 题

1. 发展出口贸易有什么重要意义？
2. 我国"十三五"规划期间出口商品战略的内容是什么？
3. 我国实施出口市场多元化战略的重要意义何在？应采取哪些具体措施？
4. 发展进口贸易有什么意义？
5. 我国"十三五"规划期间进口商品战略的内容是什么？

案 例 分 析

外贸结构优化　动力转换加快

　　海关总署12日发布的数据显示，2019年上半年，我国外贸进出口继续保持平稳增长发展态势，外贸进出口总值为14.67万亿元，比2018年同期增长3.9%。其中，出口7.95万亿元，增长6.1%；进口6.72万亿元，增长1.4%；贸易顺差1.23万亿元，扩大41.6%。

　　2019年以来，世界经济和贸易增长放缓，但我国对外贸易仍然表现出很强的韧性。李魁文表示，上半年我国外贸进出口总值同比增长3.9%，这得益于国内经济稳中有进、高质量发展持续推进，得益于国家推动新一轮高水平对外开放，也得益于各地区、各企业的攻坚克难，共同努力。

我国经济基本面良好，为外贸发展提供了有力支撑。我国市场规模巨大、人力资源丰富、产业配套齐全，潜力和回旋余地都很大。1—6月，实际利用外资同比增长7.2%。我国经济基本面优势以及经济平稳发展都为外贸增长奠定了坚实的基础。

"六稳"政策效应持续显现，为外贸增长提供了有效动能。2019年，我国实行大规模减税降费措施，明显提振了市场、企业的预期和信心。上半年，有进出口实绩的企业达到了42.1万家，同比增长5.6%。随着"放管服"改革的深入推进，我国营商环境和贸易便利化水平也在稳步提升。

新一轮高水平对外开放持续推进，市场多元化取得了积极进展。上半年，我国对"一带一路"沿线国家进出口增长达到9.7%，高出外贸整体增速5.8个百分点，同期，我国对拉丁美洲和非洲等新兴市场进出口分别增长7.4%和9%，分别高出整体增速3.5个和5.1个百分点。

李魁文介绍，上半年，民营企业进出口活力提升，外贸内生动力不断增强。民营企业进出口6.12万亿元，增长11%，占我国进出口总值的41.7%，比2018年同期提升2.7个百分点。其中，出口4.02万亿元，增长13.3%，占我国出口总值的50.6%。

(资料来源：王延. 浦东时报，2019年1月22日)

问题：
1. 我国外贸结构的特点是什么？优化措施有哪些？
2. 为何我国目前要大力提升贸易便利化水平？意义何在？

第五章 中国服务与技术贸易

【学习要求】

通过本章的学习,要求学生了解我国发展服务贸易和技术贸易的状况,懂得我国服务贸易和技术贸易的特点和主要内容,掌握我国发展服务贸易的意义和技术引进与出口的原则。

【主要概念】

国际服务贸易　国际技术贸易　许可贸易　国际合作生产

【案例导读】

第一节　服　务　贸　易

一、国际服务贸易概述

(一)服务贸易的概念

一般来说,服务是指以提供活劳动的形式满足他人一定需要并索取报酬的特殊的劳动产品。服务本身具有价值与使用价值,因此,其本身具有商品的属性。服务往往不像货物那样具有物质形体,其生产与消费以及交换常常同时发生,并且某些服务的消费具有不可排他性。因此,它是一种特殊的商品。

服务贸易是乌拉圭回合的三大新议题之一。新议题所涉及的服务贸易概念专指国际服务贸易,即国家间的服务输入或服务输出这样一种贸易形式,而不包括国内服务贸易。乌拉圭回合达成的《服务贸易总协议》第一条对国际服务贸易的定义从以下四个方面进行了规定。

1. 跨界提供

由一个成员境内向另一个成员境内提供的服务。在这种形式下,服务提供者和被提供者分别在本国境内,并不移动过境。所以,这种服务提供方式,往往要借助于远程通信手段,或者就是远程通信服务本身。例如,国际电话通信服务。

2. 过境消费

在一个成员境内向任何其他成员的消费者提供的服务。在这种服务提供形式下,服务的被提供者,也就是消费者跨过国境进入提供者所在的国家或地区接受服务。出国旅游、出国留学实际上接受的就是这种服务提供方式。

3. 商业存在

通过一个成员的商业实体在任何其他成员境内的存在而提供的服务。这种商业实体或商业存在，实际上就是外商投资企业。其企业形式可以采取独立的法人形式，也可以仅仅是一个分支机构或代表处。在这里，服务的提供是以直接投资为基础的，其提供涉及资本和专业人士的跨国流动。例如，外资银行提供的服务就属于这种形式。

4. 自然人的流动

由一个成员在任何其他成员境内的个人提供的服务。这种形式涉及提供者作为自然人的跨国流动。与商业存在不同的是，它不涉及投资行为。例如，我们请一个国外著名会计师事务所的注册会计师前来作财务咨询以及进行讲学，那么这可以被看作"自然人的流动"。如果该所来中国开设了一家分支机构，那么这就是"商业存在"了。

"服务贸易"作为一个在经济领域被广泛引用的概念，并没有一个完全公认的定义与范围。世界贸易组织《服务贸易总协定》对服务贸易的定义主要是针对服务的不同提供方式而给出的外延式定义。

国际服务贸易是服务提供者从一国境内，通过商业区现场或自然人现场向消费者提供服务并获得外汇收入的交易过程，也可以说是国家间服务输入(进口)和服务输出(出口)的一种贸易形式。

(二)国际服务贸易的范围

乌拉圭回合服务贸易谈判小组在乌拉圭回合中期评审会议后，加快了服务贸易谈判的进程，并在对以商品为中心的服务贸易分类的基础上，结合服务贸易统计和服务贸易部门开放的要求，在征求各谈判方提案和意见的基础上，提出了以部门为中心的服务贸易分类方法，将服务贸易分为12类。分别介绍如下。

1. 商业性服务

商业性服务是指在商业活动中涉及的服务交换活动，服务贸易谈判小组列出的六类这种服务，其中既包括个人消费的服务，也包括企业和政府消费的服务。

(1) 专业性(包括咨询)服务。专业性服务涉及的范围包括法律服务、工程设计服务、旅游机构提供的服务、城市规划与环保服务、公共关系服务等；专业性服务中包括涉及上述服务项目的有关咨询服务活动；安装及装配工程服务(不包括建筑工程服务)，如设备的安装、装配服务；设备的维修服务，指除固定建筑物以外的一切设备的维修服务，如成套设备的定期维修、机车的检修、汽车等运输设备的维修等。

(2) 计算机及相关服务。这类服务包括计算机硬件安装的咨询服务、软件开发与执行服务、数据处理服务、数据库服务及其他。

(3) 研究与开发服务。这类服务包括自然科学、社会科学及人类学中的研究与开发服务等。

(4) 不动产服务。指不动产范围内的服务交换，但是不包括土地的租赁服务。

(5) 设备租赁服务。主要包括交通运输设备，如汽车、卡车、飞机、船舶等和非交通运输设备，如计算机、娱乐设备等的租赁服务，但是，不包括其中有可能涉及的操作人员的雇用或所需人员的培训服务。

(6) 其他服务。指生物工艺学服务；翻译服务；展览管理服务；广告服务；市场研究及公众观点调查服务；管理咨询服务；与人类相关的咨询服务；技术检测及分析服务；与农、林、牧、采掘业、制造业相关的服务；与能源分销相关的服务；人员的安置与提供服务；调查与保安服务；与科技相关的服务；建筑物清洁服务；摄影服务；包装服务；印刷、出版服务；会议服务；其他服务等。

2. 通信服务

通信服务主要是指所有有关信息产品、操作、储存设备和软件功能等的服务。通信服务由公共通信部门、信息服务部门、关系密切的企业集团和私人企业间进行信息转接和服务提供，主要包括：邮电服务；信使服务；电信服务，其中包含电话、电报、数据传输、电传、传真；视听服务，包括收音机及电视广播服务、其他电信服务。

3. 建筑服务

建筑服务主要指工程建筑从设计、选址到施工的整个服务过程，具体包括：选址服务，涉及建筑物的选址；国内工程建筑项目，如桥梁、港口、公路等的地址选择等；建筑物的安装及装配工程；工程项目施工建筑；固定建筑物的维修服务；其他服务。

4. 销售服务

销售服务指产品销售过程中的服务交换，主要包括：商业销售，主要指批发业务；零售服务；与销售有关的代理费用及佣金等；特许经营服务；其他销售服务。

5. 教育服务

教育服务指各国间在高等教育、中等教育、初等教育、学前教育、继续教育、特殊教育和其他教育中的服务交往，如互派留学生、访问学者等。

6. 环境服务

环境服务指污水处理服务；废物处理服务；卫生及相似服务等。

7. 金融服务

金融服务主要指银行和保险业及相关的金融服务活动。具体包括：①银行及相关的服务。银行存款服务；与金融市场运行管理有关的服务；贷款服务；其他贷款服务；与债券市场有关的服务，主要涉及经纪业、股票发行和注册管理、有价证券管理等；附属于金融中介的其他服务，包括贷款经纪、金融咨询、外汇兑换服务等。②保险服务。货物运输保险服务，其中含海运、航空运输及陆路运输中的货物运输保险服务等；非货物运输保险服务，具体包括人寿保险、养老金或年金保险、伤残及医疗费用保险、财产保险服务、债务保险服务；附属于保险的服务，如保险经纪业、保险类别咨询、保险统计和数据服务；再保险服务。

8. 健康及社会服务

健康及社会服务主要指医疗服务、其他与人类健康相关的服务；社会服务等。

9. 旅游及相关服务

旅游及相关服务指旅馆、饭店提供的住宿服务、餐饮服务、膳食服务及相关的服务；

旅行社及导游服务。

10. 文化、娱乐及体育服务

文化、娱乐及体育服务主要包括广播、电影、电视在内的一切文化、娱乐、新闻、图书馆、体育服务，如文化交流、文艺演出等。

11. 交通运输服务

交通运输服务主要包括：货物运输服务，如航空运输、海洋运输、铁路运输、管道运输、内河和沿海运输、公路运输服务，也包括航天发射以及运输服务，如卫星发射等；客运服务；船舶服务(包括船员雇用)；附属于交通运输的服务，主要指报关行、货物装卸、仓储、港口服务、起航前查验服务等。

12. 其他服务

其他服务是指上述 11 种服务以外的服务。

(三)国际服务贸易的特点

20 世纪 60 年代以来，世界经济的重心开始转向服务业。在 1999 年世界国内生产总值(GDP)中，服务业的产值占 61%，制造业占 34%，而农业仅占 5%左右。服务业在各国就业和国内生产总值(GDP)中的比重也在不断加大，发达国家服务业占 GDP 的比重由 1970 年的 58.2%提高到 1999 年的 65.3%，服务业就业人数占国内就业总数的比重在 55%～75%，同期发展中国家服务业占 GDP 的比重也从 42.5%上升到 48.1%，服务业就业人数占国内就业总数的 30%～55%，服务业已经成为世界各国国民收入和就业增长的重要来源。

服务业的发展相应地推动了国际服务贸易的增长。服务贸易总额在 1970 年为 700 多亿美元，1980 年为 3800 亿美元，1990 年是 8660 亿美元。如果将其中的政府服务剔除，仅考虑商业服务，根据有关的世界经济组织的统计，1986 年国际商业服务出口额为 4496 亿美元，1990 年为 7827 亿美元，1994 年为 10550 亿美元，1998 年是 13320 亿美元，2000 年是 14150 亿美元，2002 年是 15400 亿美元，其年平均增长速度达到 7%，超过了同期的货物贸易 6%左右的增长速度。而 2011 年达到了 41500 亿美元，同比增长 11%。

国际服务贸易在其快速发展中呈现出以下几个新的特征。

1. 服务贸易在国际贸易中的比重加大

20 世纪 70 年代以前，国际服务贸易在世界经贸关系中还不是一个引人注目的领域，关税及贸易总协定组织的多轮谈判都还没有考虑到要涉及这一议题。只是在这以后，国际服务贸易的发展潜力和重要性才开始为人们所重视。进入 20 世纪 70 年代以来，国际服务贸易有了突飞猛进的发展。据世界贸易组织的统计，1990—2000 年国际服务贸易额年均增长率为 7%，高于同期世界货物贸易 6%的增长率；而 2000—2007 年国际服务贸易额年均增长率为 12%，2000—2007 年，世界服务贸易出口年均增速与货物贸易出口年均增速基本持平，均为 12%。

随着知识经济时代的来临，新的服务部门不断涌现，越来越多的劳动者从实物生产转移到服务生产。与此相适应，国际服务贸易也将进入一个高速发展的时期。2011 年，世界

第五章 中国服务与技术贸易

服务进出口继续保持稳定增长态势,在同期货物贸易增速下滑的背景下,服务进出口增速仍略有提高。2011年世界服务进出口总额为80150亿美元,比2010年增长10.6%。

2. 以新兴服务行业为代表的其他商业服务出口增长最快

自2000年以来,以新兴服务行业为代表的其他商业服务出口一直保持快速增长态势,其历年增速均高于同期运输和旅游服务出口增速。2000—2007年,其他商业服务出口年均增长14%,而同期运输和旅游服务出口年均增速分别为11%和9%。2007年,其他商业服务出口16530亿美元,比2006年增长19%,增速比上年提高4个百分点,比同期运输和旅游服务出口增速分别高1个百分点和5个百分点。同期,运输和旅游服务出口分别为7420亿美元和8620亿美元,分别比上年增长18%和14%。其中,运输服务出口增长相对较快,很大部分源于燃料价格的快速上涨。其他商业服务占世界服务贸易出口总额的比重保持一贯的上升趋势。2007年,其他商业服务占世界服务贸易出口总额的比重为50.7%,超过运输和旅游服务出口总和。

3. 国际服务贸易的重要性日益加强

服务逐渐成为多数产品增值的主要来源,世界市场的竞争也相应地由价格竞争转向非价格竞争。诸如金融、技术、运输、通信、信息等生产性服务上升为服务贸易的主体,它们的发展状况成为衡量一个国家的经济发展和国际竞争力的重要标志。由于通信和信息技术与服务贸易的日趋融合,服务贸易正成为当代国际信息流动的主渠道。一方面,关系到国家经济命脉和主权安全的关键领域被日益加深的经济全球化的浪潮引入了国际市场,服务贸易发展与国家战略利益紧密相连,致使各国都给予本国的服务贸易以高度的关注;另一方面,信息、技术和金融资源获得了更有效地发挥它们功效的传播途径,服务贸易对物质生产和国民经济增长起着越来越重大的调节作用,服务贸易已经成为一国竞争优势的重要组成部分。

4. 国际服务贸易日益显示出发达国家占主导

从地理分布上讲,西欧和北美的国际服务贸易较为活跃,据初步数据显示,2007年,服务贸易出口世界排名前四位的国家依次为美国、英国、德国和日本,其出口额分别为4540亿美元、2630亿美元、1970亿美元和1360亿美元,占世界服务贸易出口总额的比重依次为13.9%、8.1%、6.1%和4.2%。2007年服务贸易进口世界排名前四位的国家依次为美国、德国、英国和日本,其进口额分别为3360亿美元、2450亿美元、1930亿美元和1570亿美元,占世界服务贸易进口总额的比重依次为11%、8%、6.3%和5.1%。2011年,美国、德国、英国、中国稳居世界服务进出口前四位。美国排名居首,服务进出口总额达9690亿美元,继续以较大优势领先;德国、英国和中国服务进出口总额分别为5370亿美元、4450亿美元和4191亿美元。日本服务进出口总额为3080亿美元,排名第五。

5. 国际服务贸易的发展以高新技术为核心

高新技术的发展和应用,促进了世界经济发展中以服务生产为核心的新的国际分工格局,同时扩大了服务的领域,改变了传统的服务提供方式,在一定程度上增加了服务的可贸易性。

科学技术的发展和应用,改变了国际服务贸易的方式、内容和构成。现代的电信和传递技术,使时间和空间这样的距离概念在经济生活中逐渐失去了它们本来带有的制约性的色彩,导致服务的不可储存性和运输的传统特性都发生了改变。从而,许多生产和消费原来需要同步进行的服务,现在可以实现生产与消费的分离。银行、保险、医疗、咨询和教育等原来需要供需双方直接接触的服务,现在可以采用远距离信息传递的方式。

通信革命大大提高了服务的可贸易性,加速了生产专业化发展的进程。从而,服务贸易的主要内容从运输、工程建筑等传统领域转向知识、技术和数据处理等不断涌现的新兴领域。

现代科技的发展使得物质生产和服务生产中的知识、信息投入比重不断提高,从而推动了服务贸易结构的变化。以劳动密集为特征的传统服务贸易地位逐渐下降,而以资本密集、技术密集和知识密集为特征的新兴服务贸易逐渐发展壮大。

二、我国服务贸易进出口的发展概况

我国服务贸易起步于20世纪80年代,最早是1979年的海外工程承包。1982年,我国服务贸易进出口总额为44亿美元,在世界服务贸易中的比重为0.6%,贸易差额为顺差6亿美元;到1992年我国服务贸易进出口总额为183亿美元,在世界服务贸易中的比重为1.0%,首次出现贸易逆差,差额为1亿美元,此后我国服务贸易一直处于逆差,并且差额不断扩大。

"十一五"规划时期以来,我国服务贸易进出口总额从2005年的1571亿美元增长到2011年的4191亿美元,年均增长18.3%,高于货物贸易年均增长2.3个百分点,高于世界服务贸易年均增长近10个百分点,全球占比从3.2%增长到5.2%。同时,我国服务贸易的世界排名基本保持每年上升一位的发展速度,2011年我国服务进出口总量世界排名第四位,服务出口和服务进口分别位居世界第四和第三位。而且计算机和信息服务、金融服务、咨询等高附加值新兴服务贸易快速起步,竞争优势不断提升,这一部分的进出口总额从2005年的152.7亿美元上升到2011年的646亿美元,年均增长27.2%,占服务进出口总额的比重从9.7%上升到15.4%;运输、旅游、建筑等传统服务贸易稳步发展,规模优势继续巩固,这一部分的进出口总额从2005年的991.4亿美元上升到2011年的2555.2亿美元,年均增长17.1%。

党的十八大以来,服务业在创造税收、吸纳就业、新设市场主体、固定资产投资、对外贸易等方面全面领跑,支撑国民经济健康发展。2017年,服务业进出口总额占对外贸易总额的比重达到14.5%,比2012年提高了3.4个百分点。高技术服务出口增长明显加快,知识产权使用费、技术相关服务出口分别增长316.6%和30.0%。2019年,在服务贸易创新发展试点等政策的激励下,我国服务贸易总体保持平稳向上态势,服务进出口总额为54152.9亿元(人民币,下同),同比增长2.8%。其中,出口总额同比增长8.9%;进口总额同比减少0.4。服务贸易结构显著优化,知识密集型服务进出口额为18777.7亿元,同比增长10.8%,高于服务进出口整体增速8个百分点,占服务进出口总额的比重达到34.7%,同比提升2.5个百分点。其中,知识密集型服务出口额同比增长13.4%,占服务出口总额的比重达50.7%,同比提升2个百分点;知识密集型服务进口额同比增长8%,占服务进口总额的比重达25.6%,同比提升2个百分点。

第五章　中国服务与技术贸易

(一)我国服务贸易进口概况

1. 起步阶段(1982—1991 年)

1982—1991 年,我国服务贸易进口总额为 278 亿美元,在世界服务贸易进出口中的比重占 0.5%。1982 年我国服务贸易进口额为 19 亿美元,到 1990 年增加到 41 亿美元。

2. 发展阶段(1992—1999 年)

1992—2000 年,我国服务贸易进口总额为 1687.59 亿美元,在世界服务贸易进口中的比重占 1.95%。1992 年我国进口贸易额为 92 亿美元,在世界服务贸易进口中的比重为 1%,到 1997 年增加到 277.25 亿美元,在世界服务贸易进口中的比重增加到 2.1%;到 1999 年增加到 309.66 亿美元,在世界服务贸易进口中的比重为 2.2%。

3. 快速发展阶段(2000 年至今)

2000 年我国服务贸易进口总额为 358.58 亿美元,占世界服务贸易的比重仅为 2.4%,到 2011 年进口额达到 2370 亿美元,占世界服务贸易的比重上升到 5.2%。"十三五"以来,我国服务贸易平均增速高于全球,2018 年服务贸易进出口额达到了 5.24 万亿元,同比增长了 11.5%,已经连续 5 年位居世界第二。服务贸易占外贸的比重从 2012 年的 11.1%提高到 2018 年的 14.7%。商务部研究院发布的《全球服务贸易发展指数报告 2019》显示,中国服务贸易综合发展指数在全球排名第 20 位,是唯一一个进入前 20 的发展中国家。

(二)我国服务贸易出口概况

我国服务贸易出口起步于 20 世纪 80 年代,最早的是 1979 年海外工程承包。我国的服务贸易出口从 1982 年的 25 亿美元,到 1992 年的 90.5 亿美元,再到 2007 年的 1216.5 亿美元,发展十分迅速。

按照我国服务贸易出口在世界服务贸易出口中的位次,可以将我国的服务贸易出口分为以下几个发展阶段。

1. 起步阶段(1982—1991 年)

1982—1991 年,我国服务贸易出口总额为 400.8 亿美元,在世界服务贸易出口中的位次是 25 位左右。

2. 发展阶段(1992—2000 年)

1992—2000 年,我国服务贸易出口总额为 1489.3 亿美元,在世界服务贸易出口中的位次是 16 位左右。

3. 快速发展阶段(2001 年至今)

从"十五"开始我国服务贸易进入快速发展阶段。2003 年服务贸易出口额为 467.3 亿美元,2005 年为 739.09 亿美元,2007 年增加到 1216.5 亿美元,2011 年上升到 2370 亿美元,在世界排名中位居第四位。2017 年,我国服务业增加值为 427032 亿元,成为我国第一大产业。2019 年 1—7 月,服务出口同比增长 9.5%,逆差明显下降。

(三)我国服务贸易发展的特点

过去 40 年中,国际服务贸易平均增长速度高于货物贸易,在这一国际背景下,中国服务贸易保持了快速发展,到 2017 年服务贸易突破 6957 亿美元大关。

1. 服务贸易规模迅速扩大

1982—2017 年,我国服务贸易占全球服务贸易的比重从 0.6% 增长到 5.2%,服务贸易出口占全球服务贸易出口总额的比重由 0.7% 增长到 4.4%,服务出口世界排名由 1982 年的第 28 位上升到 2017 的第 4 位(前三位依次为美国、英国、德国),服务进口世界排名由第 40 位上升到第 3 位(前两位依次为美国、德国),服务贸易规模居发展中国家之首。

2. 服务贸易增速远高于世界平均水平

20 世纪 80 年代以来,除个别年份外,我国服务贸易出口增速一直高于同期世界服务贸易平均出口增速和全球服务贸易主要出口国家(地区)平均水平。我国服务贸易进出口总额年均增长 15.4%,高于货物贸易年均增长 2.3 个百分点,高于世界服务贸易年均增长近 10 个百分点,全球占比从 3.2% 增长到 5.2%。

3. 服务贸易逆差持续扩大

1982—1991 年中国服务贸易一直保持顺差。自 1992 年开始,中国服务贸易出现逆差,除 1994 年略有顺差外,其他年份均为逆差,而且逆差额持续扩大,2004 年达到 95.46 亿美元,2005 年开始回落,2005—2010 年逆差分别为 93 亿美元、89 亿美元、76 亿美元、116 亿美元、295 亿美元、220 亿美元。2017 年,中国服务出口和进口呈现出不同的发展态势,进口增长明显快于出口。服务贸易逆差由 2010 年的 220 亿美元扩大至 549 亿美元,同比增长 1.5 倍。逆差主要集中于运输服务、旅游、保险服务及专有权利使用和特许费等服务类别;其他商业服务、建筑服务、咨询、计算机和信息服务则实现较大数额顺差。

4. 与货物贸易相比服务贸易发展水平偏低

我国服务贸易与货物贸易相比,发展水平较低。2017 年我国服务进出口与货物和服务进出口总额之比为 10.3%,低于同期 18% 的世界平均水平;从我国服务贸易总额占世界服务贸易总额的比重来看,水平也较低,2017 年该比值仅为 5.2%。同期,我国货物进出口总额占世界货物进出口总额的比重则为 20%。

5. 服务贸易国际市场结构不平衡

我国服务进出口主要集中于中国香港、欧盟、美国、日本、东盟等国家(地区)。其中,中国香港一直是内地最大的服务出口目的地、进口来源地和顺差来源地,双边服务贸易占我国服务贸易进出口总额的比重达到 1/4。2017 年,与中国香港、欧盟、东盟、美国、日本等国家(地区)的服务贸易额占我国服务贸易总额的 64%。

从总体上看,我国服务业的发展不仅总体水平较低,而且其行业结构也属于明显的低发展阶段结构,其基本特征是,劳动密集型服务业企业居主导地位,技术和知识密集型服务业企业所占比重十分低。尽管如此,我国服务业在某些部门也具有一定的优势,如在航运、工程建设服务等部门都有着相当的优势和发展潜力。劳动力便宜且训练有素是我国拓展海外服务市场的最大优势。

三、中国发展服务贸易的意义

中国内需市场潜力巨大、层次多元、前景广阔,商机无限。另外中国社会对家政服务、教育培训、医疗保健等领域的服务需求将不断释放,对金融、技术、旅游等领域的服务需求将快速增长。

(一)可以抓住服务业跨国转移的重大机遇,提高我国承接世界服务外包的能力和竞争力

从20世纪70年代开始,服务外包以其有效降低成本、增强企业核心竞争力等特性成为越来越多企业采取的一项重要的商业措施。由外国直接投资产生并通过境外商业存在形式,即服务外包形式实现的国际服务贸易规模迅速扩大,在一些发达国家已经超过了跨境方式的服务贸易。

随着跨国公司基本竞争战略调整以及系统、网络、信息技术的迅猛发展,很多跨国公司不断扩大服务外包的业务范围,由业务流程外包(BPO)和信息技术外包(ITO)组成的服务外包,正逐步成为服务贸易的重要形式。联合国贸发会议预测,未来几年服务外包将继续保持30%~40%的增长速度。可见,全球服务外包市场潜力巨大。

在全球外包支出中,美国约占2/3,欧盟和日本占近1/3,世界发达国家和地区是主要服务外包输出地。发展中国家是服务外包业务的主要承接地,亚洲是承接服务外包最多的地区,约占全球服务外包业务的45%。印度是亚洲的服务外包中心,墨西哥是北美的服务外包中心,东欧和爱尔兰是欧洲的服务外包中心,中国、菲律宾、俄罗斯等国家正在成为承接外包较多的国家。根据McKinsey调查,印度是迄今为止最受离岸外包业务青睐的地区,目前是IT离岸外包市场的中心,据称至少80%的全球外包业务都转向印度。从中国目前的承接能力来看,与印度等国家还有相当大的差距。美国、日本和欧洲作为世界三大软件外包发包方,中国获得的市场份额极小。

据分析,服务外包对国内增加值的贡献是来料加工的20倍,印度500亿美元软件的出口额,给国内创造的增加值相当于中国制造业1万亿美元创造的价值。两种贸易形态,创造了完全不同的价值量,但资源能源和生态环境的代价却很小。在上一轮全球制造业转移中,中国是最大的受益国之一。我们必须充分认识承接服务业国际转移的重要性,抓住全球兴起的离岸服务外包的历史机遇,采取综合的、配套的措施提高承接服务业国际转移的能力,以赢得这场新的国际竞争。

(二)可以促进对外贸易增长方式的转变,推动我国向贸易强国迈进

改革开放40多年来,我国积极扩大制造业领域的对外开放,抓住第三次国际制造业跨国转移的重大机遇,大力发展货物贸易,成为一个名副其实的货物贸易大国。但在对外贸易快速增长的过程中,我们既过度支付了能源原材料消耗的成本、过度支付了生态和环境的代价、过度压低了劳动者福利,还容易引发国际贸易摩擦。我国对外贸易增长,总体上看是规模的扩张、速度的扩张、外延的扩张和数量的扩张,是粗放型的对外贸易增长方式,

难以支撑我国对外贸易的持续增长。

发展服务贸易，能够减少资源和能源的消耗，获得产业高端附加值的服务产品。从整体上看，世界服务贸易规模在不断扩大，占世界贸易出口的比重从 1/7 增长到近 1/5。2000—2017 年，世界服务贸易进出口年均增长 18.3%，世界服务贸易额与货物贸易额之比达到 1∶4.5。这预示着在全球经济转向服务经济的过程中，服务贸易的发达程度，标志着一个国家对外贸易增长的协调性和持续性，也标志着一个国家贸易增长方式的科学性和合理性。

(三)可以加快工业化进程，提升制造业的层次和地位

改革开放至今，我国的贸易结构之所以以获得附加值较少的加工贸易为主，就是因为我们的工业化程度低、产业化程度低、组织化程度低和现代化程度低，制造业发展主要是采用了加工组装型、生产主导型、模仿型和粗放型的模式。过去我国主要是世界的"加工厂"、世界的"组装车间"，将来应该是世界的现代化"大工业制造基地"，应该是世界的"办公室"和世界的"创造基地"，成为资本密集、技术密集和人才密集的区域。过去我国制造业在国际产业链和价值链中处于低端，今后主要是向高端发展，就是蕴含在高水平服务能力中服务附属品转化为贸易品的能力。

提升我国制造业发展水平，应该特别注重生产性服务贸易的发展，促进现代制造业与现代服务业高度融合，细化深化专业分工，把生产过程中的服务流程部分分离出去，通过服务流程的再造，提高制造业资源整合和利用的水平。生产性服务贸易在服务贸易中的比重，直接反映了一个国家制造业的工业化程度和现代化程度。我国服务贸易不发达，就在于我国制造业中的高端服务环节尚未形成，高端服务无法分离出来成为可贸易的服务产品，如我国的工业设计服务能力很低，难以创造出具有自主知识产权的专利、品牌等价值量高的服务附属产品。据国家统计局和世界知识产权组织的数据，目前在我国制造技术领域，发明专利数只有美国、日本的 1/30。我国高新技术产业用于技术引进与消化吸收的收支比仅为 1∶0.1，作为计算机制造的 IT 核心企业，只有 1∶0.01。

我国制造业发展到了一个重要的转型时期，到了需要进行设计研发创造、品牌价值创造和营销渠道创造等高端服务环节创造利润、创造附加值的阶段。服务贸易的发展对提升我国的产业层次和地位具有重要的作用。我们必须抓住国际资本向服务业和高技术产业转移的历史契机，积极吸引优质高效的跨国公司，形成跨国公司在我国的先进服务业基地、先进制造业基地、研发中心和地区总部，通过服务外包的"溢出效应"，推动我国进入全球产业链的高端，在利润创造、效率提高和创新方面赶上世界水平。

改革开放初期，我国服务进出口以旅行、运输和建筑等传统服务为主。1982 年，三大传统服务占比超过 70%，其中出口占比 78.3%，进口占比 64.9%。随着我国服务业的较快发展和对外开放的不断深入，以技术、品牌、质量和服务为核心的新兴服务优势不断显现，保险服务、金融服务、电信计算机和信息服务、知识产权使用费、个人文化和娱乐服务等发展迅速。1982 年到 2017 年，我国新兴服务进出口总额增长 213 倍，年均增长 16.6%，高于服务进出口总额年均增速 1.2 个百分点，其中出口年均增长 15.9%，进口年均增长 16.3%。2017 年，规模以上服务业企业中，与共享经济、数字经济密切相关的互联网信息服务业、信息技术咨询服务业、数据处理和存储服务业营业收入分别增长 42.9%、35.4%、39.1%。全年电子商务交易额达 29.16 亿元，比上年增长 11.7%；网上商品零售额增长 32.2%。银行

第五章　中国服务与技术贸易

业金融机构处理移动支付业务金额比上年增长28.8%；非银行支付机构发生网络支付业务金额增长44.32%。

(四)可以提升我国现代服务业发展水平，开辟新的财富创造方式

世界各国产业结构变动的一般规律，是农业在国民经济中所占份额持续下降，工业份额在工业化阶段迅速增长，服务业份额在工业化中后期持续上升，劳动力从农业先转移到制造业，继而转移到服务业，最终形成服务业在国民经济增长中占据主要份额的局面。一个国家或地区向国际市场提供服务的能力，直接受国内服务业发展水平的影响。20世纪70年代后期，发达国家服务业加速发展，制造业随着在全球配置资源而在国际市场的比重相对降低，日益兴起的现代服务业，在发达国家经济增长中成为新动力。服务业发展水平成为衡量一个国家现代化程度和一个国家社会经济发达程度的重要标志，也成为发展服务贸易的基础和支撑。

我国服务业正面临与我国当初制造业发展相类似的机遇，大力发展服务贸易，成为发挥现代流通对经济运行先导性作用的高端和前端，也成为通过服务贸易带动和提升现代服务能力，形成在国际市场交易和交换、创造增值价值的财富实现方式。尽快使服务业成为国民经济的主导产业，是提高我国服务贸易水平的根本措施，是推进经济结构调整、加快转变经济发展方式的必由之路，是有效缓解能源资源短缺的瓶颈制约、提高资源利用效率的迫切需要。

(五)可以解决高素质人才的就业问题，把高端劳动力转变为创造力最强的人力资本

服务贸易特别是离岸外包转移的工作岗位主要集中在知识密集型和服务技术密集型行业。发展服务贸易，关键是把高端劳动力变为有竞争力的人才，变为人力资本的有效途径。越来越多的精通英语、掌握世界前沿科技、与海外市场联系广泛的人才脱颖而出，将为中国发展高端服务贸易奠定重要基础。中国要素价格的比较优势明显，特别是劳动力价格，不仅普通产业工人的劳动力价格具有明显优势，高级设计师和高端人才的劳动力价格同样具有比较优势。

承接外包服务可以拓展更多的现代服务业，创造更多的高端人才就业岗位，把我国的高端劳动力造就为可以创造更多财富的人力资源，同时缓解我国目前存在的就业压力，特别是解决高素质人才的就业问题。自2003年开始，中国就是世界上应届毕业大学生最多的国家。当今高素质人才就业难的关键原因不仅仅是教育问题，更多的是没有合理的产业来吸收他们、发挥他们的智力优势。专家认为，服务外包对大学生就业的拉动会很大，因为其许多业务来自金融、电信、医疗、制造等行业，服务外包所提供的就业规模将是很大的，不亚于当年的制造业向中国转移所创造的机会。因此，解决中国高端人才就业问题，发展服务贸易也是最好的选择。

入世以来，我国服务贸易迅速发展，随着国际竞争机制的引入，我国的企业都将受到来自外国同行的挑战，同制造业相比，服务业受到的挑战将会更大。中国发展服务业正面临前所未有的历史机遇。扩大服务贸易出口，不仅有利于改善服务贸易国际收支，优化中国外贸出口的整体结构，而且对于改善中国在国际分工中的地位，促进中国产业结构调整，走可持续发展的道路，都具有重大的历史意义和现实意义。

四、服务贸易发展"十三五"主要目标

《服务贸易发展"十三五"规划纲要》提出，从国际看，一是服务业和服务贸易战略地位更加突出，服务业与其他产业融合趋势增强。作为全球价值链的核心环节，技术和知识密集型服务成为影响国际分工和贸易利益分配的关键因素，传统制造领域的跨国公司纷纷向服务提供商转型。二是服务贸易与投资合作的广度和深度不断拓展。2015 年，世界服务出口 47540 亿美元，占货物和服务出口之和的比重升至 22.4%。服务业投资占全球直接投资存量的比重超过 60%，服务业跨境并购占比超过 50%。三是数字化时代服务贸易创新不断加快。大数据、云计算、物联网、移动互联等技术的运用，极大地提高了服务的可贸易性，服务贸易企业形态、商业模式、交易方式发生了深刻变革。

从国内看，一是服务贸易发展的产业基础更加坚实。供给侧结构性改革深入推进，有利于生产要素加快向服务领域集聚。2015 年服务业增加值占比首次超过 50%，预计到 2020 年提高到 56%。二是对外经贸合作形成的国际市场网络优势更加明显。我国与 230 个国家和地区建立了贸易联系，货物贸易大国地位有利于相关服务贸易发展。海外投资合作加快发展，商业存在模式服务贸易具有较大发展潜力。三是服务贸易发展环境不断优化。服务贸易领域改革开放步伐加快，自贸试验区、北京扩大服务业开放试点以及面向全球的高标准自贸区网络建设，都将拓展服务贸易发展新空间。服务贸易创新发展试点深入推进，政策体系更趋完善。

《服务贸易发展"十三五"规划纲要》提出的发展目标是：服务贸易大国地位进一步巩固，服务贸易强国建设加快。"十三五"期间力争服务贸易年均增速高于全球服务贸易平均增速。技术、知识密集型和高附加值服务出口占比持续提升，人力资源密集型和中国特色服务出口优势进一步巩固，服务贸易在开放型经济发展中的战略地位显著提升。《服务贸易发展"十三五"规划纲要》提出的战略布局是：要统筹利用国际国内两个市场两种资源，着力优化境外市场布局、境内区域布局，形成内外联动、开放发展的服务贸易新格局。

第二节　技　术　贸　易

国际技术贸易是当今国际经济交往中的一项重要内容，我国的技术贸易从技术引进开始，在 20 世纪 80 年代以后有了长足的发展。

一、国际技术贸易概述

(一)国际技术贸易的含义与内容

1. 国际技术贸易的含义

国际技术贸易是指不同国家的企业、经济组织或个人之间，按照一般商业条件，向对方出售或从对方处购买软件技术使用权的一种国际贸易行为。它由技术出口和技术引进两

个方面组成。简言之，国际技术贸易是一种国家间的以纯技术的使用权为主要交易标的的商业行为。

2. 国际技术贸易的内容

国际技术贸易以无形的技术知识作为主要交易标的，这些技术知识构成了国际技术贸易的内容，它主要包括专利技术、商标权和专有技术。商标虽不属于技术，但它与技术密切相关，所以常将它作为国际技术贸易的基本内容之一。

1) 专利技术

根据专利技术的创造性程度的高低和其他特点，常把专利分为三种类型：发明专利、实用新型专利、外观设计专利。

专利是由政府机构或代表几个国家的地区机构，根据申请而发给的一种文件，文件中说明一项发明并给予它一种法律上的地位。专利权就是专利持有人(或专利权人)对专利发明的支配权。专利权受到专门法律《中华人民共和国专利法》的保护。专利权不是自动产生的，需要申请人按照法律规定的手续申请，并经过审查批准才能获得。

专利权有其明显的特点：①专利权是法律赋予的一种权力。发明人通过申请，专利机关经过审查批准，使他的发明获得法律地位而成为专利发明，而他自己同时也因之获得专利权。这种权利的产生与物权的自然产生是不同的。②专利技术是一种知识财产、无形财产。专利权是一种特殊的财产权。③专利权是一种不完全的所有权。专利权的获得是以发明人公开其发明的内容为前提的。而公开了的知识很难真正为发明人所独有。④专利权是一种排他性(独占性、专有性)的权力。对特定发明，只能有一家获得其专利权。也只有专利权人才能利用这项专利发明，他人未经专利权人的许可，不能使用该专利发明。⑤专利权是一种地域性的权利。专利权只在专利权批准机关所管辖的地区范围内发生效力。⑥专利权是一种时间性的权利。专利权存在有效期，超过有效期，专利权即失去效力。

2) 商标权

商标权是商标使用者向商标管理部门申请注册并得到批准的商标专用权。但在少数国家，商标权是由于商标的首先使用而获得的。在我国，商标权是以注册在先原则而取得的。商标权的内容包括使用权、禁止权(禁止他人使用)、转让权、许可使用权和放弃权。商标权受专门法律《中华人民共和国商标法》的保护。

商标权的特点：①商标权是一种排他性权利。 ②商标是一种无形的知识财产。商标权是一种特殊的财产权。③商标权是有时间性但又可无限延期的权利。与专利权期满不可延期不同，商标权到期可续展延期，且延期次数不限。④地域性。商标权只在注册机构所管辖地区范围内有效。

3) 专有技术

专有技术的英文名称为 know-how，意为"知道如何制造"。它有许多中文名称：技术诀窍、技术秘密、专门知识等。还有直译成"诺浩"的，但最常用的名称是"专有技术"。所谓专有技术是指在实践中已使用过了的没有专门的法律保护的具有秘密性质的技术知识、经验和技巧。专有技术可以是产品的构思，也可以是方法的构思，但它在不少方面与专利技术不同。

专有技术有以下几个特点：①专有技术必须是可以通过语言来传授的，但它未必都是可言传的，有些只能通过"身教"才能传授。②专有技术是处于秘密状态下的技术。这一点与专利技术不同，专利技术是公开的技术。③专有技术没有专门法律的保护，所以它不属于知识产权。④专有技术是富于变化的动态技术。专利技术则是被专利文件固定了的静态技术。⑤专有技术是靠保密而垄断的，因而它被垄断的期限是不定的。专利技术受保护或被垄断的期限则是有限的(最多 20 年)。

(二)国际技术贸易与一般商品贸易的区别

国际技术贸易是以技术作为交易内容，在国家间发生的交换行为，必然遵循商品交换的一般规律。技术贸易不同于一般的商品贸易，形成了相对独立的世界技术市场。技术贸易与一般商品贸易有以下区别。

1. 交易的标的物不同

一般商品贸易的标的物是各种具体的物质产品；而技术贸易的标的物是知识产品，是人们在科学实验和生产过程中创造的各种科技成果。一般商品贸易是有形贸易，是看得见摸得着的物质产品；而技术贸易则是无形贸易，无法称量也难以检验其质量。

2. 所有权转移不同

商品所有权是指对商品的占有、使用、收益和处分的权利。一般商品的所有权随贸易过程发生转移，原所有者不能再使用、再出卖；而技术贸易过程一般不转移所有权，只转移使用权，绝大多数情况下是技术转让后，技术所有权仍属技术所有人，因而一项技术不需要经过再生产就可以多次转让。这与技术商品的特点有关，因为技术商品的所有权与使用权可以完全分开，技术转让只是扩散技术知识，转让的只是使用权、制造权、销售权，并非所有权。

3. 贸易关系不同

一般商品贸易只是简单的买卖关系，钱货两清，贸易关系终结。而技术贸易是一种长期合作关系：一项技术从一方转移到另一方，往往须经过提供资料、吸收技术、消化投产，最后才完成技术贸易行为。因此，技术交付不是双方关系的终结，而是双方关系的开始，技术贸易双方通常是"同行"，所以能合作，但也会存在潜在利益冲突和竞争关系。

4. 作价和价格构成不同

一般物质商品的价值量是由生产该商品的社会必要劳动时间决定的；而技术商品的价值量是由该技术发明所需的个别劳动时间直接构成的。因为新技术具有先进性，新颖性是社会唯一的，不可能形成社会平均必要劳动时间，同时新技术又具有垄断性、独占性的特点，这就决定了技术商品作价原则的特殊性，技术商品价格构成也复杂得多。

(三)国际技术贸易的方式

国际技术贸易采用的方式主要有许可贸易、特许专营、技术服务和咨询、合作生产、工程承包，以及含有知识产权和专有技术许可的设备买卖等。

第五章 中国服务与技术贸易

1. 许可贸易

许可贸易有时称为许可证贸易,是指技术产权所有人作为许可方(licensor),允许被许可方(licensee)取得其拥有的专利、商标或专有技术的使用权以及制造、销售该技术下产品的权利,并由被许可方支付一定数额的报酬。许可贸易的三种基本类型是:专利许可、商标许可和专有技术许可。许可贸易是国际技术贸易中使用最为广泛的技术贸易方式。

许可贸易实际上是一种许可方用授权的形式向被许可方转让技术使用权同时也让渡一定市场的贸易行为。根据其授权程度大小,许可贸易可分为以下五种形式。

(1) 独占许可。它是指在合同规定的期限和地域内,被许可方对转让的技术享有独占的使用权,即许可方自己和任何第三方都不得使用该项技术和销售该技术项下的产品。所以这种许可的技术使用费是最高的。

(2) 排他许可。排他许可又称独家许可,它是指在合同规定的期限和地域内,被许可方和许可方自己都可使用该许可项下的技术和销售该技术项下的产品,但许可方不得再将该项技术转让给第三方。排他许可是只排除第三方,不排除许可方。

(3) 普通许可。它是指在合同规定的期限和地域内,除被许可方允许使用该技术和许可方仍保留对该项技术的使用权之外,许可方还有权再向第三方转让该项技术。普通许可是许可方授予被许可方权限最小的一种授权,其技术使用费也是最低的。

(4) 可转让许可。可转让许可又称分许可,它是指被许可方经许可方允许,在合同规定的地域内,将其被许可所获得的技术使用权全部或部分地转售给第三方。通常只有独占许可或排他许可的被许可方才获得这种可转让许可的授权。

(5) 互换许可。互换许可又称交叉许可,它是指交易双方或各方以其所拥有的知识产权或专有技术,按各方都同意的条件互惠交换技术的使用权,供对方使用。这种许可多适用于原发明的专利权人与派生发明的专利权人之间。

2. 特许专营

特许专营是近三十年迅速发展起来的一种新型商业技术转让方式。它是指由一家已经取得成功经验的企业,将其商标、商号名称、服务标志、专利、专有技术以及经营管理的方式或经验等全盘地转让给另一家企业使用,由后一企业(被特许人)向前一企业(特许人)支付一定金额的特许费的技术贸易行为。

特许专营合同是一种长期合同,它可以适用于商业和服务业,也可以适用于工业。特许专营是发达国家的厂商进入发展中国家的一种非常有用的形式。

3. 技术服务和咨询

技术服务和咨询是指独立的专家或专家小组或咨询机构作为服务方应委托方的要求,就某一个具体的技术课题向委托方提供高知识性服务,并由委托方支付一定数额的技术服务费的活动。技术服务和咨询的范围和内容相当广泛,包括产品开发、成果推广、技术改造、工程建设、科技管理等方面,大到大型工程项目的工程设计、可行性研究,小到对某个设备的改进和产品质量的控制等。企业利用"外脑"或外部智囊机构,帮助解决企业发展中的重要技术问题,可弥补自身技术力量的不足,减少失误,加速发展自己。我国"二汽"委托英国的工程咨询公司改进发动机燃烧室型腔设计,合同生效半年内就取得了较好的技术经济效果。

4. 国际合作生产

国际合作生产是指两国企业根据签订的合作生产合同，合作完成制造某些产品。这种方式多用于机器制造业，特别是在制造某些复杂的机器时，引进方为了逐步掌握所引进的技术，且能尽快地生产出产品，需要和许可方在一个时期内建立合作生产关系，按照许可方提供的统一技术标准和设计进行生产，引进方在合作过程中达到掌握先进技术的目的。这种合作生产的方式常常和许可证贸易结合进行。有时合作双方可以共同研究、共同设计、共同确定零部件的规格型号，双方互相提供技术，取长补短。利用国际合作生产来引进国外的先进技术，已成为各国的普遍做法。

5. 国际工程承包

国际工程承包也是国际技术贸易的一种方式。国际工程承包是通过国家间的招标、投标、议标、评标、定标等程序，由具有法人地位的承包人与发包人按一定的条件签订承包合同，承包人提供技术、管理、材料，组织工程项目的实施，并按时、按质、按量完成工程项目的建设，经验收合格后交付发包人的一项系统工程。工程承包项目多是大型建设项目，一般伴随着技术转让。在施工过程中，承包商将使用最新的工艺和技术，并采购一些国家的先进设备，有些项目还涉及操作人员的技术培训、生产运行中的技术指导以及专利和专有技术的转让。目前，国际上流行的交钥匙工程和 BOT 建设方式中技术转让的内容十分广泛，许多国家都希望通过国际工程承包来改善本国基础设施条件和推动本国企业技术改造。

二、我国的技术引进

(一)技术引进的含义和作用

1. 技术引进的含义

技术引进是指一国通过各种方式从他国获得先进科学技术成果的活动，包括购买专利、技术咨询、引进成套设备、聘请专家或派出人员培训、引进先进的管理方法等。

2. 引进先进技术的意义和作用

(1) 加速我国经济的发展，增强自力更生的能力。一个国家经济的发展，主要靠科学技术的进步。根据一般规律，一项重大的基础科研成果，从研究、实验、设计到投入生产，技术创新国需要 10～15 年的时间，而技术引进国只需要 2～3 年的时间就可以使之产业化，达到提高国内生产技术的水平。

(2) 促进我国科学技术的发展，赶超国外的先进水平。引进国外先进技术，是直接使用现成的科研成果，这就可以避免别人走过的许多弯路，节省自己探索的时间，一般从引进到投产，只需要两三年的时间就可以办到。可见，引进技术是一条赶超世界先进水平的捷径。

(3) 提高我国的管理水平。在引进技术的设备制造、安装和投产过程中，也同时引进

第五章 中国服务与技术贸易

了国外先进的科学管理经验,这有助于改变我国目前管理上的落后状况,促进企业经营管理的改善,不断提高我国的科学管理水平。

(4) 提高我国出口商品的竞争能力,促进对外贸易的发展。我国要发展对外贸易,必须大力提高出口商品的竞争能力。而提高出口商品的竞争能力就必须降低生产成本,提高产品质量,这两者又都要以开发技术作为先导。

(二)我国技术引进的概况

我国从1950年开始技术引进,到现在已经有60多年的历史,整个技术引进大致可以分为以下两个阶段。

1. 初始阶段(1950—1978年)

从1950年到1978年,我国共签订技术引进合同845项,合同总额为119.72亿美元。该阶段又可以分为以下不同的发展时期。

20世纪50年代为引进成套设备、奠定基础的时期。这一时期我国引进了约450项技术,总金额为37亿美元。其中"一五"时期的156个大项目成套设备为该时期的重点项目。我国与苏联签订贸易合同116项。

20世纪60年代为引进技术、填补空白时期。我国经历了三方面的变化,即三年自然灾害、"文化大革命"和中苏关系恶化,因此我国从1963年起转向从日本、西欧各国引进技术。该时期我国引进技术约84项,总金额为14.5亿美元。另外技术引进的产业结构也发生了变化,过分重视重工业的现象有所改变,开始转向冶金、化纤、石油、化工、纺织等行业。

20世纪70年代为扩大规模引进技术时期。我国开始从美国、德国、日本、英国和法国进行技术引进。该时期我国引进了约310项技术,总金额为68.22亿美元,其中90%以上是用于成套设备的技术引进。

在我国技术引进的初始阶段,技术引进的特点如下。

(1) 技术引进的基本目标是进口成套设备以建立大型企业为主。

(2) 引进项目的实施由中央实行高度的计划管理:技术引进的谈判、签约和合同的执行,全部由中国技术进出口公司负责;技术引进的用汇主要靠国家调拨。

(3) 在技术引进的方式上主要以成套设备为主,到20世纪70年代后期开始使用国际技术许可。

2. 发展阶段(1979年至2010年)

进入改革开放新时期后,从1979年开始,中国的技术引进发生了本质性的变化。改革开放以后中国经济建设速度不断加快,对技术进口的需求也在不断加大,技术引进的战略也相应进行了较大调整。我国总结了以往盲目大规模进口成套设备的教训,从国情出发,调整了技术引进工作的重点,强调从进口大型成套设备转向引进单项技术,并鼓励以灵活多样的方式进口国外先进技术。中国的技术引进工作开始稳步前进,并扩大发展。这一阶段又可划分为以下三个时期。

(1) 改革开放初期(1979—1990年)。1978年12月举行的党的十一届三中全会,提出了具有深远影响的"改革开放"方针,并指出"在自力更生的基础上积极发展同世界各国平等互利的经济合作,努力采用世界先进技术和先进设备"。在以后的十多年里,经过"六五""七五"时期,随着国内外经济、社会环境的变化和科学技术的发展,我国技术引进的规模和领域不断扩大。技术引进由以往单一的生产领域,转向生产领域与生活领域并举。除了从国外引进经济建设所需的技术装备外,还大量引进了消费品(如电视、冰箱、洗衣机等)的生产技术和生产线,技术来源也开始向多元化转变。我国与世界上越来越多的国家建立了经济合作和技术合作关系,能够根据自身需求,有选择性地引进所需技术与装备,引进技术的内容也由单一的成套装备引进转向技术与装备引进相结合;在引进国民经济建设所需设备的同时,还引进了设计、制造和工艺技术,引进主体也由政府逐步转向政府与企业相结合。

值得指出的是,我国在这一时期加强了技术引进的法制化管理工作。1985年和1987年,国务院先后颁布了《技术引进合同管理条例》和《技术引进合同管理条例实施细则》。这两个法规的颁布,在技术的引进、消化、吸收、考核、验收等方面形成了严格的程序,建立了技术引进合同审批生效制度,从而成为我国技术引进工作法制化建设的一块重要基石。

据统计,1980—1990年,我国共签订了4000多项技术引进合同,对外签约总金额约300亿美元。这一时期,以引进软件技术为特征的许可贸易等与70年代相比有了明显增加。1980—1989年,许可贸易、顾问咨询、技术服务、合作生产等软件引进合同的金额,约占全部引进合同金额的21%,比重扩大了13倍。

(2) "八五"计划与"九五"计划时期(1991—2000年)。1991年的"八五"计划中要求"按照有利于技术进步、有利于增加出口创汇能力和有利于节约使用外汇的原则,合理安排进口。积极引进先进技术,并加强消化、吸收和创新",并且"要逐步增加技术引进的投入,并提高进口软件在技术引进中的比重"。1996年的"九五"计划中又进一步规定,要"改革进口体制,建立有利于改善进口结构、促进技术引进、消化、创新的机制"。1999年以后,国家开始实施科技兴贸战略。在一系列政策的指导下,我国技术引进规模逐步上升,跨上了一个新的台阶。这一时期共引进技术约37770项,合同金额共计1159.95亿美元。在技术引进中,我国除增加自有外汇投入外,还积极争取和利用国际金融组织及外国政府贷款,贷款项目涉及国民经济各个领域,技术来源包括欧洲、美国、日本等50多个国家和地区。其中的主要项目有上海地铁一、二、三期工程,三峡工程,广州地铁,黄河小浪底水利枢纽,天津石化公司聚酯工程等。

这一时期技术引进的主要特点如下。

一是技术引进方式日趋合理,成套设备和关键设备引进比例稳步下降,技术许可、技术服务、技术咨询等已成为主要的引进方式。据统计,1998年成套设备的进口比例为33.16%。到了2000年,该比例下降到19.18%。技术许可引进比例则由1998年的9.81%上升到2000年的18.68%。

二是技术引进主体实现多元化。不仅仅局限于国有大中型企业,外商投资企业和民营企业也逐渐加入技术引进行列中来。

三是引进规模逐渐扩大。到了"九五"计划时期,技术引进规模每年都在150亿美元左右。

(3) "十五"规划与"十一五"规划时期(2001—2010年)。自2001年加入世界贸易组织后，中国技术引进发展迅速，引进规模频频创历史新高。这一时期的技术引进主要有以下几个特点。

①　在技术引进合同数量明显增长的同时，引进金额稳步提高。技术引进合同数量从2001年的3900项增加到2007年的9773项，合同金额从2001年的90.9亿美元增加到2007年的254.15亿美元。2007年技术引进前10位行业，分别是电力、蒸汽、热水的生产和供应业，电子及通信设备制造业，交通运输设备制造业，化学原料及化学制品制造业，黑色金属冶炼及压延加工业，专用设备制造业，计算机应用服务业，普通机械制造业，电气机械及器材制造业，石油和天然气开采业。2010年，全国共登记技术引进合同11253份，合同金额为256.4亿美元，同比增长18.8%。其中，通信设备、计算机及其他电子设备制造业是技术引进金额最大的行业，共引进技术1061项，合同金额达58.4亿美元，占全国技术引进合同总金额的22.8%。交通运输设备制造业技术引进金额为38.4亿美元，金额占比为14.97%；电力、热力的生产和供应业技术引进金额为22.7亿美元，金额占比为8.87%。上述两行业分别位列第二、三。

②　引进主体以国有企业和外资企业为主，各类企业技术引进金额均有所上升。中国加入世界贸易组织后，外资企业技术引进项目逐年增加，技术引进合同金额位居各类企业首位。2002年，外资企业技术引进合同金额占全国技术引进合同金额的比重为71.39%，2003年后，该比重虽有所下降，但仍保持在50%左右。2010年，外资企业引进技术金额为153.7亿美元，占全国技术引进总金额的六成；国有企业技术引进总额为62.7亿美元，金额占比为24.5%；民营企业技术引进金额为21.4亿美元，金额占比为8.3%。

③　欧盟、美国和日本等发达国家和地区是中国技术引进的主要来源地。2006年至今，欧盟一直是中国技术引进的最大来源地。2008年上半年，由于汽车、电子等相关技术的引进，我国自韩国的技术引进增长迅速，引进金额达21.2亿美元，占技术引进总金额的16.8%。韩国超越美国，在我国技术引进来源地中居第三位，而日本和美国分列第二、第四位。2010年，我国技术引进的来源国家和地区达71个。其中，与欧盟签订技术引进合同3058份，合同金额达78.2亿美元，占技术引进合同总金额的30.5%；自美国和日本的技术引进金额分别为57.5亿美元和45.6亿美元，金额占比为22.4%和17.8%，分列第二、第三位；自韩国的技术引进金额21亿美元，位列第四。

④　技术引进质量明显提高。传统的以关键设备、成套设备为主的技术引进格局已经被打破，取而代之的是专有技术许可或转让、技术咨询、技术服务等多种技术引进方式相互交织的新局面。2010年，专有技术许可合同成交额为94.1亿美元，占技术引进总金额的36.7%，是我国技术引进的最主要方式；技术咨询、技术服务合同金额为74.7亿美元，占合同总金额的29.2%，位列第二。上述两项技术引进金额占技术引进总金额的六成。值得关注的是，计算机软件进口金额占比也呈稳定增长之势，从2007年的3.4%增长到2010年的9%。这表明软技术已经占据中国技术引进的主导地位，引进技术质量有了明显改善。

⑤　技术引进主要集中在东部发达地区。2007年，上海、北京、天津、江苏、广东、浙江等沿海省市居技术引进的主体地位，中部地区的湖南、河北、湖北等省市的技术引进合同金额占比不足1%，山西、内蒙古、宁夏和新疆等则不足0.1%。2008年上半年，合同金额排在前五位的省市仍为上海、北京、广东、天津和江苏。上述省市登记的合同金额占所有地方管理部门登记合同金额的72.6%。河南、山西、湖南等的技术引进尽管在全国所占

比重不高，但呈现出较快的增长势头。

(三)现阶段我国技术引进的目标与基本原则

1. 现阶段我国技术引进的总体目标

现阶段我国技术引进的总体目标为：优化技术引进结构，提高技术引进质量和效益，引进技术的消化吸收配套资金比例有所提高，逐步建立以企业为主体，以市场为导向，政府积极引导推动，各方科技力量支持的技术引进和创新促进体系，实现"引进技术—消化吸收—创新开发—提高国际竞争力"的良性循环。

2. 现阶段我国技术引进的基本原则

(1) 把大力引进先进技术和优化引进结构结合起来，提高产品设计、制造工艺等方面的专利或专有技术在技术引进中的比例。

(2) 把引进技术和开发创新结合起来，强化技术引进与消化吸收的有效衔接，注重引进技术的消化吸收和再创新，使企业在核心产品和核心技术上拥有更多的自主知识产权。

(3) 把发展高新技术产业和改造传统产业结合起来，选择重点领域和产业，扩大引进规模，实现传统产业结构优化和技术升级。

(4) 把整体推进和重点扶持结合起来，培育技术引进和消化创新的主体。

(5) 把提高引进外资质量和国内产业发展结合起来，鼓励外商投资高新技术企业，发展配套产业，延伸产业链，培育和支持出口型企业的发展。

(四)我国对技术引进的管理

为维护我方利益，根据我国实践经验并参考一些国家的做法，我国规定引进合同中不得含有下列不合理的限制性条款。

(1) 要求受方接受同技术引进无关的附带条件，包括购买不需要的技术、技术服务、原材料、设备或产品。

(2) 限制受方自由选择从不同来源购买原材料、零部件或设备。

(3) 限制受方发展和改进所引进的技术。

(4) 限制受方从其他来源获得类似技术或与供方竞争的同类技术。

(5) 双方交换改进技术的条件不对等。

(6) 限制受方利用引进的技术生产产品的数量、品种或销售价格。

(7) 不合理地限制受方的销售渠道或出口市场。

(8) 禁止受方在合同期满后，继续使用引进的技术。

(9) 要求受方为不使用的或失效的专利支付报酬或承担义务。

依照我国法律规定，合同的引进方应自合同签订之日起的30天内，向审批机关报批。审批机关应在收到报批申请书之日起的60天内决定批准或不批准。审批机关逾期未予答复的，视为合同获得批准。经批准的合同自批准之日起生效，并由审批机关发给《技术引进合同批准证书》。在技术引进合同的履约过程中涉及税收和用汇问题，分别统一由国家税务总局(涉及关税的由海关总署)和国家外汇管理局负责解决和管理。

三、我国的技术出口

(一)我国技术出口概况

新中国成立后的一个很长时期,中国的对外技术贸易是只进口不出口的单向流动局面。从 20 世纪 50 年代末到 70 年代,我国的技术出口主要是通过对外经济援助的方式进行的,并且技术出口的对象是第三世界发展中国家,出口的技术主要是关于某些技术和成套设备,并用于农业、铁路、公路、水利等项目。而真正具有商业性质的技术出口始于 20 世纪 80 年代,进入 90 年代发展加快,出口项目和金额逐年增加。我国的技术出口经历了以下四个发展阶段。

1. 探索阶段(1981—1985 年)

我国的技术出口起步较晚,开始于 1981 年。1981—1985 年,属于缺乏国家宏观管理的自发阶段。当时我国在技术出口方面,没有专门的法规和政策,也没有明确的管理部门。在这一阶段,我国签订技术出口合同 40 项,总金额为 0.67 亿美元。

该时期我国技术出口的主要特点如下。

(1) 技术出口无计划、无组织,纯属自发性质。
(2) 没有专门的技术管理部门,没有专门的法规和政策。
(3) 出口金额小,每年约 1000 万美元。
(4) 出口的主要市场是美国、英国、瑞士等发达国家。
(5) 出口的项目多为新技术、新工艺等软件技术。

2. 起步阶段(1986—1989 年)

从 1986 年开始,我国的技术出口开始走向有组织、有管理的阶段。1986 年 10 月,国家就技术出口措施等方面做了原则规定,另外经贸部和国家科学技术委员会为技术出口的管理部门,还明确规定了技术出口的政策、技术审批和合同审批权限与审批程序。从 1986 年到 1989 年,我国技术出口约 389 项,总金额为 11.73 亿美元。

该时期我国技术出口的主要特点如下。

(1) 技术出口规章开始建立。
(2) 建立技术出口的管理机构并批准一批公司从事技术出口的经营权。
(3) 出口的国别多元化,但发达国家是主体。此外还包括发展中国家。
(4) 出口的技术除单纯转让"软件"技术以外,成套设备出口、技术服务等方式开始出现。

3. 初级发展阶段(1990—1997 年)

该阶段我国签订技术出口合同 6269 项,总金额为 203 亿美元,同起步阶段相比,我国技术出口进入一个新阶段。1991 年我国技术出口猛增到 12.27 亿美元,1993 年达到了 21.74 亿美元。1990 年国务院颁布了《技术出口管理暂行办法》,对我国技术出口的发展起到了积极的推动作用。

该时期我国技术出口的主要特点如下:①技术出口走上了法制化的道路。②技术出速度明显加快。③成套设备出口在技术出口中的比重不断增加。例如1997年大型成套设备出口占技术出口总额的55%，1995年高达94%。④出口市场多元化取得进展。到1997年我国技术出口的国别和地区已经达到110个，对发展中国家的出口份额达到70%。⑤技术含量不断提高，技术出口已经初具规模。成套设备的出口从小型成套设备逐步转向大型成套设备，我国已经拥有多层次的技术资源，机电产品的出口占有一定比重。

4. 快速发展阶段(1998年至今)

自1998年开始，中国技术出口开始步入发展阶段。1999年年初，外经贸部提出"科技兴贸"战略，并与科学技术部、信息产业部等部门建立了联合工作机制，制订了《科技兴贸行动计划》。随着对外贸易体制的改革，越来越多的国内科研院所也获得了技术出口经营权。国家还制定了一系列鼓励技术出口的优惠政策，如给予信贷、税收等政策优惠或给予一定的补贴，以及鼓励企业到境外注册商标或出国参展等。2001年，中国成功加入世界贸易组织。上述这些因素为我国的技术出口增强了后劲，提供了更大的发展空间。

该阶段我国技术出口主要有以下几个特点。

(1) 高技术产品成为技术出口增长的重要力量。"十五"规划期间，我国高技术产品出口即表现出前所未有的增长势头。2000年，高技术产品出口额为370.43亿美元，比1999年增长50.0%，在此后的4年时间里，其年均增长幅度大致在44%左右。"十一五"规划时期，中国高技术产品出口增势更是明显，出口额连续5年保持世界第一。2010年，我国高技术产品出口额强劲增长到4924.1亿美元，较"十五"规划末的2005年翻了一番多。2019年第1~3季度中国高新技术产品出口金额有所增长，增长14.89%。

(2) 企业是技术的最主要输出方。据统计，包括国内外市场在内，2006年企业共签订技术合同130125项，输出技术交易额达1528.0亿元，较上年增长66.3%，占技术合同成交总金额的84.0%；科研机构输出技术项目44079项，输出技术交易额达141.0亿元；高等院校输出技术项目18401项，输出技术交易额为65.0亿元。继2006年企业输出技术交易额首次超过吸纳技术交易额后，2007年企业输出技术交易额又创新高。2007年，企业输出技术合同项目为135922项，输出技术交易额为1923亿元，较2006年增长25.9%，占全国成交总金额的比例较2006年进一步增长，达到86.4%。

(3) 技术出口市场多元化。随着市场多元化战略的实施，中国技术出口的国别、地区呈多元化趋势，既包括发展中国家，也包括发达国家。东南亚、西亚、中国香港地区是技术出口稳固发展的重点市场，对非洲及欧美发达国家的出口也有较大增长。从高新技术产品出口来看，自1996年以来，中国香港、欧盟和美国一直是我国高技术产品出口市场的前二三位，对这三个市场的高技术产品出口占我国高技术产品出口总额的比重一直保持在50%以上，2009年该比重超过60%。

(4) 技术出口领域广泛。目前，我国技术出口涉及计算机、通信、软件、机械、汽车、化工、冶金、农业、医药等诸多领域，如中铝国际工程有限责任公司对印度、伊朗、越南、俄罗斯、沙特、卡塔尔等国的多家铝公司进行技术转让，标志着我国已成为重大铝技术的输出国。中国中医研究院西苑医院则以知识产权形式，向日本输出了中药技术。2009年，计算机与通信技术、电子技术、光电技术和生命科学技术成为我国高技术产品出口最多的四个技术领域，这四个技术领域的出口总额占高技术产品出口总额的比重高达96.97%。

(二)我国对技术出口的管理

我国以贸易渠道出口技术是从20世纪80年代开始的。1986年国家制定了我国技术出口的方针、原则和管理制度。我国技术出口应遵循以下六项原则。

(1) 遵守我国的法律、法规。
(2) 符合我国外交、外贸和科技政策并参照国际惯例。
(3) 遵守我国对外签订的协议和所承担的义务。
(4) 不得危害国家安全和社会公共利益。
(5) 有利于促进我国对外贸易发展、科学技术进步以及经济技术合作。
(6) 保护我国经济技术权益和我国产品在国际市场上的竞争地位。为贯彻上述原则，我国把技术项目分为禁止出口、控制出口(重大技术)和允许出口(一般技术)三大类，并对技术出口项目和技术出口合同实行双重审批制度。

本 章 小 结

服务贸易是指国家间的服务输入或服务输出的一种贸易形式。乌拉圭回合提出以部门为中心的服务贸易分类方法将服务贸易分为12类。20世纪60年代以来，世界经济中心开始转向服务贸易，呈现出一些新的特点。扩大服务贸易有利于优化中国外贸结构，充分发挥中国劳动力比较优势。"十三五"期间，我国将扩大服务贸易规模，优化服务贸易结构，形成更加开放的格局，大幅提高市场开拓能力。

技术贸易是不同国家的企业、经济组织或个人之间，按照一般商业条件，向对方出售或从对方购买软件技术使用权的一种国际贸易行为。其内容包括专利技术、商标权、专有技术等。它交易的标的物、所有权转换、贸易关系、作价和价格构成与一般商品贸易是不同的。我国的技术引进要优化结构，提高质量和效益，实现"引进技术—消化吸收—创新开发—提高国际竞争力"的良性循环。我国的技术出口应遵循技术出口管理的六项原则。

思 考 题

1. 国际服务贸易不同于一般的商品服务贸易的主要特点有哪些？
2. 国际服务贸易与对外直接投资以及跨国公司有怎样的联系？
3. 简述第二次世界大战后国际技术贸易发展的原因。
4. 技术贸易区别于商品贸易的特点有哪些？
5. 我国对技术贸易的引进和出口管理应遵循哪些原则？

案 例 分 析

服务贸易持续增长　中国加速向服务经济转型

当前，随着数字经济的广泛普及，数字技术迅速发展，制造业与服务业深度融合，服务的可贸易性大幅增强，服务外包化、数字化趋势越来越明显，服务贸易发展面临前所未有的发展机遇。

"我国也在加速向服务经济转型。2018 年，中国服务业占 GDP 的比重已经达到了 52.2%，高于第二产业 11.5 个百分点，成为名副其实的第一大行业部门和经济增长主要的驱动力。"5 月 22 日，商务部副部长王炳南在国新办发布会上表示。

"十三五"以来，我国服务贸易平均增速高于全球，2018 年服务贸易进出口额达到了 5.24 万亿元，同比增长了 11.5%，已经连续 5 年位居世界第二。2016 年在 15 个省市启动了服务贸易创新发展试点，2018 年 6 月试点进入了深化阶段，六项开放举措基本落地，同步推进了 31 个服务外包示范城市、13 个国家文化出口基地建设，它们与自贸试验区、北京服务业扩大开放综合试点协同发展，形成了全面推进服务贸易对外开放的体系。

2019 年以来，我国服务贸易延续了稳中向好的发展态势，第一季度服务进出口额达到了 1.29 万亿元，同比增长了 2.6%，其中服务出口实现了 4634.9 亿元，同比增长了 10.3%。新兴服务进出口实现了 4580 亿元，同比增长了 12.6%。

王炳南介绍说，商务部下一步将从完善体制机制、搭建发展平台、扩大对外开放、创新发展模式、拓展合作空间等方面着手，进一步推动服务贸易发展。

其中，"积极拓展与服务贸易重点伙伴，特别是"一带一路"沿线国家和地区的服务贸易合作，继续办好中国国际进口博览会，扩大优质服务进口，持续办好京交会，打造具有全球影响力的服务贸易展会"将是重要内容。

据介绍，目前，我国已经与全球 200 多个国家和地区建立了服务贸易往来，2018 年我国与"一带一路"沿线国家和地区服务进出口额达到了 1217 亿美元，占我国服务贸易总额的 15.4%。

近年来，我国分别与中东欧国家和金砖国家签订了《中国—中东欧国家服务贸易合作倡议》《金砖国家服务贸易合作路线图》，已经有 14 个国家与我国建立了服务贸易双边合作机制。

(资料来源：人民网 http://finance.people.com.cn/n1/2019/0522/c1004-31098018.html)

问题：
1. 服务贸易是什么？它与货物贸易有何区别？
2. 为何我国目前要大力发展服务贸易？意义何在？

第六章　中国对外贸易价格

【学习要求】

通过本章的学习，要求学生了解进出口商品价格的含义、国内外商品市场价格的区别与联系，掌握我国处理商品国内外价格关系的各项政策，并系统地把握我国进出口商品价格的作价原则及影响价格的各项因素。

【主要概念】

进出口商品价格　　国别价值　　国际价值　　商品价格体系　　出口商品换汇成本　　出口商品盈亏率

【案例导读】

> **商务部：大宗商品价格下跌拉低进口增速**
>
> 据海关统计，按人民币计价，8月进口1.24万亿元，同比下降2.6%。单月进口同比增速创前8个月以来的最低值。
>
> 高峰在发布会上表示，在进口方面，大宗商品进口价格下跌是主要的原因。其中，原油、成品油、大豆、煤炭的进口均价下跌6.6%至11.3%不等，仅此4种商品价格下跌拉低8月份进口增速1.5个百分点。
>
> 据海关统计，8月我国原油、煤、天然气等商品进口量增加，铁矿砂、大豆进口量减少，大宗商品进口均价涨跌互现。前8个月，我国进口铁矿砂6.85亿吨，减少3.5%，进口均价为每吨644.3元，上涨43.3%；原油3.28亿吨，增加9.6%，进口均价为每吨3285.7元，下跌0.1%；煤2.2亿吨，增加8.1%，进口均价为每吨537.6元，下跌6.2%；天然气6304万吨，增加10.3%，进口均价为每吨2988.4元，上涨15.7%；大豆5632万吨，减少9.2%。
>
> 对于未来进出口的趋势，张建平认为，进出口压力可能仍比较大，但不宜过度悲观。一方面，尽管中美贸易摩擦存在不确定性，但我国出口市场多元化格局初步形成，对欧盟、东盟及"一带一路"沿线国家和地区出口将保持增长。另一方面，稳外贸措施有望进一步持续加大力度。
>
> 高峰在发布会现场指出，总体来看，我国外贸发展仍然保持稳中提质的良好态势。8月份，我国进出口规模仍处于今年单月较高水平。1—8月，按照人民币计算，外贸累计增长3.6%。根据世贸组织公布的上半年数据，我国出口增速好于全球主要经济体的平均水平。"无论外部环境如何变化，我们完全有信心、有能力继续推动外贸向高质量发展。"高峰说。
>
> （资料来源：https://www.sohu.com/a/342841437_99918184，2019年9月12日）

在市场经济条件下，价格在引导资源配置方面发挥了基础性的作用，并促使资金、劳动、技术等资源从收入低的行业和部门流向收入高的行业和部门，进而导致产业结构不断优化。另外价格还作为对商品和劳务的社会评价标准，价格的高低将决定生产者、经营者的收益多寡，并激励企业努力降低成本，提高生产效率，以取得较大的收益。因此，在我国的对外贸易工作中，对外贸易价格已成为一个研究的核心对象。

第一节 进出口商品的国内外市场价格

进出口商品价格，即对外贸易价格，是指一定时期内，某国进出口商品的国内外价格，包括进口商品的国外价格、国内价格以及出口商品的国内价格和国际价格。在对外贸易活动中，对外贸易价格是联结国内外经济的重要纽带，也是联系国内外商品市场的重要桥梁。

一、国内外市场价格的区别

因为在价格形成基础、价格构成和价格体系等诸多方面存在差异，所以进出口商品的国内外价格间形成了一系列的区别。

(一)国内外价格的内涵形成基础不同

商品价格的内涵是价值，商品买卖活动中应按照商品价值进行交换，即按照社会必要劳动时间进行交换。所谓社会必要劳动时间，是指在现有的社会标准生产条件下，用社会平均的劳动熟练程度和强度生产某种使用价值所需要的劳动时间。这是商品价格形成的一般规律，但是进出口商品的某一国国内价格是由该国国别价值决定的，而国际价格则是由国际价值决定的，这构成了国内外价格的根本性区别。

商品的国别价值和国际价值作为一般人类劳动的凝结物，本质是完全相同的，但在量上却存在不同。国别价值是由某国国内生产该商品的社会必要劳动时间决定的，而国际价值则是由世界劳动力的平均单位决定的。在世界市场上，国家不同，劳动的中等强度也不同，有些国家高，有些国家低。于是各国的平均劳动即世界经济在一般条件下生产某种产品时所需的特殊社会必要劳动时间，成为衡量商品国际价格高低的内在标准。

(二)国内外价格的构成不同

流通的范围和流通环节不同，因此商品的国内外价格的构成也出现了差异。具体来看，商品的国内价格的构成主要包括生产成本、利润、各项税款和国内流通费用等，结构相对比较简单。但当商品进入国际市场后，随着流通领域的扩大，交易风险和流通环节都变得相对复杂，从而增加了商品国际价格制定时需要考虑的因素。一般而言，国际价格中除了包括国内商品价格的构成因素外，还包括国际运费、包装费、仓储费、保险费、商检费、关税、外贸企业的代理手续费、中间商的佣金、港务费及其他杂费，这些费用的增加导致了商品的国际价格远远高于其国内价格。

(三)国内外价格的体系不同

在商品交易市场中，不同的国家、不同的企业和消费者必须遵守价值规律，服从等价交换的原则，形成了各种不同商品的价格和劳务收费，这就构成了商品国内价格体系。但在一体化的世界经济中，价值规律的作用范围也超出了国界，使得国内价值转化为国际价值。这样，任何一个国家的价格已经不可能自成体系，而都要与国际市场价格发生联系，尽管联系的紧密程度随着这个国家的对外贸易的依存度、进口的商品结构和外国资本的流向等因素而变化，但最终构成了一个完整的、统一的商品国际价格体系。

1. 我国的商品价格体系

商品价格体系包括各种商品的比价体系和差价体系。我国的商品价格体系是指在国别价值基础上，按照计划经济与市场经济相结合的理论，考虑整个社会再生产过程和国民经济各部门的均衡发展而建立起来的一套具有紧密联系的、统一的国民经济价格体系，具体包括计划价格和非计划价格、各经济部门价格、商品流通环节价格等方面。

以上不同环节的价格间及同种商品在不同地区、不同季节间存在的差价关系，构成了差价体系。经过1979年的价格改革，我国价格体系中的某些不合理的价格差别情况已有所改善，但总体来说，我国的价格体系还存在一定的不合理性。建立合理的价格体系，应该使商品的价格既反映价值，又反映供求关系，而且要使价格体系能够促进社会再生产发展和人民需要满足的职能得到更好的发挥。具体地说，就是要使物价总水平有利于社会生产的发展和经济效益的提高；城乡居民收入水平与物价水平相适应，劳动生产率上升幅度高于工资上升幅度，工资上升幅度高于物价上升幅度；多数重要商品价格大体接近价值，实现等价交换等。但目前，我国的商品价格体系离这些要求还存在一定的差距。

2. 国际商品价格体系

商品的国际价值量是确定国际商品交换价格的基础，商品的国际价格是商品国际价值的货币表现，是国际价值的转化形态，因此国际生产价格是由各国的平均成本和各国平均利润之和的多少决定的。在全球范围内，伴随商品的国际交换，逐渐形成了国际商品的价格体系。与商品的国内价格体系相比，国际价格体系最大的特点是市场调节价格占据主导地位，其形成是不可控的。

二、国内外市场价格的联系

国内外市场价格虽然在内涵、构成和体系等方面存在区别，但两者间也存在联系。一般而言，当一国经济对国际市场的依赖程度逐渐增强时，其国内价格同国际价格的联系也将越来越紧密。国内外市场价格间的联系及紧密程度主要取决于下列因素。

(一)生产率水平的差异

商品的国内外价格分别由该国的国别价值和国际价值决定，而国别价值和国际价值又分别由一国的生产率和国际平均生产率水平决定，因此生产率水平将直接影响国内外价格的相互联系。当国内生产率与国际平均生产率越接近时，国内价值和国别价值也就越接近，而商品的国内外价格水平差距就越小；反之，则差距越大。

(二)一国参与国际分工的程度

一国参与国际分工的程度越高，意味着其经济的对外贸易依存度相对较高，其进出口额占该国工农业总产值的比重越大，因此，商品的国内外价格的联系也就越紧密。

(三)一国国内市场与国际市场的供求变动是否一致

由市场供求关系的变化引起的价格变动对社会经济活动进行的调节，是价值规律调节商品生产和商品流通的表现形式。当商品的生产超过需要时，市场上供过于求，价格下跌，利润减少。当价格跌到价值以下时，利润率低于平均水平，商品生产者就会缩减生产，使市场上供给开始减少，逐渐接近于需求水平。价格以价值为中心上下波动，使社会劳动在各部门之间的分配得到调节，使生产和需要趋向平衡。因此当一国国内市场的供求变动与国际市场的变动趋势越趋于一致，商品的国内外价格的变动也就越相似，两种价格的联系也就越紧密了。

(四)商品自由流动障碍大小

商品的国内外价格产生联系的前提是商品可以在国内外市场间相对自由流动。若一国采用了一些阻碍商品自由流动的贸易政策，将会导致国内外市场的人为割裂，降低该国参与国际分工的程度，破坏两个市场间供求变动的一致性，从而弱化了商品的国内外价格的联系。

(五)经济机制差别

经济机制对商品价格的形成具有指导作用。若一国实行计划经济机制或正处在由计划经济机制向市场经济机制的转变过程中，那么就无法与国际市场的市场经济机制完全适应，导致商品的国内外价格出现割裂。反过来，若一国实施市场经济机制，则会为国内外价格的联系创造客观条件。

第二节　中国处理国内外价格关系的政策

一、正确处理国内外价格关系的意义

商品的国内外价格的联系，可以从侧面反映出该国生产率水平与国际水平的差距、该国参与国际分工的程度、该国经济机制与国际经济机制的一致程度及市场供求变动的相关情况，因此，正确处理好国内外价格关系，对增强一国经济与国际经济的联系，促进其发展具有非常重要的意义。

(一)充分发挥价值规律的调节作用

价值规律是商品经济的基本规律，只要商品经济存在，价值规律就必然发生作用。价值规律的基本内容和客观要求是：商品的价值量由生产商品的社会必要劳动时间决定；商品交换要以价值为基础进行等量交换。可见，价值规律既是价值决定的规律，又是价值实现的规律。在商品经济中，价值规律对社会经济具有以下作用。

(1) 价值规律自发地调节生产资料和劳动力在社会各生产部门之间按比例分配，即配

置社会资源。

(2) 价值规律自发地刺激商品生产者改进技术,改善经营管理,进而促进社会生产力的发展。

(3) 价值规律会引起和促进商品生产者的两极分化,造成优胜劣汰的结果。

在对外贸易中,正确处理国内外市场价格,使价值规律既反映国际价值,又反映国别价值,使国内商品生产、流通根据价值规律的调节,即由供求变化引起价格涨落,引导社会劳动力和生产资料在各个部门的分配,较合理地进行资源配置,使企业的生产经营与市场直接联系起来,促进竞争,增加社会经济效益。

(二)有利于减轻财政负担

价格改革之前,为保护国内商品市场的稳定,防止国际经济危机的冲击和影响,我国出口商品的收购,一律按国内价格,而出口商品的外销则根据国际市场价格水平作价;进口商品内销,按国内价格作价,而其购进时根据国际市场价格作价。在这种国内外价格割裂的背景下,虽然商品的国际价格不断上涨,但其国内价格仍然维持不变,于是导致进出口商品的国内外价格差距越来越大,国家为消除价差支付的财政补贴越来越多,这对国家财政形成了巨大的压力。价格改革后,为适应对外开放的需要,进出口商品价格开始参考国际市场价格,随后逐步实行进出口商品代理作价原则,取消进口补贴。进口商品的国内代理价格、出口商品的收购(出厂)价格由市场决定,国内市场价格与国际市场价格在形成机制上基本衔接,国家主要运用税收(关税)杠杆影响进出口商品价格进而调节商品进出口。目前,绝大多数商品的国内市场价格水平与国际市场价格水平已比较接近,这正是我国正确处理商品国内外价格的成效之一。

(三)促进经济效应提高

正确处理商品的国内外价格,消除两者间的价差,将有利于企业对进出口商品进行合理的成本核算,促进企业对外贸易经济效应的提升。另外,加强了国内外价格的联系,有利于合理分配国内外资金与各种资源,提升资源的利用率,提升国家对外贸易的宏观经济效应。

二、中国处理国内外价格关系的政策

要正确处理我国商品的国内外价格的关系,最重要的是尽快完善社会主义市场经济体制和进行价格改革。

(一)我国价格改革已经取得的成绩

三十多年来,价格改革实现了具有中国特色的计划价格体制向市场价格体制渐进转变的尝试,建立并逐步完善在宏观调控下以市场形成价格为主的机制和价格调控体系,促进我国价格体系趋于合理,增强了国内外商品价格的相互联系,为建立完善社会主义市场经济体制做出了重大贡献。价格改革有力地促进了经济社会发展、对外开放和广大群众生活的提高及社会稳定和谐。

1. 转变了价格形成机制

价格改革转变了价格形成机制,建立并逐步完善了在宏观调控下以市场形成价格为主的机制。1992年是新旧价格形成机制的转折点,与1991年相比发生了重大变化,市场机制在价格形成中已经起主导作用。

2. 完善价格调控体系

价格改革后,我国的价格调控体系在性质、手段等方面发生了巨大改变,而且构成了涵盖面宽、内容广泛且相互联系的有机体系。具体来讲,确立了价格宏观调控目标,对微观经济主要实行间接调控;价格调控监管以经济手段、法律手段为主,行政手段为辅,还配以宣传舆论手段,通过行业协会、商会组织企业加强价格自律;实行调控目标责任制,建立了少数重要商品储备制度和价格调节基金制度,建立了价格监测信息网络,逐步完善价格预测预警系统和临时价格干预措施和紧急措施等。价格调控、监管走上了规范化、法制化、民主化的轨道。

3. 国内外市场价格联系加强

价格改革前,国内市场价格与国际市场价格的联系是切断的,进口商品的国内销售价格和出口商品的国内外贸收购(出厂)价格主要是考虑与国内同类商品的比价关系和政策需要单独制定的,国内外价格脱钩。价格改革初期,适应对外开放需要,进出口商品价格开始参考国际市场价格,随后逐步实行进出口商品代理作价原则,取消进口补贴。进口商品的国内代理价格、出口商品的收购(出厂)价格由市场决定,国内市场价格与国际市场价格在形成机制上基本衔接,国家主要运用税收(关税)杠杆影响进出口商品价格进而调节商品进出口。目前,绝大多数商品的国内市场价格水平与国际市场价格水平按现行汇率计算是接近的。

4. 建立了以《价格法》为核心的价格法律体系

1997年12月29日经八届全国人大常委会第二十九次会议通过,确定从1998年5月1日起施行《价格法》,这是我国价格法制建设的重要里程碑。《价格法》是根据社会主义市场经济的要求,在总结价格改革经验的基础上,用法律形式对社会主义市场经济条件下的价格形成机制、价格管理形式、政府调控监管、经营者的价格行为、政府的定价行为、价格总水平调控以及保护市场竞争、制止不正当价格行为等重大问题做了规定,对构建新的价格形成机制和价格调控机制,发挥价格合理配置资源的作用,增强政府宏观调控能力,稳定市场价格总水平,规范市场价格行为,保护消费者和经营者的合法价格权益,提供了法律保障。

随后,我国又以《价格法》为核心,制定了一批相配套的价格法规、规章和规范性文件,如《价格违法行为行政处罚规定》《制止牟取暴利的暂行规定》《关于制止低价倾销行为的规定》《禁止价格欺诈行为的规定》《制止价格垄断行为暂行规定》《关于商品和服务实行明码标价的规定》《价格行政处罚程序规定》《价格违法行为行政处罚实施办法》《价格违法行为举报规定》《国家计委和国务院有关部门定价目录》《非常时期落实价格干预措施和紧急措施暂行办法》《政府制定价格行为规定》《政府价格决策听证办法》《政府制定价格成本监审办法》《行政事业性收费标准管理暂行办法》《价格监测规定》等。此外,一些省、

第六章　中国对外贸易价格

市结合本地情况，出台了《价格管理条例》《收费管理条例》《价格监督检查条例》和《价格鉴证条例》等。

5. 形成了具有中国特色的社会主义价格理论体系

价格改革不仅使价格体制发生了深刻变化，而且在实践中创新了价格理论，逐步形成了具有中国特色的社会主义价格理论体系，成为具有中国特色社会主义理论体系的组成部分。社会主义价格理论体系主要回答了社会主义条件下价格的地位和作用以及发挥价格杠杆作用的方式、方法、手段，建立相关机制、制度等问题。社会主义价格理论体系包括在社会主义条件下，价格是市场机制的核心；价格在宏观调控下主要由市场供求形成，宏观调控要以市场供求为基础，在正常情况下不能干预经营者自主定价；价格管理形式为政府定价、政府指导价、市场调节价；价格调控要综合运用经济、法律、行政、舆论导向等多种手段，打"组合拳"；价格形成机制、运行机制、约束机制与调控体系、制度、法制等存在着内在的相互制约、相互联系；开始探讨在价格形成、运行中如何体现效率与公平的结合，如何有利于社会主义和谐社会的构建等。

(二)价格改革的深化

在充分肯定价格改革的巨大成就的同时，我们也要清醒地看到资源性产品价格改革还有较大差距，环境价格改革还刚刚起步；要素价格改革还未到位；医疗、教育收费和房地产价格改革还存在不少问题；价格调控决策的科学化、民主化、透明度还有待提高，而这些都是我国正确处理国内外商品价格的障碍。在适应新时期要求抓住机遇深化改革，掌握改革时机、力度等方面也有着某些不足，这都需要在今后深化改革中逐步解决。

1. 建立国内外市场价格相互影响的机制

要进一步合理处理国内外价格的关系，首先就要建立两者间的相互影响、相互制约的机制。既要顺应经济全球化潮流，使国内市场价格与国际市场价格互动，又要防止国际市场价格变动对国内市场价格的冲击。

2. 完善政府定价机制和价格调控监管机制

政府在正确处理商品的国内外价格中发挥着非常重要的作用，在进一步深化价格改革的过程中，应不断完善政府定价机制和价格调控监管机制，具体包括以下内容。

(1) 进一步调整政府定价的范围，放开可由市场竞争形成的产品服务价格，减少行政事业性收费项目。

(2) 加强政府定价成本监审法制建设。对关系人民生活和生产发展的重要商品的社会平均成本，如普通商品住宅成本进行调查，并向社会公布，克服消费者与生产者信息不对称的问题。

(3) 改革政府定价方法。完善资源、环境、生态价格构成和科技产品价格构成。

(4) 健全社会对政府价格决策的监督机制。

(5) 规范经营者的价格行为。严厉打击价格垄断、不正当价格竞争等违法行为。

(6) 改进价格总水平调控方法和健全价格异常波动应急机制。

(7) 尽快编制出台城镇低收入群体生活价格指数。

(8) 进一步转变政府职能，加强价格主管部门在价格调控、监管方面的综合协调的职责，提高价格调控、监管水平。

第三节　中国进出口商品的作价原则

商品的进出口价格，一般可分为国内价格和国外价格两部分，进出口商品的国外价格又分为进口商品国外进价和出口商品的国外销价，即我国外贸企业在国际市场上进口商品的购进价和在国际市场上出口商品的外销价。在对外贸易中，合理确定出口商品的成交价格，对提高外贸企业的经济效益非常重要，但首先必须在深入了解影响商品价格的各种因素的基础上，确定灵活的进出口商品作价原则。

我国进出口商品的作价原则是：在贯彻平等互利原则的基础上，根据国际市场价格水平，结合国别(地区)政策，并按照我们的经营意图确定适当的价格。由于价格构成因素不同，影响价格变化的因素也是多种多样的。因此，在确定进出口商品价格时，必须充分考虑影响价格的各种因素，加强成本和盈亏核算，并注意同一商品在不同情况下应有合理的差价。

一、作价原则的影响因素

确定进出口商品价格应考虑下列因素。

(一)交货地点和交货条件

在国际贸易中，由于交货地点和交货条件不同，买卖双方承担的责任、费用和风险也不同，在确定进出口商品价格时，必须首先考虑这一因素。例如，在同一距离内成交的同一商品，按 CIF(成本加保险费、运费)条件成交与按 DES(指定目的港船上交货)条件成交，其价格应当不同。

(二)运输距离

国际商品买卖，一般要经过长途运输，运输距离的远近关系到运费和保险费的开支，从而影响到商品价格。因此，在确定商品价格时，必须核算运输成本，做好比价工作。

(三)商品的品质和档次

在国际市场上，一般是按质论价，即优质高价，劣质低价。品质的优劣，包装装潢的好坏，款式的新旧，商标、品牌的知名度，都会影响商品价格。

(四)季节因素

在国际市场上，某些节令性商品，如赶在节令前到货，抢行应市，即能卖上好价。过了节令，商品往往售价很低，甚至以低于成本的"跳楼价"出售。因此，应充分利用节令因素，争取按有利的价格成交。

(五)成交量

按国际贸易的习惯做法，成交量的大小会直接影响价格。成交量大，在价格上应予适当优惠，或采用数量折扣办法；反之，成交量小，可适当提价。

(六)支付条件和汇率变动的风险

支付条件是否有利和汇率变动风险的大小，都会影响商品的价格。例如，在其他条件相同的情况下，采取预付货款同采取凭信用证付款方式，其价格应有所区别。同时，确定商品价格时，一般应采用对自身有利的货币成交。如采用不利货币成交时，应把汇率风险考虑到商品价格中去。

二、出口商品的对外作价原则

商品出口价格直接关系到贸易买卖双方的经济利益，作价时一方面需参考企业产品生产成本，另一方面还需按照国际市场的供求水平，结合成交条件、运输费用和汇率变化等因素。

(一)按国际市场价格水平作价

国际市场价格因受供求变化的影响而上下波动，有时甚至出现瞬息万变的情况，因此，在确定成交价格时，必须考虑供求状况和价格变动的趋势。当市场上商品供不应求时，国际市场价格就会呈上涨趋势；反之，当市场上商品供过于求时，国际市场价格就会呈下降趋势。由此可见，切实了解国际市场供求变化状况，有利于对国际市场价格的走势做出正确判断，也有利于合理地确定进出口商品的成交价格，该涨则涨，该落则落，避免价格掌握上的盲目性。

1. 国际市场价格的类别

国际市场中存在多种交易方式，形成了不同的商品国际市场价格，具体分为实际成交价格和参考价格。其中实际成交价格包括交易所价格、拍卖价格、招标价格和一般实际成交价格。

1) 交易所价格

商品交易所是一种典型的具有固定组织形式的市场，是指在指定的地点，按照规定的程序和方式，由特定的交易人员(一般为会员经纪人)进行大宗商品交易的专业市场。在商品交易所进行交易的商品往往具有同质性，即品质相同，如有色金属、谷物、原料、橡胶等。目前主要通过交易所交易的商品有 50 多种，占世界商品流通额的 15%～20%，而且世界性的商品交易所，如芝加哥商品交易所、芝加哥商业交易所每天的开盘价、收盘价和全天最高价、全天最低价均会刊登在世界重要的报刊上，作为商品市场价格的指示器。因此，世界性商品交易所的价格一般被公认为世界市场价格的重要参考数据，对确定商品的出口价格产生着建设性的影响。

2) 拍卖价格

拍卖是一种在规定的时间和场所，按照一定的规章和程序，通过公开叫价竞购，把事先经买主验看的货物逐批或逐件卖给出价最高者的活动。以拍卖方式进入国际市场的商品，大多数是品质不容易标准化、不易存储、产地分散或难以集中交易的商品，如毛皮、茶叶、古玩艺术品等。拍卖的方式一般可分为英式拍卖和荷式拍卖两种。

拍卖价格的形成过程具有不同于其他国际市场价格的三大特点，具体如下。

第一，在拍卖中，买卖双方不直接洽谈，而通过专业拍卖行进行沟通。

第二，拍卖是一种单批、实物的现货交易，具有当场公开竞购、一次成交的性质，拍卖货物在拍卖前经过有意购买的买主验查过，拍卖结束后，卖方和拍卖行对商品的品质不承担赔付责任。

第三，拍卖交易对买方的要求较高，买方必须对货物的质量和价值有鉴赏力。

【案例6-1】

拍卖活动中的定价案例

拍卖是以公开竞价形式买卖物品和有形、无形资产权利，将标的物转让给最高应价者的市场交易活动，拍卖的过程就是对标的物的一个市场询价过程。在拍卖活动中竞买人的心理变化决定其竞买行为，其竞买行为又直接决定着拍卖会的成败。因此，研究竞买人的心理，掌握其变化规律，对拍卖企业及拍卖师来说，都是极其重要的。

材料1：

某拍卖公司受某破产清算小组委托拍卖一条专业生产流水线，底价195万元。会前共有10位竞买人交了20万元保证金，其中两人还私下与拍卖师协商，表示愿意以高出底价30万元的价格提前买走。但在拍卖会上拍卖师采取增价拍卖方式以195万元起拍，却因无人应价而流拍。

分析：

这是一个典型的竞买人私下串通的案例。竞买人虽然来自全国各地，彼此之间并不熟悉，但拍品预展和竞买登记给了他们认识的机会，共同的利益使他们团结起来。很可能是，他们彼此间已经达成了一个以低于195万元的价格买走再由买受人给其他人分钱的协定。对此可以采取错开预约时间参观拍品与办理竞买登记以减少竞买人相互认识的机会。但是一旦这种防范措施失效，竞买人之间形成联盟，拍卖人就要做好与这种联盟进行心理较量的准备。按照竞买人事先已经知晓的程序拍卖，只能落入他们的圈套。拍卖人要认识到，这种联盟是临时性的松散联盟，打破这种联盟非常容易。在具体做法上可采取以下两种方式：一是以低于底价的价格起拍以打乱竞买联盟的部署，引发其相互间的竞争；二是直接采取投标式拍卖，让竞买人在无法直接沟通的情况下背靠背竞标。

材料2：

在某场拍卖中，第7号拍品是农肥部的两间店面，起拍价8万元，经过激烈的竞争以12万元的价格成交。这一拍品的成交引起了轰动。同一标的在前一场拍卖中，因起拍价10万元，却因无人应价而流标。

分析：

这是拍卖活动中常见的现象。有人将这种现象称作"弹簧现象"，即成交价根据起拍价的高低在一定范围内波动。起拍价越低，成交价越高。在"弹簧现象"的背后是人们心理上的规律性波动。大凡人们在拍卖会上购买商品都有一个预期的界限值。对大多数可以在普通商店里见到的商品来说，这个界限值一般在市价的60%～80%以内。高于这个值，人们就觉得不如在商店里购买；略低于这个值，人们也会觉得意思不大，买不买两可；只有低于这个值差距较大时，人们才会踊跃竞买。因此，当竞买人足够多，人们的购买意向也比较强烈的情况下，降低起拍价(可以低于委托底价)反而有助于实现拍品的价值。

(资料来源：四川拍卖，2005年，第2期)

3) 招标价格

招投标是贸易活动中常见的一种交易方式，是卖主之间的竞争，标的公开、竞争公开、成交迅速是该种方式的特点。在企业购进商品数量较多或价值较高时，往往以公告方式向世界承销商招标，由于参加投标者众多、竞争性强，因此招标价格往往比一般成交价格低。

4) 一般实际成交价格

一般实际成交价格是由买卖双方直接商议决定的价格，是一种非公开的国际价格，不仅可以反映商品的市场供求变化情况，还反映产品质量的优劣、成交额的大小、支付条件、买卖双方的业务关系等因素。成交价格通常与商品质量的好坏成正比，与成交额的大小、业务关系成反比。正因为实际交易价格的非公开性，其一般不能作为世界市场价格的重要决定因素，而只能起参考作用。

2. 按国际市场价格作价的原因

1) 国际市场价格是国际价值的转化形式

商品的国际价格也是受价值规律的支配，而价值规律是国家间商品交换的重要指导思想。在资本主义生产方式建立以前，在国内商品交换中，商品是按照价值进行交换，价值一直是价格运动的中心。随着资本主义的发展，资本主义国内市场形成，利润开始转化为平均利润，商品价值也转化为生产价格。在以各国市场组成的世界市场上，随着商品的国别价值向国际价值的转变，世界市场上商品的国际价值成为国际市场价格变动的基础和中心。因此，以国际市场价格作为确定出口商品价格的依据，可以充分反映价值规律的内涵。

2) 国际市场价格反映商品的国际供求状况

商品在世界市场上，按照国际市场价格而非价值出售，并不是对价值规律的否定，而是反映了国际市场价格常常受到国际供求状况的影响。当商品的供给超过需求时，世界市场价格往往低于国际价值；反之，当商品的需求大于供给时，价格就可能上涨到价值以上。但是，价格本身的变动，又会反过来影响供给和需求的变化，使它们逐渐趋于平衡，从而使国际市场价格接近国际价值。这种价格与市场供求间相互影响的过程，使得任何企业都无法完全支配商品的市场价格，有利于公平合理地确定商品的出口价格。

(二) 作价时应体现贸易政策

出口商品在作价时，除了要充分考虑国际市场价格外，还需配合外交活动，在改革开放总方针的指引下，实行全方位协调发展的国别政策，对不同国家或地区采取与我国贸易政策相适应的作价原则。如为了发展同发展中国家的友好关系，在制定向它们出口商品的价格时可灵活处理，采用略低于国际市场价格的方式定价。而对西方工业发达国家，我们在坚持平等互利的基础上，全面发展同各国的贸易往来和合作，特别是需加强同那些贸易条件较优惠、市场较开放等国家的贸易关系，坚持按国际市场价格作价。但对某些对华采取歧视性贸易规定的国家，我们应进行适当的价格斗争。

(三)出口商品作价时的注意事项

在对出口商品作价时，除了要遵循以上的两项原则外，还有一些因素也需要加以注意。

1. 计价货币

在国际贸易中，对于现汇贸易，应采用可兑换货币。我国的人民币，已实行经常项目下可兑换，所以也是我国对外贸易中使用的货币之一。可兑换货币的价值，因汇率的变动而变动，故而买卖双方均应密切注意货币汇率的升降趋势。选择合适的货币，以减少由于汇率波动而带来的风险。

通常，买卖双方愿意选择汇率稳定的货币作为计价货币。但在汇率不稳定的情况下，出口方倾向于选用"硬币"，即币值坚挺、汇率看涨的货币，而进口方则倾向于选用"软币"，即币值疲软、汇率看跌的货币。合同中采用何种货币要由双方协商决定。若采用的计价货币对其中一方不利，这一方应采取合适的保值措施，比如远期外汇买卖，就应把所承担的汇率风险考虑到货价中去。

2. 佣金和折扣

在商品价格中，有时会包含佣金和折扣。佣金(commission)是指卖方或买方支付给中间商代理买卖或介绍交易的服务酬金。我国的外贸专业公司，在代理国内企业进出口业务时，通常由双方签订协议规定代理佣金比率，而对外报价时，佣金率不明示在价格中，这种佣金称为"暗佣"。如果在价格条款中明确表示佣金多少，则称为"明佣"。在我国对外贸易中，佣金主要出现在我国出口企业向国外中间商的报价中。

包含佣金的合同价格，称为含佣价，通常以含佣价乘以佣金率，得出佣金额。其计算公式为佣金=含佣价×佣金率，而佣金=含佣价-净价，整理后得出含佣价和净价的关系：含佣价=净价/(1-佣金率)。佣金通常以英文缩写字母 C 表示。比如每公吨 1000 美元 CFR 西雅图包含佣金2%，可写成：每公吨 1000 美元 CFRC2 西雅图。其中的"C2"即表示佣金率为2%。卖方应在收妥货款后，再向中间商支付佣金。

折扣(discount)是卖方在原价格的基础上给予买方的一定比例的价格减让。使用折扣方式减让价格，而不直接降低报价，使卖方既保持了商品的价位，又明确表明了给予买方的某种优惠，是一种促销手段，如数量折扣、清仓折扣、新产品的促销折扣等。比如每件 20 美元 CIF 纽约减 5%折扣。卖方在开具发票时，应标明折扣，并在总价中将折扣减去。

3. 出口商品的成本

出口商品的成本核算主要有两个经济效益指标。

1) 出口商品换汇成本(换汇率)

该指标反映出口商品每取得 1 美元的外汇净收入所耗费的人民币成本。换汇成本越低，出口的经济效益越好。其计算公式为

$$出口换汇成本 = 出口总成本(人民币元) / 出口外汇净收入(美元)$$

这里的出口总成本，包括进货(或生产)成本、国内费用(储运、管理、预期利润等，通

常以费用定额率表示)及税金。出口外汇净收入指的是扣除运费和保险费后的 FOB 外汇净收入。

例：某商品国内进价为人民币 7270 元，加工费 900 元，流通费 700 元，税金 30 元，出口销售外汇净收入为 1100 美元，则出口总成本=7270+900+700+30=8900(元人民币)，换汇成本=8900/1100=8.09(元人民币/美元)。

2) 出口商品盈亏率

该指标说明出口商品盈亏额在出口总成本中所占的百分比，正值为盈，负值为亏。

出口商品盈亏率=(出口人民币净收入-出口总成本)/出口总成本×100%

出口人民币净收入=FOB 出口外汇净收入×银行外汇买入价

盈亏率和换汇成本之间的关系为

出口商品盈亏率=(1-出口换汇成本/银行外汇买入价)×100%

可见，换汇成本高于银行买入价，盈亏率是负值；换汇成本低于银行外汇买入价，出口才有盈利。

三、进口商品的对外作价原则

(一)作价原则

进口商品的对外作价原则与出口商品的作价原则基本一致，应在考虑参考国际市场价格水平的同时，体现国别政策和进口意图，结合进口工作中的一些具体情况灵活调控，既保证购进进口商品的数量和质量，又尽可能地为国家节约外汇支出。

(1) 在充分的市场调查的基础上，以不高于或略低于国际市场价格的作价原则指导进口商品的价格确定工作。

(2) 在确定进口商品价格时，既要考虑其国际市场价格，也要兼顾影响国际市场价格变动的多方面因素，全面考虑，以免遗漏。

(3) 无论进口何种商品，进口时都应货比三家，多向几个国家和卖方询价，做好前期市场调研工作，根据多方面报出的技术、规格、材质、性能和价格，综合分析，然后择优选购。

(4) 对于某些急需物资的作价，不能单纯考虑价格，有时甚至要略高于国际市场价格，以便加速进口速度，提前生产，创造更多的价值。

(5) 要根据进口商品的数量大小，灵活采取一次性与长期稳定性进口方法，充分利用商品进口数量较多的优势，降低该类商品的进口价格。

(二)我国进口商品作价原则的变化过程

进口商品的作价原则和方法，应随着国民经济管理体制和国内外政治环境的变化而调整。新中国成立以来，我国进口商品的作价变化过程大致经历了四个阶段：1953—1963 年，在这一时期内，我国进口商品的作价办法不统一。1964—1980 年，进口商品的作价进入了统一阶段。1963 年 12 月，国务院颁发了《关于进口商品实行统一作价办法的暂行规定》，从 1964 年 1 月 1 日起，各种进口商品，无论从哪个国家进口，无论是中央部门或省、自治区、直辖市所属部门订货，都要尽可能按照国内同类产品价格作价。其原则是国内价格与国际价格脱钩，以保持国内价格的相对稳定。1981—1984 年，这一时期进口商品国内作价试行贸易汇价，即国家制定了只供内部结算使用的贸易外汇内部结算价格。1985 年以后，停止试行贸易汇制，外贸进口经营逐步实行代理制，从而进口商品作价实行进口商品代理作价。

进口商品代理作价，即承办进口的外贸企业按照商品的到岸价格，加上进口关税、国内税、银行管理费和手续费，向订货部门拨交进口商品，代理价和国内同类商品的差价，由用户自负盈亏，外贸企业只按到岸价格收取一定比例的手续费。

第四节　影响对外贸易价格的因素

在商品的国际交换中，其价格受到多方面变动因素的影响，其中表现最为突出的有以下几个方面。

一、商品成本

(一)成本的内涵

成本是商品经济的产物，是商品价值的主要构成部分，也是影响商品价格的重要因素。根据马克思、恩格斯的著名公式和有关成本价格的论述，可以得出成本就是商品生产者为生产商品和提供劳务等所耗费的物化劳动和活劳动中的必要劳动价格的货币表现。就社会再生产而言，产品成本是企业维持简单再生产的补偿尺度，如果产品的成本耗费不能得到补偿，简单再生产就无法进行。市场经济条件下的生产过程，商品的价格是在市场竞争中形成的，商品生产者必须降低成本。因为在一定的销售量和销售价格条件下，生产商品的成本水平如何将决定利润的多少，进而决定该商品扩大生产或停止生产的可能性，关系到企业的生存和发展。在公式 $W=C+V+m$ 中，商品价格 W 先由市场制定出来，成本$(C+V)$越高，利润 m 越少，因为 $m=W-(C+V)$，成本$(C+V)$如果大于 W，就会赔本，生产数量越多，赔钱越多，迫使企业降低成本，否则停止生产。

目前商品成本主要包括以下方面。

(1) 原料、材料、燃料等费用，表现商品生产中已耗费的劳动对象的价值。

(2) 折旧费用，表现商品生产中已耗费的劳动手段价值。

(3) 工资，表现生产者的必要劳动所创造的价值。

在实践中成本构成有两种划分方法：①按费用的经济内容(经济性质)划分，包括物质消耗和劳动报酬。前者包括外购材料及其费用、折旧、大修理基金；后者包括基本工资、津贴、奖金、福利基金、劳动保险。②按费用的经济用途划分，包括原材料；燃料和动力；工资及工资附加费；废品损失；车间经费；企业管理费。成本构成在不同部门之间、同一部门内部，甚至同一部门、同一行业的不同时期都有所不同。因此，明确不同部门、不同行业以及不同时期产品成本的构成，不仅有利于各部门、各企业明确降低或控制产品成本的主导方向，而且有利于研究科学技术的发展和劳动生产率的增长在改变成本构成中所起的作用，同时有利于研究自然条件对降低成本、改变成本构成的影响和作用。

(二)成本的作用

成本作为一个特殊的经济范畴,在商品经济活动中具有重要作用。

1. 成本的补偿是保证企业进行正常生产活动的最基本的、必要的条件

"商品出售价格的最低经济界限,是由商品的成本价格规定的。如果商品以低于它的成本价格出售,生产资本中已经消耗的组成部分,就不能全部由出售价格得到补偿。如果这个过程继续下去,预付资本价值就会消失"。[①]

2. 成本是制定商品价格的主要依据

在还不能准确计算商品的价值时,成本作为价值构成的主要组成部分,它的高低能反映商品价值量的大小,因而商品的生产成本成为制定商品价格的主要依据。正确地核算成本,才能使价格最大限度地反映社会必要劳动的消耗水平,从而接近价值。

3. 降低成本是稳定市场价格的有效途径

商品的生产成本在商品价格的构成中占有相当大的比重,因而成本的变动在很大程度上决定价格的变动。研究各部门、各类产品成本的变化趋势,有利于认识和掌握价格变动的规律,从而较好地制订价格的长远规划。稳定商品的生产成本,特别是降低成本,则是稳定市场价格的有效途径。

4. 降低成本是企业提高竞争能力的关键

成本作为价格的主要组成部分,其高低还是决定企业有无竞争能力的关键。因为在商品经济条件下,市场竞争实质上就是价格竞争,而价格竞争的实际内容就是成本竞争。企业只有努力降低成本,才能使自己的产品在市场中具有较强的竞争能力。

(三)我国商品成本构成中的问题

我国商品成本构成中集中体现的五个"高"和五个"低"的问题,在很大程度上制约了我国商品的对外贸易价格的合理确定。

1. 五"高"现象

(1) 政府成本高。一是政府部门行政审批程序烦琐,延误企业商机,从而增加了企业成本;二是有些地方政府的某些职能部门权力寻租,变无偿服务为有偿服务,由此增加了企业成本;三是有些行政部门巧立名目,乱收费,多收费,由此而加重了企业负担;四是政府行政干预过多,违背市场经济规律,破坏资源配置效率,使企业付出不必要的代价。

(2) 社会成本高。集中表现在企业直接负担应由财政负担的公共支出。例如,企业直接承担职工的生育、养老、医疗等事务的费用,尤其是国有企业最为突出,有些国有老企业,退休人员所占比重较高,甚至超过在职人数,使企业背上沉重的包袱。又如,打击制假、售假行为本是政府部门的一大职责,但由于某些地方政府打假不力,企业不得不花巨资对制假行为进行调查取证,承担这笔不应由企业负担的费用。有不少地区,在水、电、

---

① 马克思恩格斯全集:25卷[M]. 北京:人民出版社,1974:45~46.

交通、通信等基础公共设施方面比较落后，企业不得不承担更重的额外负担。

（3）信用成本高。由于我国信用体系很不健全，人们的诚信意识还比较淡薄，企业对客户的资信调查取证比较困难，尤其是对中小企业、个体私营企业的信用状况更难把握，企业对使用商业信用开展贸易活动心存芥蒂，个体私营企业之间普遍采用原始的现金交易就是信用体系不发达的结果，大大增加了交易成本，从而使市场效率遭受损失。在买方经济条件下，企业为扩大销售，仍然不得不借助于赊销形式，使企业存在数额庞大的应收账款，由于信用意识淡薄，企业不得不付出昂贵的讨债费用，最后又不得不承担数额不小的坏账损失。在商品交易中，企业须时刻提防假信息、假合同、假汇票、假发票、假冒伪劣产品等信用陷阱，为此投入大量的人力、物力和财力。

（4）制度成本高。由于经济体制在制度设计上存在的诸多不合理，对某些权力失去必要的法律与制度约束，扭曲了企业正常的经营贸易活动，如药品市场中的制度性缺陷，一些医生按处方获取药品价格回扣，不少医院利用病人对药品消费的特殊性及信息上的不对称获取药品的高额差价；如工程成本中隐含的各权力部门及掌握实权人物的各种好处费、回扣大大抬高了项目工程成本。至于企业经常超标的业务招待费，其中又不知有多少是在为制度缺陷而付出代价。

（5）政策成本高。一是有些地方政府政策多变，企业无所适从，原来可行的项目，一旦上马后，由于政策变化变得无利可图。政策之间缺乏连续性。二是政策的执行有时缺乏统一性，存在诸多对人不对事、因人而异的现象。

2. 五"低"现象

（1）知识成本低。一方面，由于知识产权得不到有效保护，一个企业投入大量人力、物力、财力开发出来的新产品，一旦投放到市场，马上就有大量的仿制品在市场上出现，由于这些仿制品的成本中不含知识成本，可以低价销售，对产品的研制开发企业构成极大的威胁，得利的反而是不重视科技投入而热衷于抄袭模仿的企业。另一方面，在企业治理结构中，没有建立健全的知识投资分配机制，知识产权的投资在企业收益分配上得不到有效保护，科技人员不能得到应有的回报。

（2）人力成本低。在我国商品成本中，直接人工成本所占的比重低，人力资源报酬尤其是高级人才的劳动报酬远低于发达国家，也低于与我国经济同等发展水平的国家。即使有的企业愿意提高职工工资水平，但是我国现行企业所得税法规定的职工工资税前列支标准太低，使大部分企业的人力成本得不到足额补偿，增加了企业的额外负担。

（3）资本成本低。如果就银行的贷款利率水平来看，我国的资本成本与国际比较并不低，尤其是1998年前几年的利率水平是比较高的。但是，我国国有企业扭亏任务一直比较艰巨，政府投资难有投资回报；而上市公司热衷于圈钱，为数不少的上市公司长期很少发放现金红利，廉价使用投资者的资本；由于国有商业银行真正实行商业化管理在我国尚处于不断探索之中，企业利用改组、破产等手段千方百计逃废银行债务现象时有发生，凡此种种，对许多企业来说，资本成本并不高，有的甚至很低。

（4）环境成本低。有的企业以环境污染为代价创造了几千万的收益，政府又不得不投资数亿元来治理环境污染。一些高污染企业，以其较低的环境成本，反而成为一个地区的税利大户，得到地方政府的重点保护。

第六章　中国对外贸易价格

(5) 违规成本低。由于我国政府对经济的监管尚有诸多不到位之处，企业的违规行为被发现的可能性较小，即使被发现，往往面对企业与政府官员之间一对一的讨价还价，受到的处罚并不重，如企业制假获利可能很大，但制假成本并不高。

为合理制定商品的对外贸易价格，今后就必须特别关注商品成本构成中的五"高"和五"低"现象，采取适当措施，消除其不利影响，促进我国商品进出口贸易利益的提升。

【案例6-2】

我国制造业低成本优势正在改变

党的十八大以来，党中央、国务院大力推进"放管服"改革，优化营商环境，在降低制度性交易成本和增强创新型服务方面"双向发力"，促使各地方政府积极探索因地制宜降低制度性成本。据世界银行2016—2018年发布的《营商环境报告》数据显示，我国当前制度性成本低于印度、巴西和越南，但高于德国、韩国、美国、日本和马来西亚等国。

2008—2016年，我国制造业工资从24192元/年增加到59470元/年，年均增长率达到11.9%，这一增速不仅快于美国、德国等发达经济体，也快于印度、巴西、马来西亚等新兴经济体。2016年，我国制造业人均工资为772美元/月，远低于美国、德国、日本、韩国等，与马来西亚、巴西两国相差不大，但分别是印度和越南的5.63倍、3.23倍。

2011—2016年，我国总体贷款利率呈下降趋势，从6.56%降至4.35%。2011—2016年，巴西融资成本最高；融资成本同样呈上升趋势的还有德国与马来西亚，均由低于转为高于我国贷款利率水平；印度、越南两国尽管融资成本呈下降趋势，但其总体水平一直高于我国；美国、日本、韩国等国融资成本近年来均一直低于我国。

2017年我国制造业总税率较2005年降低了12.7个百分点，但除巴西自2006年起总税率高于我国外，我国制造业总税率均高于其他国家，尤其高于韩国、越南与马来西亚三国。因此，仍需进一步加大税费改革力度，增强制造强国建设的"软实力"。

国外居民平均电价要高于工业电价，而我国则恰恰相反，2017年全国工业电价约为居民平均电价的1.03~1.51倍，其中一般工商业电价约为居民电价的1.43~1.50倍，大工业电价约为居民电价的1.03~1.13倍。

据物流与采购联合数据显示，2008年至2016年间，我国物流总费用占GDP的比重从18.1%降至14.9%，降低3.2个百分点，但仍高于全球平均水平2.9个百分点。

通过国际对比分析可以发现，我国制度性成本、融资成本、税负成本、能源成本、物流成本较高，仅有劳动力成本相对较低。印度、巴西等新兴经济体在融资成本与税负成本方面也面临巨大压力，但其劳动力成本与我国相比具有优势；马来西亚、越南等国在物流成本方面远高于我国，但其他方面则低于我国或相差不大。

(资料来源：东方资讯网 http://mini.eastday.com/a/190325100915287.html)

二、供求关系

在市场经济中，商品价格是由需求与供给这两种相反的力量相互作用而形成的。这种价格又称为均衡价格，是指该种商品的市场需求量和市场供给量相等时的价格。在均衡价格水平下相等的供求数量被称为均衡数量。从几何意义上说，一种商品市场的均衡出现在该商品的市场需求曲线和市场供给曲线相交的交点上,该交点被称为均衡点。均衡点上的价格和供求量分别被称为均衡价格和均衡数量。当商品的市场价格高于均衡价格时,依据供给规律和需求规律,必然出现商品的供给量大于均衡数量,而需求量小于均衡数量,此时供给和需求之间存在差额。满足需求以外的剩余供给量(差额)积压,必然会使部分生产者(或厂商)停止生产或缩小生产规模,从而使供给量减少。另外,生产者(或厂商)为了卖掉剩余供给量,也可能采取低价销售策略,降低市场价格。价格降低会刺激需求增加,当价格降到一定水平时,需求量等于供给量,此时会出现供求平衡。此时的价格是供给者和需求者都愿意接受的价格,即均衡价格。

当商品的市场价格低于均衡价格时,依据供给规律和需求规律,必然导致商品的供给量小于均衡数量,而需求量大于均衡数量,市场需求大于供给。为了刺激生产增加供给,必然要提高供给价格。为了限制需求,也必然要提高需求价格。当价格提高到一定程度时,商品的供给和需求相等。此时的价格是供给者和需求者都愿意接受的价格,即均衡价格。

三、竞争机制

在市场经济条件下,竞争作为一种普遍现象广泛存在于社会生活的各个领域,商品的价格会随着竞争的变化而变化。当然,不同程度的市场竞争条件对商品价格的影响是完全不一样的。

(一)完全竞争条件下的商品价格

所谓完全竞争又称纯粹竞争,是指一种竞争不受任何阻碍和干扰的市场结构。完全竞争的市场需具备以下条件。

(1) 市场上有许多买主和卖主,他们买卖的商品只占商品总量的一小部分。
(2) 他们买卖的商品都是相同的。
(3) 新卖主可以自由进入市场。
(4) 买主和卖主对市场信息(尤其是市场价格变动信息)完全了解。
(5) 生产要素在各行业之间有完全的流动性。
(6) 所有买主出售的商品条件(如质量、包装、服务等)都相同。

在完全竞争条件下,没有哪一个卖主或买主对现行市场价格能有很大影响,其价格是在竞争中形成的。由于任何人都不能左右市场价格,买主和卖主只能按照市场供求关系决定的市场价格来买卖商品。也就是说买卖双方只能是价格的接受者,而不是价格的决定者。其商品价格完全由供求关系来决定。需要指出的是,这种完全竞争条件下的市场,在现实世界是不存在的,仅作为理论分析中的一种状况。

(二)垄断竞争条件下的商品价格

垄断竞争是一种介于完全竞争和纯粹垄断之间的市场形式,既有垄断倾向,同时又有竞争成分,因而是一种不完全竞争。在垄断竞争的市场上有许多买主和卖主,但各个卖主所提供的产品有差异,如产品质量、花色、式样、服务或消费者心理所致的差异。因而各个卖主对其产品有相当的垄断性,能控制其产品价格。这就是说,在垄断性竞争条件下,卖主已不是消极的价格接受者，而是强有力的价格决定者。

(三)寡头垄断竞争条件下的商品价格

寡头垄断竞争是竞争和垄断的混合物，也是一种不完全竞争。在此条件下，一个行业中只有少数几家大公司，它们供应、销售的产品量占这种产品的总产量和总销售量的很大比重，它们之间的竞争就是寡头垄断竞争。很显然，这些寡头是有能力影响和控制市场价格的，而且各个寡头企业之间互相依存、互相影响。任何一个寡头的一举一动都会影响其他寡头企业，同样任何一个寡头在进行市场营销策略的制定时都必须密切注意其他企业的反应与对策。

西方国家寡头垄断有两种形式：完全寡头垄断和不完全寡头垄断。在前者条件下，各企业产品属于同类，顾客也无明显偏好，因而价格比较稳定。企业间的竞争手段主要在于广告宣传、促销等方面，而不是在于价格。在后者条件下，各企业产品有所差异，顾客也有偏好，产品不能相互替代，因而产品的价格会随产品的差异而有所不同。

(四)纯粹垄断条件下的商品价格

纯粹垄断(或完全垄断)是指在某一行业中某种产品的生产和销售完全由一个卖主独家经营和控制。它包括政府垄断和私人垄断两种。在纯粹垄断的条件下，企业没有竞争对手，因而可以在国家法律允许的范围内随意定价。

四、经济政策

国家经济政策对价格形成的影响，主要是通过国家对商品价格的直接管理即直接定价来实现的，如普遍服务政策、价格补贴政策、农产品收购保护政策等，这些方针和政策直接关系某些商品价格的形成与确定。

经济政策对价格形成与水平的影响，具体表现在以下方面。

(1) 财政、税收政策与价格形成。财政、税收政策对价格形成与运行的影响主要是通过对商品成本和企业利润的影响来实现的。

(2) 金融政策与价格形成。金融政策对价格形成与运行的影响主要是通过利息率、资产价格的变动来实现的。

(3) 产业政策与价格形成。所谓产业政策，就是产业发展的基本方针和原则，是政府利用各种手段对产业发展和结构转换的干预行为。

(4) 对外贸易水平。

(5) 价格政策与价格形成。价格政策直接关系着商品和服务价格的形成水平。

五、市场条件

各国不同的地理位置、交易术语、季节、货物数量、付款方式、消费习惯和包装，也会对商品的进出口价格产生不同的影响。

(一)地理位置对商品价格的影响

国际货物买卖,一般都要经过长途运输。运输距离的远近,影响运费和保险费的开支,从而影响商品的价格。因此,确定商品价格时,必须核算运输成本,做好比价工作,以体现地区差价。

(二)交易术语对商品价格的影响

在国际贸易中,由于交货地点和交货条件不同,买卖双方承担的责任、费用的风险有别,在确定进出口商品价格时,必须考虑这些因素。例如,同一运输距离内成交的同一商品,按 CIF 条件成交同按 Ex ship 条件成交,其价格应当不同。在我国进出口业务中,最常采用的贸易术语是 FOB、CFR 和 CIF 三种。这三种贸易术语仅适用于海上或内河运输。在价格构成中,通常包括三方面的内容:生产或采购成本、各种费用和净利润。 FOB、CFR 和 CIF 三种贸易术语的价格构成的计算公式如下:FOB 价=生产/采购成本价+国内费用+净利润;CFR 价=生产/采购成本价+国内费用+国外运费+净利润,即 FOB 价+国外运费;CIF 价=生产/采购成本价+国内费用+国外运费+国外保险费+净利润,即 FOB 价+国外运费+国外保险费。

【案例 6-3】

选择 CIF 对内陆商品定价的影响

2000 年 5 月,美国某贸易公司(以下简称进口方)与我国江西某进出口公司(以下简称出口方)签订合同购买一批日用瓷具,价格条件为 CIF LOS-ANGELES,支付条件为不可撤销的跟单信用证,出口方需要提供已装船提单等有效单证。出口方随后与宁波某运输公司(以下简称承运人)签订运输合同。8 月初出口方将货物备妥,装上承运人派来的货车。途中由于驾驶员的过失发生了车祸,耽误了时间,错过了信用证规定的装船日期。收到发生车祸的通知后,我出口方即刻与进口方洽商要求将信用证的有效期和装船期延展半个月,并本着诚信原则告知进口方两箱瓷具可能受损。美国进口方回电称同意延期,但要求货价应降 5%。我出口方回电据理力争,同意受震荡的两箱瓷具降价 1%,但认为其余货物并未损坏,不能降价。但进口方坚持要求全部降价。最终我出口方还是做出让步,受震荡的两箱瓷具降价 2.5%,其余降价 1.5%,为此受到货价、利息等有关损失共计 15 万美元。

事后,出口方作为托运人又向承运人就有关损失提出索赔。对此,承运人同意承担有关仓储费用和两箱震荡货物的损失;利息损失只赔 50%,理由是自己只承担一部分责任,主要是由于出口方修改单证耽误时间;但对于货价损失不予理赔,认为这是由于出口方单方面与进口方的协定所致,与己无关。出口方却认为货物降价及利息损失的根本原因都在于承运人的过失,坚持要求其全部赔偿。3 个月后经多方协商,承运人最终赔偿各方面损失共计 5.5 万美元。出口方实际损失 9.5 万美元。

在案例中,出口方耗费了时间和精力,损失也未能全部得到赔偿,这充分表明了 CIF 术语自身的缺陷使之在应用于内陆地区出口业务时显得心有余而力不足。

(1) 两种合同项下交货义务的分离使风险转移严重滞后于货物实际控制权的转移,在采用 CIF 术语订立贸易合同时,出口方同时以托运人的身份与运输公司即承运人签订运输合同。在出口方向承运人交付货物,完成运输合同项下的交货义务后,却并不意味着他已经完成了贸易合同项下的交货义务。出口方仍要因货物越过船舷前的一切风险和损失向进口方承担责任。而在货物交由承运人掌管后,托运人(出口方)已经丧失了对货物的实际控制权。承运人对货物的保管、配载、装运等都由其自行操作,托运人只对此进行监督。让出口方在其已经丧失了对货物的实际控制权的情况下继续承担责任和风险,这非常不合理。

尤其是从内陆地区装车到港口越过船舷,中间要经过一段较长的时间,会发生什么事情,谁都无法预料。也许有人认为,在此期间如果发生货损,出口方向进口方承担责任后可依据运输合同再向承运人索赔,转移其经济损失。但是对于涉及有关诉讼的费用、损失责任承担无法达成协议,再加上时间耗费,出口方很可能得不偿失。本案例中,在承运人掌管之下发生了车祸,他就应该对此导致的货物损失、延迟装船、仓储费用负责,但由此导致的货价损失、利息损失的承担双方却无法达成协议,使得出口方遭受重大损失。

(2) 运输单据规定有限制,致使内陆出口方无法在当地交单,根据 Incoterms 2000 的规定,CIF 条件下出口方可转让提单,不可转让海运单或内河运输单据,这与其仅适用于水上运输方式相对应。在沿海地区这种要求易于得到满足,不会耽误结汇。货物在内陆地区交付承运人后,如果走的是内河航运,也没有太大问题,但事实上一般是走陆路,这时承运人会签发陆运或陆海联运提单而不是 CIF 条件要求的运输单据。这样,只有当货物运至装运港装船后出口方才能拿到提单或得到在联运提单上"已装船"的批注,然后再结汇。可见,这种对单据的限制会直接影响到出口方向银行交单结汇的时间,从而影响出口方的资金周转,增加了利息负担。本案中信用证要求出口方提交的就是提单,而货物走的是陆路,因此他只能到港口换单结汇。如果可凭承运人内地接货后签发的单据在当地交单结汇的话,出口方虽然需要就货损对进口方负责,但他可以避免货价损失和利息损失。

(3) 内陆地区使用 CIF 术语还有一笔额外的运输成本。在 CIF 价格中包括的运费应该是从装运港到目的港这一段的运费,但从内陆地区到装运港装船之前还有一部分运输成本,如从甘肃、青海、新疆等地区到装运港装船之前的费用一般要占到出口货价的一定比例,有一些会到达 20%左右。

(资料来源:http://www.doc88.com/p-6106489040137.html,2017)

(三)季节对商品价格的影响

在国际市场上,某些节令性商品,如赶在节令前到货,抢行应市,即能卖上好价。过了节令的商品,其售价往往很低,甚至以低于成本的"跳楼价"出售。因此,应充分利用季节性需求的变化,切实掌握好季节性差价,争取按有利的价格成交。

(四)货物数量对商品价格的影响

按国际贸易的习惯做法,成交量的大小影响价格。即成交量大时,在价格上应给予适当优惠,或者采用数量折扣的办法;反之,如成交量过少,甚至低于起订量时,也可以适当提高出售价格。那种不论成交量多少,都采取同一个价格成交的做法是不恰当的,我们应当掌握好数量方面的差价。

(五)付款方式对商品价格的影响

支付条件是否有利和汇率变动风险的大小,都会影响商品的价格。例如,同一商品在其他交易条件相同的情况下,采取预付货款和凭信用证付款方式下,其价格应当有所区别。同时,确定商品价格时,一般应争取采用对自身有利的货币成交,如采用不利的货币成交时,应当把汇率变动的风险考虑到货价中去,即适当提高出售价格或压低购买价格。

(六)消费习惯对商品价格的影响

企业定价策略是否适当,往往决定产品能否为市场所接受,直接影响产品在市场上的竞争地位与所占份额,从而关系到企业的兴衰成败。企业定价策略是定价目标与方法的组合,也是定价科学与艺术的结合。定价策略能否达到预期目的,与其是否透彻地了解、准确地把握消费者心理息息相关。对消费者心理的任何忽视,都可能造成定价策略的完全失败。因此,在市场经济条件下,企业定价策略的制定,必须以认真研究消费者心理活动及其指向性为基础。当然,不同的企业,对不同的消费者群,应该有不同的定价策略。

1. 非整数定价心理策略

这是一种典型的心理定价策略,是运用消费者对价格的感觉、知觉的不同而刺激其购买欲望的策略。其具体做法是给待售商品定一个带有零头数结尾的非整数价格,这是目前国际市场上广为流行的一种零售商品的定价策略。由于世界各地的消费者有不同的风俗习惯和消费习惯,所以,不同国家和地区运用此法时也有一些差别。

2. 习惯价格与方便价格心理策略

习惯价格策略是根据消费者的价格习惯心理而制定的符合消费者习惯的一种定价策略。由于某些商品在长期的市场流通中已经形成了消费者所习惯的价格,企业确定商品价格时要尽量去适应这些习惯,一般不轻易改变。即使这类商品的生产成本提高或降低,也不要轻易调整,否则就会引起消费者对该类商品品质的怀疑,产生强烈的心理反应,影响该类商品的销售。当这类商品成本上升,不改动价格会影响企业的效益时,可以采用变量不变价的心理策略。即不改变消费者已经习惯了的商品价格,而是改变包装容量,或减少商品数量的办法。

方便价格策略也称为整数价格策略,一般适用于特别高价或者特别低价的商品。对于那些款式新颖、风格独特、价格较高的商品,采用整数方便价格,能给予该类商品高贵的形象,从而提高此类商品的地位,满足那些以追求社会性需要为购买动机的顾客。

3. 折让价格心理策略

折让价格心理策略包括商品销售过程中的折让和让价,这是商品销售者在一定条件下,用低于原定价格的优惠价格来争取消费者的一种定价策略。其心理功能是利用消费者追求"实惠",抓住"机会"的心理,利用优惠价格来刺激和鼓励消费者大量购买和重复购买。折让价格心理策略在实际运用时,通常分为数量折让价格策略、季节折让价格策略、新产品推广折让价格策略和促销折让价格策略。

4. 分档定价心理策略

分档定价心理策略也称分级定价策略，这种策略是把某一类商品的不同品牌、不同规格、不同型号划分成若干个档次，对每一个档次的商品制定一个价格，而不是一物一价。这种定价策略，既便于消费者挑选，也便于简化交易手续，通过制定不同档次的商品价格来代表不同商品的品质水平，可以满足不同消费者的消费水平与消费习惯。

综上所述，消费者对价格的心理反应是纷繁多样的。在实际市场营销活动中，企业应针对不同商品、不同消费者群体的实际情况，在明确消费者心理变化趋势下，采取切实可行的定价策略，以保证营销活动获得成功。

(七) 包装对商品价格的影响

商品包装的优劣也会对商品价格产生深远的影响，一般包装精美、小巧方便的商品价格往往高于包装粗糙、笨重的商品，这体现了商品包装对消费者心理的影响。一个适宜的包装设计应当满足以下需求。

1. 方便

消费者要求商品携带、开启、使用和保存都非常方便，为满足这些要求，设计时可以给包装加上提手，给罐头附带简易的开启装置，用盒装易碎的玻璃等。

2. 适应性

一个包装必须有一个理想的形状，大小适宜。

3. 安全感

消费者对商品尤其是对需要多次分量消费和自行配制使用的商品，希望其包装牢固、耐用、安全。对产品内容的介绍，特别是对食品成分或药物疗效的介绍，或标明甜食中无糖精和其他添加剂，或标明药品有无副作用，可以让消费者食用或服用时放心。

4. 可靠性

商品的包装应有助于消费者对商品和制造厂家产生信任。

5. 体现地位与威望

包装应有利于显示商品的社会象征作用。消费者经常要通过商品的包装来显示自己的社会地位、身份和经济实力。

6. 美感

审美是人类的天性。在许多场合下，富有美感的包装更有可能在同类商品销售竞争中得胜。

总之，进出口商品的价格会受到多方面因素的影响，进出口商品作价是一项非常重要而复杂的工作，必须在国际相关政策的指导下，加强市场调查研究，充分掌握市场动态，针对不同商品、不同客户和不同市场，制定相应的价格，从而才能在日益激烈的市场竞争中提升企业对外贸易的经济效益。

本 章 小 结

进出口商品价格是一定时期内某国进出口商品的国内外价格,包括进口商品的国外价格、国内价格以及出口商品的国内价格和国际价格。因为在价值形成基础、价格构成和价格体系等诸多方面存在差异,所以进出口商品的国内外价格形成了一系列的区别。但两者间也存在联系,一般而言,当一国经济对国际市场的依赖程度逐渐增强时,其国内价格同国际价格的联系也将越来越紧密。联系程度取决于生产率水平的差异、参与国际分工的程度、国内外市场供求变动是否一致、商品自由流动障碍大小和经济机制差别。

正确处理好国内外价格关系,对增强一国经济与国际经济的联系,促进其发展具有非常重要的意义。正确处理我国商品的国内外价格关系,最为重要的是尽快完善社会主义市场经济体制和进行价格改革。

商品出口价格直接关系到贸易买卖双方的经济利益,作价时一方面要参考企业产品生产成本,另一方面还需要按照国际市场的供求水平,结合成交条件、运输费用和汇率变化等因素。进口商品的对外作价原则应考虑参考国际市场价格水平的同时,体现国别政策和进口意图,结合进口工作中的一些具体情况灵活调控,既保证进口商品的数量和质量,又尽可能地为国家节约外汇支出。

影响对外贸易价格的因素有商品成本、供求关系、竞争机制、经济政策、市场条件等。

思 考 题

1. 概述商品的国内外价格的区别与联系。
2. 正确处理国内外价格关系的意义表现在哪些方面?
3. 进出口商品的作价原则的影响因素有哪些?
4. 供求关系如何影响商品的外贸价格?
5. 市场条件从哪些方面影响商品外贸价格的制定?

案 例 分 析

华为 P40 海外市场将全线降价

华为智能手机缺乏 GMS 支持,国内市场几乎没有影响力,但国外市场缺乏 GMS 是致命的。华为的海外市场主要集中在欧洲市场。华为深入欧洲市场一直很受欢迎,但没有 GMS,就很难前进。近日,多家海外媒体报道称,华为新旗舰机器华为 P40 系列将全线降价。降价的根本原因是缺少 GMS 支持的华为销量严重受阻,只能暂时降价以换取市场。这对欧洲用户来说将是一个趋势问题。他们会购买缺乏通用移动服务的华为智能手机,还是会选择更便宜的华为?

GSMArena 报道称，新定价可能如下：华为 P40 定价为 600 欧元，折合人民币 4614.6 元；华为 P40Pro 定价为 800 欧元，折合人民币 6155.6 元；华为 P40 专版定价为 1000 欧元，折合人民币 7694 元。仅从华为 P40 智能手机版本来看，最初的计划是将价格从 800 欧元降低至少 200 欧元。华为降价后的 P40 系列价格相对较低，至少低于其竞争对手(苹果手机 11 和三星银河笔记本 10)。较低的价格将使消费者比新发布的安卓旗舰产品三星 S20 更倾向于购买华为。

文章还分析了华为此举的原因是不支持谷歌的 GMS 服务，这相当于节省了一批软件(如 play Store、youtube 软件和谷歌地图)的许可费，这也是华为可以降价的原因之一。

然而，现在的问题是，尽管做出了如此大的妥协，但尚不清楚缺少通用移动服务的华为智能手机将吸引多少外国用户。

(资料来源：腾讯网 https://wxn.qq.com/cmsid/20200201A06KMR00)

问题：
1. 华为采用了什么样的价格策略和价格原则？
2. 面对供大于求的国际市场，怎样让产品在激烈的市场竞争中取胜？
3. 提高产品质量和降低产品成本对提高企业的国际市场竞争力发挥了什么样的作用？

第七章　中国对外贸易经济效益

【学习要求】

通过本章的学习，要求学生明确对外贸易经济效益的概念，掌握对外贸易经济效益的表现形式和影响外贸经济效益的因素等基础理论问题，把握我国评价对外贸易经济效益的原则和指标体系，以及提高对外贸易经济效益的途径。

【主要概念】

对外贸易经济效益　对外贸易社会经济效益　对外贸易企业经济效益

【案例导读】

中国跨境电商 3.0 时代：普惠贸易带来新机遇　改写全球贸易格局

自 2010 年起，中国跨境电子商务步入 3.0 阶段。从跨境电子商务企业的行为来看，各跨境电商平台不断加大力度扩展产业链条，着力打造综合服务平台。如阿里巴巴在此时期宣布收购深圳一达通，形成了从"找外贸"到"做外贸"的一站式服务链条；2013 年跨境贸易电子商务配套服务企业跨境通成立，也是以提供包括融资、运输、保险、仓储等一体化全方位的外贸服务为主要业务。

普惠贸易趋势的显现进一步强化了中国跨境电子商务对全球贸易格局的影响力。从市场表现来看，2017 年我国跨境电子商务出口呈现出助推国产品牌"出海"的新特征。举例来说，2017 年"双 11"前夕，阿里巴巴集团 CEO 张勇曾表示，天猫将在"双 11"期间，助力包括海澜之家、格力、海尔、李宁等 100 家品牌与全球 200 多个国家和地区的消费者实现对接。

此外，平台型企业也在加速布局全球市场。如 2017 年 6 月，敦煌网首家海外数字贸易中心在匈牙利首都布达佩斯启动；2017 年 11 月，阿里巴巴首个海外 eWTP 试验区"马来西亚数字贸易区"在吉隆坡启动运营。

王健表示，跨境电子商务给全球贸易带来的影响主要体现在市场结构发生的变化，其中包括市场的主体、交易方式等方方面面。就市场主体的变化而言，此前的传统贸易形式中，跨国大公司的作用不可忽视，但如今其地位却在逐渐降低，取而代之的平台作用逐渐提高。而在产品交易方式上，正如此前提及的普惠贸易趋势，碎片化、小单化等特点越发显现，中间商越来越少，这都是跨境电子商务新模式对传统贸易形式的改变。就此预计，中国跨境电子商务当前表现出的趋势和特点，未来也很有可能会引领全球贸易新规则的出现。

"一带一路"的建设，也能体现出我国近年来国际合作的成果。2018 年是我国领导人提出建设"一带一路"倡议的第五个年头。"一带一路"倡议是中国为世界经济增长、治理、发展提出的中国方案，跨境电商作为外贸新业态，为"一带一路"沿线国家的经济发展提供了新动力。

第七章 中国对外贸易经济效益

> 我国海关统计数据显示，2017年中国对"一带一路"沿线国家的进出口总值达 7.37 万亿元，同比增长 17.8%，增幅高于全国外贸增速 3.6 个百分点。
>
> （资料来源：https://baijiahao.baidu.com/s?id=1610687563893927675&wfr=spider&for=pc，2018 年 9 月 4 日）

对外贸易经济效益是对外贸易活动的目的，只有取得高水平的经济效益，才能保证对外贸易最大限度地促进国民经济的发展。改革开放以来，我国的对外贸易得到了长足的发展，对外贸易总量持续增长。然而我国的对外贸易经济效益却处在较低水平。20 世纪 90 年代以来，我国对外贸易经济效益呈下滑趋势，已成为我国对外贸易健康发展的巨大障碍。因此，有必要从理论和实践上探讨对外贸易经济效益的形成、分类，外贸经济效益的评价以及外贸经济效益提高的途径等问题。

第一节 对外贸易经济效益的形成

一、对外贸易经济效益的概念

经济效益，一般是指在经济活动中为了达到一定的经济目标所耗费的劳动和由此取得的成果之比，是资金占用、成本支出与有用生产成果之间的比较。简言之，即投入产出之比要大。以尽量少的劳动耗费取得尽量多的经营成果，或者以同等的劳动耗费取得更多的经营成果。所谓经济效益好，就是资金占用少，成本支出少，有用成果多；反之，经济效益就差。经济效益可分为两个层次：一是宏观经济效益，是从全社会的投入产出出发来考察的经济效益，也称社会经济效益。它反映该国全局性的国民经济整体的效益，同时也是长期与近期相结合的效益。二是中观或微观经济效益，是从一个产业部门或企业的投入产出来考察的经济效益。提高经济效益本质上就是时间的节约，是社会生产力发展的表现，反映生产力的水平。

对外贸易经济效益是指在一定时期内投入对外贸易领域的劳动(活劳动与物化劳动)和由此取得的成果之比。对外贸易经济效益不同于国内经济效益，这主要表现在两个方面：它不仅取决于国内生产的经济效益在不同要素间的分配比例，而且取决于各国的国内经济效益在国家间的分配。一方面，利用国内价值和国际价值的比较差异，输出本国有相对优势的产品，输入本国有相对劣势的产品，从而实现价值增值，实现社会劳动的节约。另一方面，由于生产要素在国际上不能自由流动，对外贸易中的经济效益不受利润均等化规律的影响。通过输出本国相对富余的产品，换回本国所短缺的产品和资源，实现实物形态上国民经济的综合平衡，扩大社会再生产规模，最终达到创造更多价值的目的。因此，对外贸易经济效益，一方面以价值增值表现，另一方面通过使用价值转换来表现。但二者殊途同归，最终都表现为社会劳动的节约和社会财富的增加。

对外贸易的经济效益可以表现为宏观(对外贸易社会经济效益)和微观(对外贸易企业经济效益)两个层面。从宏观上来说，一国可以通过出口自己具有比较优势的产品，节约社会劳动，提高整个社会的福利水平，这种经济效益被称为对外贸易的社会经济效益。它不仅包括由对外贸易活动实现的直接的价值增值，还包括由对外贸易活动派生出来的、间接的社会劳动节约。从微观上来说，外贸企业可以通过国内外市场的价格差，以高于国内价格的价格出口商品而以低于国内价格的国际价格进口商品,从而直接获取利润,这种外贸经济效益又称为对外贸易企业经济效益。对外贸易企业经济效益较之对外贸易社会经济效益,其考察的范围狭小、内容单一,对外贸易企业经济效益仅考察外贸企业财务账面上的、以货币形式出现的盈利或亏损。对于发达国家而言,由于其产品技术含量高,在国际市场上具有一定的垄断优势,因此,其产品的售价往往远远高于成本,因而发达国家可以同时获取宏观和微观两方面的外贸经济效益;而对部分发展中国家而言,其出口以技术含量低的劳动密集型产品和原材料为主,只能以接近甚至低于成本的价格在国际市场上销售,因而,发展中国家从事对外贸易主要是为了追求对外贸易的社会经济效益。

改革开放以来,我国的对外贸易得到了迅速的发展。1988年,我国对外贸易进出口总额首次突破1000亿美元大关。此后,经过6年的发展,于1994年再迈一个千亿美元的台阶。1997年,对外贸易总值突破3000亿美元,并首次跻身世界十大贸易国行列。2001年我国加入世贸组织以后,对外贸易更是焕发出勃勃生机,每年都以20%以上的速度递增,是改革开放以来增长周期最长、速度最快、增速最稳定的时期。2004年我国对外贸易进出口规模突破1万亿美元,成为世界第三大贸易国。2007年我国对外贸易进出口总额首次突破2万亿美元,缩小了与第二大贸易国的差距。入世后的6年间对外贸易进出口总值已超过从改革开放到"入世"之前23年的总和。2012年我国外贸进出口总值为38667.6亿美元,在全球主要经济体中,中国外贸的表现依然算是最好的。2020年尽管新冠肺炎疫情对对外贸进出口造成一定冲击,但我国外贸发展韧性依然很强,前两个月,我国货物贸易进出口总值为4.12万亿元人民币,进出口值在逐旬提升,企业申报报关单量逐旬递增,进出境货运量也在增长。对外贸易的发展不仅优化了我国的资源配置、提高了资源使用效益,而且为我国的经济建设提供了大量的外汇资金。2020年疫情期间,我国经济长期向好的基本面没有改变,截至2月末,我国外汇储备规模为31067亿美元,外汇市场运行总体平稳。

二、对外贸易经济效益的形成过程

对外贸易是一个特殊的经济部门,它联系着国内外的生产流通,有着特殊的职能,因此,其经济效益亦有着十分独特的形成过程。

(一)对外贸易社会经济效益的形成

1. 利用"绝对差异"和"比较差异",形成对外贸易社会经济效益

对外贸易经济效益是外贸领域的投入与产出之比,这种比例关系所包含的经济内容和实质就是社会对劳动的节约程度。因此,对外贸易经济效益还可以表述为通过对外商品和劳务的交换所节约的社会劳动。

对外贸易经济效益是通过对外交换取得本国国民经济发展短缺的使用价值,同时还可以获得价值的增值。价值增值本质上同社会劳动的节约是相同的,价值增值可以理解为投入一定量的劳动而获得比一般水平更多的新价值;社会劳动的节约可以理解为获得一定量的价值而为此投入的劳动少于一般水平。因此,对外贸易经济效益也就是通过对外交换所获得的价值增值。

价值增值是由于国内价值和国际价值之间存在差异而产生、形成的。国内必要劳动时

第七章　中国对外贸易经济效益

间和世界必要劳动时间的差异导致国内价值和国际价值的差异，进而使对外贸易活动可实现价值增值。

国内价值和国际价值的差异可以归纳为两类：绝对差异和比较差异。绝对差异是指同种商品的国内价值高于或低于国际价值；比较差异是指不同种类商品的国内价值和国际价值的差异在程度上的不同。这两类差异的存在都有可能使参加贸易的各方获得国别价值增值。

(1) 绝对差异。

设 A 国甲商品的国内价值低于国际价值，乙商品的国内价值高于国际价值(如表 7-1 所示)；而 B 国乙商品的国内价值低于国际价值，甲商品的国内价值高于国际价值。两国进行国际分工，各自发挥绝对优势，即 A 国出口甲商品，进口本国有绝对劣势的乙商品；B 国出口乙商品，进口甲商品，则两国获得国别价值增值。

表 7-1　A 国甲、乙商品的国内价值与国际价值

商　品	国内价值	国际价值
甲	4 小时	6 小时
乙	3 小时	2 小时

A 国出口 n 件甲商品，内含 $4n$ 小时国内价值，在国际市场上被承认为 $6n$ 小时国际价值，用 $6n$ 小时的国际价值可进口 $3n$ 件乙商品，$3n$ 件乙商品在国内被承认为 $3×3n$ 小时国内价值。通过出口 n 件甲商品，进口 $3n$ 件乙商品该国获得 $9n-4n=5n$ 小时的价值增值。

(2) 比较差异。

设 A 国甲商品和乙商品的国内价值均高于国际价值(如表 7-2 所示)，该国出口国内价值高于国际价值程度较小的甲商品，即发挥其比较优势，进口国内价值高于国际价值程度较大的乙商品，从而可获得国别价值增值。不同商品间国内价值与国际价值的比例差是决定比较优势的核心。

表 7-2　A 国甲、乙商品的国内价值与国际价值及其比值

商　品	国内价值	国际价值	比　值
甲	2 小时	1 小时	2∶1
乙	6 小时	2 小时	3∶1

A 国出口 n 件甲商品，内含 $2n$ 小时国内价值，在国际市场上被承认为 n 小时国际价值，由于单位乙商品的国际价值含量为 2 小时，在等价交换原则下，n 小时国际价值只可进口 $n/2$ 件乙商品，而 $n/2$ 件乙商品在国内市场上被承认为 $6×n/2=3n$ 小时国内价值。这样，通过进出口活动，该国以 $2n$ 小时国内价值实现了 n 小时的价值增值。

设 B 国甲商品和乙商品的国内价值均低于国际价值，但甲商品国内价值低于国际价值的程度较小，乙商品国内价值低于国际价值的程度较大(如表 7-3 所示)，因此，该国出口具有相对优势的乙商品，进口具有相对劣势的甲商品。

B 国出口 n 件乙商品，内含 n 小时国内价值，在国际市场上被承认为 $3n$ 小时国际价值，可进口 $3n/2$ 件甲商品，在国内市场上被承认为 $3n/2$ 小时国内价值，这样，通过进出口活动，该国获得了 $n/2$ 小时的价值增值。

表7-3 B国甲、乙商品的国内价值与国际价值及其比值

商　品	国内价值	国际价值	比　值
甲	1小时	2小时	1:2
乙	1小时	3小时	1:3

可见，只要存在国内价值和国际价值的绝对差异或比较差异，国际贸易的各方就可利用绝对优势或相对优势，通过进出口活动，实现国别价值增值，实现社会劳动节约。由此获得的价值增值或劳动节约，是对外贸易社会经济效益的重要组成部分，但不构成对外贸易社会经济效益的全部。

【案例7-1】

超大规模市场优势是我国新的比较优势

习近平总书记最近在主持召开中央财经委员会第五次会议时指出，要充分发挥集中力量办大事的制度优势和超大规模的市场优势，打好产业基础高级化、产业链现代化的攻坚战。中国近14亿人口的大市场必将成为世界经济的增长之源、活力之源。

超大规模市场是我国经济发展中形成的新的比较优势。过去的比较优势是低成本生产要素，现在则是在超大规模国家基础上形成的超大规模市场，它将是我国实现现代化发展战略目标的最重要的手段和工具，可以与飞速发展的信息化、网络化结合，成为拉动或推动重大的技术进步、结构变迁和社会演化的主要力量。

依托超大规模市场优势，可以升级我国经济全球化的战略。2008年之后，中国以廉价要素和资源进行加工制造和出口为特征的经济全球化进程趋于尾声，而以依托国内大规模市场战略资源吸纳全球创新要素为特征的新的经济全球化浪潮正在展开。基于超大规模市场的经济全球化战略，其基本特征：一是在人口基数大的基础上，使民众收入不断增长，使内需规模处于全球最大的地位；二是塑造强势本币的国际地位，促进其他国家对本国出口；三是以强大国内市场中成功机会多的优势，吸收全球资本、技术、人才向本国流动。

利用好我国的大规模市场优势，还有一个重要的发展战略问题是：如何依托于这一重要的比较优势发展创新经济，尽快建设成为创新驱动型国家。基于内需市场发展创新驱动经济，将培育出我国企业参与新一轮经济全球化的新的动态竞争优势。这个新的动态竞争战略，其内涵主要包括三个方面：一是从促进国内创业创新出发，高水平地引进来。引进来的重点是引进人力资本、技术资本和知识资本，以我国不断释放和起飞的内需为引力，以全球城市为载体，以优化的创新创业的制度环境为平台，大力虹吸全球先进科技和智力。二是以增强国内产业竞争力为目标，大规模地走出去，沿着全球城市网络的节点建设各种全球价值链。如以长江经济带为依托，沿一带一路推动我国品牌企业参与境外基础设施建设和产能合作。也可以依托于我国市场规模迅速成长的"母市场效应"，在走出去中提升国内企业在全球创新网络中的地位。三是以对外开放促进对内改革，加快我国创新驱动国家建设步伐。

(资料来源：中国网 http://www.china.com.cn/opinion/think/2019-09/06/content_75180100.htm)

2. 通过使用价值转换，形成对外贸易社会经济效益

(1) 使用价值是价值的载体。

对外贸易的两个基本职能是进行使用价值转换和实现价值增值，二者是不可截然分开的。实现价值增值的同时，必然完成使用价值的转换。因此，利用国内价值和国际价值的绝对差异或比较差异实现价值增值，必须建立在使用价值转换的基础上，使用价值是价值的载体，是物质承担者，没有使用价值的转换，就无法实现价值的增值。但使用价值在对外贸易经济效益形成中的作用，不仅仅限于在纯粹的商品流通中充当价值的载体，实现价值的增值，而且包括由于使用价值对外转换在社会再生产中产生的新价值。

(2) 使用价值对外转换在社会再生产中产生的新价值。

进行对外商品流通，是将本国的一部分产品和资源从经济循环中分离出来，在国际市场上转换成另一部分产品和资源，从而在一定程度上缓解国内产业结构不平衡对经济发展的束缚，扩大再生产规模，加速经济增长，使整个社会有可能获得更多新增价值。通过对外商品流通，通过使用价值转换，调整国民经济比例关系，改善社会产品构成，使社会获得更多的新价值或劳动节约，也是外贸经济效益的组成部分。

(二)对外贸易企业经济效益的形成

对外贸易企业经济效益直接形成于国内外市场的价格差，即从出口角度看，是指国内货源买入价与国际市场售出价之间的差价；从进口角度看，是指国际市场商品买入价与国内市场售出价之间的差价。这种价格差再减去商品流通费用即是外贸企业的盈利(若为负数则为亏损)，也即外贸企业经济效益。

1. 从理论上看

在价格与价值大体一致的情况下，国内外市场价格差反映的是国内价值和国际价值之间的绝对差异或比较差异。在存在绝对差异条件下，单纯的出口或进口即可取得对外贸易盈利，即当一商品国内价值低于国际价值时出口，而对国际价值低于国内价值的商品则进口。在比较差异条件下则需要通过出、进口双向循环贸易才可取得外贸盈利。这时，需要出口本国有比较优势的商品，进口本国劣势较大的商品，进出口贸易相结合，才能获利。

2. 从实践上看

外贸企业经济效益还受其他许多因素的影响，如企业经营管理状况、政府的政策措施、对外贸易体制等。

第二节 影响对外贸易经济效益的因素

一、影响对外贸易社会经济效益的主要因素

对外贸易经济效益是通过对外商品交换带来的价值增值，而价值增值是由国内外价值差异以及使用价值转换在社会再生产中发挥特定作用而形成的。可以说，一切影响商品国内价值、国际价值以及二者之间相互关系的因素，一切影响使用价值在社会再生产中发挥

作用，带来更多新增价值的因素，均影响外贸经济效益。

(一)一国劳动生产率

对外贸易经济效益是通过对外贸易活动实现的价值增值，而价值增值是通过发挥比较优势取得的，即通过出口有比较优势的商品、进口有比较劣势的商品取得的。因此，比较优势是取得外贸经济效益的客观基础。在古典贸易模型中，生产的唯一投入要素是劳动，一国的比较优势就取决于一国劳动生产率水平及其与世界劳动生产率水平的差异。二者差异的程度和方向决定着国内价值和国际价值差异的程度和方向，进而决定了获得对外贸易经济效益的量和层次。随着古典贸易模型的拓展，单一劳动要素假设被扩展为多种生产要素假设，从而比较差异不仅仅由劳动生产率所决定，各国要素禀赋的差异也成为各国比较优势的决定性因素。

如果一国劳动生产率水平大大高于世界平均劳动生产率水平，则该国绝大部分商品的国内价值低于同类商品的国际价值。在以国际价值为基础的对外交换中，该国每小时平均劳动投在各经济部门所形成的国内价值在国际市场上被承认为超过一小时的国际价值。该国以高于国内价值的国际价值输出商品，以低于国内价值的国际价值购买某些商品，以少量劳动按质的比例与多量劳动交换，从而取得对外贸易经济效益。该国是凭借劳动生产率水平的绝对优势取得对外贸易经济效益的。

如果一国的劳动生产率水平低于世界平均劳动生产率水平，则该国绝大部分商品的国内价值高于同类商品的国际价值。该国进行对外交换只能输出国内价值高于国际价值程度较小的商品，输入国内价值高于国际价值程度较大的商品，以少量社会劳动换回多量社会劳动，实现价值增值。这类国家取得对外贸易经济效益是利用了绝对劣势中的相对优势。

以上两类国家通过对外商品交换，都能够实现社会劳动的节约，形成外贸经济效益。生产率水平高的国家通过对外贸易所实现的价值增值量或社会劳动节约量并不一定绝对地多于劳动生产率水平低的国家，但是，由于二者劳动生产率水平与世界平均劳动生产率水平的差异方向不同，二者借以实现外贸经济效益的条件不同，决定了二者获得的外贸经济效益的层次的不同。前一类国家劳动生产率水平有绝对的优势，它所取得的外贸经济效益也是绝对的；而后一类国家劳动生产率水平处于绝对劣势，绝对劣势中相对优势的利用，形成对外贸易经济效益，但这种效益的获得是有相对的局限性的。因此，前者获得的对外贸易经济效益是比后者更高层次的外贸经济效益。

(二)进出口商品结构

对外贸易经济效益源于国内价值与国际价值的差异，而国内价值与国际价值的差异必须以一定的使用价值为载体表现出来。因此，不同的使用价值结构，即进出口商品结构会影响国内外价值差异的程度与方向，从而影响外贸经济效益。进出口商品结构是指一国对外贸易中各商品组成部分在贸易总体中的地位、性质以及相互之间的比例关系。进出口商品结构的特征、结构层次的高低以及进出口商品结构与本国经济发展状况、世界经济贸易发展趋势的关系，对于一国参与国际分工的深度、广度以及对外贸易促进国民经济发展作用的发挥，都有着重大的影响。

(1) 从出口商品结构来看，由于经济发展的不平衡，一国国内各部门、各行业的劳动

第七章　中国对外贸易经济效益

生产率水平参差不齐，甚至差距很大，与世界同行业平均的劳动生产率水平的差异程度更是不尽相同。由于各部门劳动生产率水平相异，一小时国内平均劳动投入不同经济部门、行业所形成的国内价值量也就不同。同时，又由于各部门、各行业劳动生产率水平与世界同行业平均劳动生产率水平的差异不尽相同，同一国内价值量由于物质承担者不同，在国际市场上得到承认的程度也就不同。所以，劳动生产率的双重差异——"内差异"和"外差异"，使出口商品结构极大地影响输出的国内价值量以及该国内价值量在国际市场上得到承认的程度。

(2) 从进口商品结构来看，基于相同的原因(劳动生产率的内外差异)，同一可支配的国际价值量，由于其物质承担者不同，即进口商品结构不同，在国内市场上会被承认为不同量的国内价值，而对外贸易经济效益的集中表现乃社会劳动的节约或国内价值的增值。可见，进出口商品结构，作为国内价值、国际价值的物质承担者——使用价值的构成，对于源于国内、国际价值差异的对外贸易经济效益有着重要的、实质性的影响。

(3) 进出口商品结构对外贸的宏观效益有着更深的影响。进出口商品结构的安排合理与否，影响着对外商品流通对再生产促进作用的发挥。例如，理想的贸易格局应是出口长线产品，进口短线产品，通过外贸促进宏观经济平衡。若出口商品正是本国供过于求的长线产品，本国需求的满足不会因此受到影响，这时出口贸易能促进国民经济的综合平衡。如果进出口商品结构安排不当，加上出口商品国际与国内需求结构重叠，出口商品结构挤在国内供不应求的短线产品上，在此结构下发展出口贸易，必然有着很高的机会成本，出口的发展以牺牲国内消费为代价，经济效益恶化，这样的出口商品结构必然不能维持下去。因此，进出口商品结构对外贸经济效益有重大影响。

【案例7-2】

疫情虽险，但对中国外贸影响有限

自新冠肺炎疫情暴发以来，受工厂延时开工、物流受阻，以及一些国家和地区对人员和货物流动采取限制措施的影响，中国稳外贸工作面临重大挑战。

经济基本面的强力支撑奠定了中国外贸高质量发展的基础。2019年，在内有转型压力、外有美国关税大棒的严峻形势下，中国外贸仍实现了3.4%的逆势增长并创下历史新高。同时，质量变革、效率变革和动力变革也在稳步推进。民营企业首次超过外商投资企业，成为中国第一大外贸主体，充分反映了中国资本和中国企业国际竞争力的提升。产业链更长、附加值更高的一般贸易比重持续提高到59%，表明中国外贸所依赖的自主生产技术水平不断提高，自主品牌在国际市场中的地位不断攀升。高质量、高技术、高附加值货物出口增势强劲，其中新能源汽车、集成电路、光伏、通信、电力、医疗器械等出口均实现了较快增长，机电产品出口占总出口的比重达58.4%。与此同时，跨境电商、市场采购贸易等贸易新业态快速增长，为中国对外贸易增长提供了新动力。

在内外复杂挑战相互交织的背景下，中国外贸2019年能从整体上保持平稳运行态势，既离不开党中央的坚强领导，也离不开各项"稳外贸"政策措施的及时出台和有效落地。当下，疫情给外贸企业带来很大压力，从相关部委到地方政府都在迅速行动，尽最大努力帮助企业减少损失、渡过难关。除了上述短期应对措施，"稳外贸"政策红利还体现在两个方面：一是 2019 年减税降费的政策效应将在 2020 年继续发挥作用，为企业争取更多发展空间；二是持续推进的"放管服"改革、改善营商环境的各项举措，将进一步降低中国企业参与全球化的各种制度性成本。根据世界银行《2020 营商环境报告》显示，2019 年中国营商环境在全球 190 个经济体中排名第 31 位，比 2018 年大幅提升了 15 位次，连续两年位列营商环境改善幅度全球排名前十，也是东亚太平洋地区落实监管改革最多的经济体。其中，中国跨境贸易指标国际排名由第 65 位上升至第 56 位，首次超越日本在该项目上的排名。

中国外贸的健康发展，不仅在于外贸结构和动能的调整，也在于内外市场的结构性调整和多元化拓展。一方面，外部市场的重要性持续下降。2006 年，中国货物贸易依存度达到 65% 的历史高点，其中出口依存度高达 35%。此后持续下降至 2019 年的不到 33%，其中出口依存度降至不到 18%。下降的主要原因是中国在消费更多自己生产的商品。不仅如此，中国年进口额已连续两年超过 2 万亿美元，中国市场的重要性已经与美国相差无几。另一方面，市场多元化潜力巨大，外贸"朋友圈"不断拓展。随着新兴市场和发展中国家的崛起，尤其共建"一带一路"为中国开拓新市场、创造新需求奠定了基础，中国与相关国家贸易潜力正持续释放。2019 年，中国与"一带一路"相关国家进出口增长 10.8%，高出外贸整体增速 7.4 个百分点，占比提高 2 个百分点至 29.4%；对东盟、拉美、非洲进出口分别增长 14.1%、8% 和 6.8%，其中东盟已经取代美国，成为中国第二大贸易伙伴。

(资料来源：搜狐网 https://www.sohu.com/a/373130932_115239)

(三)货币因素

价格是价值的货币表现形式，在商品经济条件下，价值增值或劳动节约必然要通过价格来衡量和表现。

对外贸易联系着国内外的生产和流通，在每一次对外商品交换中通常都要使用两种或两种以上的货币计价，这就使得通过交换实现的社会劳动节约或价值增值的表现更为复杂。通过交换实现的价值增值要得以正确表现和反映，一方面要求国内外价格都必须真实地反映商品的国别价值和国际价值；另一方面要求计价货币的"价格"，即汇率正确反映每一单位本币和外币所代表的价值量的关系。比较优势只有正确地表现为价格差时，对外贸易才会依此进行，比较优势才会成为现实的比较利益。因此，价格是否真实地反映价值、价格和价值的背离程度与方向都可影响对外贸易商品结构，从而影响外贸经济效益。即使商品的国内外价格能正确反映商品的国内外价值，如果汇率不能正确反映参与交易的不同货币之间的比例关系，则对外交换产生的价值增值也得不到正确反映；反之亦然。

价格机制不仅会影响价值增值的正确表现，还会通过对进出口商品结构的作用，进而影响实际的价值增值量或劳动节约量，影响对外贸易经济效益。

如果一种商品的国内价格严重偏离国内价值，价格所表示的价值量大大高于实际的价值量，则价格对价值的扭曲使所表现出来的商品国内价值大大高于同类商品的国际价值。这种国内价值的"高估"使实际上具有绝对优势或相对优势的商品貌似具有绝对优势或相对优势，使本该出口的商品成为事实上的进口商品。同样，国内价值的"低估"也可能使本该进口的商品成为出口商品。如果汇率高估了每单位本国货币所代表的价值量，会使实际上出口可以节约劳动的商品似乎也成了亏损商品，而汇率的低估则可能使实际上没有优势的商品出口似乎也能节约社会劳动。所以，价格对价值的扭曲、汇率的高估或低估等货币价格因素会影响进出口商品最优结构的形成，从而影响对外贸易经济效益。

假定1小时的国内价值对应于1元人民币，设A商品的国内价值为2小时，若价格正确地反映价值，则此时A商品的价格应为2元。由于价格高估了价值，把本应表现为2元的价值表现为3元，而此时，国际市场A商品的价格以人民币来表现为2.5元。由于出现了价格差，国内的企业将进口A商品以获得利益。这样就使得本可以出口的A商品变为进口，从而改变了进出口商品的结构。

(四)市场机制

在市场经济条件下，对外贸易活动的国内环节和国际环节都要通过市场运作来完成，高水平的外贸经济效益的实现必须有健全的市场机制作保证。如果市场机制不健全甚至缺乏必要的要素市场，通过外贸活动最终实现的社会劳动的节约就得不到正确的表现，从而使促进外贸经济效益提高的经济驱动力无从发挥。比较优势的发挥有赖于完善的市场机制，使资源能够根据比较优势的变动实现最优配置，保证对外贸易经济效益的实现。

二、影响对外贸易企业经济效益的因素

1979年之前，我国建立了集外贸经营与管理为一体、政企不分、统负盈亏的外贸管理体制，中央以指令性计划直接管理少数的专业性贸易公司进行进出口贸易(1978年年底外贸公司有130多家)。贸易目标主要是进出口贸易在总体上达到平衡，对外贸易实行高度集中的计划管理，财务上实行"统收统支、统负盈亏"的体制，进出口企业的盈利，集中上缴国库，而发生的亏损，也统一由国家财政拨款予以补贴。这有利于国际收支平衡，维持较低的国内价格水平，但是我国与世界市场的有机联系被割断，不利于外贸和整个国民经济的发展。

1978年12月中共十一届三中全会以后，我国开始实行改革开放的国家战略，进行经济体制改革，其中包括外贸体制的改革。其主要内容是放开部分贸易经营权(包括对外资企业)，以及贸易公司自主化改革。外贸体制改革分为以下三个阶段。

(1) 1979—1987年间，政府根据政企分开、外贸实行代理制、工贸结合、技贸结合、进出口结合的原则，下放部分外贸经营权，开展工贸结合试点，简化外贸计划内容，实行出口承包经营责任制。

(2) 1988—1991年间，全面推行对外贸易承包经营责任制，地方政府、外贸专业总公司和工贸总公司向中央承包出口收汇、上交外汇和经济效益指标。承包单位自负盈亏，出口收汇实行差别留成。

(3) 1990年12月9日，外贸企业出口实行没有财政补贴的自负盈亏，以完善对外贸易承包经营责任制。从1991年起，我国外贸体制进一步深化改革，建立起了以市场供求为基础的、单一的、有管理的人民币汇率制度；绝大多数商品的价格都由市场供求决定，价格与价值的背离得到根本的改变；减少行政干预，扩大市场调节的范围；取消了国家对外贸企业的出口亏损补贴，使外贸企业真正实现自主经营、自负盈亏、自我约束、自我发展。通过对外贸企业的改革，中国的对外贸易体制开始初步摆脱了过去的不合理状况，朝着适

应对外开放和建立有计划的商品经济的方向发展。

改革开放以来，特别是1981—1990年间，我国对外贸易连年亏损，国家不得不给予大量财政补贴。外贸亏损的原因除了国际市场价格变化趋势于我不利、一些外贸企业经济管理水平较差等客观因素外，主要原因还有政策性方面，我国曾长期实行国内外价格割断政策，国内价格体系和国际市场价格体系相脱节；体制性方面，税收、汇率等方面的改革不同步，外贸体制不完善是造成外贸企业非正常亏损的因素之一；结构性方面，我国进出口结构存在的问题也是产生外贸亏损的因素；生产性方面，由于我国劳动生产率水平低，导致生产成本高，产品质量差，国外售价低，造成外贸亏损；经营性方面，由于外贸企业经营管理水平低造成的亏损也相当可观。

1992年开始，我国贸易政策体系的改革已经不限于贸易权和外贸企业等内容，伴随着1986年中国要求"复关"开始，中国的贸易政策改革已经开始以符合国际规则为导向，逐步涉及国内管理的各个方面。1992年10月，党的十四大提出了"深化外贸体制改革，尽快建立适应社会主义市场经济发展的，符合国际贸易规范的新型外贸体制"。符合国际贸易规范，也就是要符合关贸总协定的规范，因此我国提出改革方向是统一政策、平等竞争、自负盈亏、工贸结合、推行代理，以建立适应国际通行规则的外贸运行机制。在进出口管理上，1992年取消进口调节税；1994年取消进出口指令性计划。此后进行了多次的关税降低，整体关税已经与国际平均水平大为接近，与世界市场更加接近。此外，进口配额及其他的非关税措施数量也在逐年减少。

1994年颁布的第一部《中华人民共和国对外贸易法》，开始了系统地完善外经贸领域法律法规的改革阶段。以国际规范为目标，在货物贸易、外资、知识产权、反倾销等各个领域出台了一系列的法律法规，同时政府的政策透明度也不断提升。外贸体制改革的实施，加强了对市场经济机制的调节，促进了我国对外贸易市场化的进程。从1994年起，外贸企业实行自主经营、自负盈亏，国家财政的外贸盈亏就不存在了。

自2001年加入WTO至今，我国在市场准入、国内措施、外资待遇、服务贸易等各个领域均较好地履行了自身的承诺和义务，得到了WTO、世界银行等国际组织的高度评价和赞扬。最明显的特征就是，贸易政策体系改革已经与国际贸易体制接轨、发展同步，政策变化的动力由单纯的内生或者外生转变为内外协调。这种变化最根本的动力来源是我国经济贸易本身的高速增长，并且我国有着市场容量庞大、与发达国家经贸互补性明显、政策稳定性强并对国际贸易高度负责等优点，我国对世界经济的良性影响也逐渐加大。

从理论上讲，盈利或亏损是节约或浪费社会劳动的货币表现。盈亏是社会主义经济活动中一项不可忽视的经济指标。外贸盈亏同样在一定程度上反映我国对外贸易的经济效益。但是，外贸盈亏与外贸经济效益之间不能简单地画等号，外贸财务盈亏的状况及其变化，深层次的原因在于经济体制，外贸出现亏损并不等于外贸经济效益差。

改善外贸企业经济效益，不仅需要改进外部宏观环境，更需要改变企业的微观机制。在市场机制充分发挥作用的条件下，价格与价值相一致、汇率准确反映货币之间比率的条件下，影响外贸微观经济效益的主要因素是企业的经营机制、管理机制等微观因素。在价格、汇率扭曲的情况下，外贸微观经济效益的决定因素就要复杂得多，许多因素往往是外贸企业所不可控制的。但是，随着经济体制改革的推进，市场经济体制逐步趋于成熟与完善，价格扭曲与汇率扭曲逐步消除，外贸盈亏与外贸经济效益的差异也会趋于缩小以至消失。影响外贸企业经济效益的因素主要有以下几个。

(一)外贸企业的企业制度

外贸企业制度改革的方向是建立现代企业制度。只有建立现代企业制度，才能使外贸企业成为自主经营、自负盈亏、自我发展、自我约束的市场主体。现代企业制度具有以下特征：一是产权关系明晰。企业中的国有资产所有权属于国家，企业拥有包括国家在内的出资者投资形成的全部法人财产权，成为享有民事权利、承担民事责任的法人实体。二是权责明确。企业以其全部法人财产，依法自主经营、自负盈亏、照章纳税，对出资者承担资产保值增值的责任。出资者按投入企业的资本额享有所有者的权益，即资产收益、重大决策和选择管理者的权利。企业破产时，出资者只以投入企业的资本额对企业债务负有限责任。三是政企分开。企业按市场需求组织生产经营活动，以提高劳动生产率和经济效益为目的，政府不直接干预企业的生产经营活动，企业在市场竞争中优胜劣汰。四是科学管理。建立科学的企业领导体制和组织管理制度，调节所有者、经营者和职工之间的关系，形成激励和约束相结合的经营机制。

(二)外贸企业的经营制度

外经贸企业的经营模式应由商品经营向资本经营转变。商品经营是以完成进出口商品计划为特征的；资本经营是以利润最大化和资本增值为目的，以价值管理为特征，通过生产要素的优化配置和资产结构的动态调整，对企业所控制的内外部有形与无形资产进行综合运营的一种经营方式。实行资本经营，要求外贸企业按照资本运动的一般规律进行进出口活动，实现资产增值和效益最大化的目的。具体地说，就是外贸企业要建立最佳资本结构，以经济效益为中心，实行多元化、综合性经营。

外贸企业传统的单一商品经营模式已难以适应快速变化的国际经济环境，必须转向多元化、综合性经营，外贸企业在经营进出口商品的同时，应利用自身联系广、信息灵的优势，积极参与技术进出口贸易、国际服务贸易、国际投资等活动；在国内市场上，也应参与各种实业化经营，如制造业、运输业、服务业等，形成国际化、实业化、综合化经营模式，从根本上提高企业创造高效益的能力。

(三)外贸企业的管理制度

外贸企业要提高企业经济效益，必须建立科学高效的管理制度，提高管理水平，向管理要效益。外贸企业应按照社会主义市场经济的要求，建立以财务管理为中心，资金管理为重点，辅之以健全的劳动管理、人事管理、分配管理，建立约束和激励机制，从而提高企业经济效益。

改革企业制度，建立现代企业制度是基础。只有进行企业制度的革新，建立现代企业制度，实现微观经济基础的根本变革，外贸企业才能最终摆脱传统计划经济体制的束缚，真正成为在市场竞争中求生存、求发展，追求高效益的、独立的市场竞争主体。

第三节 对外贸易经济效益的评价

我国对外贸易经济效益的衡量指标可分为两类：一类是对外贸易社会经济效益的衡量指标，另一类是对外贸易企业经济效益的衡量指标。对外贸易社会经济效益的衡量指标包括：进出口贸易总额、平均换汇成本、资金利润率、进出口贸易税利、贸易条件等。进出口贸易总额是对外贸易的直观总体表现，反映了我国对外贸易活动的规模，以及参与国际分工的程度和外贸计划的完成情况。以此为基础构筑的外贸社会经济效益评价指标体系在我国外贸的发展过程中起到了度量、评价和引导作用，极大地促进了我国外贸的快速发展。经过30多年的发展，2012年中国的外贸总额首次超越美国，成为全球最大贸易国。从1978年到2017年，我国进出口总额从355亿元提高到27.8万亿元，增长782倍，年均增速达18.6%。其中，出口总额从168亿元提高到15.3万亿元，增长914倍；进口总额从187亿元提高到12.5万亿元，增长664倍，2017年我国对外贸易总额跃居世界第一位。

一、对外贸易社会经济效益的评价原则

(一)外贸经济效益的评价是价值评价

外贸经济效益所揭示的是由于进行对外贸易活动所实现的社会劳动节约，这里的"劳动"乃抽象劳动，它是价值的唯一构成要素。因此，外贸经济效益属于价值范畴，对它的评价必须从价值角度进行。在对外贸易经济效益评价中，使用价值评价可以归结为价值评价，价值评价可包含使用价值评价。

对外贸易活动实现使用价值的转换，对外贸易经济效益所包括的并不是转换来的使用价值的全部效用，转换来的使用价值的全部效用与不进行转换所拥有的使用价值的效用之间的差额，才是对外贸易经济效益的组成部分。

使用价值的效用通常只能用笼统的标准衡量，即满足程度。一种使用价值带给消费者的满足程度越高，该使用价值的效用越大。对外贸易经济效益所包含的内容是效用的增大，即满足程度的提高。对外贸易活动所导致的满足程度的提高，主要通过两个形式得以表现，即通过生活消费和生产消费。对外贸易活动转换来的商品投入国内经济循环，或者直接用于生活消费，或者用于间接消费——生产消费。由于使用价值是价值的物质承担者，所以，使用价值的评价可以归结为价值评价。

(二)要对贸易机会成本进行考查

评价对外贸易社会经济效益不仅应考查通过对外交换活动所实现的劳动节约，还应考查参加交换的商品如果用于其他用途可能带来的收益，考查参加交换的价值量如果选择其他的物质承担者可能带来的收益，即考查进出口商品的机会成本，这样才能更全面、更准确地评价对外贸易活动给国民经济带来的净收益。

进出口商品的机会成本同一般的机会成本有所不同。出口商品的机会成本指的是出口商品如果不用于出口而用于国内的生产、消费所可能带来的最大收益。进口商品的机会成

第七章 中国对外贸易经济效益

本则指的是同一可支配的国际价值量,如果选择其他的物质承担者给国民经济可能带来的最大收益。

如果出口商品的机会成本高于出口所得的收益,对外贸易活动给国民经济带来的净收益就应该是外贸带来的价值增值减去出口机会成本高于出口收益的部分;如果进口商品的机会成本高于进口收益,就说明对外贸易活动还不完全符合经济效益最大化原则,即以尽可能少的耗费取得尽可能多的成果,还有潜在的更大的经济效益有待挖掘。

单纯考查进出口活动所实现的价值增值,不能全面反映对外贸易活动给国民经济带来的净收益状况,也不能反映在可支配国际价值量不变的情况下,潜在的更大的外贸经济效益。而评价对外贸易经济效益的目的不仅在于明确进出口活动的实绩,更重要的还在于发现问题,明确努力方向。因此,评价对外贸易经济效益应该包括对贸易机会成本的考查。

(三)必须借助于货币、价格形式

价格是价值的货币表现。对外贸易经济效益乃是通过对外交换活动所实现的价值增值,增值了的价值与价值本身一样,它是抽象的、非实物的,但又必须依存于商品体中,是商品的基本属性。因此,价值增值在商品经济中必须借助货币、价格形式。评价对外贸易经济效益,评价对外贸易产生的价值增值只能是评价、衡量以货币价格形式表现出来的效益、价值增值,而不可能是看不见、摸不着的东西。评价对外贸易经济效益借助于货币、价格形式,其根本前提是价格能够真实地反映价值、货币并与它所代表的价值量相符。如果价格扭曲,不能正确反映价值,货币不能正确反映所代表的价值量,汇率不能反映货币之间真正的比率,对外贸易经济效益的评价就会失真,评价就会失去原有的意义,甚至使外贸工作误入歧途。

(四)进行宏观的、全面的评价

对外贸易经济效益是通过对外商品交换所节约的社会劳动。这里的劳动节约是指一国范围内的劳动节约,因此对外贸易经济效益的评价范围是一个国家,评价角度应是宏观的、全面的。

一国范围内的劳动节约,是指通过对外商品交换给一个国家带来的全部的劳动节约,无论其具体形式如何。无论它是显见的,还是隐含的;无论是直接的,还是间接的,因为它们最终都可归结为抽象的社会劳动的节约,而这些社会劳动的节约又都是由对外贸易所导致的。对外贸易活动成果不仅表现为现实的劳动的节约,还表现在为国民经济提供了节约社会劳动的能力。但是,这种节约社会劳动的能力转化为现实的劳动节约的过程,往往是在其他非对外贸易部门进行的,而且转化过程中往往有许多非对外贸易因素共同起作用。因此要想对对外贸易经济效益要做出正确的评价,必须从国民经济的宏观角度来进行。

即使是对外贸易活动产生的直接的劳动节约,也必须对对外贸易的全过程进行全面考察,才能得出正确的评价。

二、对外贸易企业经济效益的评价

外贸企业经济效益评价指标体系由3部分共15个指标构成。

(一)反映企业资产负债和偿债能力的指标体系

(1) 资产负债率。该指标是指企业负债与资产的比值,反映企业总资产中的债务比例。其公式如下:

$$资产负债率=(负债总额/资产总额)\times 100\%$$

(2) 流动比率。该指标是指企业流动资产与流动负债的比值,反映企业偿还即将到期债务的能力。其公式如下:

$$流动比率=流动资产/流动负债$$

(3) 速动比率。该指标用来衡量企业运用随时可变现资产偿付到期债务的能力。其公式如下:

$$速动比率=(速动资产/流动负债)\times 100\%$$

(4) 流动资产周转率。该指标是指企业营业收入与流动资产的比值,反映企业流动资产运转的能力。其公式如下:

$$流动资产周转率=(商品销售收入净额+代购代销收入+其他业务收入)/(期初流动资产总额+期末流动资产总额)\div 2$$

(5) 存货周转率。该指标是指企业销售成本与存货的比值,反映企业存货的周转速度。其公式如下:

$$存货周转率=商品销售成本/(期初存货+期末存货)\div 2$$

(二)反映盈利能力和国有资产保值增值情况的指标

(1) 销售(营业)利润率。该指标用来反映企业销售收入的获利水平。其公式如下:

$$销售(营业)利润率=[利润总额/产品销售收入(营业收入)]\times 100\%$$

(2) 出口每美元成本。该指标用来反映企业出口商品每一美元所耗费的成本。其公式如下:

$$出口每一美元成本=出口商品总成本(商品进价不含增值税)/出口额(美元数)$$

(3) 进口每一美元赔赚额。该指标用来反映企业每进口一美元商品的获利能力。其公式如下:

$$进口每一美元赔赚额=(进口商品销售收入-进口商品总成本)/进口国外进价(美元数)$$

(4) 费用水平。该指标用来反映企业商品销售每百元所耗的费用。其公式如下:

$$费用水平=(商品流通费/商品流通额)\times 100\%$$

(5) 资本金收益率。该指标是指企业实现的净利润与实收资本的比值,反映企业对投资者的回报能力。其公式如下:

$$资本金收益率=(净利润/实收资本)\times 100\%$$

(6) 总资产报酬率。该指标是指企业一定时期内实现的利润总额和支付的财务费用与资产的比值,反映企业运用全部资产赚取收益的能力。其公式如下:

$$总资产报酬率=[(利润总额+财务费用)/(期初资产总额+期末资产总额)\div 2]\times 100\%$$

(7) 资产保值增值率。该指标是指企业期末所有者权益与期初所有者权益的比值,反映企业对所有者权益的保值和增值能力。其公式如下:

$$资产保值增值率=(期末所有者权益总额/期初所有者权益总额)\times 100\%$$

(三) 反映企业对社会贡献的指标

(1) 出口收汇额。该指标用来反映企业实际为国家创造的外汇收入。

(2) 社会贡献率。该指标用来衡量企业运用全部资产为国家或社会创造或支付价值的能力。其公式如下：

$$社会贡献率=(企业社会贡献总额/平均资产总额)\times100\%$$

(3) 社会积累率。该指标用来衡量企业社会贡献总额中多少用于上缴国家财政。其公式如下：

$$社会积累率=(上缴国家财政总额/企业社会贡献总额)\times100\%$$

第四节 提高对外贸易经济效益的途径

一、提高外贸社会经济效益的途径

(一) 调整和优化产业结构及进出口商品结构

对外贸易经济效益的重要源泉是商品国内价值和国际价值的差异。因此国内价值和国际价值的物质承担者——使用价值的构成，即进出口商品结构，无疑是提高外贸经济效益的关键之一。而优化进出口商品结构的前提条件是要优化本国的产业结构，因为产业结构是进出口商品结构的物质基础。

优化产业结构和进出口商品结构，可以改善我国在国际分工中的地位，提高外贸经济效益。从国内产业发展的基础来看，我国具备了在"十一五"期间加快转变对外贸易增长方式的基本条件。一是国内产业整体技术水平和竞争力在较快提升，包括汽车及零部件、数控机床、电站设备在内的一批技术含量较高、附加值较高的产品，出口有望出现突破性的快速增长。二是传统出口商品的技术含量和附加值继续提升，即使是劳动密集型产品，也可以从出口中获得更大的收益。三是外商投资企业继续提升产业层次和加工深度，增强研发能力，有利于提升其出口商品的国内增值率。可以对现行的鼓励出口政策作适当的调整，逐步建立起主要依靠科技进步促进出口的政策体系。如改革出口退税政策，根据产品的技术含量、资源耗费、加工增值率等，实行有差别的出口退税税率；鼓励关联性大、能改善我国贸易条件的产品的出口；沿海发达地区要对产业实行必要的"挤出"政策，腾出空间，主要发展高新技术产业，对某些纯资源产品出口征收出口税。改革金融扶持政策，对贷款、贴息、贴现、出口信贷等实行有差别的利率等。

长期以来，传统的资源密集型初级产品和劳动密集型的轻纺产品的出口额几乎每年占我国出口总额的50%以上。这种模式正承受着我国资源环境日益恶化、劳动力成本不断上升和国内对初级产品的需求不断增加的压力，初级产品的出口市场也受到经济日益崛起的发展中国家的激烈竞争以及发达国家进口配额限制等贸易保护主义的抑制，资源和劳动密集型产品难以有更大的发展。在知识经济为主导的当代社会，世界经济的竞争就是以经济为基础、以科技特别是高科技为先导的综合国力的竞争。随着国际市场商品结构的变化，技术密集型的高科技产品正成为最具生命力和竞争力、出口增长最快、贸易规模最大和发展后劲最足的支柱产品。因此，积极发展高技术产业，开拓产品出口市场，这既符合我国经济发展现状和发展方向，又符合国际贸易的发展趋势。

(二)建立高效的宏观调控体系，协调外贸社会效益与外贸企业经济效益的关系

外贸社会效益与外贸企业效益是整体和局部的关系，而这既是统一的，又是有矛盾的。国家和外贸企业作为不同的利益主体，在经济行为中追求的效益目标必有差别。因此，为了尽可能地使两者统一起来，国家应加强宏观调控，充分发挥市场机制的作用，辅之以必要的行政手段，既满足外贸企业的效益目标，又要保证国家外贸社会经济效益目标的实现。

外贸企业若要提高经济效益，从根本上讲，需要国家在经济体制上进一步深化改革，最终形成有利于节约资源、降低消耗、增加效益的企业经济机制，形成有利于自主创新的技术进步机制，形成有利于市场公开竞争和资源优化配置的经济运行机制。因此，要提高我国外贸经济效益，我国政府必须由过去的外贸经营者转变为外贸宏观调控者，由直接的行政干预转变为通过汇率、关税等经济手段进行间接调控，使外贸企业在市场机制的作用下更合理地利用我国的优势，提高产品在国际市场上的竞争力。政府还应向效益好的外贸企业提供政策支持，如出口信贷、出口许可证等，同时，政府应代表外贸企业参加相关国际会议、签订国际协议，为外贸企业争取应得的权利，积极帮助外贸企业协调解决贸易争端。国家作为法律法规的制定者，还应借鉴国外经验，制定并完善保护我国对外贸易发展的法律法规，为外贸企业创造一个公平竞争的国际和国内环境。

(三)加速建立和完善社会主义市场经济体制

首先，建立和完善社会主义市场经济体制，使市场真正成为资源配置的基础性手段，促使我国经济同世界经济互接互补，更好地利用国际分工，提高生产力水平。

其次，建立和完善社会主义市场经济体制，可引进国际竞争，加速我国企业和国民经济的技术改造，推进产业结构、经济结构的优化。

最后，建立和完善社会主义市场经济体制，可促使外贸企业在市场竞争中求生存、求发展，从而从整体上提高外贸企业的经济效益。

在世界经济日益融合、国际竞争不断加剧的今天，仅仅依靠价格优势在国际市场上立足，单纯通过数量扩张实现对外贸易的发展都已成为过去，我国必须采取积极的措施，进一步加大宏观调控的力度，加强对外贸管理的制度和法规建设，用政策、法规和经济调节机制来协调和管理对外贸易，在政策上向经济效益好、出口规模大、有发展潜力的行业、企业倾斜，在进出口信贷、出口退税等方面给予优惠待遇。建立完善的进出口审批、最低出口限额等制度，优先保证效益良好企业的进出口用额，统一制定进出口最低限价，杜绝恶性竞争、国家受损的不良现象，将一切经济行为切实转到以提高经济效益为中心的轨道上来，向质量、技术、规模和管理要效益，实现我国对外贸易增长方式由粗放型向效益型转变。

二、提高外贸企业经济效益的途径

提高外贸企业经济效益，除了必须为企业创造平等竞争的宏观环境外，更要从微观层面上进行变革，挖掘企业内在潜力。

(一)转换外贸企业经营机制

转换外贸企业的经营机制首先要推行股份制，使外贸企业真正成为自主经营、自负盈亏、自我发展、自我约束的独立生产者和经营者。按照现代企业制度关于"产权清晰，权责明确，政企分开，管理科学"的要求，加大外贸企业体制改革的力度，促进外贸企业管理水平的提高。

(二)大型外贸企业应走三化道路

大型外贸企业应走实业化、国际化和集团化的道路，实现综合经营、规模经营；加强横向、纵向联合，实行"一业为主，多种经营"的方针，扩大经营规模，实行规模经营。"一业为主，多种经营"的方针，可使外贸企业在更广泛的领域发展，使企业拥有的资源得到更有效的配置，也可增强风险抵御能力，从而提高外贸企业经济效益，实行规模经营，还可降低企业运营成本，改变投入产出关系，增加企业盈利。小型外贸企业要进一步放开搞活，可兼并、联合或租赁，有的可改组为股份合作制，有的可出售。

(三)加速生产企业技术进步

必须推行"以质取胜"战略，加大企业技术改造力度，用高新技术武装企业，增加产品技术含量，增加产品附加值。提高外贸产品附加值是提高外贸企业经济效益的必要选择，外贸企业要加强市场调研，适时推出新产品来提高附加值；改进工业设计，通过创新求变来增强国际市场竞争力和适应性，注重产品质量，以质量为依托来扩大外贸产品销量，增强批量出口创汇的能力，将外贸产品的附加值提高到一个新水平。

(四)建立科学的企业管理制度

按市场经济的要求，建立劳动人事制度、财务制度，特别是分配制度。全面实行劳动合同制，使企业和职工在平等自愿、协商一致的基础上，签订企业职工劳动合同，通过劳动合同以法律形式确立和规范双方的劳动关系，明确责、权、利，充分调动广大职工的积极性和创造性，促进企业建立自主用人、自主分配和自我约束的竞争机制。实行优化组合制，对于优化组合后的剩余人员，按待业、自愿停薪留职、自动调出、提前退休等形式安置。改革分配制度，在分配上，全部推行岗位职务工资和效益工资，拉开分配档次，真正做到多劳多得。

(五)培养人才，提高企业职工素质

市场经济条件下，企业家及职工素质是极为重要的因素。企业之间的竞争在很大程度上是人才的竞争，外贸企业要想在竞争中取胜，提高企业经济效益，必须有一支足够数量、高素质的职工队伍。要打破计划经济的上级任命制，建立竞争机制，选拔优秀人才，变终身制为任期制，加强外贸企业负责人的综合考核，实行与综合考核目标挂钩的浮动年薪制；加强政策、业务和科学技术知识的学习，经营者既懂政策，又精通业务，同时又有广博的科技知识。企业文化在企业管理中具有凝聚、激励效能，其核心是企业精神，是企业的无形动力。通过外贸企业文化的建立，建立适应现代企业发展的企业精神，有利于调动广大

外贸企业干部和职工的积极性、创造性，提高企业的凝聚力，推动企业的发展，进而提高外贸企业的经济效益。

【案例7-3】

一个个"慢且笨"的德国小公司，成就了德国经济的辉煌

德国企业曾在经济复苏中发挥了重要作用。当伦敦和华尔街沉迷于次级债和抵押债时，德国企业专注于制造业。不仅仅对诸如宝马和西门子这样拥有国际知名度的大公司而言如此，对成百上千不知名的中小型公司而言亦是如此。尽管德国产品的劳动力成本很高，但是因为发货期有保证、产品性能高以及良好的售后服务，客户还是源源不断。

汽车制造业是德国高附加值制造的典范。无论是奥迪、奔驰，还是宝马、保时捷，一台德国车的价格都要比普通车高出5到10倍。在英戈尔施塔特城以北的奥迪工厂外，一群幸福的德国人正等着去提刚刚下线的新车。那里有一条绵延一千米的生产线，每周6天、每天生产2500辆车。"2010年是我们有史以来最好的一年。别的企业想要超过我们或许很难。"酒店里的电视每天反复播放着奥迪总裁施耐德的话。

强势的货币政策是德国企业创造高附加值产品的一个重要原因。但在罗兰贝格监事委员会主席施万克看来，德国企业对于产品的精益求精也源于一种独特的商业文化。他援引德国学者冉珊鹤(Ulrike Reisach)做的一项研究说：美国代表的是一种寻求短期利润和个人财富的商人文化；而德国则代表了一种努力创造持久永恒产品的手工业文化。

在汉堡市区的西部坐落着奥拓集团总部。这家德国著名家族企业是世界邮购业泰斗，在全世界20个国家拥有123个企业，年营业额超114亿欧元。今年3月刚就任奥拓中国总裁的邹果庆正在这里熟悉新公司的商业理念和运作方式。

以客户为中心也是德国企业成功的原因之一。德国著名企业管理学者赫尔曼·西蒙说："以客户为中心比以竞争为中心更重要。和客户之间保持常年的合作关系是德国企业的长处，这甚至比强大的技术竞争力更有价值。"

很多成功的德国企业，它们不像中国人所追捧的Google、Facebook能在一夜间迅速积累财富，也不像微软、GE那样富可敌国。它们往往偏安一隅，默默地坚持着自己的目标，稳定而专注地在一个领域发展。它们可能是"小公司"，也可能是"慢公司"，甚至还可能看起来是"笨公司"，但稳定的业绩和成长表明它们绝不是"差公司"。

(资料来源：创业邦 https://www.cyzone.cn/article/140277.html)

本 章 小 结

对外贸易经济效益是指在一定时期内投入对外贸易领域的劳动(活劳动与物化劳动)和由此取得的成果之比。对外贸易经济效益表现在宏观(社会)经济效益和微观(企业)经济效益两个方面。利用"绝对差异"和"比较差异"，通过使用价值转换，形成对外贸易社会经济效益；对外贸易企业经济效益是国内外市场的价格差减去商品流通费用。

影响对外贸易社会经济效益的主要因素有一国劳动生产率、进出口商品结构、货币因素、市场机制等；影响对外贸易企业经济效益的因素主要有外贸企业的企业制度、外贸企

第七章 中国对外贸易经济效益

业的经营制度、外贸企业的管理制度等。

对外贸易社会经济效益的评价原则是：必须从价值角度进行评价，使用价值的评价可以归结为价值评价；要对贸易机会成本进行考查；必须借助于货币、价格形式；进行宏观的、全面的评价。外贸企业经济效益评价指标体系由3部分共15个指标构成。

提高外贸社会经济效益的途径：调整和优化产业结构及进出口商品结构；建立高效的宏观调控体系，协调外贸社会效益与外贸企业经济效益的关系；加速建立和完善社会主义市场经济体制。提高外贸企业经济效益则要通过转换外贸企业经营机制；大型外贸企业要走实业化、国际化和集团化道路；加速生产企业技术进步；建立科学的企业管理制度；培养人才，提高企业素质。

思 考 题

1. 对外贸易经济效益是通过何种形式表现出来的？
2. 对外贸易宏观经济效益是如何形成的？
3. 对外贸易微观经济效益是怎样形成的？
4. 影响外贸宏观经济效益的因素有哪些？
5. 影响外贸微观经济效益的因素有哪些？
6. 我国外贸宏观经济效益的评价原则是什么？
7. 联系实际说明通过什么途径提高外贸宏、微观经济效益。

案 例 分 析

美国企业未因贸易战回归本土

路透社北京时间2月20日报道，香港中文大学近日发表了一篇研究文章："不回归本土：美国贸易和全球经济政策不确定性对生产网路的影响"，文章指出，现届美国政府的施政方针是基于美国总统特朗普(Donald Trump)竞选时提出的口号"让美国再次伟大"(Make America Great Again)，他承诺把职位带回美国。无论是向5500亿美元的中国商品征收关税，还是减税措施，特朗普都信心满满，认为其经济政策可把投资和生产线带回美国本土。然而，研究却发现事情的发展并未如特朗普所愿。

"我们发现，美国贸易政策愈趋摇摆不定，驱使美国企业倾向在海外生产，不符合企业会将生产线迁移到更'安全'地区的假设。海外供应商数量增加，此消彼长，本土供应商的比率则相对减少。这种'不回归本土'的现象与特朗普所提出的'美国企业生产线回归本土'的方针背道而驰。"中大商学院决策科学与企业经济学系助理教授吴靖称。特朗普2018年首季开始对中国商品征收关税，发动了中美贸易战，而中美双方2020年1月签署首阶段协议，令这次贸易纠纷暂时休战。吴靖表示，因美国政策摇摆不定，美国企业倾向于把生产线迁往海外，一方面希望规避风险的企业可能会物色后备供应商和客户来尝试分散一些不确定性；另一方面，这种不确定性可能会抑制海外投资的动机，并促使企业将其生产网路搬到它们较熟悉的地区。

　　研究最重大的发现是,当美国企业面对与日俱增的经济和政策不确定性时,便已着手调整全球供应链的关系,而非等待不确定性真正出现时才会有所行动。近期的中美贸易战就是一个好例子。研究还发现,美国企业早在2015年6月特朗普参选时便已着手调整供应链,甚至早在2018年3月22日特朗普签署备忘录展开贸易战之前。

　　(资料来源:新浪网 https://finance.sina.com.cn/stock/usstock/c/2020-02-20/doc-iimxyqvz4437828.shtml)

问题:

1. 中、美两国都处于不同的经济发展阶段,不同的贸易结构对我国优化进出口结构、加快外贸增长有什么启示?

2. 通过案例,请分析如何提高外贸社会经济效益。

第八章 中国对外贸易管理

【学习要求】

通过本章的学习，要求学生明确对外贸易宏观管理的概念，认识中国进行对外贸易管理的必要性，了解中国各时期对外贸易管理的特点，重点掌握中国现行对外贸易管理的各种手段和措施。

【主要概念】

对外贸易管理　法制手段　《中华人民共和国对外贸易法》　对外贸易救济措施立法　中国对外贸易管理的经济调节手段　对外贸易税收　浮动汇率制度　进出口信贷　中国对外贸易管理的行政手段　进出口许可证管理　进出口商品检验管理　海关监管

【案例导读】

肯尼亚贸易纠纷为2020东共体峰会蒙上阴影

根据坦主流媒体《公民报》2月15日报道，肯尼亚贸易商宣布与坦桑尼亚和乌干达发生市场准入争端，给即将于本月举行的东共体峰会蒙上阴影，预计争端将被纳入峰会议程。

在递交给新任东共体首席秘书的请愿书中，肯尼亚制造业协会指控乌干达和坦桑尼亚以歧视性的税收封锁了他们的产品，希望坦桑尼亚和乌干达废除惩罚性税收。协会首席执行官表示，尽管协会赞赏在东共体内增加本地产品生产和消费的举措，但不同意制定歧视性的政策限制其他伙伴国，这违反了东共体关税同盟议定书。比如肯尼亚生产的卷烟在坦桑尼亚要被征收80%的税，而用坦桑尼亚本地原材料制作的产品不被征税。坦桑尼亚对肯尼亚加工的牛肉和奶制品征收新税，损害了肯尼亚产品的市场份额。

同样，肯尼亚与乌干达也有类似的争议。2017年，乌干达对肯尼亚的药品非法征收12%的检查费，而对乌干达本地生产的药物免征。乌干达对肯尼亚制造的果汁征收13%消费税，但不包括乌干达生产的果汁，这使得肯尼亚果汁在乌干达市场没有竞争力。乌干达应该对伙伴国的产品给予同等待遇。

(资料来源：快资讯 https://www.360kuai.com)

对外贸易管理是以国家法律、规章和方针政策为依据，从国家宏观经济利益以及对内、对外政策的需要出发，对进出口贸易进行的指导、控制和调节。中国对外贸易管理，是通过制定有关法规，运用经济杠杆和采取必要的行政手段进行的。随着国内外形势的发展、变化，中国对外贸易管理在不同的历史时期也是发展、变化的。在社会主义市场经济条件下，需要建立一整套既符合社会主义市场经济运行机制，又符合国际贸易规范的对外贸易管理体制。

中国对外贸易概论(第3版)

第一节 对外贸易管理的必要性

实行对外贸易管理是当代国际贸易中的普遍现象。世界各国为了维护本国的政治、经济利益，发展对外经贸关系，都采取了一系列措施来管理本国的对外贸易活动。我国的一切对外贸易活动都由国家统一领导、控制和调节，这不仅在新中国成立初期到改革开放之前很有必要，而且在改革开放后，特别是实行社会主义市场经济的条件下，中国仍需要加强对外贸易管理。其必要性主要表现在以下几个方面。

一、弥补市场调节机制的不足

中国经济体制改革的目标是建立社会主义市场经济体制，而建立完善的市场机制和进行必要的国家宏观管理，都是社会主义市场经济体制的重要组成部分，两者是相互结合、相辅相成。也就是说，既要注重充分发挥市场在资源配置中的基础性作用，又要看到市场存在的自发性、盲目性、滞后性等不足。因此，必须加强社会主义国家对市场活动的宏观指导和调控，以弥补市场调节的弱点和不足。我们所要建立的社会主义市场机制是把有效的市场机制和有效的宏观管理结合起来的新的经济机制。国家要成为市场经济的管理者、市场秩序的维护者，主要用经济手段、法律手段，辅之以必要的行政手段控制经济总量，协调经济布局，保证公平竞争。尤其我国经济体制改革还在继续进行，向市场经济过渡需要有一个转轨的过程。在这个过程中，新的经济体制正在建立和逐步完善中，各方面措施也不配套。这就会出现经济体制过渡时期不能有效调节的真空地带。在体制转轨中，迫切需要一系列相应的体制改革和政策调整，必然涉及经济基础和上层建筑的许多领域，要从总体上协调好各方面的利益关系。因此，必须十分重视和加强国家的宏观管理和调控。

二、保证对外贸易体制改革的顺利进行

当前，随着中国对外开放的扩大和外贸体制改革的深化，中国对外经济贸易得到迅速发展，规模扩大，渠道增多，方式多样，层次不同，越来越多的企业参与到外贸活动中来。这一方面有助于中国外向型经济的发展；另一方面，由于中国各项改革措施不配套，规章制度还不健全，对外贸易的宏观管理还比较薄弱，这就要求加强对外贸易的宏观调控和管理，协调各方面的利益，保证对外贸易的健康发展。

三、保证国家对外贸易方针和政策的贯彻执行

对外贸易管理是保证中国对外贸易方针和政策顺利实行的重要手段。它通过各项具体的管理规定和所采取的管理措施，保证国家发展对外贸易的任务、目的和方向的实现，并通过对进出口贸易有关活动的管理和对经营单位、经营商品的控制，在引导对外贸易企业进行有效经营、促进进出口商品结构的合理调整、保证外汇收支平衡，以及有组织地发展和扩大同世界其他国家和地区的经济贸易关系、协调与保证双边和多边贸易协议义务的履行等方面，具体贯彻国家的对外贸易政策。

四、保证对外贸易健康有序发展

对外贸易涉及国内和国际两个市场，无论是出口还是进口，都有一个考虑国内和国际市场供求情况的问题。如果某种商品在国际市场上已经饱和，大量出口不仅会把价钱压下来，而且会造成积压，带来经济损失。某些商品的进口，如果冲击了国内生产和市场的安排，就会影响到国内经济的发展。因此，从宏观上把握和调节进出口商品的总体数量和市场流向，保证对外贸易健康有序发展，国家必须加强对外贸易管理。

五、保证对外贸易获得最佳经济效益

加强对外贸易管理，国家可以从宏观上把握和控制进出口商品的总体数量和市场流向，合理调节和控制进出口贸易的速度及规模，保证对外贸易战略的贯彻实施、出口产业结构和进出口商品结构的调整及优化，保证我国国别地区政策的执行，保证各地区引进技术、利用外资的协调发展。加强对外贸易的管理，有利于引导外贸企业进行有效经营，保证进出口贸易平衡、外汇收支平衡，确保对外贸易获得最佳经济效益，促进社会主义市场经济的发展。

六、保证在激烈竞争的国际市场上处于有利地位

对外贸易涉及国内外两个不同市场的特点，决定了政府在激烈的国际竞争中必须加强宏观管理。中国建立社会主义市场经济，必须依靠国内外两个市场、两种资源，来促进国民经济的发展，实现社会主义现代化的目标。在世界经济舞台上，中国面临风云变幻的国际政治经济形势、世界经济区域集团化趋势的发展、贸易保护主义的日趋加剧以及排他性倾向加强和激烈的国际竞争。为了维护国家的政治独立和经济利益，有效地对付国际垄断势力以及冲破贸易保护主义和区域集团排他性的限制，争取对等和公平的竞争条件，保证对外贸易的迅速发展，必须加强对对外贸易的宏观管理和调控。

第二节　对外贸易的立法管理

一、对外贸易管理的法制手段概述

法制手段是指在对外贸易中借助法律规范的作用对进出口活动施加影响的一种强制性手段。它的调节作用主要体现在：一是通过经济立法使经济活动有法可依，保证经济活动的规范化；二是通过经济司法保护合法行为，惩治违法行为，维护良好的社会经济秩序，促进社会主义市场经济健康发展。它具有权威性、统一性、严肃性和规范性的特点。在社会主义市场经济条件下，应该逐步做到主要通过规范的经济法律法规而不是随意的行政干预对经济进行宏观调控，这样既可以达到规范市场运行和市场主体行为的目的，又可以避免或尽量减少因政府的任意干预而造成市场效率损失。中国外贸体制改革的目标是建立既适应社会主义市场经济要求，又符合国际贸易规范的新型外贸经营管理体制。这就要求中

国必须建立完善的外贸法律调控机制,使法律手段作为中国进行外贸管理的基础手段。

(一)中国外贸法制手段的建立和发展

中国对外贸易法律建设大致经历了以下四个时期。

1. 1949—1977 年

1950—1956 年我国先后颁布了《对外贸易管理暂行条例》等 30 多项法律法规,涉及进出口、海关、商检、外汇、仲裁等多个方面,初步形成了新中国的对外贸易法律体系。1957—1977 年,由于国家外贸计划和行政命令对控制外贸活动起着主导作用,并行使了带有法律性质的职能,再加上"文革"十年动乱对外贸管理制度的冲击和破坏,使我国外贸立法受到严重影响,法律手段在外贸管理中的作用被大大削弱。

2. 1978—1991 年

1978—1991 年,我国颁布的主要外贸法律法规有《中华人民共和国涉外经济合同法》《中华人民共和国海关法》《中华人民共和国进出口商品检验法》《中华人民共和国技术引进合同管理条例》《中华人民共和国进口货物许可制度暂行条例》《出口货物原产地规则》和《一般商品进口配额管理暂行办法》等。这一时期围绕恢复和新建的对外贸易行政管理手段颁布了一系列相应的法规;规范市场主体和市场行为的新法规数量明显增加;除了进一步完善货物贸易立法外,还相继颁布了技术贸易、服务贸易等多项法规。但这些法规、规章过于分散,缺乏系统性和透明度,在很多方面仍带有计划经济体制以行政手段管理为主的色彩。

3. 1992—2000 年

1992—2000 年,国家先后制定和颁布的外经贸法律、法规共 700 多项,包括《中华人民共和国对外贸易法》《中华人民共和国合同法》《中华人民共和国公司法》《中华人民共和国票据法》《中华人民共和国仲裁法》《中华人民共和国海商法》《进口商品经营管理暂行办法》《出口商品管理暂行办法》《反倾销和反补贴条例》《技术引进和设备管理规定》《外资金融机构管理条例》等。这一时期初步建立了符合社会主义市场经济要求的立法体系,法律法规体系和程序规范更加符合市场经济的一般规律,更加注重与国际经济条约、规则和惯例相衔接。另外,在立法数量、范围、内容、等级和水平方面,都是过去所不能比拟的。随着外贸立法的不断完善,外贸宏观调控正从以行政直接控制为主转向以运用经济和法律手段调节为主的轨道。

4. 2001 年入世后至今

中国在《中华人民共和国加入议定书》中承诺:"将通过修改现行法规和制定新法的方式,全面履行世贸组织协定的义务。"因此,入世前后,中国针对外贸法制建设制订了详细的废、改、立计划,并确定了各项计划完成的具体时间表。

1) 外经贸法律法规清理工作基本完成

中国根据世贸组织的要求,在法制统一、非歧视和公开透明的原则下,对与世贸组织规则和中国对外承诺不一致的法律、行政法规、部门规章和其他政策措施进行了全面清理:

行政法规2300多件，其中废止了830件，修订了325件。外经贸部门废止部门规章356件，内部文件178件，涉及货物贸易、技术贸易、服务贸易、知识产权及投资等诸多方面；废止或停止生效19万多件地方性法规、地方政府规章和其他政策措施，实现了地方性规章与国家法律法规相一致，确保了在全国实行统一的外经贸法律制度。

2）抓紧进行外经贸法律法规的修改和新定

中国各级立法机构在对有关外经贸法律法规进行全面清理的基础上，抓紧进行法律、行政法规和规章的修改和制定工作，涉及货物贸易、技术贸易、服务贸易、知识产权保护、海关、外汇、进出口商品检验等众多方面。

3）进一步提高外经贸立法的透明度

凡涉及货物贸易、服务贸易、与贸易有关的知识产权保护以及与贸易有关的投资措施的法律、法规、规章，中国均在指定的官方刊物上公布，任何世界贸易组织成员、企业及个人都能从该刊物上了解中国法律法规的最新进展。同时，中国还设立了"中国政府世贸组织通报咨询局"和世贸组织"实施卫生与植物卫生措施协定"与"技术性贸易协定"两个国家咨询点，向世界贸易组织及其成员通报中国相关法律、法规和具体措施。2002年1月，中国政府世界贸易组织咨询点正式向各界提供咨询服务，内容涵盖中国所有有关或影响货物贸易、服务贸易和与贸易有关的知识产权或外汇管制的法律、法规和其他措施的信息。

(二)中国对外经济贸易法律体系及立法渊源

1. 中国对外经济贸易法律体系

对外经济贸易法的法律规范体现在一国涉外经济贸易的国内立法及其正式参加或缔结的双边、多边国际经济贸易公约、条约、协定。中国的涉外经济贸易法律体系主要由以下几部分组成。

(1) 《中华人民共和国宪法》《中华人民共和国民法通则》中有关经济贸易的原则规定。

(2) 对外经济贸易的基本法，如《中华人民共和国涉外经济合同法》《中华人民共和国对外贸易法》《中华人民共和国海关法》《中华人民共和国进出口商品检验法》等。

(3) 有关对外经济贸易的各种专门性法律、法规，如《中华人民共和国对外合作开采海洋石油资源条例》《出口商品管理暂行办法》等。

(4) 既是国内经济法，又是对外经济贸易法的法律、法规，如《中华人民共和国产品质量法》等。

(5) 地方对外经济贸易法规，其中有综合性的，如《深圳经济特区涉外经济合同规定》，也有单项的，如《上海浦东外高桥保税区外汇管理实施细则》等。

(6) 中国参加缔结的国际经济贸易条约、公约、双边或多边协定。这些条约与协定主要有以下几类：商务条约或通商航海条约；贸易协定、支付协定和贸易支付协定；交货共同条件、协议书；贷款协定、经济援助协定、经济技术合作协定或有关的协定或换文；关于专门问题的协定、协议书或换文；中国参加的国际经济贸易公约，如《联合国国际货物销售合同公约》《保护工业产权巴黎公约》《国际运输公约》和《国际商事仲裁和司法协助公约》等。

2. 中国对外经济贸易法的渊源

中国涉外经济贸易法的渊源有两个：一个是国内渊源，主要是指国内立法；另一个是国际渊源，主要是指国际条约和国际惯例。中国对外贸易立法主要是全国人民代表大会及其常务委员会制定和颁布的法律，以及国务院及其职能部门依法制定的各项法规，其中尤以行政法规占主要地位。国际渊源主要包括国际立法、国际组织决议、各国缔结的双边或多边条约、国际惯例。中国缔结和参加的有关国际贸易的条约、协议，中国承认和接受的国际贸易惯例，这些也是中国对外贸易法规的表现形式。

二、《中华人民共和国对外贸易法》概述

《中华人民共和国对外贸易法》(以下简称《外贸法》)于1994年5月12日八届人大常委会七次会议审议通过，并于1994年7月1日正式实施。2004年4月6日第十届全国人民代表大会常务委员会第八次会议第一次修正，2016年11月7日第十二届全国人民代表大会常务委员会第二十四次会议第二次修正。《外贸法》所确立的中国对外贸易基本制度和原则，为今后有关对外贸易条例、规章的制定和完善，为对外贸易的经营与管理提供了必要的法律依据，标志着中国对外贸易已开始全面纳入法制管理的轨道。

(一)《外贸法》的立法宗旨

制定《外贸法》的目的是"为了扩大对外开放，发展对外贸易，维护对外贸易秩序，保护对外贸易经营，促进社会主义市场经济的健康发展"。

(二)《外贸法》的基本框架和主要内容

新《外贸法》由11章70条组成，包括总则、对外贸易经营者、货物进出口与技术进出口、国际服务贸易、与对外贸易有关的知识产权保护、对外贸易秩序、对外贸易调查、对外贸易救济、对外贸易促进、法律责任和附则。《外贸法》主要规定了中国对外贸易的基本方针、基本政策、基本制度和基本贸易行为，具体见表8-1。

表8-1 《外贸法》的主要内容

序号	标题	主要内容
第一章(7条)	总则	立法宗旨 对外贸易制度的基本特征 对外贸易的基本原则 调整的法律关系的范围
第二章(6条)	对外贸易经营者	对外贸易经营者的主体资格 对外贸易经营者的权利与义务
第三章(10条)	货物进出口与技术进出口	货物与技术进出口原则 货物与技术进出口管理制度与方式 限制或禁止进出口货物与技术的范围

续表

序　号	标　题	主要内容
第四章(5条)	国际服务贸易	发展国际服务贸易的原则 限制或禁止国际服务贸易的范围 国际服务贸易的管理制度与措施
第五章(3条)	与对外贸易有关的知识产权保护	对实施贸易措施，防止侵犯知识产权的货物进出口和知识产权权利人滥用权利，促进我国知识产权在国外的保护做了规定
第六章(5条)	对外贸易秩序	对外贸易主体在经营活动中的行为规范
第七章(3条)	对外贸易调查	对外贸易调查的范围 对外贸易调查的程序
第八章(11条)	对外贸易救济	对反倾销、反补贴、保障措施等贸易救济制度做了较系统的规定
第九章(9条)	对外贸易促进	对外贸易促进措施 对外贸易促进组织及其行为规范 扶持和促进中小企业开展对外贸易 扶持和促进民族自治地方和经济不发达地区发展对外贸易
第十章(7条)	法律责任	规定通过刑事处罚、行政处罚和从业禁止等多种手段，对对外贸易违法行为以及对外贸易中侵犯知识产权行为进行处罚
第十一章(4条)	附则	明确特殊商品进出口管理按另行规定 边境贸易灵活优惠的特殊原则 对单独关税区的非适用性 该法的生效日期

(三)《外贸法》的基本原则

《外贸法》的基本原则是对外贸易法确定的法律规范和法律制度的基础，贯穿于对外贸易立法、执法、守法过程中。

1. 实行全国统一的对外贸易制度的原则

统一的对外贸易制度，是指由中央政府统一制定、在全国范围内统一实施的制度。中国实施统一的对外贸易制度，不仅对于维护国家在对外贸易方面的整体利益和处理国与国之间的外贸关系具有十分重要的意义，而且可以保证我国履行国际条约、协定的义务，为对外贸易发展创造一个良好的外部环境。

2. 维护公平的、自由的对外贸易秩序的原则

国家维护公平的、自由的对外贸易秩序，是指国家在法律上为外贸企业提供平等、自由的竞争环境，维护企业独立自主的经营地位，保障公平的进出口秩序，使外贸企业享受法律上的平等待遇，并要求外贸企业依法经营。统一管理下的公平与自由，是建立在法律规定所允许的范围之内的公平与自由。为此，《外贸法》第六章和第八章就维护对外贸易秩序做了专门规定。从对内方面来看，主要对对外贸易经营者规定了若干重要的行为准则；从对外方面来看，主要针对外国的倾销、补贴等不正当竞争行为做出相应的规定。

3. 货物与技术贸易自由进出口原则

货物与技术贸易是中国对外贸易的重要组成部分。中国对于货物、技术的进出口，实行在一定必要限度管理下的自由进出口制度，具体是指国家在保证进出口贸易不对国家安全和各项社会公共利益产生损害前提下的自由；而当国家法律所规定的某些不良倾向出现时，则对进出口贸易实施必要的限制或禁止。依据国际贸易通行规则，在确立货物与技术自由进出口原则的同时，还借鉴国际上的通行做法，采取关贸总协定所允许的外贸管理措施，即采用配额、许可证进行管理，明确公布国家限制和禁止进出口的法定范围和程序。

4. 发展国际服务贸易的原则

国际服务贸易是国际贸易不可分割的部分。改革开放以后，中国服务贸易虽然取得了长足进展，但同发达国家相比差距还很大。如果盲目开放服务贸易领域将会给社会、就业等带来严重影响。因此，《服务贸易总协定》实施的是允许逐步开放服务业市场的原则，即将缔约国承担的义务分为一般性义务和具体承诺的义务。《外贸法》确定了中国根据缔结或参加的国际条约、协定所做的承诺发展国际服务贸易的原则：一方面给予其他缔约方或参加方市场准入和国民待遇，另一方面还列举了国家限制和禁止国际服务贸易的范围。

5. 平等互利、互惠对等的多边、双边贸易关系原则

中国根据平等互利的原则，促进和发展同其他国家和地区的贸易关系，缔结或者参加关税同盟协定、自由贸易区协定等区域经济贸易协定，参加区域经济组织。中国在对外贸易方面根据所缔结或参加的国际条约、协定，给予其他缔约方、参加方最惠国待遇、国民待遇等待遇，或者根据互惠、对等原则给予对方最惠国待遇、国民待遇等待遇。

6. 对外贸易促进原则

《外贸法》第九章就对外贸易促进措施的内容、实施主体及其行为规范等做了规定。

(1) 对外贸易促进措施。

第一，国家制定对外贸易发展战略，建立和完善对外贸易促进机制。

第二，国家根据对外贸易发展的需要，建立和完善为对外贸易服务的金融机构，设立对外贸易发展基金、风险基金。

第三，国家通过进出口信贷、出口信用保险、出口退税及其他促进对外贸易的方式，发展对外贸易。

第四，国家建立对外贸易公共信息服务体系，向对外贸易经营者和其他社会公众提供信息服务。

第五，国家采取措施鼓励对外贸易经营者开拓国际市场，采取对外投资、对外工程承包和对外劳务合作等多种形式，发展对外贸易。

(2) 贸易促进主体及其行为规范。

第一，对外贸易经营者可以依法成立和参加有关协会、商会。有关协会、商会应当遵

第八章　中国对外贸易管理

守法律、行政法规，按照章程对其成员提供与对外贸易有关的生产、营销、信息、培训等方面的服务，开展对外贸易促进活动。

第二，中国国际贸易促进组织按照章程开展对外联系，举办展览，提供信息、咨询服务和其他对外贸易促进活动。

(3) 国家扶持和促进中小企业开展对外贸易。

(4) 国家扶持和促进民族自治地方和经济不发达地区发展对外贸易。

三、对外贸易其他各项立法

除《外贸法》这一基本大法外，中国在对外货物贸易、技术贸易、服务贸易管理的各种手段、各个环节、各个方面都制定和颁布了具体的法规和条例。

(一)对外贸易经营管理立法

《外贸法》明确规定，中国对外贸易实行经营许可制度，即从事货物与技术进出口的对外贸易经营者必须具备有关条件，经国务院对外经济贸易主管部门许可，方可从事对外经济贸易活动。改革开放后，随着对外贸易经营权的不断下放，中国先后颁布了一系列有关对外贸易经营许可的法律、法规。如《国务院关于审批设立外贸公司有关问题的批文》《关于设立外贸公司的条件和审批程序的暂行办法》《关于赋予科研院所科技产品进出口经营权暂行办法》《关于赋予商业、物资企业进出口经营权有关问题的通知》《经济特区生产企业自营进出口权自动登记暂行办法》《关于赋予私营生产企业和科研院所自营进出口权的暂行规定》《中华人民共和国外资企业法》《中华人民共和国中外合资经营企业法》和《中华人民共和国中外合作经营企业法》等。这些法律、法规对赋予不同类型企业进出口经营权的原则、条件、申报审批程序、权利与义务以及奖惩都做了明确规定。此外，1988年外经贸部还制定了在国外设立贸易机构的审批管理办法，使中国企业面向世界开拓经营有章可循，促进了外贸企业向国际化方向发展。"入世"后，我国对上述各项法规已经或正在进行修订。

【案例8-1】

四川自贸试验区签发首张中欧班列多式联运提单

中新网成都4月8日晚从四川自贸试验区青白江铁路港片区获悉，该片区近日签发了国内首张中欧班列多式联运提单，标志着中欧班列蓉欧快铁在解决铁路运输凭证物权问题上迈出了创新的第一步。

本张提单由成都国际陆港运营有限公司与中国银行锦江支行合作，荷兰OOSTMANNGROEPB.V公司作为发货人，成都蓉欧德源供应链管理有限公司作为收货人。2017年4月6日，荷兰OOSTMANNGROEPB.V公司发往成都的两台轿车搭乘蓉欧快铁从蒂尔堡出发，与成都收货方首次采用了多式联运提单作物权质押，信用证结算方式。也就是说，从货物离站时起，发货方荷兰OOSTMANNGROEPB.V公司即可凭信用证到中国银行法兰克福支行申请议付，将收款周期提前了20天左右，改变了过去通过铁路班列运输，需要在收货方确认收货后才能收到货款的历史。

成都国际陆港运营有限公司作为国家首批多式联运示范工程，在探索多式联运一单制方面迈出了突破性的一步，这是国内首单针对中欧班列的多式联运提单，客户以此作为银行信用证结汇的凭证，提供了铁路运输单证的物权质押解决方案，缩短了国际贸易的资金周转周期。

国际铁路的运输规则和目前世界通用的国际贸易惯例相悖之处甚多，给实际依托中欧班列开展的国际贸易业务带来一些不畅，因铁路运单无法作为物权凭证进行抵押融资，运输责任风险难以把控等问题，导致银行无法为中欧班列货物贸易开具信用证，一定程度上限制了蓉欧快铁运输通道向贸易通道的转变。

这也是国内中欧国际班列推行多式联运一单制的首次尝试，将创新国际铁路联运外贸提单系统、信用证体系，以及国际铁路联运外贸保税运输机制等贸易规则，大幅降低与中欧班列蓉欧快铁沿线国家的外贸综合运输成本，并引领国际铁路联运的外贸新规则，形成青白江铁路港片区"成都提单"改革经验。

(资料来源：新华网 http://www.xinhuanet.com/2017-04/08/c_1120773786.htm)

(二)货物进出口管理立法

《货物进出口管理条例》及其配套规章构成了中国货物进出口管理的主要法律依据。《货物进出口管理条例》(以下简称《条例》)于2001年12月31日由国务院制定发布，是《外贸法》关于货物进出口规定的实施细则，共8章77条，涉及的主要内容有：国家对货物进出口实行统一的管理制度。国家准许货物的自由进出口，依法维护公平有序的货物进出口贸易。属于禁止进口的货物不得进口；国家规定有数量限制的限制进口货物，实行配额管理，其他限制进口货物实行许可证管理，进口属于自由进口的货物不受限制；属于关税配额内进口的货物，按照配额内税率缴纳关税，属于关税配额外进口的货物，按照配额外税率缴纳关税。国家对部分进出口货物实行国有贸易，实行国有贸易管理的货物，国家允许非国有贸易企业从事部分数量的进出口；国务院外经贸主管部门基于维护进出口经营秩序的需要，可以在一定期限内对部分货物实行指定经营管理。《条例》规定，国家采取出口保险、出口信贷、出口退税、设立外贸发展基金等措施，促进对外贸易发展。与此同时，为了配合《条例》的实施，国务院有关部委相继颁布了新的配套部门规章，如《出口许可证管理规定》《货物进口许可证管理办法》《货物自动进口许可管理办法》《出口商品配额管理办法》《原油、成品油、化肥国有贸易进口经营管理试行办法》《货物进口指定经营管理办法》等。

(三)进出口商品检验管理立法

进出口商品检验制度是实行对外贸易管理的主要手段之一，为规范进出口商品检验管理，中国颁布了《货物进出口管理条例》及其配套规章。《进出口商品检验法》(以下简称《商检法》)于1989年颁布，2002年进行了修订，是规范进出口商品检验活动的基本法。现行《商检法》共有6章41条，包括总则、进口商品的检验、出口商品的检验、监督管理、法律责任和附则。《商检法》对进出口商品检验体制、商检主体及其行为规范、商检原则、商检分类、商检内容、商检依据、商检监管制度、进口商品检验和出口商品检验管理、商检工作人员的法律责任、违法行为及其处罚等，都做出了明确的规定。《商检法》的配套法规

第八章 中国对外贸易管理

主要包括《进出口商品检验法实施条例》《进出境动植物检疫法》《进出境动植物检疫法实施条例》《边境贸易进出口商品检验管理办法》《进出境集装箱检验检疫管理办法》《出入境检验检疫报验规定》《进口汽车检验管理办法》《出口煤炭检验管理办法》《进出口商品复验办法》《出入境检验检疫标志管理办法》《强制性产品认证管理规定》,等等。此外,中国颁布的其他部门的法律法规也涉及了进出口商品检验管理的有关内容。

(四)海关管理立法

海关管理是货物进出口管理的重要环节。为了加强海关监管,建立、健全海关稽查制度,中国已建立了较为完整的海关法律体系。1987年颁布并于2000年修订的《中华人民共和国海关法》(以下简称《海关法》)是海关一切职能行为的基本规范,共9章102条,涉及的主要内容有:海关的性质、任务、基本权力、监管对象,海关组织领导体制、职责权限、海关及其工作人员的行为规范,海关对进出境运输工具、货物、物品的监管,海关对关税征收监管,海关统计,海关缉私,海关事务担保,海关行政复议、行政诉讼程序等。除了《海关法》外,我国还根据海关监管、征税、查私、统计等基本职能颁布了相应的配套法规。如《进出口关税条例》《知识产权海关保护条例》《海关对中国籍旅客进出境行李物品的管理规定》《海关稽查条例》《保税区海关监管办法》《海关对报关员的管理规定》《海关对企业实施分类管理办法》《货物进出口管理条例》《海关审定加工贸易进口货物完税价格办法》《海关加工贸易单耗管理办法》《海关审定进出口货物完税价格办法》《海关对报关单位注册登记管理规定》等。同时中国的《刑法》《刑事诉讼法》《行政复议法》《行政处罚法》《行政诉讼法》等,对《海关法》的执行均发生影响。此外,我国政府缔结或参加的国际海关组织及相关条约、协议也是中国海关立法体系的组成部分。如《关于建立海关合作理事会的公约》《关于协调商品名称及编码制度国际公约》(简称《HS 公约》)、《关于货物凭ATA 报关单证册暂准进口海关公约》《关于简化和协调海关业务制度国际公约》(简称《京都公约》)、《海关暂准进口公约》《关于在展览会、交易会、会议等事项中便利展出和需用货物进口海关公约》等。

(五)外汇管理立法

外汇管理是货物进出口管理的主要组成部分,由于中国至今尚未颁布外汇管理法,外汇管理的主要法律依据是《外汇管理条例》。2008年8月5日,国务院正式对外签发新《外汇管理条例》(以下简称《条例》)。该条例对1986年1月29日发布和1997年1月14日修订的原《外汇管理条例》进行了全面修订。

现行《条例》共有8章54条,包括总则、经常项目外汇管理、资本项目外汇管理、金融机构外汇业务管理、人民币汇率和外汇市场管理、监督管理、法律责任和附则。《条例》作为外汇管理的基本行政法规,主要规定了中国外汇管理的基本原则与制度,涉及的主要内容有:《条例》的立法目的、外汇管理机关、外汇管理原则、经常项目外汇收支管理规定、资本项目外汇管理规定、金融机构外汇业务管理规定、人民币汇率和外汇市场管理规定、监督管理、法律责任等。《条例》是目前中国外汇管理最高层次的行政法规,不可能包罗一切外汇收支活动细则,因此,中国还颁布了一系列规范外汇管理某些业务的其他法规、规章和规范性文件。其中涉及贸易外汇管理的主要有:《出口收汇核销管理办法》《出口收汇核销管理办法实施细则》《关于调整出口收汇核销和外汇账户管理政策的通知》《出口收汇核销管理操作规程》《贸易进口付汇核销监管暂行办法》《关于完善售付汇管理的通知》《贸易进口付汇核销管理操作规程》《外汇指定银行办理结汇、售汇业务管理暂行办法》《进出口收付汇逾期未核销行为处理暂行办法》《境内机构经常项目外汇账户管理操作规程》《关于进一步加强加工贸易深加工结转售付汇及核销管理有关问题的通知》和《关于调整经常项目外汇管理政策的通知》等。

(六)技术进出口管理立法

中国技术贸易管理立法由技术进出口管理的法律、法规和规章，保护知识产权的法律、法规和规章构成。改革开放以来，在技术进出口管理方面我国公布过三个行政法规：《技术引进合同管理条例》《技术引进合同管理条例施行细则》和《技术出口管理暂行办法》。"入世"后，根据《外贸法》和《与贸易有关的知识产权协议》的有关规定，国务院于 2001 年 12 月 10 日颁布了统一的技术进出口管理法规《技术进出口管理条例》(以下简称《条例》)。《条例》共有 5 章 55 条，包括总则、技术进口管理、技术出口管理、法律责任及附则，主要内容有：国家对技术进出口实行统一的管理制度；技术进出口具体形式包括专利权转让、专利申请权转让、专利实施许可、技术秘密转让、技术服务和其他方式的技术转移等；技术进出口管理分为禁止进出口技术、限制进出口技术和自由进出口技术三类，并实行目录管理，技术进出口合同自技术进出口许可证颁发之日起生效或自依法成立时生效，不以登记为合同生效的依据。为更好地贯彻落实该条例，还相应颁布了《禁止进口、限制进口技术管理办法》《禁止出口、限制出口技术管理办法》和《技术进出口合同登记管理办法》三个部门规章，随后又公布了《禁止进口限制进口技术目录》和《禁止出口限制出口技术目录》。同年，为加强管理、鼓励软件出口，还颁布了《软件出口管理和统计办法》。

知识产权保护方面的法律法规也是我国技术贸易管理的重要组成部分，现有的知识产权保护法律体系主要由法律、行政法规和部门规章三个部分组成。其中，主要法律包括《商标法》《专利法》和《著作权法》，2000 年和 2001 年，根据"入世"的要求相继对这三部法律进行了修改；专门行政法规包括《商标法实施条例》(2002 年)、《专利法实施细则》(2001 年施行，2002 年和 2010 年修订)、《著作权法实施条例》(2002 年施行，2011 年和 2013 年修订)、《知识产权海关保护条例》(2003 年施行，2010 年修订)、《计算机软件保护条例》(2002 年)、《集成电路布图设计保护条例》(2001 年)、《植物新品种保护条例》(1997 年，2013 年修订)等；专门部门规章包括《驰名商标认定和保护规定》(2003 年)、《集体商标、证明商标注册和管理办法》(2003 年)、《专利实施强制许可办法》(2003 年施行，2012 年修订)等。在不断完善国内法律体系建设的同时，我国相继参加了一些主要的知识产权保护国际公约、条约和协定，如《世界知识产权组织》《保护工业产权巴黎公约》《商标国际注册马德里协定》《关于集成电路知识产权条约》《保护文学作品伯尔尼公约》《世界版权公约》《专利合作条约》《与贸易有关的包括冒牌货贸易的知识产权协议》等。此外，还与美国签署了《关于保护知识产权的谅解备忘录》，与欧盟、瑞士、日本等国签订了《保护知识产权备忘录》等。

(七)服务贸易管理立法

改革开放后,中国加快了对外服务贸易立法,在积极参加国际服务贸易谈判的同时,相继颁布了多项服务贸易的法律规范,建立了服务贸易法律体系的基本框架,但离一个完整的服务贸易法律体系尚有一定差距。目前,中国服务贸易立法体系是以《外贸法》为基本支柱,以服务行业性法律为主体,以行业性行政法规、规章为补充,依托《反不正当竞争法》等跨行业的有关法律法规,共同构筑而成。《外贸法》规定了中国发展国际服务贸易的基本原则,即国家促进国际服务贸易的逐步发展;在国际服务贸易方面根据所缔结或者参加的国际条约、协定中的承诺,给予其他缔约方、参加方市场准入和国民待遇。同时规定了国家限制和禁止国际服务贸易的几种情况,并对国际服务贸易的管理部分做了原则性规定。主要服务业立法则包括金融业、电信业、旅游业、商业、运输业、法律服务、会计服务、广告服务、建筑设计、工程、城市规划服务、音像视听服务、教育和职业服务、医疗服务、出版印刷业的基本法律、法规和规章。如金融业方面的《中国人民银行法》《商业银行法》《保险法》《担保法》;电信业方面的《关于维护互联网安全的决定》《电信条例》《计算机信息网络国际联网管理暂行规定》;旅游业方面的《旅行社管理条例》及其实施细则《旅游安全管理暂行办法》及其实施细则《旅行社质量保证金赔偿试行标准》;商业方面的《外商投资商业企业试点办法》《关于设立中外合资对外贸易公司暂行办法》《外商投资图书、报纸、期刊分销企业管理办法》;运输业方面的《国际海运条例》及其实施细则《外商独资船公司审批管理暂行办法》《外商投资道路运输业管理规定》等。

(八)涉外经济贸易仲裁与诉讼立法

随着中国外贸体制改革的深化和对外开放的扩大,国家对在涉外民商法领域的立法越来越重视。1985年3月21日第六届全国人民代表大会常务委员第十次会议通过的《中华人民共和国涉外经济合同法》(以下简称《涉外经济合同法》)是中国涉外经济贸易合同方面的正式立法。该法对合同的订立、转让、变更、终止、违约及违约责任、减少损失、不可抗力、合同的适用法律及争议的解决办法等都做出了规定。尽管《涉外经济合同法》条文所做的规定都属于原则性的,但吸收了许多在国际贸易中通常被认可的准则,体现了我国改革开放的立法原则。1986年4月12日第六届全国人民代表大会常务委员会第四次会议通过了《中华人民共和国民法通则》(以下简称《民法通则》)。《民法通则》中的许多规定都与对外经济贸易活动有密切关系,是中国对外贸易法制建设的重要组成部分。但随着中国对外贸易的规范和业务范围的不断扩大,贸易纠纷也越来越多。有些贸易纠纷不是单纯通过仲裁所能解决的,也有些当事人不愿通过仲裁来解决,这就要求国家加强涉外诉讼法律制度的建设。1991年4月9日第七届全国人民代表大会第四次会议通过了《中华人民共和国民事诉讼法》(以下简称《民事诉讼法》),2007年和2012年又进行了两次修正。《民事诉讼法》健全了我国的涉外仲裁法律制度。2005年1月11日中国国际贸易促进委员会、中国国际商会通过了《中国国际经济贸易仲裁委员会仲裁规则》,2012年进行了修订,明确了中国国际经济贸易仲裁委员会以仲裁的方式,独立、公正地解决产生于国际或涉外的契约性或非契约性的经济贸易等争议,以保护当事人的正当权益,促进国内外经济贸易的发展。

四、中国对外贸易救济措施立法

贸易救济制度是世界贸易组织认定的政府合理干预对外贸易的政策措施。在贸易救济措施日益被滥用的背景下，为了保护本国产业和市场秩序，更好地维护国内企业的利益，中国以《中华人民共和国宪法》《世贸组织协议》《外贸法》为基础，借鉴市场经济国家的做法，就反倾销、反补贴、保障措施等贸易救济制度颁布了一系列法规。

(一)反倾销立法

《反倾销条例》(以下简称《条例》)于2001年11月26日颁布，其后随国家外贸主管部门的变更，2004年3月国务院发布了最新的《反倾销条例》，该条例于2004年的6月1日起开始施行。最新修订的条例更加突出了对公共利益的考虑。从内容上讲，《条例》共6章59条，包括总则、倾销与损害、反倾销调查、反倾销措施、反倾销税和价格承诺的期限与复审、附则。《条例》涉及的主要内容有：该条例的立法目的和适用范围；倾销的定义，倾销的确定方法，倾销的幅度；倾销损害的界定，损害评估标准；负责调查倾销与损害的机关，反倾销调查申请和立案程序，倾销和损害裁定程序；临时性反倾销措施，停止以倾销价格出口的价格承诺，反倾销税的征收；反倾销税和价格承诺的期限与复审程序；不服裁决者可申请和提起行政复议和行政诉讼的有关规定；反规避措施和反歧视措施等。

为使《条例》进一步明确和细化，增强可操作性，在反倾销工作中得到更好的贯彻执行，国务院有关部委还相应颁布了为实施反倾销措施而制定的规章与规范性文件，共同形成了中国反倾销法律体系，主要有：《反倾销退税暂行规则》(2002年)、《反倾销新出口商复审暂行规则》(2002年)、《反倾销价格承诺暂行规则》(2002年)、《反倾销调查公开信息查阅暂行规则》(2002年)、《反倾销调查信息披露暂行规则》(2002年)、《反倾销调查抽样暂行规则》(2002年)、《反倾销调查实地核查暂行规则》(2002年)、《反倾销问卷调查暂行规则》(2002年)、《反倾销调查立案暂行规则》(2002年)、《反倾销产业损害调查与裁决规定》(2003年)、《出口产品反倾销应诉规定》(2001年)等。

(二)反补贴立法

《反补贴条例》(以下简称《条例》)于2001年11月26日颁布，后经修订，2004年3月国务院发布了最新的《反补贴条例》，该条例于2004年的6月1日起开始施行。《条例》共6章58条，涉及的主要内容有：该条例的立法宗旨与适用范围；采取反补贴措施的基本条件，补贴的定义，补贴的形式，进口产品补贴金额的计算方式；补贴损害的定义，确定补贴对国内产业造成损害时应当审查的事项；负责调查补贴与损害的机关，反补贴调查申请和立案程序，补贴与损害裁定程序；临时反补贴措施，出口国(地区)政府提出取消、限制补贴或者其他有关措施的承诺，反补贴税的征收；反补贴税和承诺的期限与复审程序；不服裁决者可申请和提起行政复议和行政诉讼的有关规定；反规避措施和反歧视措施等。

《条例》的主要配套规章有：《反补贴调查实地核查暂行规则》(2002年)、《反补贴问卷调查暂行规则》(2002年)、《反补贴调查立案暂行规则》(2002年)、《反补贴调查听证会暂行规则》(2002年)、《反补贴产业损害调查与裁决规定》(2003年)、《产业损害裁定听证规则》

第八章 中国对外贸易管理

(1999年)等。

(三)保障措施立法

《保障措施条例》于2001年11月26日颁布,2004年3月该条例经修订后更新发布,于2004年的6月1日起开始施行。最新修订的条例更加突出了对公共利益的考虑。《保障措施条例》共5章34条,涉及的主要内容有:该条例的立法目的和适用条件;调查机关及其职责分工;确定进口产品数量增加对国内产业造成损害时应当审查的相关因素;采取保障措施调查申请和立案程序,进口产品数量增加和损害裁定程序;保障措施的期限与复审程序;反歧视措施等。不同于《反倾销条例》和《反补贴条例》的是,该条例没有规定司法审议。这是因为世贸组织《保障措施协议》中没有司法审议条款,因此《保障措施条例》对此义务,即对不服裁决者可申请和提起行政复议和行政诉讼未做规定。

该条例的配套规章主要有:《保障措施立案暂行规则》(2002年)、《保障措施调查听证会暂行规定》(2002年)、《保障措施产业损害调查与裁决规定》(2003年)、《关于保障措施产品范围调整程序的暂行规则》(2003年)。

【案例8-2】

出实招为企业降低贸易冲突负面影响

实现稳外贸目标要出实招。除了在出口申报、退税加速、出口信用担保等贸易便利化方面不断出台实质性的支持措施外,更要加快对外贸易管理思路和体制的转变,让体制创新带来更多红利以化解中美贸易冲突给外贸企业带来的收益冲击和发展阻力。除了这些举措,对外贸企业的纾困解难工作还要更加切实地在下列问题上尽快形成全新的举措或取得更大的进展。

尽快建立对受影响外贸企业的补偿机制。在7月9日介绍缓解中美贸易摩擦影响有关政策考虑时,商务部新闻发言人表示,反制措施中增加的税收收入将主要用于缓解企业及员工受到的影响。截至目前,相关的补偿措施尚未出台。与此同时,对在中美贸易战背景下,因美国加税而受到伤害的中国出口企业如何给予对冲性的弥补支持,也应纳入通盘考虑之中,让受到中美贸易冲突影响的企业心中有数、心中有底。

更为重要的是,借助上述机制的出台,学习借鉴美国贸易调整援助制度,在未来的《外贸法》或相关法律法规中增加对在贸易活动中受损的企业、个人等提供政府援助的相应制度性规定,以确保受到贸易冲突影响的产业或企业通过获得补偿支持政策而重新具备出口竞争力。这也能为重构中国特色贸易救济法律体系、构建中国特色专向性补贴制度等提供基础性支撑。

真正解决企业融资难与泛债务化现象。6月20日的国务院常务会议部署进一步缓解小微企业融资难融资贵,持续推动实体经济降成本。近期,中央部委与地方省市出台了一系列新举措,着力解决中小企业资金问题。从理论上说,中小企业迎来新一轮政策利好和资金扶持。但是,这些理论上的政策利好如何化为实实在在真金白银的支持,对于企业而言十分重要。企业是国民经济的"细胞",只有"细胞"获得营养有活力,"身体"才能有抵抗力。

作为企业融资难问题的另一方面,企业的泛债务化循环问题必须着力解决。当前,经济运行中最多的是债务，最少的是资本和股本，这种极端不对称性是全球问题，在中国则更加突出。很多企业被迫在高负债的情况下艰难运转，盈利主要用来还银行本息、借债，企业难以积累资本和力量。尽管这种结构性问题的解决并非短期可为，但是在当前特殊的经济形势下，如何针对性地解决这种泛债务化现象值得管理部门加以重视。比如允许受影响企业获得资金纾困支持，可以延后贷款偿还，可以适当降低贷款利率等。

（资料来源：中国贸易新闻网 http://www.chinatradenews.com.cn/content/201808/23/c33460.html）

第三节　对外贸易的经济调控管理

经济调控手段是指国家通过调节经济变量，对微观经济主体行为施加影响，并使之符合宏观经济发展目标的间接调控方式。经济调控手段主要包括经济政策体系和经济杠杆体系，它们是市场经济实际调控过程中最主要、最常用的调控手段。根据建立社会主义市场经济体制和适应世贸组织通行规则的要求，中国应进一步完善我国对外经贸的宏观管理调控体系，转变对外经贸行政管理职能，做到主要用法律和经济等手段来强化对外经贸的宏观管理。在健全与强化经济调节手段方面，当前中国主要是通过汇率、税收、信贷、价格等经济杠杆来实现调控外贸经济活动和外贸经济关系的目的。

一、汇率杠杆

(一)汇率对进出口贸易的调节作用

汇率也称汇价，是指两国货币之间的交换比率或比价，也就是用一国的货币单位来表示另一国货币单位的价格。汇率变动对进出口贸易的影响主要是通过价格机制来实现的。当本币汇率上升，表明一定数额的外国货币只能兑换较少的本国货币，必然会使以本国货币表示的进口商品价格降低，有利于扩大进口。同时，本币汇率上升会使以本币表示的出口商品成本价格上升，因而不利于出口。当本币汇率下降，表明一定数额的外国货币能够兑换更多的本国货币，必然会使以外币表示的出口商品价格降低，增强本国商品在国外市场的竞争力，从而有利于扩大出口。同时，本币汇率下降会使以本币表示的进口商品的成本价格上升，相对降低了进口商品的竞争力，因而不利于进口贸易。

(二)汇率制度的演变及其对对外贸易的影响

1. 计划经济时期的汇率制度

改革开放前，中国实行的是高度集中、以严格行政管理为主的外汇管理体制，人民币汇率由国家有计划地确定和调整。汇率对进出口贸易的调节作用完全丧失，只在外贸企业中起统计折算工具的作用。1949—1952年，汇率是以"物价对比法"为基础计算的，即主要参照出口商品国内外价格的比价，同时兼顾进口商品国内外价格的比价和侨汇购买力平价，使汇率起到了鼓励出口、奖励侨汇、兼顾进口的作用。1953—1972年，国际汇率制度处于布雷顿森林货币体系之下，实行的是以美元为中心的固定汇率制度。因此，人民币汇率制度也相应实行固定汇率制。在此期间，人民币汇率作为计划核算工具，要求保持相对稳定，使人民币名义汇率与实际汇率的差距不断扩大，汇率高估现象十分严重。1973—1978年，布雷顿森林货币体系解体，西方国家纷纷实行浮动汇率制，人民币汇率的制定由原来以美元为基准货币改为盯住一篮子货币的计值方法或根据管理需要进行不定期的调整，但仍坚持人民币汇价水平基本稳定的方针，汇率依然高估。

2. 1979—1993年的汇率制度

1979—1993年，国家对外汇体制进行了一系列改革：1981—1984年，采取了人民币官方汇率与贸易外汇内部结算价的双重汇率；1985年1月1日取消内部结算价，重新实行单一汇率；1988—1993年，改革人民币汇率形成机制，变固定的、单一的官方汇率为可变的官方汇率与外汇调剂市场汇率并存的双重汇率。在汇率水平上则实行了以人民币不断贬值为主导的政策，开始依据国内经济形势与政策目标，主动对汇率进行调整，逐步恢复汇率对外汇收支及进出口贸易的调节作用。

3. 1994年以来的汇率制度

1994年以后我国对汇率制度进行了重大改革，包括进行汇率并轨，实行以市场供求为基础的、单一的、有管理的浮动汇率制度，使我国的汇率形成机制发生了重大变化，汇率杠杆调节作用明显加大；实行银行结汇、售汇制，取消外汇留成、上缴和额度管理制度，为各类外贸企业提供了相对平等竞争的环境；建立统一的银行间外汇交易市场，改变人民币汇率形成机制，使我国外汇市场进一步完善，国家运用经济手段调控进出口贸易的能力进一步加强；取消对外汇收支的指令性计划，国家主要运用经济、法律手段实现对外汇和国际收支的宏观调控；取消国际收支经常性交易方面的外汇限制，实行货币的自由兑换，为企业提供了宽松的用汇条件。

(三)中国汇率制度的进一步完善

目前，已基本形成了符合世界贸易组织规则和国际惯例的汇率制度，但仍有许多不足之处，还应不断加以改革与完善。

1. 实行真正的有管理的浮动汇率制

目前，中国人民币汇率的形成采取盯住美元的做法。这种汇率制度安排，虽然与中国经济发展阶段、企业承受能力和金融监管水平相适应，但汇率浮动区间狭窄，使得中国的汇率制度成了名义上的有管理的浮动汇率制，而实际上是固定汇率制，政府调控的意志超过市场调节的力量。汇率作为一种价格信号，人为刚性控制，有悖于市场经济的原则，对资源配置可能会发出错误信息，弱化汇率对国际经济交易的调节作用。因此，要进一步完善人民币汇率形成机制。目前乃至今后一段时间，中国虽然仍实行有管理的浮动汇率制，但要明确币值稳定是在市场正常波动基础上的相对稳定，应尽量减少政府对对外经济交往及相关外汇收付的干预，让外汇供求关系在市场中得到更充分的反映，真正体现人民币汇率是以市场供求为基础，有管理的浮动。

2. 实行意愿结汇制

在强制性结售汇制下，绝大多数国内企业的外汇收入必须结售给外汇指定银行，同时中央银行又对外汇指定银行的结售周转外汇余额实行比例幅度管理。当银行持有的结售周转外汇超过最高限比例时，就必须通过银行间外汇市场出售；当不够时，必须从市场购进。这就使得中央银行被动地干预外汇市场，造成人民币汇率不完全由市场供求来决定，而在很大程度上受国家宏观经济政策所制约。而且强制性的银行结售汇制，使得市场参与者，特别是中资企业和商业银行，持有的外汇必须在市场上结汇，而不能根据自己未来的需求和对未来汇率走势的预测自主选择，这种"强卖"形成的汇率，并不是真正意义上的市场价格。因此，要允许企业保留一定的外汇，并逐步提高其比例，最终实现完全的意愿结汇制。这可以使中央银行摆脱其在外汇供求市场的被动地位，将外汇储备和汇率政策作为宏观调控的手段；可以提高企业的出口积极性，与外资企业享有同样的国民待遇；使企业、商业银行、中央银行各持有一定数量的外汇，可以加快外汇资金周转，提高外汇风险管理能力。

3. 培育健全的外汇市场

中国外汇市场的基础是中国外汇交易中心，这是一个全国统一的银行间外汇市场，但该市场存在着严重的缺陷，如外汇市场交易主体较为单一、交易品种和交易工具也不丰富等。因此，要进一步完善外汇市场，允许更多的主体进入国家外汇交易中心进行外汇交易，让更多的企业和金融机构直接参与外汇买卖，同时要增加外汇交易品种和扩大交易范围，试行远期交易和风险低的衍生金融工具交易。同时，应在有序、积极、稳妥的开放原则下，实现资本项目有条件的可兑换，在此基础上逐步实现资本项目的完全可兑换。

二、税收杠杆

(一)税收杠杆对外贸经营活动的调控作用

税收杠杆是指国家运用税收参与国民收入的分配和再分配，通过对各经济主体行为发生影响，达到调节经济活动的目的。国家通过设置不同的税种、税目、税率等方式，体现鼓励和限制意图，调节产业和产品结构，调节进口，促进国民经济协调发展。中国现行的与发展进出口贸易关系密切的税收是增值税和关税，这是国家调节对外贸易的重要经济杠杆之一。图 8-1 为对外贸易税收杠杆的构成。

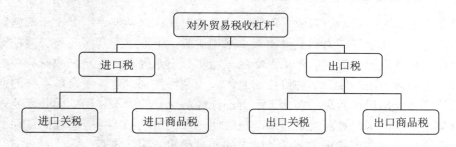

图 8-1　对外贸易税收杠杆的构成

(二)进出口关税

1. 关税的概念

关税是指进出口商品经过一国关境时，由政府设置的海关根据国家制定的关税税法、税则对进出口货物征收的一种税。关税手段因被世界贸易组织视为透明度最高的贸易调节工具而得到广泛使用。这是因为世界贸易组织希望缔约国通过价格而不是通过其他措施来管理和控制对外贸易。而在价格管理中,关税占有重要地位,关税与其他贸易措施(如数量限制)相比给进口带来的损失要小一些。人们通过关税的高低可以辨认一国是否采取保护贸易政策或歧视政策,而且最惠国待遇和国民待遇原则在关税制度下也比较容易执行。

2. 中国的关税政策

新中国成立以来,中国基本上实行的是偏向贸易保护的政策,进口关税的加权平均税率高出发展中国家的平均水平。随后在培育和建立社会主义市场经济中,我国按照世界贸易组织对发展中国家的要求,逐步降低关税总水平。目前,中国在关税方面的总政策是"贯彻对外开放,鼓励出口创汇和扩大必需品的进口,保护与促进民族经济的发展"。具体包括:对国内不能生产或不能满足需求的必需品(主要是一些先进的技术和设备及生产必需的物资)免除进口关税或征收低额进口关税;原材料的进口税率一般定得比半成品或制成品的进口税率低;在进口国内不能生产或产品质量不过关的机械设备和仪器仪表时,零配件的进口税率比整机低;对国内已经能够生产和满足需求的产品、非国计民生所必需的物品(主要是一些生活消费品)制定较高的进口税率;对需要加以保护的国内产业的同类产品,实行更高的保护性进口税率;除少数原材料和重要物资外,对绝大多数商品不征收出口税。

3. 中国的关税税种、征税标准、税率、税则和关税优惠措施

关税按征收的环节主要分为进口税和出口税。进口税是对国外进口的商品所征的关税;出口税是对商品出口所征的关税。中国关税制度的法律基础是《中华人民共和国关税条例》(以下简称《关税条例》)。根据《关税条例》,中国进口关税设为两种,即普通税率和优惠税率。对原产于与中国未订有关税互惠协议的国家或地区的进口货物,按普通税率征税;对原产于与中国订有关税互惠协议的国家或地区的进口货物,按优惠税率征税。《关税条例》规定,对进口原产于对中国货物征收歧视性关税或给予其他歧视性待遇的国家或地区的进口货物,可征收特别关税。征收特别关税的货物品种、税率以及起征、停征时间,由国务院关税税则委员会决定并公布实施。

关税按其计征的标准可以分为从量税、从价税、复合关税、选择关税、反补贴税、反倾销税等几种。中国进出口关税的征收方法采取从价税和从量税两种。征收从价税中,较为复杂的问题是确立进出口商品的完税价格。完税价格是经海关审定作为计征关税的货物价格,它是决定税额多少的重要因素。根据《中华人民共和国审定进出口货物完税价格办法》的规定,我国海关对进口货物实行以实际成交价作为基础的完税价格,即货物到岸税价格(国外采购地的正常批发价格,加上抵运我国进口地起卸前的包装费、运费、保险费、手续费等一切费用)。若货物在采购地的正常批发价无法确定,则按国内输入地的同类进口货物的正常批发价格,减去关税和进口环节的其他费用及进口后的正常运输、储存、营业费用后的价格作为完税价格。出口货物的完税价格是离岸价格(FOB)扣除出口关税的价格。

改革开放以后,中国对关税税率不断进行调整,逐步降低进口关税总水平。1992 年 4 月 1 日起,取消全部 6 种商品的进口调节税。同年底,进口关税水平降至 39.9%。1993 年年底降至 36.6%。1994 年,中国降低了小汽车的进口税率,关税水平降至 35.9%。1995 年中国降低了烟酒、中型客车、录音录像带的进口税率,关税水平降至 35.3%。1996 年关税

水平从1992年年底前的42.5%降至23%，降幅达46%，仅用了3年多的时间。这在世界上是少有的，改革的力度和进程是十分显著的。2002年，关税总水平由2001年的15.3%降低至12%，是"入世"后降税涉及商品最多、降税幅度最大的一年。2005年中国关税总水平由2004年的10.4%降低至9.9%，是中国履行义务的最后一次大范围降税。2010年，降低鲜草莓等6个税目商品进口关税后，中国加入世界贸易组织承诺的关税减让义务全部履行完毕。

税则是根据国家的关税政策和经济政策，通过一定的立法程序，制定和公布实施的应税商品和无税商品的系统分类表。为履行作为世界海关组织《协调制度公约》缔约方的义务，中国从1992年1月1日起采用《商品名称及编码协调制度》作为中国《进出口税则》和《海关统计商品目录》的基础目录。根据《商品名称及编码协调制度》的修改变化，中国对本国《进出口税则》和《统计商品目录》进行对应的转换调整。中国海关先后组织开展了1992年版、1996年版、2002年版、2007年版、2012年版《协调制度》修订翻译以及中国《进出口税则》转换工作，相关的税率、贸易管制措施等也随之调整。这是按国际贸易通行规则，并结合我国进出口商品自身的特点，为了充分体现关税政策和海关统计的需要设置的，有利于国家运用经济、行政、法律手段，加强对进出口货物宏观调控。

中国关税减免由法定减免、特定减免和临时减免三部分组成。法定减免是指《海关法》《关税条例》列明予以关税减免的，如国际组织或外国政府无偿赠送的货物；中华人民共和国缔结或参加的国际条约规定的减征、免征关税的货物、物品；来料加工、补偿贸易进口的原料等。特定减免是按照《海关法》和《关税条例》的规定，给予经济特区等特定地区进出口的货物、中外合资或合作经营企业及外资企业等特定企业进出口货物，以及其他依法给予关税减免优惠的进出口货物以减免税优惠。临时减免是指国家根据国内生产和国际市场行情变化，确定对某一类或几种商品在一定时限内临时降低或取消关税，待规定的期限结束便立即恢复原来的税率。

【案例8-3】

我国部分消费品进口关税降至7.7%

据经济之声《天下财经》报道，根据财政部网站消息，我国将从2020年12月1日起降低部分消费品进口关税，共涉及187个8位税号，平均税率由17.3%降到7.7%。进口关税的调整意味着今后消费者在国内就可以更低的价格买到心仪的进口产品，其他国家也能分享到中国经济发展的红利。

财政部有关负责人介绍，此次降税商品主要涉及百姓日常生活相关的三大领域。

一是适应个性消费、时尚消费、品质消费、品牌消费的发展需求，降低了化妆品、美发用品、口腔护理产品、化妆工具、部分箱包、部分服装和部分鞋靴的进口关税。

二是针对生活方式转变和消费水平升级，更好地满足人们在食物、文化娱乐、体育健身等领域的新兴消费需求，降低了虾蟹等部分海产品、奶酪、部分干果、电动剃须刀、咖啡机、智能马桶盖、面包机、滑雪用具、文具等产品的进口关税。

三是发展健康消费，着重提高妇幼老弱等特定群体的生活质量，降低了药品、部分保健品、牙齿固定件、特殊配方婴幼儿奶粉、婴童车等产品的进口关税。

此次调降关税的进口消费品品类繁多，涉及187项商品，众多老百姓青睐的进口消费品榜上有名。比如，唇膏、香水等化妆品关税由10%降至5%，咖啡机、智能马桶盖由32%降至10%，针织品、防风衣等从25%降到10%……下降力度最大的是婴儿纸尿裤以及部分配方婴幼儿奶粉，进口关税都直接降为零。

对于这次降税的好处，喜欢"海淘"的消费者感受最为直接。上海的陈女士说，以后通过正规渠道就可以买到更多的进口好东西，减少了很多麻烦："以前不太用(正规渠道)的一个原因是税有点高，如果税率下降的话，我们的到手价会降低，所以从正式官方这个渠道购买会更多，为了免税去找私人代购反而会变少。"

(资料来源：新浪网 https://finance.sina.com.cn/roll/2019-12-24/doc-iihnzhfz7977535.shtml)

(三)进出口商品国内税

1. 进口商品税征税制度

中国目前对内资企业进口产品征收增值税、消费税，这是由国家税务局制定政策规定、委托海关代征的进口征税。对进口产品征税是我国进出口税收制度的一个重要方面。其主要作用是调节国内外产品税收负担的差异，创造公平竞争的环境。由于各国的税收制度不同，其产品的税收负担也不同。中国对进口产品征税，使进口产品与国内产品同等纳税，可以平衡国内外产品的税收负担，同时也可以抑制盲目进口，节约使用外汇，保护国内生产。

进口产品征税的税种是增值税和消费税(见表 8-2)。进口征税的原则是对进口产品实行与国内产品同等纳税的原则，即在增值税和消费税上按相同的税目和税率征税。进口产品与国内产品在增值税和消费税上按相同的税目、税率纳税，是由进口税收"调节国内外产品税收差异"的性质决定的。如果对进口产品从低订率征税，则会不利于国内生产；若从高订率征税，则会导致贸易歧视。这些都是与进口税收目的和国际规范不相符的。只有实行同等纳税，才能保证国内外企业平等竞争，促进国内生产的发展。对进口产品征税，对出口产品退税，是进出口税收制度的基本原则。但是，在制定具体规定时，必须体现国家的经济政策。我们强调对进口产品要普遍征税，但同时又必须根据国家的经济政策和进口产品的具体情况加以区别对待，对进口中国建设急需的物资、国外先进技术和设备，应给予必要的减免税优惠。

表8-2 进口商品国内税征税一览表

税 目	税 率	适用对象
增值税	基本税率(17%)	纳税人销售或进口货物，提供加工、修理修配劳务
	低税率(13%)	纳税人销售或进口粮食和食用植物油、农业成品、图书、报纸、杂志等19种货物
	零税率	纳税人出口货物
消费税	比例税率(3%～45%)	烟、酒等价格差异较大、计量单位难以规范的应税商品
	定额税率	黄酒、啤酒、汽油、菜籽油

2. 出口商品税的退税制度

出口退税制度是指国家对出口商品在国内所征的各生产环节累计间接税(如增值税、消费税)实行退还的政策。出口退税是依据出口商品零税率原则所采取的一项鼓励出口贸易的措施,实行的目的是采用国际上普遍接受的方式,对出口产品退税或免税,可使中国产品和其他国家产品一样以不含税成本进入国际市场,在同等税收条件下进行竞争。同时,由于退税款可以直接冲减出口换汇成本,增加企业盈利和减少出口亏损,因此,也必然会调动企业出口的积极性,使其努力增加出口创汇。实行出口退税政策,效果非常明显。

根据零税率原则,国家对"先征后退"的出口货物实行"征多少、退多少,未征不退和彻底退税"的退税原则。对一般贸易项下的出口货物,实行"先征后退"和"免、抵、退"两种管理办法,出口产品退税的范围和应退税种如下所述。

1) 出口退税的企业范围

出口产品退税原则上规定应将所退税款全部退还给主要承担出口经济责任的企业,主要包括三个方面:一是经营出口业务的企业;二是在代理进出口业务活动中,代理出口的企业;三是特定出口退税企业和外商投资企业。

2) 出口退税的产品范围

出口的产品中凡属于已征或应征增值税、消费税的,除国家明确规定不予以退税外,均应退还已征税款或免征应税税款。这里所说的出口产品一般应具备三个条件:必须是已征税产品;必须是报关离境的出口产品;必须是财务上做出口销售的产品。

3) 出口产品应退税种

出口产品应退税种为增值税和消费税。计算出口货物应退税额的增值税税款的税率,应根据《增值税暂行条例》规定的 17%和 13%执行。对从小规模纳税人处购进的特准退税的货物依 3%退税率执行。计算出口货物应退消费税税款的税率或单位税额,依《消费税条例》所附《消费税税目、税率(税额)表》执行。以上是出口退税的法定税率,但在实际执行过程中,国家根据财政平衡情况和发展出口贸易的需要,曾多次调整出口退税率。

【案例 8-4】

进一步稳外贸重在向内发力

面对 2018 年错综复杂的国际政治经济形势和贸易保护主义势力掀起的逆流,尤其是中美贸易摩擦对中国对外贸易环境与贸易条件产生的负面冲击和影响,2019 年做好进一步稳外贸工作需要在"五个坚持"(即坚持稳中求进工作总基调,坚持新发展理念,坚持推进高质量发展,坚持以供给侧结构性改革为主线,坚持深化市场化改革、扩大高水平开放)的基础上,重点是向内发力。

辩证地看待国际环境和国内条件的变化是做好进一步稳外贸工作的政治前提。目前,中美两国的经济团队正在认真落实两国元首阿根廷会晤达成的共识,以取消所有加征关税为最终目标,为在 90 天磋商谈判期满后达成经贸协议加紧工作。2018 年中美经贸摩擦对全球国际贸易复苏、中美两国国内经济发展和对外贸易增长已经并将继续产生影响。在"谁也离不开谁"的全球价值链中,中美在贸易领域解纷止争有利于为两国乃至全球贸易平稳增长和经济持续向好提供良好的预期。化解中美贸易摩擦的过程已经成为中国政府做到保持战略定力,注重稳扎稳打,进一步坚定不移办好自己事的"冷静剂",为继续抓住并用好我国发展的重要战略机遇期提供了条件。

加快经济体制改革,推动全方位对外开放是做好进一步稳外贸工作的体制保障。没有进一步稳外贸，就没有对外贸易的高质量发展。这就需要围绕降低外贸企业经营成本、提高产品竞争优势和实现外贸稳定增长，勇于突破过往外贸管理体制的藩篱，着力打通其中的"堵点"和"难点"，加快政府在外贸管理职能上的更大转变与主动创新，进一步用全方位开放的思路规划政策举措，进一步用更积极灵活的方法激发外贸企业自主创新的动力，进一步用更宽松友好的营商环境激发外贸企业转型升级的活力。

努力实现最优政策组合和最大整体效果是做好进一步稳外贸工作的检验标准。贸易便利化水平不断提升对外贸发展的正向作用非常明显，2019年还要多下功夫。要重在改善通关便利化的技术条件，切实压缩不必要的手续和流程，提高通关速度，进一步降低进出口环节的制度性交易成本。各级政府要顺势而为，在培育外贸主体、拓展多元市场、发展新业态新模式等方面下大力气，更多地推出类似延续和完善跨境电子商务零售进口政策这样实实在在的"利好"，用更多扩大开放的实际行动从更大程度上激活外贸发展的潜力。要为提升外贸企业在技术、品牌、服务等领域获得新的核心竞争力和找到外贸高质量发展的内生动力做好政府服务，持续加大政府的投入数量和支持力度。

(资料来源：秦夏，葛岩．中国贸易报，2018年12月18日)

三、信贷杠杆

(一)信贷杠杆对进出口贸易的调节作用

进出口信贷，是指一国政府通过银行向进出口商提供贷款，以鼓励出口、确保进口的重要措施。在市场经济条件下，外贸企业和出口生产企业都是以营利为目的的经营实体，银行贷款的数量规模和利息率的高低直接关系到企业的经济效益。国家实行进出口优惠信贷政策，可以解决外贸企业和出口生产企业因自有流动资金不足给出口带来的困难，促进企业扩大出口经营规模；能够有效地促进外贸企业和出口生产企业降低成本；可以有效地解决出口卖方和出口买方由于进出口金额太大、延期付款而造成的资金困难，从而有利于推动出口。

(二)中国进出口信贷政策

1. 进出口信贷的基本任务

中国进出口信贷的基本任务是：按照国家发展社会主义市场经济的要求，遵循改革、开放的方针，根据国家有关政策和批准的信贷计划发放贷款，支持对外贸易的发展；同时发挥信贷的监督和服务作用，监督企业合理地使用信贷资金，协助外贸企业加强经济核算，提高经济效益。

2. 中国现行进出口信贷政策

现行进出口信贷政策是贯彻执行国家的产业政策、外经贸政策和金融政策；积极配合实施科技兴国战略，重点支持高技术、高附加值的机电产品、成套设备、高新技术产品的出口，促进经济结构的调整和出口商品结构的优化；重点支持有经济效益的大企业、大项目，同时兼顾经济效益好、产品附加值高、有还款保证的中小企业和中小项目；充分发挥政策性银行的综合优势，运用出口卖方信贷、出口买方信贷、外汇担保等多种政策性金融手段支持企业出口；积极配合实施出口市场多元化战略，支持企业全方位开拓国际市场；积极配合实施"走出去"的开放战略，支持企业开展带动机电产品出口的境外加工贸易、对外工程承包和海外投资活动，以投资带动贸易。

(三)进出口信贷方式

信贷方式包括出口信贷和进口信贷。出口信贷是指国家为了鼓励商品出口，增强商品竞争能力，对本国出口商和外国进口商提供优惠贷款，主要用于鼓励和支持一些金额较大、付款期限较长的成套设备和船舶等大型机械设备的出口。出口信贷的形式分为卖方信贷和买方信贷。出口卖方信贷是贸易中常用的延期付款方式下由出口方银行向本国出口商提供的贷款。中国进出口银行提供的出口卖方信贷的贷款种类有：出口卖方信贷项目贷款、中短期额度贷款、境外加工贸易贷款、对外承包工程贷款、境外投资贷款等。出口买方信贷是指出口方所在国银行或出口国政府所属的出口信贷机构向国外进口厂商、买方或买方银行提供贷款，以便买方用以支付进口所需货款，从而促进本国商品出口。

进口买方信贷是指一国银行用以支持企业从国外引进技术设备所提供的贷款。进口买方信贷的形式分为签订总的信贷协议和签订具体的贷款协议。前者即由出口国银行预先向中国银行提供关于买方信贷贷款额度，双方银行签订总的贷款协议，规定提供贷款总的原则和条件，明确规定由出口国银行向其本国的出口商以贷款方式垫支货款；在贷款到期时，由中国银行承担还款付息的责任。后者即预先不签订总的贷款协议，而是在办理进口手续签订进口贸易合同时，由出口国银行和中国银行签订相应的信贷协议，明确进口物品的贷款由出口国的银行支付，到期由中方银行偿还出口国银行。

(四)进出口信贷机构

信贷机构包括中国进出口银行、中国银行及其他的金融机构。中国进出口银行于1994年5月成立，是直属国务院领导的、政府全资拥有的国家政策性金融机构，主要职责是贯彻执行国家产业政策、外经贸政策和金融政策，为扩大机电产品和高新技术产品出口、支持"走出去"项目以及促进对外经济技术合作与交流，提供政策性金融支持。其业务范围包括：办理出口信贷；办理对外承包工程和境外投资类贷款；办理中国政府对外优惠贷款；提供对外担保；转贷外国政府和金融机构提供的贷款；办理本行贷款项下的国际国内结算业务和企业存款业务；在境内外资本市场、货币市场筹集资金；办理国际银行间的贷款；组织或参加国际、国内银团贷款；经批准或受委托的其他业务等。

中国银行是中国政府授权经营外汇业务，办理进出口信贷的国有商业性银行，具有国家指定的外汇专业银行的性质和地位，并作为国家对外筹资的主渠道，在国内外开展包括传统的商业银行、投资银行和保险业务在内的全面的金融服务。其业务范围包括：出口买方信贷(中长期信贷)，用于进口商即期支付中国出口商货款，促进中国货物和技术服务的出口；出口卖方信贷项目贷款和中短期额度贷款，用于支持符合国家产业政策、外贸政策规定的机电产品、成套设备、技术服务和高新技术产品出口；对外承包工程贷款，用于支持带动成套设备、施工机具及技术服务出口的对外承包工程项目；境外加工贸易贷款和境外投资贷款，用于在设备、技术上有比较优势、实力强、管理科学、出口产品信誉好的国内生产企业在境外投资建厂的项目以及在境外以投资方式兴建的资源开发项目或能带动国产成套设备出口的项目。

此外，一些国有商业银行、区域性商业银行及其他金融机构，经国家外汇管理局批准，也可以经营一定范围的外汇业务，并对进出口企业发放一定数量的外汇贷款及人民币贷款。

四、价格杠杆

(一)价格杠杆对外贸的调节作用

价格杠杆是国家通过一定的政策和措施促使市场价格发生变化，来引导和控制国民经济运行的手段。价格作为商品价值的货币表现，随市场供求变化而变化，价格可以灵敏地调节社会生产与需求。因此，我们只能根据市场供求关系，按市场价格实现不同国家商品生产之间的等量劳动交换。世界市场价格能正确迅速地反映国际资源的配置情况。

(二)充分发挥价格杠杆调节作用的措施

国际市场价格以价值为基础随供求关系涨落。进出口商品的定价应以市场为取向，进出口商品的作价原则要考虑国际价值、国家资源配置情况、国际市场因素，不能只考虑国内生产成本及国内市场供求情况，否则无法参与国际竞争。目前，在中国进出口商品的价格中，市场调节价已形成主体。出口商品收购价格基本上是随行就市，由买卖双方商定；进口商品基本上是市场价格。进口商品的国内销售价格已与国际市场价格直接联系起来。

加强对贸易价格的管理，有助于减少国内外价格的较大差异对中国对外贸易的不利影响，改变进口过度竞争导致进口价格失控，出口对内高价抢购、对外低价竞销的混乱局面。1994年11月，外经贸部转发了《国务院关于海关开展出口商品审价和继续做好进口商品审价工作有关批复》的通知。通知中要求海关在继续做好进口应税商品审价工作的同时，开展对出口商品的审价工作，以维护外贸出口正常秩序，防止低价倾销出口商品扰乱国际市场。各中国进出口商会协调的价格和出口许可证核定的价格，可作为出口商品售予境外的应售价格，也可作为审价的依据。中国在出口商品价格管理上实行鼓励出口创汇的价格政策，但强调以经济效益为中心的出口创汇，防止对内抬价争购、对外低价竞销。例如，研究并制定鼓励出口商品提高质量和更新花色品种的价格政策；制定鼓励机电产品和高新技术产品出口的价格政策；研究并制定出口商品收购价格管理办法，对大宗出口商品以国际市场价格为主要依据制定最低保护价。在进口价格管理上，可以在完善进口代理价的基础上，协调管理好外购价和进口商品的内销价。

第四节　对外贸易的行政管理

对外贸易行政管理是国家经济管理机关凭借行政组织权力，采取发布命令、制订指令性计划及实施措施、规定制度程序等形式，按照自上而下的组织系统对对外贸易经济活动进行直接调控的一种手段。在社会主义市场经济条件下，对外贸易的宏观管理要以经济手段、法律手段为主，但也要辅以必要的行政手段。世界贸易组织也允许成员采用某些行政手段进行对外贸易管理。根据国际贸易规范和中国的实际情况，中国对外贸易管理的主要行政手段是配额管理、进出口许可证管理、对外贸易经营审批管理、对出口商品商标的协调管理、外汇管理、海关管理、进出口商品检验管理等。

一、配额管理

进出口货物配额管理，是指国家在一定时期内对某些货物的进出口数量或金额直接加以限制的管理措施。在规定的期限和配额以内的货物可以进出口，超过了的不准进出口。世界多数国家对一些商品的进出口都制定有配额或许可证管制措施，配额与许可证这两种限制性措施既可以单独使用，也可以结合在一起使用。中国的配额管理是1980年以后逐步建立起来的，并随着改革和开放的深化不断进行调整，以适应社会主义市场经济的要求，并逐步向世界贸易组织的基本准则靠拢。长期以来，中国采取了配额与许可证相结合的做法，即配额许可证管理措施，需要配额管理的商品必须申领许可证。中国加入WTO以后，则大幅削减配额许可证管理的商品种类，完善出口商品配额的分配管理制度，增加进出口商品管理的透明度、公开性。自2005年3月起，中国取消了限制进口货物的配额管理，这意味着我国过去曾经长期采用的配额与许可证相结合的管理模式已经发生变化。

目前，中国的配额管理主要针对部分限制出口货物。在进口贸易方面，现行的管理方式主要是许可证管理，仅仅保留农产品的关税配额管理。关税配额管理与配额管理是两个不同的概念。关税配额管理是一种相对数量的限制，它是指对货物进口的绝对数额不加限制，对在一定时期内在规定的额度内进口的货物，按照配额内的优惠税率缴纳关税；居于额度外进口的货物，按照配额外税率缴纳关税。这两种税率相差很大，国家通过这种行政管理手段对一些重要商品(主要是农产品)以规定配额税率这个成本杠杆来实现限制进口的目的。目前，实行进口关税配额管理的农产品品种有小麦、玉米、大米、豆油、菜籽油、棕榈油、食糖、棉花、羊毛以及毛条等，以任何贸易方式进口以上农产品均受关税配额管理。对于部分受配额管理的出口货物，要求申请者取得配额证明后，到商务部及其授权发放许可证的机关，凭配额证明申领出口货物许可证，凭双证办理出口通关、外汇核销等手续。

二、许可证管理

进出口货物许可证是国家管理货物出入境的法律凭证。许可证管理是指国家规定的某些商品进出口必须从国家指定的机关领取进出口许可证，没有许可证一律不准进口或出口。它是当前世界上大多数国家采取的管理对外贸易的重要手段之一，也是中国对外贸易行政管理最主要的手段。1980年起，中国重新恢复了对进出口商品实行许可证管理。商务部是全国进出口许可证的归口管理部门，它负责制定进出口许可证管理的规章制度，发布进出口许可证管理商品目录和分级发证目录，设计、印制有关进出口许可证书和印章，监督、检查进出口许可证管理办法的执行情况，处罚违规行为。商务部授权配额许可证事务局统一管理、指导全国发证机构的进出口许可证事务签发及其他相关工作，许可证事务局对商务部负责。许可证事务局及其委托发证的商务部驻各地特派员办事处和各省、自治区、直辖市及计划单列市商务厅、局为进出口许可证发证机构，在许可证事务局的统一管理下，负责授权范围内的发证工作。各发证机构不得无配额、超配额、超发证范围签发进出口许可证。

自 2005 年起，进口货物配额管理取消，只剩下进口许可证管理，而且受进口许可证管理的商品越来越少，目前只剩下一种特殊货物，即消耗臭氧层物资。发证机构凭国家消耗臭氧层物资进出口管理办公室批准的《受控消耗臭氧层物资进口审批单》签发进口许可证。中国实行出口许可证管理的商品主要是关系国计民生，大宗的、资源性的，国际市场垄断的和某些特殊的出口货物以及国际市场容量有限，有配额限制和竞争激烈、价格比较敏感的出口货物。根据管理方法的差别和配额分配方法的不同，出口许可证管理商品可分为实行出口配额许可证、出口配额招标、出口配额有偿使用、出口配额无偿招标和出口许可证管理的商品。2012 年我国实行出口许可证管理的 49 种货物，分别实行出口配额许可证、出口配额招标和出口许可证管理，其中，玉米、小麦、棉花、煤炭、原油、成品油等实行出口配额许可证管理；蔺草及蔺草制品、碳化硅、滑石块(粉)、镁砂、矾土、甘草及甘草制品实行出口配额招标；活牛(对港澳以外市场)、铂金(以加工贸易方式出口)、汽车(包括成套散件)及其底盘、钼制品、维生素 C、硫酸二钠等实行出口许可证管理。

三、经营审批管理

对外贸易经营者，是指按《外贸法》的规定办理工商登记或者其他执业手续，依照本法和其他相关法律、行政法规的规定从事对外贸易经营活动的法人、其他组织或者个人。企业在从事对外贸易经营前，必须按照国家的有关规定，依法定程序经国家对外贸易经济主管部门核准，取得对外贸易经营资格，方可从事对外贸易经营活动。对外贸易经营资格，是我国企业对外洽谈并签订进出口贸易合同的资格。它分为两类：一类是外贸流通经营权，即指经营各类商品和技术的进出口的权利，但国家限定公司经营或禁止进出口的商品及技术除外；另一类是生产企业自营进出口权，即指经营本企业自产产品的出口业务和本企业所需的机械设备、零配件、原辅材料的进口业务的权利，但国家限定公司经营或禁止进出口的商品及技术除外。按照修订后《外贸法》的规定，从事货物进出口或者技术进出口的对外贸易经营者，应当向国务院对外贸易主管部门或者其委托的机构办理备案登记，这标志着我国外贸经营权从此告别审批制，迎来备案制，彻底拆除外贸经营权门槛。

2004 年 7 月 1 日实施的《对外贸易经营者备案登记办法》规定对外贸易经营者应凭加盖备案登记印章的《登记表》在 30 日内到当地海关、检验检疫、外汇、税务等部门办理开展对外贸易业务所需的有关手续。逾期未办理的，《登记表》自动失效。在 30 天之内只要到上述一个部门办理了手续，表格就视为有效。不到检验检疫部门办理备案登记，则不能办理进出口货物的检验检疫，特别是经营法定检验的货物；不到外汇管理部门办理注册登记，进出口商品外汇不能核销；不到银行办理银行开户许可证，没有账户，进口就无法对外支付，出口不能结汇；新设立的企业与个体工商户不到税务机关办理税务登记证书，就无法依法纳税，也不能办理出口退税；不到海关注册登记，进出口货物就不能报关。为了避免有些外贸经营者不履行应有的义务，从而为政府管理带来困难，《外贸法》还将备案登记与海关的验放程序协调一致，最低限度地保障了政府主管机关对外贸秩序的监管。

对外贸易经营者经营进出口贸易业务的范围一般与在工商部门登记的经营范围相同。按照《货物进出口管理条例》的规定，中国对部分货物进出口实行国有贸易管理与指定经营管理。例如，国家对核、生物、化学、导弹等各类敏感物项和技术出口制定了管制法规，一般的对外贸易经营者是不能经营的；国家规定为国有贸易的货物，需经商务部和国务院有关经济管理部门批准的企业才能经营,如进口粮食、植物油、食糖、烟草、原油、成品油、化肥、棉花,出口茶、大米、玉米、大豆、钨及钨制品、煤炭、原油、成品油、丝、棉制品。而且我国还规定对少数关系国计民生以及国际市场垄断性强、价格敏感的大宗原材料商品录入目录,由国务院外经贸主管部门指定的企业进行经营。对外贸易经营者,在经营限制类的商品时,要受到限制进出口的货物目录、配额、关税配额、许可证制度等方面的约束。

四、商标管理

商标是知识产权的一种,是工商企业用于区别其制造或经营某种商品的质量、规格和特点的标志。商品商标的管理包括两个方面,即外国商品商标在中国的使用管理和中国出口商品商标的使用管理。外国商标在中国的使用管理,原则上与国内商标的使用管理相同,都是依据中国商标法进行管理。《中华人民共和国商标法》(以下简称《商标法》)于1982年8月正式公布,1983年3月国务院还颁布了《中华人民共和国商标法实施细则》(以下简称《实施细则》),后于1993年2月和2001年10月修改了《商标法》及《实施细则》。《商标法》的实施,加强了我国对商标的管理,对保护商标专用权、促进生产者保证商品质量和维护商标信誉、保障消费者利益、促进我国社会主义市场经济的发展起着重要作用。《商标法》是国内法,也是涉外法。而比较复杂的是中国出口商品商标的使用管理,根据商标权的地域性的法律特征,中国出口商品商标的使用还应受进口国法律的管辖。中国除已参加一些国际商标条约如《巴黎公约》《马德里协定》《商标注册条约》《尼斯协定》外,还与30多个国家签订了商标的注册互惠协议。根据国家有关政策规定,出口商品商标是在国家工商行政管理局注册和统一管理下,由商务部进行协调和具体管理。商务部对出口商品商标进行协调管理的范围和内容是:指导并监督全国各出口单位有关商标法规和出口商品商标在国外的使用和注册情况;解决商标所有权的归属和使用方面出现的问题,协调各出口单位之间以及生产企业之间使用出口商品商标的关系;及时处理有关商标问题的争议和纠纷。管理和协调好出口商品商标的使用,保护出口商品商标的专用权,维护中国商标在国际市场的信誉,保护和制造名牌,仍是中国对外贸易行政管理的一个重要方面。

五、外汇管理

外汇管理是指一国政府授权国家的货币管理当局或其他机构,对外汇的收支、买卖、借贷、转移以及国际结算、外汇汇率和外汇市场等实行的控制和管制行为。外汇实行特殊管理在中国是一个历史性的概念。1979年中国实行改革开放政策以来,与金融体制、外贸体制改革相配套,外汇体制也进行了一系列的改革,其最终目的是实现包括资本项目可兑换在内的人民币完全可兑换,推动外汇管理体制适应社会主义市场经济建设的实际需要。现阶段银行结汇和售付汇制度、出口收汇核销制度、进口付汇核销制度等管理制度,构成了中国以间接管理和事后检查监督管理为主的外汇管理框架。

(一)银行结汇和售付汇制度

中国对境内机构经常项目下的贸易外汇收入实施银行结汇制度,即境内机构贸易项下的外汇收入，除国家规定准许保留的外汇可以在外汇指定银行开立外汇账户外，都必须及时调回境内，按市场汇率卖给外汇指定银行。同时我国对境内机构经常项目下的贸易外汇支出实施银行售付汇制度。售汇是指外汇指定银行将外汇卖给外汇使用者，并根据交易发生之日的人民币汇率收取等值人民币的行为。从用汇单位角度来讲，售汇又称为购汇。中国的企业经常项目下产生的外汇需求，只要能够提供与支付手段相应的有效商业单据和凭证(如进口合同、进口付汇核销单及形式发票等单据和凭证，以及在有许可证管理或其他管理措施时要提交进口许可证、技术进口合同登记证书等有关部门签发的进口证明文件)，就可以从外汇指定银行购买外汇。付汇是经批准经营外汇业务的金融机构，根据有关售汇以及付汇的管理规定，在审核用汇单位或个人提供的规定的有效凭证和商业单据后，从用汇单位或个人的外汇账户中或将其购买的外汇向境外支付的行为。如从其外汇账户中对外支付，用汇单位或个人除提交规定的有效凭证及商业单据外，还必须符合外汇账户的收支范围。

(二)出口收汇核销制度

出口收汇核销制度是指货物出口后，对出口单位的收汇是否按规定结汇给国家而进行监督的一种管理制度。这是一种以出口货物价值为标准核对是否有相应的外汇收回国内的事后管理措施，可以监督企业在货物出口后及时、足额地收回货款。根据《外汇管理条例》及有关规定，境内出口单位或个人向境外出口货物，均应办理出口收汇核销手续。出口收汇核销的凭证是"出口收汇核销单"。出口收汇核销单，系指由外汇局制定格式，出口单位或个人凭以向海关出口报关，向外汇指定银行办理出口收汇，向外汇局办理出口收汇核销，向税务机关办理出口退税申报的有统一编号的凭证。它是出口收汇管理中最主要的一份单据，也是海关直接审核并签章的单据。在口岸电子执法系统网络上登记有电子底账的出口收汇核销单，将长期有效。出口收汇核销单只准本单位使用，不得借用、冒用、转让和买卖。

(三)进口付汇核销制度

进口付汇核销制度是指进口货款付出后，由外汇管理部门对相应的到货进行核销。这是以付汇金额为标准核对是否有相应的货物进口到国内或有付汇真实性的其他证明的一种事后管理措施，可以监督企业进口付汇后是否及时、足额地收到货物。获得对外贸易经营权的单位或个人，以通过银行购汇或从外汇账户支付的方式，向境外支付有关进口商品的各类款项(即进口付汇)，均应向外汇管理部门办理进口付汇的核销手续。进口付汇核销主要使用"进口付汇核销单"进行核销。"进口付汇核销单"(代申报单)系指由国家外汇局制定格式，进口单位或个人填写，外汇指定银行审核并凭以办理进口付汇的凭证。一份进口付汇核销单只可凭以办理一次付汇。企业凭"进口付汇核销单"办理有关进口货物的通关手续。

六、海关管理

海关是国家进出关境的监督管理机关，其基本职能是：进出关境监管，征收关税和其他税、费，查缉走私，编制海关统计，办理其他海关业务。中国实行集中统一的、垂直的海关管理体制。海关监管是指海关依据国家法律、法规对进出关境的货物、物品、运输工具实施报关登记、审核单证、查验放行、后续管理、查处违法的行政监督管理职能。

(一)货运监管

货运监管的基本制度，就是通过申报、查验、征税、放行四个基本环节，依照国家规定的政策法令、规章制度，对进出境货物、物品、运输工具执行实际监督管理。从海关方面看，海关对一般进出口货物的监督，其业务程序是：接受申报、查验货物、征收税费、结关放行。作为进出境货物收、发货人，相应的报关手续应为：提出申报、接受检验、缴纳税费、凭单取货或装船起运。凡应受海关监管的进出境货物和物品，统称海关监管货物。一般贸易货物进出境监管，可分为进口与出口货物、许可证管理货物、应税货物、限制进出口货物、禁止进出口货物的监管。特殊贸易货物进出境监管，包括加工贸易货物，保税货物，暂时进出口货物，过境、转运和通运货物的监管。进出境物品通常是非贸易性物品。海关监管货物的期限是：进口货物自进境起，到海关放行止；出口货物自向海关申报起，到出境止；加工装配、补偿贸易进口的料、件、设备，生产的产成品，以及寄售代销、租赁、保税货物自进境起，到海关办理核销手续止。海关对进出口货物监管放行所依据的凭证是：进出口货物的收、发货人(或代理人)填写的《进出口货物报关单》，以及外经贸管理部门签发的进出口货物许可证，或有关主管部门的批准文件以及正常的商务单据。

(二)海关征税

根据中国《海关进出口关税条例》《海关进出口税则》，海关必须对进出口货物征收关税。此外，海关还依法代政府税收部门对货物进出口环节征收多种国内税费，如增值税、消费税、船舶吨税等，以及依法收取海关规费、海关监管手续费、滞报金、滞纳金等。目前中国的关税征收种类分为进口关税、出口关税，其中主要是进口税。中国进口税则又分设最惠国税率、协定税率、特惠税率和普通税率四个栏目。最惠国税率适用原产于与中国共同适用最惠国待遇条款的世界贸易组织成员国或地区的进口货物，或原产于与中国签订有相互给予最惠国待遇条款的双边贸易协定的国家或地区的进口货物；协定税率适用于原产于中国参加的含有关税优惠条款的区域性贸易协定的有关缔约方的进口货物；特惠税率适用于原产于与中国签订有特殊优惠关税协定的国家或地区的进口货物；普通税率适用原产于上述国家或地区以外的国家和地区的进口货物。进口货物在办理报关纳税手续后，允许在国内流通，因此，应与国内产品同等对待也要缴纳国内税。为简化手续，进口货物的国内税一般在进口环节由海关代为征收，简称进口环节税，也称海关代征税。监管手续费是指海关按照有关规定，对减税、免税和保税货物实施监督、管理，提供服务而征收的手续费。海关征税工作，应当遵循准确归类、正确估价、依率计征、依法减免、严肃退补、及时入库的原则。

(三)查缉走私

查缉走私是海关的基本职责，也是维护国家主权和利益、保障改革和开放健康发展的重要手段。走私是指逃避海关监管，进行非法的进出境活动，偷逃关税，非法牟取暴利，扰乱破坏社会经济秩序，严重危害国家主权和国家利益的违法犯罪行为。《中华人民共和国海关法》对我国查缉走私体制做出了明确规定：一是组建国家缉私警察队伍，专司打击走私犯罪活动。国家缉私警察实行海关与公安双重垂直领导、以海关领导为主的管理体制，按照海关对缉私工作的统一部署和指挥，部署警力，执行任务。国家缉私警察不承担维护社会治安和打击其他刑事犯罪的职责，与地方公安没有隶属关系。组建国家缉私警察队伍，有利于迅速、有力地打击走私犯罪活动。这是从我国实际出发，借鉴国际通行做法的一项改革措施。二是联合缉私、统一处理。为了改变原来多部门不规范缉私、政出多门、秩序混乱的弊端，要建立以海关为主，公安、工商等执法部门联合缉私，对查获的走私案件由海关统一处理的制度。各执法部门查获的不构成走私罪的案件，一律交由海关做行政处罚；构成走私罪嫌疑的案件，一律移送缉私警察侦办；查获的走私物品和价款，一律交由海关及时上缴国库，任何单位不得坐支截留。三是改革现行缉私罚没收支管理办法，坚持收支两条线制度。缉私罚没收入全部上缴中央财政。中央财政留30%作为补税，其余部分的50%用于有关缉私部门改善缉私装备、办案、奖励缉私有功的单位和人员，另外的50%返还给省级财政，由省(自治区、直辖市)统一安排，也主要用于反走私工作。缉私罚没收入还要拿出一些支持和奖励缉毒队伍。

(四)编制海关统计

海关统计是指海关运用各种科学方法，对进出境的货物进行统计调查、统计分析的活动。编制海关统计，是海关的基本职能之一。中国海关统计制度是参照国际标准制定的专门贸易记录制。凡能引起中华人民共和国关境内物质资源存量增加或减少的进出口货物，即实际进出中国关境的货物，均被列入海关统计。凡列入海关统计范围的进出口货物均可根据《中华人民共和国海关统计商品目录》归类统计。该目录采用海关合作理事会制定的《商品名称和编码协调制度》(HS)为基础编制，由8位数编码组成，前6位数是HS编码，后2位数是根据中国关税、统计和贸易管理方面的需要而增设的本国子目。全目录共有8000余个8位数商品编号。进口货物按CIF价格统计，出口货物按FOB价格统计。海关统计的原始资料是经海关实际监管的进出口货物报关单。统计项目包括进出口商品的品种、数量、价格、国别(地区)、经营单位、境内目的地、境内货源地、贸易方式、运输方式、关别等。进口货物按海关放行的日期进行统计，出口货物按海关结关的日期进行统计。海关月度和年度统计数据按公历月和公历年汇总编制。进出口企业按照报关用的规范格式填制，以电子数据交换的方式向海关申报，经海关通关、审单关员初步审核通过后，再传输到海关统计数据质量检控系统。各地海关统计部门的关员再对报关单上的统计项目逐一认真审核，并通过计算机程序进行错误信息查控、逻辑被控和价格被控等多项数据质量检查把关。确认无误后，按月通过网络将数据传输到海关总署。海关总署信息中心再将各口岸的数据汇总并再行质量查控，经综合统计司查核修正后编制贸易统计报表和对外发布海关统计数据。

七、商检管理

商检管理是指在国际贸易中对买卖双方达成交易的进出口商品，由法定商检机构依法对其品质、数量、规格、包装、安全、卫生、装运条件等进行检验的活动。进出口商品检验是国家对对外贸易活动实行监督管理的一个重要方面,也是一项国际性业务。做好商品检验工作,对于促进对外贸易的发展,提高出口商品的质量,保障社会主义建设和维护国家权益等方面都起着十分重要的作用。中国进出口商品检验工作主要有以下四项任务。

(一)法定检验

法定检验是商检机构和其他检验机构根据国家的法律、行政法规的规定,对规定的进出口商品或有关的检验事项进行强制性的检验和检疫,未经检验的不准输出或不准销售、使用。法定检验的范围是:列入《商检机构实施检验的商品种类表》内的进口商品;按照国家商品卫生法规定需要执行卫生检验的出口食品;按照国家动植物检疫法规需要进行检疫的出口动物产品;涉及安全、卫生、环境、劳动保护等列入进口质量许可管理目录的商品;装运粮油商品、冷冻品等易腐商品出口的船舱和集装箱,经检验符合装运技术条件并发给证书后,方可装运;列入《国际海上危险货物运输规则》内的海运危险品,出口时必须进行包装鉴定。

(二)抽查检验

抽查检验或称监督管理,是指商检机构通过组织管理和监督检查等方式,对进出口商品的质量、重量、数量和包装等实施监督管理。其监管范围主要包括:对法定检验以外的进出口商品进行抽查检验;对重要出口商品生产企业派驻质量监督员;对进出口商品质量进行认证,并准许认证合格的商品使用质量认证标志;指定及认可符合条件的国内外检验机构承担特定的检验鉴定工作;对重要进出口商品及其生产企业实行质量许可制度等。抽查检验的组织实施原则是:国家商检部门对抽查检验实行统一管理,负责确定相应的商品种类加以实施;各地商检机构根据商检部门确定的抽查检验的商品种类,负责抽查检验的具体组织实施工作。

(三)公证鉴定

公证鉴定是国家设置的商品检验机构或社团法人设立的第三者检验机构,其职能是对进出口商品进行鉴别和认定。中国的进出口商品鉴定工作由国家商检局授权中国进出口商品检验总公司及其所辖部分省、自治区、直辖市和经济特区的分公司负责办理。商检机构和商检公司(商检公司于1980年成立,作为国家商检局指定的检验机构)以第三方公证鉴定人的地位,凭对外贸易关系人的申请,办理对外贸易公证鉴定业务。根据商检法规定,我国商检机构实施进出口商品检验的内容包括:商品的质量、规格、数量、重量、包装以及是否符合安全、卫生要求。商检机构对进出口商品鉴定业务的范围包括:进出口商品的质量、重量、数量、海损鉴定,包装鉴定,集装箱检验,进口商品的残损鉴定,出口商品的装运技术条件鉴定、货载衡量、产地证明、价值证明以及其他业务。我国对进出口商品检验和监督管理,有利于把好进出口商品质量关,有利于为扩大出口疏通渠道,并为外贸发展提供优质服务。

(四)认证工作

为保证产品质量,提高产品信誉,保护用户和消费者的利益,促进国际贸易和发展国际质量认证合作，国家检验检疫局认证机构依据《中华人民共和国进出口商品检验法》及其实施条例，以及其他有关法律、法规的规定并按国际标准化组织的 ISO 9000《质量管理和质量保证》系列国际标准、国际环境管理体系的 ISO 14000 所制定的一系列认证"准则"和"办法"来指导和统一管理全国进出口商品的认证工作。这一工作主要有：考核、认可国内外进出口商品检验，评审机构和认可检验员、评审员注册等管理工作；组织和监督管理有关部门涉及认可检验机构的进出口商品检验和认证工作；根据需要同外国有关机构签订进出口商品质量认证协议；根据协议或者接受外国有关机构的委托进行进出口商品质量认证工作；对认证合格的进出口商品及生产企业颁发认证证书，准许使用进出口商品质量认证标志；根据出口生产企业的申请或外国的要求，对出口商品生产企业的质量体系进行评审；组织签订并执行进出口商品检验方面的国际合作协议，参加有关国际组织和会议。

本 章 小 结

本章从弥补市场调节机制的不足、保证对外贸易体制改革的顺利进行、保证国家对外贸易方针政策的贯彻执行、保证对外贸易健康有序发展、保证对外贸易获得最佳经济效益、保证在激烈的国际市场上处于有利地位六个方面阐述了对外贸易管理的必要性。

法制手段是指在对外贸易中借助法律规范的作用对进出口活动施加影响的一种强制性手段。通过立法，使外贸活动有法可依，除《外贸法》这个基本大法外，在对外货物贸易、技术贸易、服务贸易管理的各种手段、各个环节、各个方面都制定和颁布了具体的法规和条例。此外还颁布了反倾销、反补贴和保障措施等立法。通过经济司法，保护合法行为，惩治违法行为，维护良好的经济秩序。

通过汇率杠杆、税收杠杆、信贷杠杆、价格杠杆，对微观经济主体行为施加影响，以实现宏观调控外贸经济活动和外贸经济关系。

对外贸易的宏观管理，在主要采用经济手段和法律手段的同时，还可以辅以必要的行政手段进行管理。对外贸易的行政管理手段有配额管理、许可证管理、经营审批管理、商标管理、外汇管理、海关管理和商检管理。

思 考 题

1. 简述中国外贸宏观调控的构成和目标。
2. 中国外贸立法的调整对象是什么？怎样理解它的立法渊源？
3. 简述《外贸法》的地位和性质及修订后的《外贸法》的主要内容。
4. 中国对外贸易主要有哪些救济制度？实施这些救济制度分别需要满足哪些条件？
5. 简述中国关税制度的演变以及我国关税减免的种类、关税的计征标准。
6. 中国进口关税税率确定的基本原则是什么？
7. 简述出口退税制度在中国的实施概况。
8. 现行人民币汇率制度的主要内容有哪些？
9. 试述市场经济体制下中国对外贸易的管理手段。

案例分析

无印良品商标侵权案败诉

法院裁定 2005 年在上海成立的日本无印良品公司所使用的"无印良品"商标侵害了北京棉田纺织品商标权,日本无印良品需赔偿其 62 万元人民币。

第一回合: 商标之争 北京无印良品胜出

日本无印良品于 2005 年 7 月在上海开设第一家专卖店,但其在中国的商标布局开始于 1999 年,如此看来起步并不晚。但让人不能理解的是,日本无印良品在中国申请注册的"無印良品"商标,指定使用的商品或服务包括第 16、20、21、35、41 类,却落下了第 24 类商品(如毛巾、床单等)上的注册申请。北京无印良品则在 2000 年抢先申请第 24 类无印良品商标(事实上是从某贸易公司受让)。

日本无印良品在获悉被注册之后,在其后的十几年间可以说用尽了商标授权确权中可用的所有法律手段,包括向商标局提出异议,被驳回后向商标评审委员会提出驳回复审,未获支持后又向法院提起一审、二审,但均未撼动商标评审委员会的裁定。最后日本无印良品硬是将案件打到了最高人民法院(再审)。

第二回合: 日本无印良品再次发起轰炸式进攻抓北京无印良品的小辫子

2014 年,日本无印良品以北京无印良品商标侵权及不正当竞争为由发起五起案件,案号分别为(2014)京知民初字第 59 号、60 号、61 号、62 号、63 号。

2017 年 7 月北京知识产权法院一审结这五个案件,法院均认定北京无印良品构成商标侵权或/及不正当竞争。理由是北京无印良品主观上具有攀附日本无印良品商标知名度的故意,有违诚实信用原则。北京无印良品公司英文企业名称的核心部分(字号)与日本无印良品的涉案商标"MUJI"构成近似标识,客观上易使相关公众对日本无印良品和北京无印良品提供商品的来源产生混淆误认。法院判决北京无印良品应赔偿的金额为 39 万余元/个案件。

第三回合: 北京无印良品抓日本无印良品的小辫子

2015 年,北京无印良品以日本无印良品在实体专卖店或天猫旗舰店销售的腈纶毛毯、麻平织床罩、麻平织床罩、无印良品 MUJI 羊毛可洗床褥、无印良品 MUJI 棉天竺床罩共 5 项商品上使用"無印良品""MUJI 無印良品""无印良品 MUJI"侵害其商标专用权为由起诉日本无印良品。一审法院依然为北京知识产权法院,判决日本无印良品停止侵权、发布消除影响声明,赔偿损失 40 余万元。

(资料来源: 新浪网 https://finance.sina.com.cn/wm/2019-12-13/doc-iihnzhfz5522498.shtml)

问题:

1. 法院在审理、判决中的依据是什么?
2. 原告是否可以用《反不正当竞争法》来维护自己的权益?

第九章　中国对外贸易体制改革

【学习要求】

通过本章的学习，要求学生了解我国对外贸易体制的建立和发展，以及进行对外贸易体制改革的必要性；掌握我国在对外贸易体制初步改革阶段、深化改革阶段、承包经营责任制阶段和建立对外贸易新体制阶段的外贸体制改革的主要内容及措施。

【主要概念】

对外贸易体制　外贸经营权　工贸结合　出口承包经营责任制　现代企业制度　股份制　转换企业经营机制　进出口商会

【案例导读】

> **商务部研究院院长顾学明：改革开放 40 年我国外贸结构优化升级**
>
> 　　改革开放 40 年，我国外贸实现了结构优化升级，优质高效发展。顾学明表示，这种升级主要体现在商品结构、贸易方式、国际市场布局、外贸经营主体和国内市场结构五个方面的优化。
>
> 　　第一是商品结构不断优化。1978—2017 年初级产品比重由 53%下降到 5.2%，工业制成品比重由 47%上升到 94.8%。1992—2017 年我国机电产品出口占比由 23%上升到 58.4%，1996—2017 年高技术产品占比由 17.5%上升到 29.5%，这是我们产品结构的变化。
>
> 　　第二是贸易方式的变化。近年来我国多措并举，一般贸易比重不断提升，加工贸易比重持续下降，贸易方式也在持续优化。1998—2017 年加工贸易占比由历史最高值 53.4%下降到 29%，同期一般贸易比重由 36.4%上升到 56.3%。
>
> 　　第三是国际市场布局不断优化。目前为止我们和实际上所有国家和地区建立了贸易关系，在巩固和深耕美、欧、日传统市场的同时，我们加大了对拉美、非洲、亚洲等新兴市场的开拓，积极推进"一带一路"相关国家的贸易畅通、贸易便利化。
>
> 　　第四是外贸经营主体不断优化。近几年我们出台了一系列的鼓励支持政策，支持中小企业创新、制度创新、技术创新和管理创新，支持中小企业开拓国际市场。现在我们统计 2015—2017 年民营企业出口占比这两年均占首位，成为拉动我国出口的主力军。
>
> 　　第五是国内市场结构不断优化。原来东部地区得益于最早的开放优惠政策，外贸发展走在前面。近年来我们提出了西部大开发战略和沿边开放的战略，使得中西部地区外贸增速加快，整体协调能力上升。
>
> （资料来源：经济参考网 http://www.jjckb.cn/2018-10/24/c_137553767.htm）

对外贸易体制是指对外贸易的组织形式、机构设置、管理权限、经营分工和利益分配等整个制度。对外贸易体制是经济体制的一个组成部分，属于上层建筑范畴，是由经济基础决定并为经济基础服务的。我国在十一届三中全会后开始对对外贸易体制进行改革，先后经历了以打破旧体制为主要内容的改革和以建立新体制为主要内容的改革。

第一节 对外贸易体制改革的必要性

我国对外贸易体制，是为了适应新民主主义经济制度并逐步过渡到社会主义制度的需要而建立起来的。从新中国诞生开始，我国就废除了帝国主义在我国的各种特权，没收了国民党政府和官僚资本的外贸企业，逐步建立了国营外贸企业，并通过改造私营外贸企业，实行了以国营外贸专业公司为主体、私营外贸企业为补充的对外贸易体制。

在我国的对外贸易体制形成和发展中，不断出现了不适应我国基本国情和世界经济发展的问题，因此，从1978年中共十一届三中全会开始，我国开始了对外贸易体制的改革，这对于促进我国经济的进一步发展具有深远的意义。

一、保持出口贸易持续快速发展，加快实现现代化目标的需要

按照"三步走"战略，到21世纪中叶我国要实现达到中等发达国家水平的目标，对外贸易特别是出口贸易在国民经济总体布局中担负的责任更加重大。

(1) 外需拉动仍将是国民经济增长的重要动力。近十年，我国外贸出口对GDP增长的贡献率年均超过2个百分点，随着经济全球化趋势的加强，未来二三十年我国经济的发展更离不开国际市场，离不开外贸出口的有力带动。

(2) 我国加入WTO以后潜在的进口增长，客观上要求出口保持持续发展，以实现外汇收支平衡。从2004年开始，由于加入WTO后过渡期的到来，随着市场的全面开放和进口持续高速增长，如出口不能继续保持较高的增长水平，对外贸易平衡将越来越困难。

(3) 我国经济结构战略性调整，需要我们利用好国际产业转移带来的机遇，支持企业"走出去"带动出口增长，带动我国沿海地区产业升级和走新型工业化道路。

(4) 为了缓解全社会的就业压力，需要我们保持劳动密集型出口加工产业的持续健康发展。

(5) 保持国际收支平衡，防范各种金融风险，同样需要出口贸易的稳定发展。

一个需要特别引起注意的问题是，近年来我国出口发展的内生源泉不足，国内其他各类企业的出口增长相对于外资企业较慢，从中长期的发展来看，存在着不容忽视的隐患。以2004年为例，全国外资企业出口已占我国出口总规模的近58%，比2003年又提高了2个百分点，而2005年这一比例又呈继续上升的趋势。由于国际资本有着很大的流动性，总是在不断地寻找新的投资场所，跨国公司把生产场所转移到中国来，看重的是我国廉价的生产要素，而随着我国经济的发展，这种优势显然不可能长期保持。因此，如果不能较快地大幅度提高内资企业的出口竞争力，一旦这些外向型外资转向其他国家和地区，外资企业出口增长出现大幅度下降，我国出口就可能出现大的问题。而要提高我国内资企业的出口竞争力，就必须打破政企不分、统负盈亏的外贸管理体制，建立起适应社会主义市场经济发展的、符合国际贸易规范的新型外贸体制。

二、实施以质取胜战略，转变外贸增长方式的需要

进入新世纪以后，主要发达国家的经济虽然有所复苏，但居民可支配收入的增长仍然缓慢，从中长期来看，其市场需求总量难以有明显的扩张，这对我国出口贸易的持续增长是一个大的制约，使我国面向传统市场的出口贸易规模进一步扩大的难度越来越大。目前我国具有比较优势的劳动密集型产品在发达国家的占有率已经相当高，已经成为美国贸易逆差最大的来源国。由于我国出口仍主要是数量扩张型增长，一些国家频繁利用技术壁垒、环境壁垒、绿色壁垒等手段对我国商品进口设限，我国商品受到反倾销调查的案例呈现出不断上升的趋势，这一方面说明国际市场对我国一般性低价出口商品的需求接近于饱和，另一方面反映出我国的出口促进政策需要做出系统性、战略性调整。这一调整的核心是要进一步提高我国产品和企业的国际竞争力，努力实现从"贸易大国"向"贸易强国"的转变，实现从"扩大出口"规模导向到"提高卖价"效益导向的转变。为了实现上述转变，必须建立和完善外贸出口促进体系。

三、与国际接轨，适应我国加入 WTO 新形势的需要

实践证明，我国加入 WTO 符合我国的根本利益，但加入 WTO 确实也给我国带来了新的挑战。在出口贸易方面，我国同样必须履行世界贸易组织的义务，长期以来在计划经济体制下形成的、以行政管理为主的外贸管理体制，特别是地方政府管理外贸和促进出口的方式面临进一步的改革。换言之，当前抓紧按照 WTO 规则和国际通行做法，建立和完善出口促进体系是很迫切的。

第一，只有建立起既符合 WTO 规则，又适应中国国情的，以政府为主导、以经济和法律手段为主的，稳定、规范、统一的出口促进体系，才能有利于全面提高我国企业的国际竞争力，实现我国出口扩大规模、优化结构和可持续发展，实现对外开放的各项战略目标。

第二，只有通过出口促进体系的建立与完善，与对外贸易相关的海关、商检、外汇、税务和外经贸管理部门，进一步明确分工，协调统一，加强管理，改善服务，为企业在通关、商检、外汇核销、出口退税等环节提供更多的支持，我国加入 WTO 以后获得的优惠与便利才有可能发挥最大效能。

第三，加入 WTO 以后，要实现对外贸易政策的统一制定及在全国的统一实施。目前我国对外贸易的管理仍有很强的计划经济遗留色彩，主要体现在地方政府对出口的管理与促进上。一方面，本该由中央外经贸管理部门统一实施的管理，仍采取分级管理的办法，有一部分出口配额和许可证的发放委托地方外经贸管理部门管理；另一方面，由于全国没有一个统一的贸易促进体系，出口促进的主体与方式五花八门，有些地方政府甚至违反 WTO 规定给企业提供出口补贴，既在国内地方之间造成不平等竞争，又可能给人以口实，增加对外贸易摩擦。

第四，加入 WTO，需要一个公平的对外贸易竞争环境。按照 WTO 的公平贸易原则，各成员方不得采取不公平的贸易手段进行国际贸易竞争或扭曲国际贸易竞争，例如，不允许成员方企业对外倾销商品，禁止政府按出口实绩对企业或产业的直接补贴，以及对出口直接税等的减免等。

四、与时俱进，适应经济全球化快速发展的需要

经济全球化使不同国家在经济上的联系越来越密切，各个国家所面临的国际竞争也越来越激烈，并且直接体现在出口贸易的竞争上。世界范围内的国际贸易增长，实际上是各国出口贸易增长的总和，而单个国家出口贸易的增长能力则是其国际竞争能力的一个重要标志。面对日益加速的经济全球化进程，一个国家的出口竞争力越来越直接地影响到经济发展的潜力。要想在经济全球化进程中分得"一杯羹"，发展中国家首先必须考虑如何推动本国出口贸易的持续增长。只有在出口上取得突破，才能有效地参与国际分工，才能在引进外资和先进技术等方面获得实质性的利益。从这个意义上说，作为全球最大的发展中国家，出口能否获得持续增长，将直接关系到我国在未来经济全球化格局中的地位与前途。面对经济全球化所带来的更加激烈的国际竞争，我国如果没有一整套完善的出口促进体系，就不可能形成新的出口优势，就不可能带来新的发展。日本等国的实践告诉我们，出口贸易光靠企业自身的力量是不够的，政府不仅有必要，而且也是唯一有能力给予支持的重要力量。

21 世纪的前十几年，是我国以加入 WTO 为契机，开始新一轮以与国际经济规范全面接轨，建立完善的社会主义市场经济体制为基本目标的体制改革时期，我国的经济发展战略模式将出现重大转变。在出口的促进与管理方面，面对国内市场国际化、国际竞争国内化、国内外竞争一体化，单纯的某一项政策都难以有效调节这种变化所体现的复杂关系，因此建立一整套符合新形势需要的、规范化、高效率的政策调控与促进体系，完善对外贸易体制是一项非常紧迫的任务。

第二节 以打破旧体制为主要内容的外贸体制改革

这一时期(1979—1993 年)的改革，以打破计划经济体制下政企不分、中央集权、高度集中的经营管理体制，塑造市场经济所要求的政企分开、权责分明为主要内容。

一是外贸主体沿着"国家——地方——企业"的模式演进发展，即从 1978 年之前国家主办外贸活动，转变为 20 世纪 80 年代后地方主办外贸活动，直至 90 年代由企业充当外贸活动的主角，逐步承认企业参与国际分工和国际市场竞争的微观主体地位。

二是专业外贸公司由原来的行政机构附属物转变为中介服务组织，它们在外贸活动中逐步获得独立经济实体的地位。伴随着这种地位的转变，专业外贸公司的经营模式也由单一的计划收购改变为进出口代理。

三是外贸企业宏观结构由"合"到"分"，再由"分"走向"合"，以放权、分权为改革过渡措施，最终将外贸企业推向国际市场，并且通过各种措施使外贸企业选择走国际化集团经营之路。

一、初步改革阶段(1979—1987 年)

1978 年中共十一届三中全会以来，伴随着经济体制改革的进程，我国外贸体制的改革

第九章 中国对外贸易体制改革

也陆续展开，从放权、让利、分散，到推行外贸承包制和放开经营，在层次上渐次推进，取得了一个又一个新的突破。

(一)下放外贸经营权

1978年之前，为确保产品经济和单一的计划经济体制相适应，当时我国建立了由外贸部统一领导、统一管理，外贸各专业公司统一经营，实行指令性计划和统负盈亏的高度集中的对外贸易体制。这种外贸体制在特定的历史条件下有利于使中国在国际收支中避免出现逆差，有利于将中国国内市场与国际市场中的任何不确定因素隔离开来，有利于控制中国进出口水平和构成，达到保护民族幼稚工业、实现进口替代战略的目的。但是，该体制也存在着严重的弊端，主要如下。

首先，独家经营，难以调动地方的主动性和积极性。

其次，统得过死，阻碍了企业与买方、卖方的接触，不利于外贸企业发挥自主经营的能力。

最后，统负盈亏，不利于外贸企业走上自主经营、自负盈亏、自我发展、自我约束的企业经营之路，而且未能体现地方、国家、企业、个人的利益关系，影响他们积极性的发挥。

于是从1979年开始，在对外贸易体制改革的推动下，我国逐渐下放了一些外贸经营的权限。1984年，外贸部实施了以简政放权为核心的一系列改革措施。

其一，1984年1月起，多数省份有权保留一定比例的外汇收入。1985年1月起，允许企业自己决定使用50%的留成外汇。

其二，1984年1月，明确规定了28种限制进口商品，允许一批机构无须经过外贸部就可进口非限制类商品，这些机构包括外贸部所属外贸公司和分公司、其他部门所属的外贸公司、省政府经营的外贸公司。

其三，1984年9月，通过了外贸体制改革报告，内容包括"政企分开""简政放权""实行外贸代理制""改革外贸计划体制"和"改革外贸财务体制"等。

至此，高度集权的外贸总公司垄断全国外贸的局面被打破，各省及下属外贸组织开始成为外贸活动的主力军。经过简政放权，扩大了省一级外贸自主权。外贸公司的数量显著增加。据统计，自1979年下半年至1987年，全国共批准设立各类外贸公司2200多家，比1979年增加了11倍多。

(二)开展工贸结合

在1979年改革之前，由于工贸脱节，常常造成我国出口产品质量差、花色品种陈旧，无法充分满足国际市场的需求，从而影响了企业的出口效益。于是在外贸体制改革的初期，我国就开展了多种形式的工贸结合的试点。

(1) "四联合、两公开"。这是工贸结合的初级形式，即外贸公司与工业生产企业专业对口、联合办公、联合安排生产、联合对外洽谈、联合派小组出国考察；外贸的出口商品价格对工业部门公开，工业企业生产成本向外贸公司公开。通过这种工贸结合的形式，使我国商品的生产与外贸销售的各环节实现信息互通、资源共享，避免工贸脱节，提升商品的出口经济效益。

(2) 建立工贸结合公司，即工业生产企业和外贸企业以共同出资、共同经营的模式建立联营企业。如1982年4月成立的青岛纺织品联合进出口公司，就是由青岛市9个国有纺织厂联合建立的，从而实现从纺织、印染到针织、服装、外贸出口的一条龙经营，大大提升了青岛纺织产品的出口经济效益。

(3) 建立生产同类产品的企业和企业联合体为经营实体的外贸公司，从而实现直接对外经营出口业务。

(三)实现出口承包经营责任制

1984年国内计划价格和市场价格并存的双轨制对出口商品的计划资金调配带来了很大的挑战。针对这种情况，根据中国农村改革的经验，1985年起外经贸系统试行了出口承包经营责任制，以摸索价格双轨制情况下的计划资金使用方法。承包是在双轨制情况下，初步打破中央财政对外贸实行统收统支，减轻中央财政负担，实现外贸企业自负盈亏的一种有效的过渡性措施。

1987年我国外贸部对所属的外贸专业总公司实现了出口承包经营责任制，其承包的内容包括出口总额、出口商品换汇成本、出口盈亏总额三项指标。承包经营责任制的指导原则是超亏不补、减亏留用、增盈对半分成，并按三项指标完成情况兑现出口奖励。承包的方式是由经贸部发包，外贸专业总公司总承包后再按公司系统逐级分包到各分公司，然后落实到基层。

通过1979—1987年的初步改革，逐步扩大了我国企业的经营渠道，调动了地方、部门发展外贸的积极性，但从总体来看，因企业为真正实现企业化管理缺乏有效的自我约束机制，我国外贸体制中的一些根本性问题尚未得到解决，这一切均有待于外贸体制改革的深入。

二、深化改革阶段(1988—1990年)

外贸吃"大锅饭"的体制多年来一直制约着外贸事业的发展。经过调查研究，国务院决定从1988年起全面推行对外贸易承包经营责任制，其主要内容如下。

首先，由各省、自治区、直辖市和计划单列市政府以及全国性外贸(工贸)总公司向国家承包出口收汇，上缴中央外汇和相应的补贴额度，承包基数3年不变。

其次，取消原有使用外汇控制指标，凡地方、部门和企业按规定所取得的留成外汇，允许自由使用，并开放外汇调剂市场。

最后，进一步改革外贸计划体制，除统一经营、联合经营的21种出口商品保留双轨制外，其他出口商品改为单轨制，即由各省、自治区、直辖市和计划单列市直接向中央承担计划，大部分商品均由有进出口经营权的企业按国家有关规定自行进出口。

为落实对外贸易承包责任制，国家采取了一系列配套改革措施。

(一)外汇管制制度改革

在外贸由国家垄断，外汇由国家统收统支的情况下，汇率一度只是内部进行会计核算的工具，它对进出口起不到调节作用。随着外汇调剂中心的建立，汇率对贸易的调节作用开始增强。但由于计划在进口方面仍有作用，留成外汇部分相当于计划进口的权利。外汇调剂中心进行市场交易的不是实际的外汇，而是外汇配度，即议价得到的使用外汇的权利。外汇留成的政策对进出口的影响十分复杂，对有些地方政府财政能力强大者而言，地方财政补贴可以促进企业多出口创汇，再从进口中多赚钱。外汇调剂市场和官方内部双重汇率使外贸企业可以在内外两个外汇市场上得到双重利润，出口积极性因而大增。

在进口用汇方面，政府另有批汇手段进行调节。在实际进口时要根据商品的性质，是否得到国家批准来折算不同的折算率，而不论及外汇来自留成部分与否。对于关系到国计民生的重要物资和必需品，由国家批准后按官方汇率折算。这样，拉高的人民币比值可以减少进口成本，有利于解决国内的短缺问题(重要物资和必需品)。一般商品进口按市场汇率折算，相对于官方汇价可以增大进口成本以限制进口。

到 1988 年全面推行出口承包责任制时，地方和部门自有外汇进口所占比重已超过中央外汇进口。如不搞承包，中央财政负担越来越重，这是因为在中央统包外贸盈亏时，外汇留成是按出口商品收购值来计算比例的。许多经营单位为了多拿外汇留成，抬价竞购，盲目收购，造成了空前的超储积压。推行承包制的效果之一是在保留外汇留成的鼓励作用的同时堵住了亏损的无底洞。经过承包过渡，到 1991 年终于取消了对外贸的财政补贴，同时采取的配套措施是扩大留成比例，发展外汇调剂市场，放开调剂汇率，形成了官方汇率和市场汇率并存的汇率制度。到 1993 年年底，外汇的 70%以上是在调剂市场按 8.70 的调剂汇率结算的。

(二)出口退税与流转税改革

我国从 1979 年开始试行以增值税、产品税和营业税为主的流转税体系。经过一段上缴利润和缴税并存的过渡，1984 年实行第二步利改税，同时中国开始执行出口退税政策以鼓励企业增加出口。1985 年起扩大出口产品退税范围(除原油、成品油之外所有产品都可退税)；1986 年起扩大出口退税范围，由过去只退最后一道生产环节的产品税，扩大到加退中间生产环节的产品税。1985—1990 年间出口退的主要是工商统一税(按营业额 10%的基本税率征收)、产品税(对初级产品征税)和增值税，退税规模在逐年增加。1994 年进一步改善了出口退税制度。在包税制时期，出口退税中央财政承担 80%，地方财政承担 20%，而在执行中，地方负担部分往往不易落实。实行分税制后，出口退税明确规定全部由中央财政负担，保证了退税的落实[①]。

(三)权力下放，部分放开经营权

中国对外贸商品、外汇、经营权曾有多种限制。外贸部直属的进出口公司按不同的商品范围分工垄断了全部进出口业务。各省的外贸部门只是总公司的分支派出机构。这一垄断的格局有利于最大限度地从进口中获利，不利于压缩出口成本，不利于调动生产部门的积极性，改革势在必行。

---

① 但大量出口形成了对出口退税政策和中央财政能力的考验。最终由于退税大量增加，中央财政无力支付，只得将增值税退税率全面降低。这种趋势在 1997 年以后得以逆转。为了应对国内经济衰退以及亚洲金融危机，各国竞相贬值本国货币对中国出口的影响，中国又开始逐步提高出口退税率。

在外经贸经营管理体制改革方面，为了顺应出口产品结构的升级，先逐步地给机械行业的生产企业直接参与国际贸易的机会。后又随着国有企业改革的推进，逐步给机械工业企业外贸自主权，允许这些企业在国家计划指导下直接出口产品，参加国际市场的竞争，对出口盈亏担负经济责任。后来，各省成立外贸总公司，并将原中央外贸总公司在各省的分公司独立出来，给予全部外贸经营权。

与放开经营相配套的改革是，1984年1月，外贸部明确规定了28类限制进口的商品。允许一批机构无须经过外贸部就可进口非限制类商品，这些被授权机构包括外贸部所属外贸公司和分公司、其他部门所属的外贸公司、省政府经营的外贸公司。

在外贸出口管理方面将出口商品的经营权分为三类：一类为垄断经营商品，二类是政府倾向于适度干预竞争或受被动配额限制的商品，其余的是三类商品。这三类商品分别由中央、外贸专业总公司和地方分别协调管理，经过对商品经营权下放的改革，第三类放开经营商品出口有了长足的发展。需要出口许可证的出口产品数量到1999年降至59种[①]。

三年来的实践表明，承包制的推行基本达到了预期的效果。

首先，它打破了长期以来外贸企业吃国家"大锅饭"的局面，为解决责权利不统一的状况迈出了一大步，从而大大调动了各方面特别是地方政府的积极性，有力地促进了外贸的发展。

其次，它有利于解决中国经营体制上长期存在的政企不分问题，让企业逐步走向自主经营的道路。

最后，它促进了工贸结合，有利于增强外贸企业的国际竞争力。

与此同时，承包制也暴露出一些弊端，具体如下。

一是尚未建立外贸的自负盈亏机制。承包制仍然保留了中央财政对出口的补贴，财政补贴是一种非规范化的行政性分配，带有主观随意性，也不符合国际贸易的通常做法。

二是助长了局部利益的膨胀和不平等竞争的加剧。对不同地区的承包企业规定不同的出口补贴标准和不同的外汇留成比例，从而造成了地区间的不平等竞争，诱发了对内的各种抢购大战和对外的竞相削价销售，造成外贸经营秩序的混乱。

三是企业行为短期化。企业在追求利润的刺激下，缺乏中长期投资眼光和积极性，只重承包期内任务的完成和超额完成，往往忽略了外贸长期发展的战略目标和战略措施，企业宁可转产附加值低且易迅速出口、换汇成本低的产品，导致国家外向型企业产品结构长期处于低水平运行。

四是承包期一旦确定，就三年不变，未能适应国内非经营环境的变化。遇有重大的环境变化，承包企业往往难以完成承包任务。

三、出口自负盈亏承包经营责任制阶段(1991—1993年)

这一轮外贸体制改革的重点放在微观管理层的变革，它既是建立现代企业制度的客观要求，也是前一阶段简政放权道路的延续。在一系列改革措施中，有两项特别重要。

---

① 中国政府在20世纪90年代末将历来由外贸公司垄断的纺织品配额的15%直接分配给了生产企业，1999年这个比例则进一步上调至20%。

(1) 取消国家财政对出口的补贴，按国际通行的做法由外贸企业综合运筹，自负盈亏。

(2) 改变按地方实行不同外汇比例留成的做法，实行按不同商品大类统一比例留成制度。此后，中国外贸经营基本打破了"大锅饭"体制，外贸企业的经营机制发生了根本性的改变。

外贸财政补贴的取消使外贸企业第一次被真正作为外贸经营主体和参与竞争的独立实体而受到重视，使国内外贸企业能够在自主经营、自负盈亏的前提下，建立和完善自我发展、自我约束的经营机制，改善经营管理，提高国际竞争能力，从而在更深更广的范围内参与国际分工，促进市场秩序健康发展。同时，它还扩大了企业对外汇的支配使用权，有利于保持适度的进口增长，为进一步拓展对外贸易关系创造了良好条件。另外，为了保证国家收汇并防止逃汇、套汇，外汇管理部门和结汇银行实行跟踪结汇，从而加强了对出口外汇的管理。

截至 1993 年年底，中国有外贸经营权的各类企业(不包括已投产的 80 000 多家外商投资企业)达 8000 多家。原有的宏观管理模式已明显不能适应外贸发展的需要。企业自主权的扩大，企业产权制度的变革，也呼唤政府建立一套多形式、多层次、既灵活又统一的管理体制。为此，国家提出按现代企业制度改组国有企业，采取一系列措施鼓励外贸企业进行股份制的试点工作，鼓励专业外贸公司实行进出口代理制，鼓励工贸结合，发展实业化、集团化、国际化经营，从整体上促进全国外贸规模的发展。

第三节　以建立外贸新体制为主要内容的外贸体制改革

1994 年，中国政府开始了以汇率并轨为核心的新一轮外贸体制改革，以便尽快建立适应社会主义市场经济发展的、符合国际贸易规范的新型外贸体制。

一、对外贸易管理体制改革

(一)经济手段改革

1. 改革外汇管理体制，发挥汇率对外贸的重要调控作用

国务院决定，从 1994 年 1 月 1 日起，实现双重汇率并轨，实行以市场供求为基础的、单一的、有管理的人民币浮动汇率制度，建立银行间外汇市场，改进汇率形成机制，保持合理的、相对稳定的人民币汇率；实行外汇收入结汇制，取消现行的各类外汇留成，取消出口企业外汇上缴和额度管理制度，实行银行售汇制，实行人民币在经常项目下的有条件可兑换。外汇体制改革为各类出口企业创造了平等竞争的良好环境，有助于提高我国出口商品的竞争力；大大加速外贸企业经营机制的转换，更有效地发挥汇率作为经济杠杆调节对外贸易的功能；有助于中国外贸体制与国际规则接轨。1996 年 12 月 1 日，我国还宣布接受国际货币基金组织第八条规定的义务，实现人民币经常项目下可兑换。近几年，中国外汇管理体制又进行了新的改革，制定和出台了一系列新的举措，为中国经济发展和对外开放做出了巨大贡献。

(1) 确立了对资本项目进行管理的新方针。1996 年 11 月实现了人民币经常项目可兑换后，中国外汇管理原则及其内容相应发生了重大变化，即由可兑换前的侧重于外汇收支范围的严格审批转为对交易真实性进行审核，外汇管理的方式由事前管理、直接审批改为事后监督、间接管理的模式。这就是说，凡是经常项目下的交易，只要单证齐全、真实可靠，就可以不受限制地对外支付货款及运、保、佣费用。按照国际惯例和改革顺序，一国实现经常项目可兑换后，应继续进行资本项目可兑换的改革。而且鉴于中国仍然是发展中国家的国情以及20世纪80年代以来拉美等发展中国家脱离实际，过快开放资本项目造成外汇流失、频繁发生金融危机的事实，中国审时度势，适时提出对资本项目进行管理的新方针，并在1997年1月14日新发布的修订后的《中华人民共和国外汇管理条例》中进行了明确规定："国家对经常性国际支付和转移不予限制……对资本项目外汇进行管理。"在市场机制不健全、外汇资源相对稀缺的条件下，中国做出对资本项目进行管理的决定，无疑是正确的和及时的。随即而来的亚洲金融危机证实了这一点。

(2) 构建宽松的外汇环境。中国外汇管理体制改革的一个基本出发点是为中、外资企业及个人创造一个良好的外汇环境，促进国民经济的正常发展和对外开放的顺利进行。中国外汇管理当局努力抓了这样几项改革：一是于1997年1月1日起，开始进行远期银行结售汇试点，为企业提供规避汇率风险、降低交易成本的保值手段；同年10月15日，允许符合一定条件的中资企业开立外汇账户，保留一定限额经常项目外汇收入。二是增强外汇管理的透明度、公开性。1999年5月28日，中国外汇管理当局开通了国际互联网网站，内容包括全部现行外汇管理法规、业务操作指南等。三是各地外汇管理部门努力提高服务水平，不断探索，开办了"红色通道""首问负责制""免费咨询电话"等新的服务项目，为中、外资企业及个人提供优质服务。四是在个人因私用汇方面，也在真实性需求的基础上逐步向便捷宽松的方向发展。1994年个人出境旅游只能换购60美元，1996年提高到1000美元，1997年再次提高到2000美元。五是于2001年年初允许中国境内居民从事B股投资，为国内持有外汇的居民提供了新的投资渠道。

(3) 完善外汇市场建设。1994年4月4日，设在上海的全国统一的外汇市场——中国外汇交易中心正式运行，从此中国外汇市场由带有计划经济色彩的外汇调剂市场发展到符合市场经济要求的银行间外汇市场的新阶段。中国外汇交易中心以卫星和地面通信网络为媒体，通过计算机网络形成覆盖全国37个分中心的外汇交易联网系统。各交易中心的主体是银行，各银行的交易员每天通过网络进行结售汇头寸交易，为银行提供交易、清算服务，保证结售汇制度下外汇资金在全国范围内的合理流动。为了进一步完善外汇市场建设，1996年12月2日，中国颁布了《银行间外汇市场管理暂行规定》，就银行间外汇市场组织机构、会员管理和交易行为等做出规定。1997年2月12日，中国又决定中国外汇交易中心与全国银行间同业拆借中心为一套机构、两块牌子。1998年12月1日，中国外汇管理当局宣布取消外汇调剂业务，并相应关闭各地外汇调剂中心，全部境内机构的外汇买卖包括外商投资企业的外汇买卖均纳入银行结售汇体系中，使银行间外汇市场更加统一规范，进一步发挥对外汇资源配置的基础性作用。

(4) 积极推进金融业的对外开放。1981年，中国批准设立了第一家外资银行——南洋商业银行蛇口分行。1985年，中国允许在厦门、珠海、深圳、汕头和海南5个经济特区设立外资银行。1990年，为配合浦东开发，中国批准上海对外资银行开放，1992年，中国批准大连、天津、青岛、南京、宁波、福州、广州7个城市对外资银行开放。但总体来看，

第九章 中国对外贸易体制改革

金融对外开放的步伐较为缓慢。从1996年起，中国加快了金融业对外开放的步伐，1996年12月2日，中国允许设在上海浦东、符合规定条件的外资金融机构试点经营人民币业务，并同时颁布《上海浦东外资金融机构经营人民币业务暂行管理办法》。1997年1月，中国首次批准上海的9家外资银行迁址浦东并经营人民币业务。1998年8月12日，中国又宣布允许深圳外资金融机构试点经营人民币业务。1999年6月，中国批准25家外资银行开办人民币业务，其中上海19家，深圳6家。1999年7月17日，中国批准扩大上海、深圳外资银行人民币业务范围。从地域范围上，上海扩大到江苏、浙江，深圳扩大到广东、广西和湖南；增加了外资银行人民币同业借款业务；放宽人民币同业拆借限制和人民币业务规模；允许同一家外资银行经营人民币业务的分行之间自由调拨人民币头寸。由于中国不断采取有效措施加强金融业对外开放的软环境建设，从而确保了引进外资金融机构工作的顺利开展。

(5) 建立健全国际收支申报、监测体系。国际收支申报、监测体系是国民经济核算体系的重要组成部分。由于它能够全面反映一国与世界经济交往状况及外汇供求状况，在世界范围内成为衡量一国经济发展是否正常、外汇储备与外债规模是否适度以及汇率水平是否合理的重要依据，同时也具有预警国家经济安全的重要作用。1980年，中国开始试编制国际收支平衡表；1982年起正式编制国际收支平衡表。为了适应经济发展和国家经济安全的需要，与国际标准接轨，提高国际收支统计申报质量，从1996年1月1日起，中国开始实行国际收支申报制度。1997年，中国国际收支平衡表开始按照国际货币基金组织国际收支手册第五版的原则进行编制公布。2001年开始按半年期试编国际收支平衡表。至此，中国基本建立和健全了国际收支申报、监测体系，有力地促进了国家宏观监测系统的加强和完善。

(6) 进一步完善外汇管理法规体系。1996年年底，中国实现了人民币经常项目可兑换后，中国外汇管理当局根据形势发展的需要，对新中国成立以来的外汇管理法规、规章和其他规范性文件1600件进行了全面的清理，对47件法规的部分条款进行了修订，其中包括1997年1月修改后公布的《中华人民共和国外汇管理条例》，使外汇管理法规更加系统、规范，符合实际需要。中国外汇管理当局还根据经济金融形势发展的需要，制定出台了一系列新的外汇管理政策法规。这些法规大致可以分为三类：第一类是完善资本项目管理的政策法规。1997年7月发生了亚洲金融危机，中国外汇管理当局颁布了一些重要政策法规，如《银行外汇业务管理规定》《境内外汇账户管理规定》《离岸银行业务管理规定》《经常项目外汇结汇管理办法》《外债统计监测实施细则》等，旨在区分经常项目收支，限制游资的流入，加强对借用外债的宏观调控和及时准确掌握中国外汇外债的统计监测数据。第二类是打击非法外汇资金流动、保证合法外汇资金需求的法规。1998年受各种利益驱动，骗汇、逃汇和非法买卖外汇的势头愈演愈烈，扰乱了国内金融秩序。中国外汇管理当局会同有关部委联合制定并颁布了《关于骗购外汇、非法套汇、逃汇、非法买卖外汇等违反外汇管理规定行为的行政处分暂行规定》等法规，狠狠地打击了不法分子的嚣张气焰，稳定了中国外汇秩序。第三类是鼓励出口和利用外资的法规。1998年5月至1999年6月，中国外贸出口增速处于低迷状态，对外筹资能力也受到影响，为改变这种不利局面，1999—2000年，中国外汇管理当局独立或会同有关部委，制定出台了《出口收汇考核办法》《关于简化境外带料加工装配业务管理的外汇通知》《关于改善外汇担保项目下人民币贷款管理的通知》《出口收汇核销试行办法奖惩条例》等法规，支持扩大出口和利用外资，保证中国国际收支稳定和健康。

汇率改革后，建立在外汇额度留成基础上的出口自负盈亏的外贸承包经营责任制逐渐淡出了我国的外贸体制，这有利于创造平等竞争的外贸环境，同时消除人民币币值高估问题，为我国扩大出口贸易创造有利的机会。

【案例9-1】

人民币汇率六连贬对当前经济和大众生活产生多大影响？

近期人民币汇率连续下跌，主要系美元指数的升值给人民币贬值带来的压力。Wind数据显示，自4月以来，美元指数显著走高，截至28日报94.65点。同时，也有我国内在经济和政策等多方面的因素。比如，外贸出口增长，外贸利润减少等。当然，近期股市的调整和定向降准释放的流动性预期对人民币的走势也起到了推波助澜的作用。

对于股市债市而言，虽然人民币贬值并非长期趋势，但是汇率短期波动仍不容忽视。美国不断施难使得市场对中美贸易摩擦悲观引发近日股票市场大跌，后续情形难辨，叠加国内经济下行压力因素，对风险市场如股票市场持偏弱判断，而避险情绪的不断升温则利好债市。

对大宗商品而言，美元走高对大宗商品的影响存在两个逻辑：一是国际上以美元计价的大宗商品价格可能会面临较大的下行压力，二是推高原材料成本从而提高商品价格。两种效应博弈下，最终决定大宗商品走势的还是国内需求的情况，如果汇率贬值来自经济走弱，或将对商品形成负面影响。

对房地产而言，人民币汇率贬值期间，房价增势不减。这说明汇率并非决定国内房价的最主要因素，如果汇率不是趋势性地大幅贬值，房价基本不受汇率变动的影响。而房价更多的是受到国内政策、货币供给以及居民需求等因素的影响，短期汇率波动难以对房价产生趋势性影响。

对进出口企业而言，人民币汇率的贬值对进出口的利弊影响：进口减少、出口增加。一是进口会减少，以进口为主的企业，其利润会下降。二是出口会增加，以出口为主的企业，其利润会增加。人民币贬值后，出口同样的货物所收到的美元，能从银行换回更多的人民币，利润会增加。企业为了竞争的需要，有了更大的降价空间。所以人民币汇率持续贬值的实质是对出口企业进行补贴，帮助这些企业出口，有利于保护低端工业和落后产能，但会增加工业污染、破坏生态环境，不利于国家的产业结构调整和产业升级。

对就业的利弊影响就是增加就业。人民币贬值后，由于进口减少，使国内销售市场的竞争减小，国产货物的销量增加，就业岗位会增加；而由于出口增加，出口企业利润会增加，也会导致就业机会增加。

对国内物价而言，人民币汇率贬值，会引起进口商品在国内的价格上涨，推动物价总体水平上升。我国每年需要进口大量的石油、铁矿石、木材、大豆、粮食等生产、生活消费品，这些都是以美元结算的。

如果人民币持续贬值，这些消费品的进口价格就会升高，将带动整个产业链的成本增加，最终转嫁给消费者，产生通货膨胀。同时，人民币汇率持续贬值，会使国际资本投资者产生悲观预期，导致其大量抛售(变卖)在中国的股票、房产等，然后用变现得到的人民币兑换成美元等外币逃出国外(热钱外逃)，由此导致股市和楼市的价格波动。

(资料来源：百家号https://baijiahao.baidu.com/s?id=1604663323478586225&wfr=spider&for=pc)

第九章 中国对外贸易体制改革

2. 降低进口关税水平,减少商品进出口限制

按照世界贸易组织对发展中国家的要求,我国在外贸体制改革中,逐步降低了进口关税的总水平,使关税成为调节进出口贸易的主要手段。

(1) 关税税率和关税标准差不断降低。关税税率的高低,在一定程度上反映了一国市场经济发育的程度。关税属于间接税,它可以被转嫁到生产者或者消费者身上,体现了政府控制对外贸易的意图。较高的关税会抬高进口商品的价格,从而降低商品竞争力,阻碍贸易规模的扩大;反之,较低的关税则表明政府对国内产业保护程度的降低,是对经济自由化的认可。

中国政府对关税税率进行了多次调整。1992年年初,降低了225种进口商品关税,关税平均税率(算术平均税率,下同)下降到43.2%;1993年,降低了3371种进口商品关税,关税水平下降到36.4%;1995年,降低了4997种进口商品关税,调整商品占进口税税则总数的76%,关税总水平下降到23%;1997年,又大范围地降低关税水平,平均关税水平下降了6个百分点,达到17%。到2001年中国关税总水平下降到15.3%,2002年中国关税总水平又降至12%,2005年中国关税总水平再降至10.1%,2008年至今已降至9.8%。

关税标准差反映的是关税税率的分布情况。关税的标准差越小,反映平均关税水平越具有代表性;而标准差越大,说明税率等级越分散,关税的政策性越强,可能保护程度就会越高。1992—2001年,中国平均税率标准差从32.1%下降到8.37%,这说明中国关税的保护程度有了很大程度的降低。

(2) 进出口商品的数量限制措施不断减少。中国进出口商品的数量限制一般包括配额管理、许可证管理、国有贸易等措施。在中国加入WTO双边协议中减少数量限制是一个重要组成部分。1992年以来,中国逐步放宽对进出口商品的数量限制,逐步减少实行进出口配额许可证管理商品的范围,相应地扩大了企业经营的进出口商品的范围。

首先,较大幅度地减少了实行出口配额许可证管理商品的种类。配额是一种重要的非关税壁垒,它是对进口或出口商品实行的数量限制。1992年,中国实行出口主动配额管理的商品共227种,出口发证金额约412亿美元,占当年全国出口总金额的48%。随着外贸体制改革的不断深化,1997年实行配额管理的商品减少到114种,出口发证金额约327亿美元,占当年全国出口总金额的18%。1998年,出口配额许可证管理商品减少到91种,出口发证金额为272亿美元,占当年全国出口总额的15%。1999年该类商品进一步减少到73种,据海关统计出口金额为165.5亿美元,占当年全国外贸出口总额1949亿美元的8.5%。2000年,出口配额许可证管理商品减少到68种,据海关统计出口金额为222亿美元,占当年全国外贸出口总额1909亿美元的8.9%。2001年,出口配额许可证管理商品减少到66种,据海关统计出口金额为204亿美元,占当年全国外贸出口总额2661亿美元的7.7%。到2013年,出口许可证管理商品减少到48种。

其次,不断放宽进口数量限制。自1992年以来,中国不断减少进口配额许可证管理商品种。1995年,实行进口配额许可证管理商品品种由53种减少为36种,税目由742个减少到354个,进口发证金额为211亿美元,占当年全国外贸进口总额的24%。2001年减至33种,据海关统计进口金额为198亿美元,占当年全国外贸进口总额的8%。2002年减至12种,170个8位商品编码。从2002年1月1日起,中国取消了对原油、钢材、农药、石棉、胶合板、烟草、二醋酸纤维丝束、氰化钠、聚酯切片、腈纶、涤纶及部分机电产品的进口数量限制，改为实行自动进口许可管理。

最后，指定经营产品数量不断减少。根据国际惯例，中国对指定经营产品的进出口实行国有贸易管理措施。按照加入世界贸易组织的承诺，中国改变了以前核定公司终身制的做法，根据企业的经营业绩和经营能力，通过动态调整，择优选择，使合法经营、业绩佳、能力强的企业参与大宗商品的进口经营工作。2002 年，中国将粮食、棉花、植物油、食糖、原油、成品油、化肥和烟草八种商品改为实行国有贸易管理，同时允许非国有贸易企业开展一定数量的进口业务，从而使上述商品的实际经营企业数增多；钢材、羊毛、天然橡胶、脂纶和胶合板五种商品实行指定经营管理。上述改革措施，有力地推动了进出口经营体制改革的进程，调动了企业的积极性。

3. 所得税改革

1994 年以来，我国财税体制从包干制逐步改为分税制，即国有外贸企业统一按 33% 上缴所得税；中央外贸企业上缴的所得税，全部补充国家进出口银行信贷基金；地方外贸企业上缴的所得税在解决过去挂账的基础上，作为外贸发展基金。

4. 完善出口信贷政策

出口信贷作为一种国际信贷方式，是一国为支持和扩大本国大型机械设备的出口，增强国际竞争能力，由该国的出口信贷机构通过直接向本国出口商或外国进口商(或其银行)提供利率较低的贷款，或者是通过担保、保险或是给予利率补贴鼓励本国商业银行以对本国出口商或国外进口商(或其银行)提供中长期贷款，以解决本国出口商资金周转的困难，或满足国外进口商对本国出口商支付货款需要的一种融资方式。1994 年以来，我国继续推行有利于出口的信贷政策，银行对各类外贸企业贷款实行优先安排，贷款规模的增长与出口增长保持同步。这一措施不仅可以帮助企业优化产品出口结构，也推动了企业积极开拓新市场。

【案例 9-2】

运用官方出口信贷 支持航空产业的国际合作

中国进出口银行作为中国的官方出口信贷机构，按照世贸组织的要求并参照 OECD 相关惯例开展活动，始终坚定支持我国航空工业相关技术、产品的"引进来"与"走出去"以及航空运输业的发展，提供符合国际惯例的资金支持和全方位的金融服务。截至目前，中国进出口银行对航空工业的信贷余额约 1100 亿元人民币，共支持 700 余架飞机的进出口，为我国航空产业的健康发展发挥了独特作用。

一是全力推动国产飞机与航空设备的生产制造，积极扩大出口，助力中国航空制造业做大做强。打造具有国际竞争力的航空制造业，是提升我国综合国力、保障国家安全、建设世界强国的必由之路。

二是开办境外融资定向支持航空器进口业务，积极支持进口国外飞机和航空设备，强化高端制造业国际产能合作，服务于中国飞速发展的航空运输业的需求。为促进我国航空运输业的健康发展，2012 年以来，在发改委的大力支持下，创新开办了"境外融资定向支

第九章　中国对外贸易体制改革

持航空器进口业务",发挥中国进出口银行主权信用评级优势,按照市场化原则,为国内航空公司、租赁公司等国内企业增信。

三是助力租赁公司拓展海外市场,扩大租赁业国际市场空间,培育国产民用飞机未来市场渠道。总体上看,我国融资租赁对国民经济各行业的覆盖面和市场渗透率远低于发达国家水平,且开展的租赁业务主要集中在国内市场,整体仍处于行业发展的起步期。

四是积极运用金融"组合拳",全方位服务航空业健康发展。近年来,中国进出口银行根据业务需求,提供了包括海外代付在内的多种贸易融资业务,直接支持了波音、空客系列飞机,庞巴迪以及湾流公务机等飞机进口。同时,中国进出口银行还为航空公司提供国内采购设备人民币代付、租金美元代付,也可通过内保外贷形式为金融租赁公司境外平台提供支持,满足各类客户的短期融资需求。

(资料来源:李忠元.金融时报,2015年12月21日)

(二)行政立法手段改革

1994年5月12日出台的《外贸法》,是我国对外贸易的根本大法,它标志着我国外贸发展开始进入了法制化轨道,保证我国对外贸易在社会主义市场经济体制下有序地运行。随后我国又出台了一系列相关法规,为保障我国合法的贸易经济利益发挥了重要作用。

1. 反倾销条例

《中华人民共和国反倾销条例》于2001年10月经国务院第46次常务会议审议通过,并于2004年3月修订。进口产品以倾销方式进入我国市场,并对已经建立的国内产业造成实质损害或者产生实质损害威胁,或者对建立国内产业造成实质阻碍的,依照本条例的规定,采取反倾销措施。条例对进口产品的正常价值及出口价格和倾销对国内产业造成损害的确定以及反倾销调查做了明确规定。初裁决定倾销成立,并由此对国内产业造成损害的,可以采取征收临时反倾销税,要求提供现金保证金、保函或者其他形式的担保等临时反倾销措施。征收临时反倾销税,由国务院关税税则委员会根据外经贸部的建议做出决定,海关执行。倾销进口产品的出口经营者在反倾销调查期间,可以向外经贸部做出改变价格或者停止以倾销价格出口的价格承诺。反倾销税的纳税人为倾销进口产品的进口经营者。同时条例还对反倾销税和价格承诺的期限与复审做了规定。

2. 反补贴条例

《中华人民共和国反补贴条例》于2001年10月经国务院第46次常务会议审议通过,并于2004年3月修订。进口产品存在补贴,并对已经建立的国内产业造成实质损害或者产生实质损害威胁,或者对建立国内产业造成实质阻碍的,依照本条例的规定进行调查。对补贴的调查和确定,由外贸部负责;对损害的调查和确定,由国家经贸委负责,其中涉及农产品的反补贴国内产业损害调查,由国家经贸委会同农业部进行。条例规定了在确定补贴对国内产业造成损害时应当审查的事项。国内产业或者代表国内产业的自然人、法人或者有关组织可以依法向外贸部提出反补贴调查的书面申请。条例还规定了反补贴调查、反补贴措施(包括临时措施、承诺、反补贴税)、反补贴税和承诺的期限与复审,并对出口补贴清单做了规定。外贸部、国家经贸委可以采取适当措施,防止规避反补贴措施的行为。

3. 保障措施条例

《中华人民共和国保障措施条例》于2001年10月经国务院第46次常务会议审议通过，并于2004年3月修订。进口产品数量增加，并对生产同类产品或者直接竞争产品的国内产业造成严重损害或者严重损害威胁的，依照本条例规定进行调查，采取保障措施。与国内产业有关的自然人、法人或者其他组织可以向外贸部提出保障措施的书面申请；外贸部没有收到采取保障措施的书面申请，但有充分证据认为国内产业因进口数量增加而受到损害的，也可以决定立案调查。对损害的调查和确定，由国家经贸委负责。条例对进口产品数量增加、国内产业、进口数量增加与国内产业损害之间因果关系的确定、调查和裁决的程序等做了明确规定，保障措施可以采取提高关税、数量限制等形式。条例规定，保障措施的实施期限不超过4年，同时对符合法定条件的保障措施的实施期限可以适当延长。保障措施实施期限超过3年的，外贸部、国家经贸委应当在实施期间对该项措施进行复审。并且规定对同一产品再次采取保障措施的，与前次采取保障措施的时间间隔应当不短于前次保障措施的实施期限，至少为两年，同时也规定了例外情形。

二、对外贸易经营体制改革

(一)建立现代企业制度

现代企业制度是社会化大生产和市场经济相结合的产物。中共十四届三中全会曾做出决定，从实质上把现代企业制度概括为"产权清晰，权责明确，政企分开，管理科学"16个字，其基本特征如下。

1. 产权关系清晰

就是要用法律来界定出资者和企业之间的关系，即产权关系，也就是财产的最终所有权属于谁，财产的法人所有权属于谁，所有权代表人是谁，并明确各自的权利、义务和责任，建立准确反映产权关系的财务会计制度。

2. 法人制度健全

法人制度的核心是法人财产制度，法人财产制度的核心是确立企业法人财产权，企业法人拥有全部法人财产权，依法独立享有民事权利，以全部的法人财产，独立承担民事责任，依法维护所有者权益，实现企业财产不断增值。

3. 政企职责分开

一是把社会经济管理职能和国有资产所有权职能分开，确立国有资产产权主体，形成国有资产管理和经营的合理形式。二是把政府行政管理职能和企业经营管理职能分开。政府通过政策法规和经济手段等宏观措施调控市场，不直接参与企业的生产经营活动，企业承担的社会职能分别由政府和社会组织承担。

4. 经营机制灵活

企业面向市场，按照国内和国际市场需求组织生产和经营，各类企业在市场中平等竞争、优胜劣汰，因此，企业的产权必须是可以流动的并且能通过市场流动。

第九章　中国对外贸易体制改革

5. 管理科学规范

一是建立科学的组织管理制度；二是建立科学的内部管理制度；三是建立企业规章，使运行机制规范化。

现代企业制度的主要内容如下所述。

(1) 新的国有产权经营制度。政府通过授权，结合机构改革，新组建或明确国有产权运营机构。

(2) 健全的企业法人制度。按照国家规定，对企业的资产、债权、债务进行界定评估，核实企业法人财产占有量，进行国有产权登记，确定企业法人财产权。

(3) 完善的企业组织制度。按照现代企业组织制度的法律规范，区别企业的不同情况，完善公司体制或其他财产组织形式。

(4) 新型的企业领导体制和民主管理制度。企业应依法建立和完善股东会、董事会、监事会和经理层组成的领导管理体制；企业中的党组织要发挥政治核心作用，工会与职工代表大会要组织职工参与民主管理。

(5) 健全企业财务会计制度，完善企业财务管理。

(6) 建立新的以劳动人事分配为主体的企业内部经营管理制度，按照效率优先、兼顾公平的原则，制定不同的分配办法。

(二)建立企业股份制

中共"十五大"决定，对全国 354000 多家国有企业(其中有 240000 多家是小企业)实行"抓大放小"的改革，将股份制作为国有企业改革的一个主要方向。所谓"抓大放小"就是抓活大的、放活小的，即在大中型骨干国有企业建立现代企业制度，实行公司制(股份制)改革，对中小型企业则实行多种所有制，包括私有(出售给个人)、职工所有(股份合作制)、合资，还准备采取兼并、改组、联合、租赁、承包经营、破产等措施，概括起来就是"鼓励兼并、规范破产、下岗分流、减员增效和再就业工程"。

十五大报告中所谈论的股份制，是一种以公有经济为主体、国有经济控制国民经济命脉、控股权掌握在国家(实际上就是国有资产代理人)手中的那种股份制。报告中提到，中国必须坚持公有制这个社会主义经济制度的基础，要在公有制为主体的条件下发展多种所有制经济。为此，十五大报告对公有制的含义做了新的解释，公有制经济不仅包括国有经济和集体经济，还包括混合所有制经济中的国有成分和集体成分。公有制的主体地位主要体现在：公有资产在社会总资产中占优势；国有经济控制国民经济命脉，对经济发展起主导作用。股份制是现代企业的一种资本组织形式，有利于所有权和经营权的分离，有利于提高企业和资本的运行效率，资本主义可以用，社会主义也可以用。不能笼统地说股份制是公有还是私有，关键看控股权掌握在谁的手中。

在现阶段的政治、经济及社会环境中，股份合作制比较容易被人们接受。所谓股份合作制企业，就是企业的资产全部由企业内部员工按股共有，外部人员不能入股，股份只能转让给企业内其他员工，这样的企业实行按劳分配和按资分配相结合的分配办法。股份合作制虽具有产权相对明确、机制灵活、利益直接等特点，但弊端也很大，它阻碍了外部资本的进入和企业资本的流动，只适合小型工商企业和各种服务性企业。股份合作制企业的发展需要扩大规模、加强横向联系、追加资本，最终会转变为开放型的股份制。

(三)转换企业经营机制

转换企业经营机制是针对国有企业在经济发展中日益暴露出的种种弊端,如技术进步缓慢、劳动生产率提高不快、产品质量低下、花色品种单一、产品成本不断上升、亏损面越来越大而提出来的,目的是搞活国有企业,真正把企业推向市场,使企业逐步成为自主经营、自负盈亏、自我发展、自我约束的社会主义商品生产者和经营者的一系列措施。关于企业经营机制的转换问题,必须与政府职能的转变、企业地位的提高以及市场体系的健全结合起来考虑,同步配套进行。

1. 认真贯彻落实《外贸法》

《外贸法》和企业有关法规是维持企业合法权益,规范企业行为,规范各级政府管理经济职能,促进企业经营机制转换的基本法律。贯彻落实这些法规的过程,就是把企业推向市场的过程。各级政府应该把贯彻落实这些法规作为深化改革的大事来抓,要严格按照这些法规办事,自觉维护企业的合法权益,在法规规定的范围内行使政府管理经济的职能,政府不再越权对企业的经营行为横加干预。

2. 确立企业法人所有权

我国体制改革的思路着重"分权",即企业所有权与经营权的两权分离。但是,实践说明这种以放权让利为指导思想的改革,没有使企业真正得到经营自主权。只有明确企业法人所有权,才能最终解决政企分开的问题,使企业真正取得经营自主权。确立企业法人所有权,也存在一个"两权分离"问题,但是它是指国家最终所有权与企业法人所有权的分离。

在股份制企业中,国家对国有企业财产具有最终所有权,它以股权的形式出现,国家因此成为企业的大股东。在国家保留企业最终所有权的前提下,使企业对国家授予经营管理的财产不仅有占有权、使用权和处置权,还有企业法人所有权。具有法人资格的国有企业具有在组织上和财产上独立于其投资者(国有资产代表)及其他组成人员的法律地位。国家最终所有权与企业法人所有权分离以后,国家作为大股东,对企业经营管理的国有财产享有最终所有权,并且由于掌握了大部分的股权,因此也掌握了对企业的控股权,维护了社会主义公有制的原则。但是,国家并不直接掌握企业的财产,企业的财产是由企业作为法人直接掌握的,企业成为财产的法人所有者。把企业的所有权分割成国家最终所有权和企业法人所有权之后,国家在某一企业的财产已经和国家的其他财产严格区分开来。企业作为真正的法人,对它所经营管理的全部财产具有法人所有权,首先要负起盈亏的责任,而具有最终所有权的国家,对这家企业所负的最终责任也只不过是这家企业中特定的国有财产部分,并不统负盈亏和承担无限责任。企业的经营权以企业法人所有权为根据,企业不仅是经营主体,而且是财产的主体,这样企业才可能真正实行自负盈亏,按效益最大化原则去从事经营。

因此,从长远的观点来看,有效地转换国有商业企业的经营机制,应该将现有的国有大型商业企业逐步改造成国家(国有资产)控股的股份制企业或股份有限公司。这一重大的变革,显然需要政府的决策与推动。

第九章 中国对外贸易体制改革

3. 完善承包经营责任制

承包经营责任制只能是最终转换企业经营机制的一个过渡办法，但是，它已经在国有商业企业中普遍实行多年，并且确实起到了很大的作用。作为一种权宜之计，目前应针对经营承包责任制的弊端加以改革，尽量使之完善。

其一是承包基数问题。在企业负债经营的前提下，承包基数的确定有很大的虚数。企业靠多贷款，形成水分很多的虚假利润，实际利润不抵银行利息。在此基础上来定承包基数，实际上是鼓励商业企业在不考虑还贷能力的条件下一味追求投资(实际上是贷款)规模。另外，承包基数都是在利改税以前的基础上确定和滚动的，老的大中型企业的承包基数过高，而近几年新投入的企业基数偏低，仍然是鞭打快牛的不合理局面。还有，财政为了保证收入，强调包死基数。死基数难以应对千变万化的活市场，完全排除了风险机制，实际上是阻碍把企业推向市场。

其二是承包内容的确定。现在绝大多数的承包企业，只包利润，不包折旧。于是企业一方面千方百计不提或少提折旧，另一方面拼命贷款，不惜挂账而追求虚假利润，长此下去，企业中的国有资产有流失殆尽的危险。因此，要改革现行的财务核算制度，实行国际通用的会计准则，将企业凡是进行简单再生产的投入全部计入成本，并且不仅承包利润，还要承包折旧。这样既可以确保国有资产，又可以通过补偿机制使企业的资产不断增值，逐步扩大实力。

4. 严格区分政府行为和企业行为

所谓"把企业推向市场"，即企业行为必须以市场为导向，而不是受制于政府行为。政府和企业都可以产生一定的经济行为，政企分开就是要区别两个不同的行为主体，从而区别两种性质不同的经济行为。企业行为以效益最大化为目标，政府行为以全社会的稳定与发展为目标。就经济行为而论，两者是相辅相成的关系，而不是谁支配谁的关系。应该遵循《中华人民共和国公司法》，区别政府行为和企业行为。

比如代扣营业税的问题、大中型企业的储备性购进的问题、地方保护主义的购进政策、"保市场"问题等，统统属于政府行为。这绝不是说，国有企业不能承担这些任务，但应明确，作为具有自主经营权的企业法人是接受政府委托而承担政府行为的，政府必须给予企业必要的补偿。比如储备性购进所造成的政策性亏损，以及企业被迫"让利保市场"而蒙受的损失，政府均应给予代价或补偿，而不能将政府行为无偿地转嫁到企业身上。

三、对外贸易协调体制改革

根据2004年修订的《外贸法》第九章第五十六条规定，进出口商会的职责是提供与对外贸易有关的生产、营销、信息、培训等方面的服务，发挥协调和自律作用，依法提出有关对外贸易救济措施的申请，维护成员和行业的利益，向政府有关部门反映成员有关对外贸易的建议，开展对外贸易促进活动。商会的工作原则是公平、公正、公开，以服务为本、协调为重，以"协商共议、民主参与、民主决策"的机制开展工作。其基本职能是协调与服务。

(一)协调职能

协调职能即依据国家的政策、法规,协调企业的生产经营活动,维护正常的生产经营秩序,维护国家、行业和企业的利益。

(二)服务职能

服务职能即建立社会化服务体系,向企业提供政策、信息、法律、咨询和公关等多方面的优质服务。

(三)纽带职能

纽带职能即成为沟通企业和政府间的双向联系的纽带,向企业贯彻政府的宏观意图,同时向政府反馈企业的要求和建议。

四、中国加入世界贸易组织后的对外贸易体制改革

中国加入世界贸易组织后,对外经济贸易的环境有了很大的改善,产生了积极的效应。根据对世界贸易组织的承诺和世界贸易组织的基本原则,近年来,我国对经济的管理体制进行了进一步改革,对外贸易管理体制基本同国际接轨。

(一)"入世"后我国对外贸易体制改革的基本目标

"入世"后我国对外贸易体制改革的主要目标要围绕如何转变对外贸易增长方式,提高质量、效益、水平,其基本目标如下。

1. 对外贸易机制进一步市场化

全部外贸活动都要建立在以市场为轴心的基础上,让市场的作用最大限度地覆盖对外贸易领域,进一步取消地方政府在对外贸易发展中的行政指令行为和指标考核。条件成熟时取消地方外贸行政管理部门,由中央政府直接实施宏观管理,直接调控外贸市场,由市场引导企业,完全实现以横向的市场经济联系取代纵向的行政推动关系。对外贸易促进的体制、方式、政策要符合市场化取向和国际惯例。

2. 对外贸易运行进一步自由化

要完善符合社会主义市场经济体制发展方向和融入经济全球化的对外贸易自主经营制度和自由竞争制度。无论中央政府还是地方政府,对外贸的行政调控和促进退居非主导地位,而主要是通过市场经济制度化、法律化的规则来实现,从根本上保障对外贸易长期有序地自由化运作。

3. 对外贸易管理进一步法制化

要强化外贸立法,建立健全规范市场运行及其市场活动的各种规则,形成依靠法律推动对外贸易发展的运行机制。外贸管理要继续向以法律、法规形式为主转变,进一步解决政策规定透明度不足的老问题。非经授权,地方政府无权自行制定有关外贸法规,包括促进政策在内的政策与法规,以实现全国外贸管理规定与政策的统一性。

第九章　中国对外贸易体制改革

(二)对外贸易体制改革的具体环节

1. 继续深化改革对外贸易管理体制

(1) 强化宏观管理职能，弱化行政性管理手段。随着对外贸易市场化程度的提高和政府职能的进一步转变，政府商务部门对外贸的管理主要是宏观方面的管理，主要用调控税率、利率和资金供求等宏观经济杠杆的手段来调整对外贸易。实施手段要更多的是法律的手段，进一步完善企业准入与退出制度、外汇便利化制度、出口退税机制、通关物流体系和人员出入境制度。审批、配额等行政性手段主要是在市场机制失灵的领域和个别情况下应用。

与此同时，要弱化地方政府的外贸行政管理职能，强化其综合服务与促进服务功能。参照美国、日本、韩国等国家外贸行政管理模式，地方政府的外贸行政管理应进一步弱化，机构大大精简，主要职能是规范、保障、促进各类企业的外贸经营活动，条件成熟时由国家商务部统一实行"条条"管理。目前地方外经贸管理部门代国家商务部行使的配额、许可证管理、分配等权限应交由商务部驻各地特派员办事处，要把职能转变到主要引导、帮助企业开拓市场，协调企业与其他政府部门的关系，为企业经营提供良好的市场环境上。

(2) 加强出口产业政策管理，形成出口产业政策管理机制。多年来，我国的出口产业政策基本上是"大而全""兼顾各方"的政策，产业重点一直不突出，以增强国际竞争力、占领国际市场为基点的出口产业政策从未形成。虽然有鼓励机电产品和高新技术产品的政策，但对增强我国产业国际竞争力的作用非常有限：一是政策范围过于宽泛，有限的资金和资源难以集中发挥效力；二是促进措施主要集中在出口经营环节上，易授人以柄；三是受体制制约，国有企业未能因此壮大，而民营企业又基本得不到有力支持。这与长期以来国家对外贸的宏观管理与政策调控主要集中在流通和出口环节上的传统管理体制有关。

因此，在外贸宏观管理上，应该从宏观政策与管理机制上构造有利于及时调整出口产业政策，有利于从科研、生产等环节加大对具有潜在国际竞争优势行业的扶持力度，尽快培育形成一批拥有自主知识产权和自有品牌的出口产品，推动我国形成优势出口产业的宏观管理体制。其核心内容是应由商务部与相关产业部门或行业协会共同建立一个新的出口产业政策研究、制定与调控机制，并赋予商务部更大的出口产业政策决策权与相关宏观调控手段。

(3) 完善与外贸活动相关的市场中介服务体系和社会中介服务体系。建立健全完善、规范的生活资料市场、生产资料市场、劳务人才市场、资金市场、信息市场、证券市场、技术市场、运输市场、房地产市场、企业产权交易市场、旧货市场等市场体系。构造以提供社会福利、社会保险服务为主的社会保障机构以及从事会计、审计、律师职业介绍、资产评估、劳动就业培训、信息咨询业务的社会中介服务。完善法律规定，扶持建立由企业组成的地方外贸企业行会组织，如进出口同业公会或商会，开展贸易促进与行业自律。

2. 改革对外贸易促进体制

(1) 建立促进主体网络。从世界主要贸易大国的对外贸易促进体制情况来看，其主要特点有二：一是中央和地方政府都可以实施贸易促进，但侧重点和分工各有不同，具体面向企业的促进服务更多的是由地方承担，地方政府普遍设立有官方或半官方对外贸易促进机构或中小企业开拓国际市场服务机构，为本地企业开拓国际市场提供促进服务。WTO要求各成员对外贸易政策和管理要全国统一制定并统一实施，因此无论美国还是日本、欧盟国家，基本上其地方政府都没有设立外贸行政管理部门，外贸管理事务采取由中央政府在主要地区设立直属派驻机构的体制。二是中央政府外贸主管部门负责制定促进政策，但不直接承担促进事务，而是由其直属的"外设机构"(如美国贸易开发署、英国国际投资与贸易署)或相对独立的"独立机构"(如美国进出口银行、日本国际协力银行)或"半官方机构"(如日本贸易振兴会、大韩贸易振兴公社等)等促进机构组织实施。

显然，下一步外贸促进体制改革应主要解决与贸易促进相关的行政管理体制问题。可考虑的思路是：商务部负责制定贸易促进政策，但不承担具体贸易促进事务。按照我国对WTO的承诺，要进一步严格对外贸易政策的统一制定及对外贸易管理的统一实施，地方各级政府外经贸部门无权制定涉及外贸管理包括鼓励本地外贸发展的政策。商务部不再从事办展、办会、提供信息等具体的、直接面向企业或中介服务机构的促进服务。商务部贸易发展局及中国贸促会、中国进出口银行、中国信用保险公司等机构承担需在全国范围内实施的贸易促进服务。

(2) 各类贸易促进主体合理分工，共同形成高效的对外贸易服务体系网络。一是要合理界定中央和地方的贸易促进分工，尽量避免重复与浪费。全国性的贸易促进服务重点是外经贸公共信息、国外市场调查以及我国商品的对外整体推介。展览、培训、贸易咨询、企业辅导、与出口相关的技术服务及其他促进服务，应主要由地方各类贸易促进机构承担。

二是既要健全官方机构的贸易促进功能，又要充分发挥半官方和民间贸易促进机构的作用。商务部及各级外经贸行政管理部门都有责任强化对外贸易促进工作，但是，凡是适合半官方和民间贸易促进机构开展的贸易促进工作，官方机构一般不再介入。提倡有条件的地方将地方外经贸部门与国际贸易促进机构进行必要的整合。

三是既要注重国内的服务网络建设，也要加快发展派驻国外的贸易促进代表机构，形成信息更加快捷、服务更加高效、国内外有机一体的服务网络。"十一五"期间，由商务部统一规划，在整合各地外经贸部门和国际贸易促进机构现有资源的基础上，陆续在全国建立100个"出口辅导中心"，在国外建立30个贸易促进代表机构。在我国外贸经营权完全放开后，有数以万计的新企业(甚至个人)新加入外贸经营领域，因此成立"出口辅导中心"向它们提供各种服务是完全必要的。

(3) 改革促进方式，建立促进绩效评估机制。改革的方向是要学习世界各国实施对外贸易促进的成功经验，由"直接促进"为主的体制转为"间接促进"为主的体制，更多地发挥市场机制的作用。

从世界各国的情况来看，无论是最早实施政府对外贸易促进服务的日本，还是美国或欧盟国家，政府对出口的支持都尽可能与市场化的运作方式相结合。普遍的方式是：政府外贸政策决策部门的职能主要集中在促进服务体系的规划、资金的支持和政策的引导等方面，主要的运营、操作则交由指定的执行机构、半官方机构或民间机构办理。政府外贸政策决策机构一般既不参与促进性经营活动，也不直接办理面向企业或中介服务机构的财政资助事宜。面向中小企业提供的信息咨询、市场调查、贸易展览、专业培训、技术辅导等许多服务项目，由政府直接推荐有良好经营资质的各类中介服务机构进行商业化服务(如服务市场较成熟，政府也可不做任何推荐，由企业直接面向市场即可)，服务项目完成后再由政府贸易促进机构对相关企业予以认定资助。政府贸易促进机构直接提供的无偿服务或带有资助性质的服务采取市场化运作，以政府采购的方式委托国内外信息服务机构、研究机

第九章 中国对外贸易体制改革

构、教育培训机构等各类中介机构进行。

此外，要建立一套科学合理的贸易促进绩效评估办法，对各类贸易促进服务的政府投入绩效情况加以评估。评估机制要达到以下目的：一是促进高效地落实政府的有关政策，二是减少促进机构"寻租"等体制弊端，三是扩大财政资金的使用效率。

3. 进一步推行外贸代理制

经过多年改革，我国对外贸易经营体制的市场化和开放程度已经很高。当前除了要继续清除针对中小企业和民营企业的各种歧视性待遇，为各类企业创造便捷和公平的运行环境，充分释放各类市场主体参与对外贸易的潜力外，关键是要以进一步推行外贸代理制作为主攻方向。推行外贸代理制改革应该主要抓好以下三件事：第一，完善法律、法规，为推行出口代理制提供制度保障；第二，逐步实行统一的出口货物"免抵退"税政策，创造条件使各类出口企业发挥各自优势，平等竞争；第三，采取综合配套措施，加强公共服务。这一改革措施的基本思路如下。

(1) 建立适用所有各类出口企业的出口货物"免抵退"税共同机制。不论何种类型的企业，不论外贸企业、内贸企业、生产企业、外资企业还是其他综合性企业，只要发生出口，其出口的退税政策一律采取"先免、后抵、再退"的同一退税办法，而不是现在的两套办法。法国、西班牙、意大利等许多国家目前采取的就是类似的办法。它们对所有贸易企业的出口货物直接免征增值税，出口货物的进项税用于抵扣国内销售发生的增值税或进口环节的税收，企业因内销或进口少抵扣不足时，允许出口企业先暂缓交税；或出口企业在购进货物时即给予彻底免税，不征税也不退税。

(2) 建立"出口自营与代理从宽，收购出口从严"的退税新机制。实行这一机制的核心内容是，不论何种类型的企业，原则上都允许其存在自营、收购和代理三种形式的出口，但在具体的退税管理手续上，要朝"促进自营与代理，控制收购"的方向倾斜。这种做法实际上是法国、意大利等国家的普遍做法。如法国对收购制采取的是"年度免税收购额度管理"和"逐笔免税额度审定"两种申报制，前者适用于经常出口、信誉好的大贸易公司；后者适用于一些新的或小的企业，并且还要求担保。意大利则规定进出口常年出口销售额达到总销售额 10% 以上的，才可以收购出口并按免、抵、退方式退税。西班牙还规定了出口商申报出口退税的资格条件，规定年出口额在 2000 万比塔（折合 15 万美元）以上的出口商方可申报办理退税。

(3) 国家不再专设出口退税机关，而是将出口退税纳入常规税收征管机制中。今后各类出口企业只要面向其属地的国税征管机构即可，而不必像现在这样同时面对两个国税机关。尽管采取上述改革措施可能会对地方财政利益格局带来调整，但总体上看对推进外贸代理制，进而促进外贸增长方式加快转变是有利的。

一是既推动了代理制，又体现了公平竞争原则。这一办法比之原来财税部门所用办法的最大进步，就在于使各类出口企业都保留了三种经营模式的选择权。推进代理制并不是针对外贸公司而来的，而是"就事论事"，仅针对代理制而来。不仅外贸公司合理的收购制（当然这种收购制企业的比重今后将大大减少）仍将存在和发展，其他类型的企业同样可能实行收购制或代理制。

二是既简化了退税手续，降低了企业成本，又利于提高税务征管与监管效率。实行这一办法后，一方面，企业的退税可以不受退税计划指标约束，手续大大简便，成本相应降低；另一方面，困扰税务部门多年的征退税脱节问题将得以解决，有利于防止大规模骗税的发生。

三是利益格局未做过大调整，与中央、地方出口退税分担机制能够更加有效地衔接。采取这一措施后，可能会使相当大一部分传统外贸企业放弃一部分收购制出口而改为代理制。与此同时，由于收购制比重过大，"你中有我，我中有你"现象大量存在而使出口退税分担不合理的情况大大减少。

要进一步改革对外贸易体制，建立适应国际经济通行规则的运行机制，必须坚持统一政策、开放经营、平等竞争、自负盈亏、工贸结合、完善代理制。同时，加速转换各类企业的对外经营机制，按照现代企业制度改组国有对外经贸企业，赋予具备条件的生产和科技企业对外经营权，发展一批国际化、实业化、集团化的综合贸易公司。此外，国家主要运用汇率、税收和信贷等经济手段调节对外经济活动，改革进出口管理制度，取消指令计划，减少行政干预；对少数实行数量限制的进出口商品的管理，按照效益、公正和公开的原则，实行配套招标、拍卖或规则化分配；发挥进出口商会协调指导、咨询服务的作用；积极推进以质取胜和市场多元化战略；进一步搞好边境贸易，完善出口退税制度，降低关税总水平，合理调整关税结构，严格征管，打击走私；深化对外经济技术合作制改革，提高综合经营能力和整体效益。此外，还应该完善和实施涉外经济贸易的法律法规，正确处理对外开放同独立自主、自力更生的关系，维护国家经济安全。

本 章 小 结

通过没收国民党政府和官僚资本的外贸企业，逐步建立了国有外贸企业，并通过改造私营外贸企业，实行了以国有外贸专业公司为主体、私营外贸企业为补充的外贸体制。为了保持出口贸易持续快速发展，加快实现现代化目标，实施以质取胜战略，转变外贸增长方式，与国际经济接轨，适应加入WTO及经济全球化快速发展，需要对原有外贸体制进行改革。

1979—1993年，我国进行了以市场为取向，以打破旧体制为主要内容的外贸体制改革。在1979—1987年的初步改革阶段，下放外贸经营权，开展工贸结合，实行出口承包经营责任制；在1988—1990年的深化改革阶段，推行外贸承包经营责任制，进行了外汇管理制度改革，实行了出口退税与流转税改革，权力下放，部分放开经营权；在1991—1993年的出口自负盈亏承包经营责任制阶段，改革重点放在微观管理层的变革，取消国家财政对出口的补贴，由外贸企业自负盈亏，改革按地方实行不同外汇比例留成的做法，实行按不同商品大类统一比例留成制度。

1994年以来，按照社会主义市场经济体制要求，以建立对外贸易新体制的改革为主要内容，进行了包括经济手段改革、行政立法手段改革的外贸管理体制改革；在外贸经营体制改革方面，建立现代企业制度、建立企业股份制、转换企业经营机制；外贸协调体制改革根据《外贸法》明确了进出口商会的基本职能是协调与服务，开展对外贸易促进活动；"入世"后的外贸体制改革，围绕转变外贸增长方式，提高质量、效益、水平，实现机制市场化、运行自由化、管理法制化，其环节有深化改革外贸管理体制和促进体制、推行外贸代理制等。

第九章 中国对外贸易体制改革

思 考 题

1. 我国为什么要进行对外贸易体制改革？
2. 在初步改革阶段，我国采取了哪些具体的改革措施？
3. 在深化改革阶段，承包责任制的主要弊端表现在哪些方面？
4. 在建立对外贸易新体制的过程中，我国进行了哪些方面的贸易管理体制改革？
5. "入世"后我国对外贸易体制改革的具体环节有哪些？

案 例 分 析

铝制品出口美国承压，越南转向中国征收反倾销税

2019年1月，越南工贸部对进口自中国的铝制品展开调查，从事相关制造和出口的中企也成为调查对象。最终，工贸部判定，部分中国制造的铝制品构成倾销，挤压了越南国内市场，致使其生产商遭受了损失。

工贸部在6月1日的公告中指出，2018年，越南进口自中国的铝合金挤压棒达6.2万吨，相比2017年翻番。与此同时，越南从其他国家进口的相同产品数量却在下降，不超过5000吨。

在公告中，越南工贸部还指出，美国在上述征税决定中，也有一定影响。

2018年年初，美国对越南出口的一些铝制品展开避税调查。5月17日，美国商务部国际贸易管理局(International Trade Administration)发布的调查初步结果显示，中国制造商将压制的铝合金型材，出口至越南进行加工、组装后，再转运至美国，以此规避美国对中国铝制品施加的反倾销税和反补贴税。因此，美国宣布，将对进口自越南的部分铝制品提高税率，最高税率达374.15%。

越南工贸部称，美国认定越南存在"避税"情况的铝制品名单中，有一部分也是上述越南征收反倾销税的中国铝制品。

中国海关统计数据显示，2018年我国铝材出口量523万吨，同比增长23.4%，主要出口目的地就包括越南和美国。2019年以来，我国铝材出口增长趋势持续，第一季度铝材出口128万吨，同比增长13.1%，增长出现回落。

在美国对越南铝制品宣布征收高税率之前，2007年起，美国就对我国出口的各类铝制品，多次发起反倾销和反补贴调查，且最终征收"双反"税。

(资料来源：搜狐网 https://www.sohu.com/a/319883073_354194)

问题：
1. 商品倾销将对进口国经济产生什么影响？
2. 在面对国外商品的倾销行为时，受影响企业应该如何应对？

第十章　中国对外经济贸易关系

【学习要求】

通过本章的学习，要求学生了解中国对外贸易关系的发展过程；掌握中国发展对外贸易关系的原则；懂得中国与主要贸易伙伴经贸关系的现状、存在的问题，并能结合实际情况进行分析；熟悉中国内地与港、澳、台地区的经济贸易关系。

【主要概念】

独立自主　自力更生　平等互利　市场经济地位　特殊保障措施　技术性贸易壁垒

【案例导读】

中国连续十年成为非洲第一大贸易伙伴国

国务院新闻办 2019 年 6 月 4 日举行新闻发布会，商务部有关负责人介绍，中国已经连续十年成为非洲第一大贸易伙伴国。数据显示，2018 年中非贸易额达到 2042 亿美元，同比增长 20%，中国已经连续十年成为非洲第一大贸易伙伴国。同时，贸易结构也持续优化，其中机电产品、高新技术产品对非出口金额占我国对非出口总额的 56%。中国自非洲的非资源类产品进口也显著增加，2018 年我国自非进口同比增长 32%。

与此同时，中国企业积极参与非洲基础设施建设，近年来在轨道交通、港口、航空、电力等领域实施了一大批重大项目。商务部副部长钱克说，我们还积极引导中国企业向投资建设运营一体化模式转型，增强项目的"造血"功能，减轻项目国政府的财政压力。截至 2018 年年底，我国在非洲设立的各类企业超过了 3700 家，对非全行业直接投资存量超过 460 亿美元。中国金融机构已在非洲设立了十多家分行。南非等 8 国将人民币纳入外汇储备。

(资料来源：http://www.meizhou.cn/2018/0829/565870.shtml，2019 年 6 月 4 日)

和平与发展是当今世界的主题，和平共处、共同发展是现代国家关系的重要特征。我国对外经济贸易的迅速发展，不仅极大地促进了我国经济的发展，而且增进了同世界各国政治、经济和文化的交流与合作。我国坚持独立自主、自力更生和平等互利的原则，不仅重视发展与发达国家的经济贸易关系，还特别重视与发展中国家建立良好的经济贸易关系。

第一节　中国对外贸易关系的基本政策

一、中国对外贸易关系的发展

(一)20 世纪 50 年代

20 世纪 50 年代，由于西方资本主义国家对我国采取敌视、封锁政策，我国对外贸易的主要国际市场是苏联和东欧社会主义国家。当时，我国根据恢复和发展国民经济的需要，本着"积极协作、平等互利、实事求是"的方针，积极开展对苏联、东欧国家和其他友好国家的贸易和经济合作，不断突破西方国家的封锁、禁运，对医治我国战争创伤、恢复和发展国民经济起到了积极作用。当时，我国同社会主义国家的贸易额占全国对外贸易总额的比重，1951年为52.9%，1952年至50年代末都在70%以上；其中对苏联的贸易额约占全国对外贸易总额的50%。

这期间，我国还为逐步发展同亚非民族独立国家的贸易关系，发展祖国内地同港澳地区的贸易和努力开拓对西方国家的民间及政府贸易，进行了卓有成效的努力。我国同亚非国家贸易关系的发展，增进了亚非国家同中国的友谊，促进了亚非国家民族经济的发展；我国保证对港澳地区的供应，积极扩大对港澳出口及经港澳转口贸易，开辟了反封锁、禁运的新战线；我国继1950年同瑞典、丹麦、瑞士、芬兰建立外交和贸易关系后，又利用各种机会和途径，争取和团结其他西方国家工商界及开明人士，以民促官，推动了我国同日本、西欧等西方国家的民间贸易以至官方贸易。

(二)20世纪60年代

1960年，随着中苏关系的变化，我国对苏联和东欧国家的贸易急剧下降，新中国的对外贸易遭遇了第一次较大的曲折。在这一形势下，我国对外贸易的主要对象开始转向资本主义国家和地区。我国在坚持内地对港澳地区长期稳定供应，积极发展同亚非拉民族独立国家贸易关系的同时，进一步打开对西方国家贸易的渠道。经过努力，我国同日本和西欧的贸易取得了突破性进展。中日贸易由20世纪50年代的民间贸易转入60年代的友好贸易和备忘录贸易；1963年，我国同日本签订了第一个采用延期付款方式进口维尼纶成套设备的合同，打开了某些国家从技术上封锁中国的缺口。1964年，我国与法国建交，中法两国政府间贸易关系迅速发展，带动西欧掀起了开展对华贸易的热潮。到1965年，我国对西方国家贸易额占全国对外贸易总额的比重由1957年的17.9%上升到52.8%。

1966年，"文化大革命"开始，打乱了我国社会主义建设的进程，我国对外贸易遭到严重的干扰和破坏，遭遇了新中国成立后的第二次曲折。我国对外贸易自1967年起连续三年出现停滞和下降。在周总理和邓小平等老一辈无产阶级革命家的关心与直接领导下，经过艰苦努力，我国对外贸易从1970年开始逐渐好转。

(三)20世纪70年代

20世纪70年代前期，国际环境发生了有利于我国的变化。1971年联合国恢复我国的合法席位，1972年美国总统尼克松访华，中美发表《联合公报》，并在正式建交前先行恢复了贸易关系。之后，我国对外关系取得了重大进展，西方国家纷纷同我国建立外交关系或使外交关系升格。中日邦交实现了正常化，中国与欧共体建立正式关系，我国对外贸易的国际环境明显改善，对外贸易额迅速增长。然而，我国对外贸易的全面恢复以及持续、快速发展，还是在1976年粉碎"四人帮"、结束"十年动乱"之后。

(四)改革开放以后

1978年中共十一届三中全会确立了以经济建设为中心，实行改革开放，发展国民经济，加快社会主义现代化建设的路线，并明确提出："在自力更生的基础上积极发展同世界各国平等互利的经济合作,努力采用世界先进技术和先进设备。"

我国实行对外开放政策后,贸易伙伴遍及世界各地,对外贸易的国际市场覆盖全球。目前,我国的贸易伙伴由1978年的几十个发展到227个国家和地区,与传统市场的经济贸易关系稳步推进,与新开拓市场的经济贸易关系不断加强。

二、中国发展对外贸易关系的原则

我国发展对外贸易,发展对外经济关系必须坚持独立自主、自力更生和平等互利的原则。

(一)坚持独立自主、平等互利的原则

独立自主、平等互利地开展对外经济贸易,是我国作为主权独立国家的重要标志,也是我国独立自主、和平外交政策在对外经济领域的体现。在旧中国半殖民地半封建社会的条件下,由于国家主权不独立,旧中国对外经济贸易在帝国主义列强的控制下只能畸形发展,主要与帝国主义列强开展不平等的经济贸易往来,从属于帝国主义列强对华侵略和剥削的需要。新中国成立后,中国人民成为国家的主人,掌握了开展对外经济贸易的独立自主权。从此,我国的对外经济贸易才有了真正的发展,成为促进国民经济和社会发展的重要力量。历史雄辩地证明,只有国家和民族获得独立,按照国家和人民自己的意愿,根据国家利益和经济规律的要求,在对外经贸交往中不分国家大小、贫富和强弱,独立自主、平等互利地开展对外经济贸易活动,才有今天我国对外经济贸易发展的大好局面,才能真正促进我国同世界各国和地区经贸关系的发展,才能真正促进国民经济的发展。

(二)坚持自力更生与对外开放相结合的原则

我国是一个人口众多的社会主义发展中大国,这一基本国情决定了我国的现代化建设任何时候都不能依靠别人,必须处理好扩大对外开放和坚持自力更生的关系,把立足点放在依靠自己力量的基础上。

坚持自力更生与对外开放相结合的原则,必须处理好两者之间的辩证关系。一方面,我们在实行对外开放、引进先进技术的同时,要把国外引进与国内开发和创新结合起来,逐步形成自己的优势;在利用国外资金的同时,要重视自己的积累。这样,我们才能在对外开放中始终掌握主动权,才能通过开展对外经济技术交流与合作,促进我国的现代化建设,加快缩小与发达国家的差距。特别是在经济全球化趋势加速发展的今天,我们扩大对外开放,还必须注意维护国家经济安全,防范和化解国际经济风险的冲击。另一方面,我们强调自力更生,但不是盲目排外;强调独立自主,但不是闭关自守。独立自主地扩大对外开放,通过开放发展自己,是我们有自信心、有力量的表现,也是自力更生的应有之义。

第二节 中国与主要贸易伙伴的经济贸易关系

经济全球化是当今世界经济发展的主流,它使世界各国与地区间的经济相互依赖性越来越强。中国经济发展离不开世界,在世界经济全球化加快的情况下,中国需要进一步扩

第十章 中国对外经济贸易关系

大开放,积极发展与世界各国及地区之间的经贸关系。

一、中国与欧盟的经贸关系

1967年7月1日,欧洲共同体诞生,并于1993年建立欧盟,经过5次扩大后,欧盟成员现已增至27个。

欧共体的创始国为法国、联邦德国、意大利、荷兰、比利时和卢森堡6国。1973年,英国、丹麦和爱尔兰加盟;1981年,希腊成为欧共体第10个成员;1986年,葡萄牙和西班牙加盟;1995年,奥地利、瑞典和芬兰加入欧盟;2004年5月1日,马耳他、塞浦路斯、捷克、斯洛伐克、波兰、匈牙利、斯洛文尼亚、爱沙尼亚、拉脱维亚和立陶宛10个国家正式成为欧盟成员。2007年,保加利亚和罗马尼亚正式加入欧盟。目前,欧盟是世界上经济一体化程度最高的地区之一,但其扩张的脚步依然没有停止,正积极与土耳其和克罗地亚进行入盟谈判。

1975年中国与欧共体正式建立外交关系后,中国与欧盟的经济贸易关系得到了稳步发展。1978年,中国与欧共体签署了第一个贸易协定,明确规定相互给予最惠国待遇。1979年,中欧草签了纺织品贸易协定,同意中国从1981年起向欧共体出口更多数量的纺织品。1985年,双方又签订了新的贸易和经济合作协定,按照第二个协定,在贸易方面中国将给予欧共体最惠国待遇,欧共体将给予中国普惠制的关税待遇,对中国增加配额。进入20世纪90年代后,随着欧洲经济一体化的持续发展以及中国改革开放的不断深入,中国市场的潜力日益显露,欧盟大幅度调整了对亚洲和中国的外交政策,相继制定了更加重视亚洲和中国的新战略,中欧经贸关系出现了快速发展的良好势头,取得了长足的发展。

(一)中欧经贸关系的发展现状

1. 中欧贸易额快速增长

据中方统计,中欧的双边贸易额基本是呈增长趋势的,而且增长的速度越来越快。1985—1995年的中欧贸易增幅比1975—1985年的更大,贸易额几乎增加了4倍。2007年,中欧贸易额首次突破3000亿美元。2010年,中欧贸易额达4797亿美元,创历史新高。2012年中欧双边贸易总值为5460.4亿美元,占中国外贸总值的14.1%。2017年中欧双边贸易额达到6169亿美元,同比增长12.7%。2018年,中欧双边贸易再创新高,进出口总额达到6822亿美元,同比增长了10.6%,欧盟连续15年成为中国最大贸易伙伴。2019年1—6月,中欧双边贸易额高达3088亿欧元,同比增长9.1%。

2. 中欧贸易互补性强,双边贸易商品结构有所改善

中欧贸易互补性强,主要表现在:其一,中欧商品有着较大的互补性,中国作为一个幅员辽阔的发展中国家正致力于改善基础设施,在运输设备产品方面有着较大的市场需求;其二,中欧就同一产品(如机电产品)还存在着较强的差异性; 其三,中国向欧盟出口的大多为劳动密集型产品,而欧盟向中国的出口则以技术密集型为主。过去,中国向欧盟出口的商品主要以农副土特产品、轻纺产品和原料性产品为主。现在出口商品结构中,制成品开始增多,如有机化学品、矿物材料制成品、钢铁制品、车辆船舶等运输设备、机电设备、

电器及电子产品、计算机等。中国向欧盟出口的主要是低附加值的轻纺和机电产品,而中国从欧盟进口的主要是高科技含量的产品和一些工业原料。

3. 经济技术合作活跃

欧盟是中方先进技术和设备的最大供应方,1981—1996年,我国从欧盟国家引进的先进技术、设备合同金额达268.9亿美元,占我国技术引进总额的48%。至1999年年底,中国从欧盟成员国引进技术10128项,合同总金额为542.8亿美元,占中国引进技术总额的52.9%,居各贸易伙伴之首。2007年,我国与欧盟签订技术引进合同2603份,合同金额为91.0亿美元,自欧盟的技术引进合同数量和金额均为历史最高。2009年,中国自欧盟引进技术2772项,合同金额达64.3亿美元。截至2016年年底,我国从欧盟引进技术累计52467项,合同金额达1972.4亿美元。截至2019年2月,中国自欧盟的技术引进合同金额累计达2167.6亿美元,项目数56482个。欧盟许多大型跨国企业积极参与中国重大项目建设,代表性项目包括大亚湾核电站、上海磁悬浮列车、大众汽车、天津空客等。

中国自欧盟的技术引进主要集中在铁路运输、电子设备、新能源等领域。法国的空中客车、核电站设备、高速铁路,德国的汽车、移动通信技术都在中国抢得了一席之地。中国正大力发展低碳经济、绿色经济,欧盟在该领域处于领先地位,中欧技术合作有很大的发展空间。中欧还在培训人员、科技交流、发展援助等领域广泛开展合作。截至2019年2月,欧盟累计对华实际投资1321.8亿美元,稳居中国第三大外资来源地;中国累计对欧盟直接投资952亿元,欧盟是中国第二大对外投资目的地。

(二)中欧经贸关系存在的主要问题

1. 欧盟启动特保措施限制我国出口产品

中国"入世"之后,扩大了与欧盟的国际经贸合作,但在经济发展不平衡和利益不一致的现实条件下,中欧之间经常产生贸易摩擦,并有不断增加的趋势。随着2005年1月1日乌拉圭协议中的《纺织品与服装协议》的生效,各WTO成员全部解除了对纺织品进口的配额限制,实现纺织品贸易一体化,中国纺织服装企业摩拳擦掌,希望在国际市场有所作为。但是,现实却是中欧之间的纺织品等贸易战愈演愈烈。根据《中国加入世界贸易组织议定书》第16条(特定产品的过渡性保障机制)和《中国加入WTO工作组报告书》第241、242条的规定,任何WTO成员可根据上述三条对中国已取消配额的纺织品申请重新设限,这为欧盟对我国纺织品出口设置障碍提供了法律基础。2005年4月6日,欧盟贸易委员曼德尔森在欧盟委员会总部举行新闻发布会,公布对中国纺织服装类产品实施"特保"措施。一方面,特殊保障措施条款的存在,为中国的纺织品打入国际市场设置了壁垒;另一方面,特保制裁具有"传染性",一旦有一个国家单方面制裁成功,很可能马上发生连锁反应。中国的产品出口全世界,引起更多的国家参与制裁的可能性也随之加大。众所周知,纺织业是中国非常重要的产业,又是劳动密集型的产业,涉及直接就业的人口约1900万人,加上相关就业人口就更多了。在欧盟对中国设限的品种背后,每一个品种涉及至少1000家企业,多则6000家企业。欧盟利用特保措施,对我纺织品出口重新限额,其后果可想而知。

2. 欧盟仍不承认我国的市场经济地位

欧盟至今视我国为"非市场经济"国家，按其自行制定的标准，采取"个案处理"原则核定我国出口产品是否构成倾销。随着欧盟统一市场的建立，反倾销的职权从各个成员上交到欧盟。对于中国来说，这无疑意味着被欧盟反倾销的危险和危害性都在增加。就企业层面而言，反倾销措施更是一种潜在威胁。因为任何一个或几个成员提出的反倾销申诉只要在欧盟立案并形成法规，就会在整个欧盟生效，使中国被反倾销的商品丧失整个欧盟市场。欧盟是对中国商品实施反倾销最多的贸易伙伴。自20世纪90年代以来，在欧盟的所有反倾销案例中，无论是立案还是调查，中国商品均居首位。反倾销对被诉企业影响最大，无论结果如何，被诉企业都会被拖入烦冗的调查程序，并会给企业自身的"信誉"带来危机，因此往往导致被诉企业丧失市场份额。

3. 技术型贸易壁垒正成为欧盟的隐形贸易保护工具

欧盟是最先意识到在国际贸易中利用技术性贸易保护措施进行外贸管制的国家(地区)，其构建的技术性贸易保护措施体系相当完备，作为我国第一大贸易伙伴，给我国的进出口贸易带来巨大影响。实际上，2005年前3个月部分中国纺织品出口出现快速增长的原因主要是一些发达国家未能在过去10年根据世界贸易组织相关协定的要求逐步开放市场，而把70%的配额保留到最后一刻。发达国家在大多数贸易领域内有绝对竞争优势，纺织品则是发展中国家有竞争力的产品。尤其是我国，借助国内充裕、廉价的劳动力，在2005年1—4月，我国纺织品出口总额达到312亿美元。但是，纺织品贸易摩擦占据了我国上半年全部贸易摩擦的50%，成为我国遭受贸易摩擦的重灾区。如果欧盟不断地向我国产品挥舞贸易保护主义的大棒，中国将遭受的损失是难以估量的。中国的遭遇说明，欧盟所提倡的所谓贸易自由化是有着双重标准的，对自己的优势产业就主张自由贸易，让大家都打开大门；而当自己的劣势产业遇到来自发展中国家的挑战时，则强调"公平贸易"，关上自己的大门来加以限制。这种贸易保护主义的倾向有损国际贸易的健康发展。

(三)中欧经贸关系发展的前景

要想推动中欧关系的长期健康发展，必须立足于中欧长远的战略利益，考虑到双方的现实需求和长远发展目标。

第一，加强中欧双方之间的互信和互谅。中欧贸易领域中各个行业之间应该长期保持对话，及时解决各种实际问题，就具体问题展开针对性谈判，建立利益博弈机制以及互相妥协、互相协调机制。在经济全球化时代，争取形成中欧贸易之间合理的贸易分工格局，建立新的贸易优势互补机制，不断提高双方的经济实力，实现双赢。

第二，理性看待中欧不断升级的贸易摩擦问题。随着中欧关系的日益紧密，中国经济实力的不断增强，中欧双方在市场、贸易等方面的竞争和争夺必然愈益激烈，双方原有的贸易互补性优势逐渐丧失，中方产品中的技术含量有所提高，开始与欧盟在技术产品市场展开竞争，必然会直接影响到欧盟的对外贸易产品结构。因此，面临新的中欧贸易形势，中方要有充分的认识和应对能力。同时更要预测到，在未来阶段，欧盟很可能会开辟新的低端产品市场和获取更为廉价的劳动力成本优势，相应地，对中国一些低端产品的出口也会设置各种障碍，将这些中国产品拒之欧盟市场之外。

第三，克服中欧贸易中存在的问题，不能将所有问题的症结归咎于欧盟一方，更要寻找中国自身的原因。中方应该加以重视和亟待解决的问题包括：对欧盟贸易法规理论和实践进行系统跟踪研究，中国应尽快加强对外贸易法规和法律的建设，制定对策性强的各项法规和法律，改变中国现行贸易法规中的空泛性，增强规避能力、应对能力，在全球化日益发展的世界中，构建适应中国现实发展的对外贸易体系和秩序。

二、中国与美国的经贸关系

1979年中美建立正式外交关系，两国政府签订了《中美贸易关系协定》。该协定规定，"两国自1980年2月起，在贸易往来中相互给予最惠国待遇，并在金融、财务、货币和银行交易方面相互提供一切必要的便利"，从而为两国贸易的扩大和协调发展做出了原则性规定。1992年10月，中美双方达成《市场准入谅解备忘录》，美国同意放宽1989年开始对华实施的高技术出口限制。1994年5月，美国宣布无条件延长中国的最惠国待遇，并把人权问题同每年审议延长最惠国待遇脱钩。在此基础上，中美贸易开始快速发展起来。1999年11月15日，中美政府代表在北京签署了关于中国加入世界贸易组织的双边协议，此举不仅大大加快了中国"入世"的步伐，也为中美贸易在双赢格局下长期稳定发展创造了有利条件。

(一)中美经贸关系的发展现状

1. 中美贸易规模不断扩大

据中国海关统计，1979年中美双边贸易额仅有24.5亿美元，至1994年已达到354.3亿美元，占我国当年进出口总额2367亿美元的15%，而到2007年已增长到3020.8亿美元，占我国当年进出口总额21738.3亿美元的14%。2010年中美双边贸易额增长到3853.4亿美元，2011年双边贸易额近4500亿美元，占全球贸易总额的2.5%。2017年中美贸易额已突破5800亿美元。2018年中美双边贸易进出口总值为6335.2亿美元，同比增长8.5%。其中，出口4784.2亿美元，增长11.3%；进口1551亿美元，增长0.7%；贸易顺差3233.2亿美元，同比扩大17.2%。2019年前11个月，中国与美国的贸易额为3.4万亿元，同比下降了11.1%。

2. 中美贸易结构互补性增强

美国是世界上最大的发达国家，中国需要美国的先进技术、先进的管理经验、资金和产品销售市场；中国是世界上最大的发展中国家，美国需要中国的产品销售市场、劳动力、资本投资场所和物美价廉的商品。中美两国处于不同的经济发展阶段，资源条件、经济结构、产业结构以及消费水平存在着较大差异，因此在贸易商品结构上呈现出很强的互补性。

随着中国经济的迅速发展及产业结构的不断优化，中美贸易的商品结构也在逐渐转变。从中国对美国出口商品结构来看，在继续保持纺织品、服装、鞋类、玩具等传统商品出口的同时，机电产品出口比重逐步上升。从中国对美国进口商品结构来看，化工原料等原料性商品一直占很大比重，但近年来机、电、仪等资本和技术密集型产品的进口比重迅速增加。中美贸易结构所呈现的这一明显特征，使两国找到了更多的利益和合作基础，为进一步扩大双边经贸合作创造了良好的条件。

3. 中美贸易方式以加工贸易为主

自1996年加工贸易进出口在中国进出口总额中首次超过50%以来，加工贸易的地位越来越重要。由于中国在劳动密集型产品的加工出口方面具有较强的国际竞争优势，以及众多的美国在华投资企业从事出口加工生产，所以中国对美国出口的产品大部分属于两头在外的来料加工和进料加工出口。据中国海关统计，2011年中国对美国出口中，加工贸易是1756.4亿美元，占中国对美国出口的54.1%，加工贸易顺差是1537.5亿美元，占整个中美贸易顺差的75%以上。2019年中国对美货物贸易顺差近53%来自加工贸易。

(二)中美经贸关系存在的主要问题

中美两国都是具有广泛世界影响的大国，都有着捍卫各自所确认的意识形态标准和社会制度模式的坚强意志。但由于两国的经济发展水平悬殊，历史和文化、社会制度各异，而且各自追求的政治经济利益也不尽相同，也就注定了中美贸易关系的发展不可能是一帆风顺的，必然会面临一系列的问题和干扰。随着中国加入世界贸易组织，中美经贸关系中的许多障碍正在消除，如最惠国待遇、市场准入等；但中美贸易不平衡、美国对中国商品的进出口限制等因素仍影响中美经贸关系的稳定发展，而反倾销调查、知识产权保护等问题也再度成为双边贸易摩擦的焦点。

1. 双边贸易不平衡问题

在中美双边贸易中，贸易收支不平衡问题始终存在。据中国海关统计，1993年以前是中方的贸易逆差，从1993年起才是美方的贸易逆差。但据美国商务部统计，美方从1983年起转为逆差，一直延续到现在。美国长期以来对中美贸易逆差表示了相当的关注，成为影响中美两国的热点问题，也成为中美贸易摩擦的主要导火索。

中美贸易不平衡问题经常被美国某些利益集团大肆渲染，它们试图制造一种错觉，好像中美贸易只对中国有利，而美国贸易逆差的主要原因是中国市场的不开放，这与事实相去甚远。无可否认，中国对美贸易确实存在逆差，然而逆差数字并不像美方对外公布的那么巨大。造成这种逆差的主要原因是双方统计方法与计价标准的差异。早在1994年，中美两国曾就双方统计差异问题进行过专题研究，经过一年多的磋商与谈判，达成了两国都认可的《中美商贸联委会贸易和投资工作组贸易统计小组工作报告》，就双方在贸易中的统计差异达成了以下共识。

(1) 美方确定货物原产地的方法存在问题。对进口货物原产地的判定一般根据进口商的申报，而美方的做法则为只要被判定为中国货物，就视为来自中国的进口产品。这其中就忽视了中间商的问题。一方面，该货物可能是由中间商出口的而并不属于中国的出口商品；另一方面，被记录的货物也可能存在着中间商增值，因此增值的部分会计入我国对美国的出口贸易额中。其实按照国际贸易的原产地规则，美方统计中方对美出口额应扣除我国经香港转口贸易中的增值部分。

(2) 美方忽视了转口贸易及其增值问题。从以上分析可以看出，美方在对华贸易的进出口方面忽视了转口及其带来的增加值问题，而且这一部分成为表面上中方顺差较大的主要因素。按美方自身的统计，我国仅有20%的出口是直接运输到美国的，80%是通过转口贸易出口到美国的。按照中方的统计，我国对美出口有约60%是经过香港的转口贸易，而经过香港转口的商品平均增加值高达40%,这其中带来的增加值美方都算入了我国的出口中,显然是不合理的。因而对美方来讲,其对华进口的基数自然而然就比较大了,使其无法承受了。所以若不算增加值的部分,我国的顺差额是远小于美方公布的数字的。

(3) 中美两国计价方法的差异。美国进出口计价时使用的是船边价格(FAS);而中国的出口计价方法是离岸价格(FOB),进口则用到岸价格(CIF)。由于船边价格是不包括装船费用的,而据世行估计,离岸价格比船边价格高约1%,所以美国对华出口额应上调1%,进而中方的进口额应下调1%。显然,这种进出口中的差异化统计标准,使双方统计的进出口数据存在一定的差距,无形中扩大了逆差额。

(4) 服务贸易未计入双边贸易额。美方统计逆差时只计算商品贸易,并没有将服务贸易额作为统计依据。美国是世界上服务贸易最发达的国家,而中国的服务贸易相对于货物贸易而言较为落后。在世界服务贸易迅速发展的背景下,中美两国服务贸易的重要性正在增加。由于中美服务贸易处于开创阶段,统计还不完整。据美国商务部统计,1995年美国对华服务贸易中顺差就为9亿美元,到2003年顺差额已上升到20亿美元。伴随着双方服务贸易的迅速发展,相信这一数字正在不断增加。所以在算入双方服务贸易的前提下,两国的贸易逆差是会大幅度降低的。

2. 反倾销、反补贴问题

美国无视中国社会主义市场经济体制的建立和完善的现实,多年来始终援引美国《1988年综合贸易与竞争法案》第1316条规定,即"在行政当局做出取消的决定之前,已确定的任何一个外国为非市场经济国家的结论仍保持有效"以及调查中"行政当局的任何决议都是不容司法审议的"。由于美国歧视性地坚持对中国"非市场经济国家"的认定,严重损害了中国企业和产品的利益。中国加入WTO后15年内外国对中国产品进行反倾销调查时可沿用"非市场经济国家"标准,美国更视之为防止中国出口激增的有效武器。

另外,反补贴将是影响今后中美贸易的新因素。根据美国反补贴税法,对运往美国的任何产品的生产、制造或出口提供补贴者,要另外征收相当于补贴额的关税,但仅限于市场经济国家。由于美国视中国为"非市场经济国家",过去未对中国采用反补贴手段。一旦我国摘掉了非市场经济国家的帽子,反补贴问题就会接踵而来,对此,我国应提早有所准备。

事实上,为防止中国因加入WTO而对美出口激增,美国现已开始考虑修改反倾销、反补贴的有关规定。美国美中安全审议委员会的报告建议,今后商务部在决定非市场经济国家达到市场经济程度身份时需获得国会的批准,并建议修改美国反补贴法,将范围扩大到非市场经济国家,即为保护美国产业免受来自非市场经济国家进口品不公平竞争时也同样适用。

3. 出口管制问题

中国经济的不断发展壮大和综合国力的增强使美国感到了潜在的威胁。对于美国来说,中国是一个无法抗拒的大市场,同时美国又担心中国是一个经济上和军事上的潜在竞争对手,如何利用这样一个大市场而又不至于使它成为一个过强的竞争对手,是美国制定对华政策的目标。美国对华出口管制政策的目的就是要在经济和安全上取得平衡。长期以来,美国政府对华奉行"全面接触政策",同时要对那些可能会对国家安全构成威胁的出口加以控制。美对华出口的许多产品都需要由美国商务部发放许可证。

虽然为了同欧盟、日本等国竞争,美国不得不放宽了一些高技术产品的出口,但总体上仍维持冷战思维,深恐中国经济、军事强大对其构成威胁。自从2001年8月授权实施出口管制的美国《出口管理法》到期后,美国一直通过紧急授权维持出口管制制度的效力。2002年1月,在美中安全审议委员会举行的听证会上,许多政界要员和学者都表示应通过对华管制,使中国的科技和经济水平与美保持50年的距离。目前,美国政府已敦促国会通过新的《出口管理法》,以对国家实施更为有效的出口管制方式,保护美国的国家安全利益。总体上今后美国将进一步加大对华高技术出口管制的力度,尤其是软件和高技术设备,并重点加强对我国核技术及导弹技术的监控等。

而高技术贸易问题是中美贸易平衡问题的关键之一。如果美国能放宽对华高科技产品的出口管制,那么美国对华贸易逆差可以极大地缩减。因此,美方应努力排除在经济贸易当中的非经济因素,放宽高科技产品的出口管制,这才是缓解美国对华贸易逆差的捷径。

4. 知识产权问题

知识产权问题也是中美贸易争端中的焦点问题。20世纪80年代以来,美国一直把加强知识产权的国际保护作为其贸易保护主义的手段之一,其主要措施是启用"特别301条款"。根据该条款美国曾多次将我国列入"重点国家名单"。虽然争端发生后,经双方磋商都能在最后达成协议,避免了一次又一次的贸易战,但由于美国贸易保护主义日盛,仍然认为中国在商标、版权、专利权和新兴互联网域名权等方面的保护不足,而且"特别301条款"的调查又是每年举行一次,因此,中美两国在知识产权保护问题上,大有发生新的摩擦的可能性。

知识产权纠纷如不妥善解决,会直接影响到中美贸易关系的顺利进展。我国认为,中美双方在知识产权方面存在的分歧只能通过平等协商来解决,而不是通过单方面报复的强制手段。双方的谈判必须相互尊重主权,必须以国际公约或世界知识产权组织对知识产权保护制定的统一标准为准则,而不能将本国的知识产权保护标准强加于别国。

(三)中美经贸关系

在贸易领域,美国一直将中国视为新兴大市场,美国经济利益与对华贸易关系紧密结合在一起,无论从出于将中国"融入世界经济"还是从地区安全战略出发,都不会毫无顾忌地损害对华贸易。贸易是处理好两国关系的纽带,必要时也是其达到某种政治目的的有效制裁武器。而美国作为我国的第二大贸易伙伴,其重要地位,他国尚无法替代。因此,发展和稳定中美经贸关系是两个大国达成的共识,是不容置疑的。

中美互为重要的贸易伙伴,由于中国加入WTO后,遵循WTO规则进行关税与非关税措施减让,对美国产品的进口将有较大增长,中国对美国的贸易顺差将逐步缩小。出口由于受到美国方面的进口激增保障条款和反倾销措施等影响在短期内不可能有大的突破。中美贸易在很大程度上取决于美国的对华贸易政策,据美国方面的分析,今后影响美国制定对华贸易政策的三个因素是对华贸易逆差、美国国内失业率和中国执行WTO协议的情况。美国在推行其贸易政策时将利用中美"入世"协议,加大对中国市场的出口,为防止我国更多的竞争力产品冲击其国内产业,美国会更频繁地启动反倾销、反补贴调查程序,"特别

301条款"等贸易制裁措施对我国输美产品设限。美国还可能会利用其国内立法破坏WTO规则，与我国纠缠。但制裁是一把双刃剑，而且双方贸易关系紧张，从长期来说对美国不利，对此美国也是持慎重态度的。

意识形态的差异决定了美对华贸易政策的复杂性，经济问题常常与政治问题交织在一起。在近期内，中国对美国的贸易依赖强于美国对中国的贸易依赖，这决定了我国在贸易摩擦和谈判中处于不利的地位，必须慎重地处理好同美国的经贸关系。尽管前进的道路上问题还会很多，但中美经贸发展的基础是好的。尤其是中美WTO双边协定的签订和永久性正常贸易关系地位的确定，消除了长期以来阻挠中美关系改善和中美经贸发展的重大障碍，对今后中美经贸发展将起到巨大的推动作用。只要双方共同努力，通过加强高层对话和双边磋商等有效机制，增进理解与信任，中美贸易前景是光明的。

三、中国与日本的经贸关系

中、日两国一衣带水，双边贸易有着很长的发展历史，同时，日本也是较早与中国开展经济合作的发达国家之一。新中国成立不久，中日经贸往来便以民间贸易的方式逐步展开了；1964年起，通过半官方半民间的方式得到了进一步的发展；20世纪70年代初，中日邦交正常化使中日关系发生了质的飞跃，为中日双边经济贸易发展创造了有利的政治条件；70年代末80年代初中国改革开放的全面展开更是为中日双边贸易发展提供了良好的经济基础，在此期间，中、日两国在贸易方面、金融方面、民间贷款和投资以及政府无偿援助等方面都有突破性的进展。但是，总体来说，20世纪90年代之前的中日贸易增长具有极大的不稳定性，经常呈现出剧烈波动的特点，在增长快的年份，其增长率可以达到50%以上，而在增长比较慢的年份则相差很大，甚至出现了两位数的负增长。中日贸易如此剧烈的波动直接导致了中国对外贸易的不稳定性。

(一)中日经贸关系的发展现状

1. 中日贸易增长日趋稳定

步入20世纪90年代以来，在经济全球化浪潮的带动下，中日贸易增长的稳定性开始增强(即使是在1998年受东亚金融危机影响，其降幅也只有4.8%)。20世纪90年代初期，中、日两国之间的贸易增长极其迅速，1991—1995年的短短4年中，中、日双边贸易额就由202.5亿美元增至574.7亿美元，年平均增长率达到了29.8%。进入21世纪以来，中日双边贸易的发展更是一年一个台阶，2000年突破800亿美元大关；2002年突破1000亿美元；2007年突破2300亿美元。2011年中日贸易总额比上年增长14.3%，达到3449亿美元，其中自我进口1834亿美元，增长20%，对华出口1614亿美元，增长8.3%，三者皆创历史最高水平。2018年，中日双边贸易额达3276.6亿美元，同比增长8.1%，继2017年后继续保持在3000亿美元之上。中国连续11年为日本第一大贸易伙伴国。2019年1—9月，日本与中国双边货物进出口额为2233.1亿美元，其中，日本对中国出口974.7亿美元，下降8.2%；日本自中国进口1258.5亿美元，下降0.1%。日本与中国的贸易逆差为283.8亿美元。

2. 加工贸易比重较大

在中日贸易中，中国的加工贸易出口额占对日出口总额的54.1%。形成这一局面的原因是：日本对中国出口的产品中，真正用于中国人消费的只有 50%左右，其余大都在中国加工完后返销日本或其他国家。对日本而言，中国目前主要还是一个以出口为主的生产基地。众所周知，日本出口至美国的产品基本上都用于消费，而且由于市场竞争十分激烈，日本不仅向美国出口质优价廉的产品，而且还转移了其最先进的生产技术，以维持自己所占的市场份额。从这一意义上看，美国实际上是日本的一个终端市场。因此，虽然美日贸易摩擦不断，但美日贸易在日本对外贸易中有着无法替代的作用。相比之下，中日贸易与美日贸易则完全不同，它的迅速发展在很大程度上是在中国成为日本企业生产基地的背景下实现的，因此，加工贸易成了中日贸易的主要方式。换句话说，日本企业实际上是在"总公司"与"子公司"之间进行"企业内贸易"——日本的"总公司"将生产设备、零部件等出口到设在中国的"子公司"，由"子公司"负责加工成制成品返回"总公司"。

当然，这并不是说加工贸易比重大就是件坏事。中国缺少技术、资金，但在劳动力成本、生产成本方面拥有很大的优势，所以加工贸易是目前较为适合中国的贸易方式。事实上，如果没有加工贸易，中国的经济不可能发展得如此迅速。但从长远来看，中国还是应提高自己的技术水平，调整产品结构，适当降低加工贸易的比重，只有这样才能为经济发展创造新的动力。

3. 对日出口产品结构得到改善

过去，中国对日出口商品大类中，纺织原料及其制品一直保持第一大商品的地位，约占对日出口总额的 1/3；食品居第二位；机电产品及零部件居第三位；其次为石油矿产品、化工品、工艺品、土畜产品等。而近年来，纺织品、食品的比重逐渐下降，机电产品的比重急剧上升，其比例已超过 40%。这主要是由于中国出台了一系列鼓励机电产品出口的举措。它表明：中国对日出口产品不再以纺织品、食品等产品为主，产品结构逐渐得到改善。另外，据有关方面的统计，日本在华投资企业中大约有 73%的企业将在中国境内加工的产品出口到本国市场。因此，在中国对日本的出口产品中实际上含有大量的进口成分。以数码产品为例，索尼、松下等全球知名企业就先后在中国建立了自己的加工企业，把从日本进口到中国的零部件组装成数码相机、数码摄像机等产品，然后返销日本。

(二)中日经贸关系存在的主要问题

1. 中国对日贸易逆差扩大

按中国方面的统计，中国对日贸易自 2002 年出现 51.31 亿美元的赤字以来逆差迅速扩大，2007 年达 318.8 亿美元，2010 年逆差额高达 556 亿美元，2016 年中国对日本双边贸易进出口总值是 1.82 万亿元，增长 5%，占中国外贸进出口总值的 7.5%，对日贸易逆差 1100 亿元，扩大 1.4 倍。2018 年，日中贸易总额为 3537.7 亿美元，日方顺差 66.9 亿美元。按日本方面的统计，日中贸易实际上也是日本顺差扩大的局面。中国对日贸易逆差是在中日贸易迅速增加的过程中出现的，而其背景则是中国经济开始新一轮高速增长，这与 20 世纪 90 年代前期的情况是一样的。这说明中国经济越是高速增长，从日本进口和对日贸易赤字就越是迅速增加，而其背后，则是中国对日本关键零部件、优质原材料以及机械设备等的严重依赖。日本对华一般机械、精密机械、半导体、电子元器件、集成电路、汽车配件、钢材、塑料乃至纺织品面料的出口迅速增加，都充分说明了这一点。

2. 中日贸易的利益不均衡

由于中国对日贸易仍未彻底改变垂直分工的状态，中日贸易的利益也是不均衡的。例如，日本向中国出口 1 吨塑料的平均价格为 19.38 万日元，从中国进口 1 吨塑料制品的平均价格为 25.48 万日元，中国加工生产 1 吨塑料制品出口的增加值为 6.1 万日元，只相当于日本生产 1 吨塑料增加值的 1/3。至于家用电器等机械机器产品，由于中国加工贸易的比例高，从日本进口关键零部件和优质材料的数量大，因此，尽管中国也提高了最终产品的生产比例和出口比例，但由于产业链短、产业波及效果小，却没有形成相应的经济效益。

3. 日本高新技术产品垄断中国市场

目前，在汽车、家用电器等传统工业领域以及计算机、手机等部分高新技术产业部门，凡是日本与欧美各国激烈竞争的，日本企业都力图后来居上，迅速扩大了对华投资，发展为当地生产。根据中国 IT 市场信息中心 2004 年 8 月 31 日公布的统计报告，在中国数码相机、数码摄像机市场，索尼、佳能、尼康、富士通等日本品牌的比重超过 90%，占绝对优势。尤其是索尼，更是大张旗鼓地进军中国市场。2004 年 5 月、7 月和 10 月，索尼先后在上海和北京举行了三次新产品发布会，把其数码相机、数码摄像机的最新产品全部投放中国市场，分别垄断了中国数码相机市场的 30% 和数码摄像机市场的 50%，全年销售额比 2003 年增加了 80% 以上。

4. 两国贸易摩擦增多

中日贸易摩擦由来已久，早在 20 世纪 90 年代，双方的贸易摩擦就持续不断。1993 年日本向中国征收硅锰合金的反倾销税，1995 年日本对中国的棉府绸进行反倾销，1996 年又对从中国进口的纯棉绸实施保障措施调查。进入 21 世纪后，中日贸易摩擦再度升级。2001 年日本对中国的毛巾实施紧急进口限制，同年，又对中国的大葱、鲜香菇、蔺草席实行紧急进口限制。2012 年日本向 WTO 提出申诉，抗议中国向日本出口的高性能不锈钢无缝管征收反倾销税。产生贸易摩擦的主要原因如下所述。

(1) 日方设置贸易壁垒。近几年，日本虽然处于经济复苏时期，但并未完全摆脱过去 10 年经济大萧条所带来的影响，国内经济仍然不景气，劳动力成本相对较高，致使本国的一些生活必需品在国际竞争中处于弱势。而中国的这类产品在价格上则占据绝对优势。因此，日本政府出于保护国内产业的目的，对中国的出口产品设置了贸易壁垒，严重影响了中国产品的出口。

【案例 10-1】

日本肯定列表制度

肯定列表制度 (Positive List System) 是日本为加强食品 (包括可食用农产品) 中农业化学品 (包括农药、兽药和饲料添加剂) 残留管理而制定的一项新制度。该制度要求：食品中农业化学品含量不得超过最大残留限量标准；对于未制定最大残留限量标准的农业化学品，其在食品中的含量不得超过"一律标准"，即 0.01 毫克/千克。该制度已于 2006 年 5 月 29 日正式实施。

"肯定列表"制度规定的农业化学品涉及我国对日出口的绝大部分食品、农产品，对我国对日出口食品、农产品是一个新的壁垒,对我国的分析检测技术也是一种新的考验。目前我国仅制定了 137 种农药的 477 项残留限量标准,98 种兽药 658 项残留限量标准,还有 391 种农药、155 种兽药没有残留检测方法标准,与日本"肯定列表"制度的差距极大。

而日本是世界主要农产品进口国之一,也是我国农产品第一大出口市场,目前中国近 1/3 的农产品出口输往日本市场,是日本进口农产品的第二大来源国(市场份额占 13.8%)。

"肯定列表"制度实施后,我国出口食品将面临更大的挑战,具体表现在以下两个方面:一是出口食品残留超标风险增大。由于日本残留限量新标准在指标数量和指标要求上比现行标准高出许多,因此我国食品出口残留超标的可能性也将明显增加。特别是日本目前尚无限量标准但我国正在广泛使用的农业化学品,残留超标的可能性非常大。二是出口成本提高。主要源于残留控制费用的增加、产品检测费用的增加、通关时间的延长等。

企业自律、规范用药是出口企业降低"肯定列表"制度影响的最根本措施。为降低出口食品残留超标的可能性,出口企业必须从源头抓起,保证农业化学品质量,并严格按照使用规范用药。

(资料来源:袁志广. 北京青年报,2006 年 7 月 17 日)

(2) 日方在政治和外交上制造紧张气氛。近年来,日本政府一些官员频频参拜靖国神社,修改历史教科书,在台湾问题上干涉中国内政,并在钓鱼岛的归属、东海划界、俄罗斯天然气管道等问题上多次制造事端,严重影响了中日双边关系以及双边贸易的正常发展,成为两国产生贸易摩擦的催化剂。

(3) 日本设置双重生产标准。在双重生产标准下,日本国内销售的产品质量要优于出口中国的产品质量,导致销往中国的日本产品频频发生问题,这在一定程度上也加剧了贸易摩擦。

(三)中日经贸关系发展的前景

中日双边贸易的进一步发展有机遇也有挑战,适时采取有力的对策措施才能化解不利因素,使双边贸易健康发展。

1. 在竞争中合作,在合作中发展,创造良好的竞争环境

竞争机制是市场经济发展的动力机制,在传统的企业国际竞争观念中,企业竞争的方式是战争型竞争,商场如战场。而当今网络信息技术的发展使国际竞争中企业的协调型竞争成为新的发展趋势,在竞争中合作,在合作中发展,这是一种双赢式的竞争。中日双边贸易的发展只有顺应这一新的发展趋势,才能有利于双方经济利益的实现。中日首次贸易争端应引以为戒的教训也正在于此。中日首次贸易争端之所以发生在农业领域,重要原因是日本政府对农业长期实行保护政策,使农产品缺乏竞争力。日本农业部门的生产率仅相当于美国的 1/10 左右,而许多农产品的价格却相当于国际平均水平的 10 倍左右。中日首次贸易争端虽经双方多次磋商得到解决,但随着两国贸易规模的扩大和贸易结构的不断调整,新的贸易摩擦将不可避免,而只有在合作、信赖的基础上,逐步建立起良好的协调型竞争机制,才能防患于未然,降低贸易冲突发生的频率,避免贸易冲突的升级。

2. 中日两国应加强交流，正确认识和处理共同问题

在中日两国的经济合作中，日本不应把中国的经济增长当作威胁，而应把它看作是促进合作、加深交流的有利因素。因此两国应充分认识下述问题。

第一，正确认识经济贸易摩擦的成因。特别是日本的对外直接投资加快了他国与本国产业结构的趋同，由此增大了产生经济贸易摩擦的可能性。为尽快解决摩擦就应该通力合作。

第二，依据国际分工向优势产业转化。在现阶段，中国的优势产业是劳动密集型产业，日本是技术和资本密集型产业。但是，如果以动态的方法来把握优势产业的话，那么应该认识到它的构成是经常变化的。面对中国经济的发展，日本应进一步深化与中国的分工关系，积极介入中国的供给体系，从中确立自己的比较优势。

第三，基于产业结构长期预测的政策调整。若从多层次来把握优势产业的话，则其构成又会发生变化。按劳动力与技术、劳动力与资本、资本与技术等来进行多层次定位，则更接近于现实。两国有必要认识这样的现实，并基于对比较优势和产业结构的长期预测，相互间进行政策调整。

四、中国与东盟的经贸关系

东南亚国家同盟由泰国、印度尼西亚、马来西亚、菲律宾、新加坡、文莱等国组成，1996年越南加入东盟，1998年柬埔寨、老挝加入东盟，之后缅甸也加入了东盟。因此现在的东盟包括了东南亚10国，人口约4.7亿，近年国内生产总值7000多亿美元，对外贸易额每年6000多亿美元，是当今世界经济活力较强的区域。

(一)中国与东盟经贸关系的发展和现状

国际区域经济一体化是当今世界经济发展的新潮流，也是发展中国家面临的国际发展环境。参与国际区域经济一体化已经成为促进发展中国家经济发展的重要途径。中国与东盟的领导人审时度势，在2001年11月就建立自由贸易区达成共识：在10年内建成中国—东盟自由贸易区。2002年5月，中国—东盟自由贸易区谈判正式启动，当年11月签署了《中华人民共和国与东南亚国家联盟全面经济合作框架协议》，一个拥有17亿人口、近2万亿美元GDP、1.3万亿美元贸易总量、由发展中国家(新加坡除外)组成的自由贸易区已初具雏形。

中国和东盟自由贸易区的建设可分为以下三个阶段。

第一阶段为1991—1996年。在这一阶段，重点是中国与东盟国家的双边经贸合作不断有新的发展。

第二阶段为1997—2000年。在这一阶段，中国与东盟增进合作，共同应对亚洲金融危机。1997年中国与东盟确定了建立面向21世纪的睦邻互信伙伴关系，发表了《联合声明》。随后两年间，中国分别与东盟10国签署了关于未来双边合作框架的《联合声明》，确定了在睦邻合作、互信互利的基础上建立长期稳定的关系。上述这11个重要的《联合声明》都将相互间的经贸投资合作关系作为重要关系。至2000年，中国与东盟10国均签订了《鼓励和相互保护投资协定》。2000年在第四次中国—东盟领导人会议上，中国提出组建中国—

第十章 中国对外经济贸易关系

东盟自由贸易区的倡议。

第三阶段为2001年至今。在这一阶段,中国与东盟达成了组建中国—东盟自由贸易区的共识,之后签订了有关协议,并于2005年7月自由贸易区开始进入实质性运作时期。2005年7月20日开始,双方全面启动降税进程,首批7445种商品的关税降至20%;按照自由贸易区建设计划,到2010年,中国与东盟6个老成员间绝大多数产品关税为零,到2015年,中国与东盟4个新成员间绝大多数产品关税为零,一个由11个国家组建的统一市场正在打造。2007年1月14日,签署了中国—东盟自由贸易区《服务贸易协议》。2018年11月《中国—东盟自由贸易区升级议定书》最终完成了中国和东盟10国所有的国内程序,全面生效。近年来,中方与东盟国家企业合作建设了多个经贸合作园区,为推动中国企业集群式走出去与东盟国家开展国际产能合作和装备制造合作搭建了重要载体。随着澜沧江—湄公河次区域合作、大湄公河次区域合作、中国—中南半岛经济走廊、泛北部湾经济合作等项目建设不断推进,区域和次区域合作成为中国—东盟合作的新亮点和新增长点。

(二)中国与东盟经贸关系存在的主要问题

中国和东盟虽然成功地组建了自由贸易区,并且经贸往来取得了长足的发展,但仍存在一些不利的影响因素。

1. 东盟成员国经济发展水平差异巨大

东盟的10个成员中,人均GDP相差约70倍,这影响了中国与东盟的合作。比如,中国和东盟签订的服务贸易协定,就要分别和各个成员国谈判,根据各国的国情,条款有所不同。

2. 东盟内部成员国之间存在摩擦和矛盾

归结起来,东盟内部成员国之间存在历史积怨和领土主权争端、成员内部政局不稳、民族宗教差异三类矛盾,这影响了东盟成员政策的协调一致性,也影响了中国与东盟的合作。

3. 中国威胁论

面对中国经济的日益强大、吸收外资的增多,对流入东盟外资的分流以及大量价廉物美的中国商品涌入本地市场,东盟成员内部以及周边许多国家感到了竞争的压力,"中国威胁论"等言论泛起。

4. 发达国家的干预

我国具有比较优势的中低档日用消费品以及某些机电产品,已经成为美国、日本、欧盟等国家和地区在东盟市场上强有力的竞争对手。作为东亚区域内传统重要势力的美国和日本决不甘心被夺去"风头",今后更多地介入和干预将是必然的。

5. 受台湾关系的影响

为避免被区域经济合作"边缘化",台湾地区积极推行"南下政策",急欲与周边国家建立"自由贸易协定"。尽管东盟在发展与中国的经济合作关系上顾忌台湾问题,但与台湾的经贸合作仍然在不断扩大。

(三) 中国与东盟经贸关系发展的前景

1. 双方的贸易将有更大的增长

随着"入世"后中国的产业结构调整和经济增长加快，特别是我国的制造业将会有快速发展，将带动对能源和原材料需求的增加，因而从东盟进口资源性初级产品以及电子电器等机电产品的零部件及半成品将会进一步增多。与此同时，我国对东盟的出口也将保持持续的增长势头。这种增长一方面来自我国具有比较优势的产品，另一方面来自对东盟具有潜在优势的产品。2002年，中国与东盟贸易额为547.67亿美元。2011年双边贸易额达到创纪录的3628.5亿美元，比2002年增长了5.6倍，年均增长率超过20%。2017年中国与东盟贸易额首次突破5000亿美元。2019年1—11月，在中国与东盟的贸易中，中国向东盟出口达3230.9亿美元，同比增长11.5%；中国从东盟进口达2549.5亿美元，同比增长2.8%。1—11月中方顺差为681.4亿美元，较上年同期的425.7亿美元增长60.1%。

2. 双方的相互直接投资将逐步扩大

尽管目前东盟和中国都不是对方投资的主要市场，但随着各国一系列促进外国投资政策的出台，相互投资将会增多。近年来中国对东盟的投资从无到有、由小到大，迄今投资额近130亿美元，其中近一半是近两年实现的。2017年，中国和东盟各国之间的累计投资突破5000亿美元。截至2018年年底，中国和东盟双向累计投资额达2057.1亿美元，双向投资存量15年间增长22倍。截至2019年8月，中国与东盟双方相互累计投资约2300亿美元，中方在东盟设立了25个境外经贸合作区，入区企业超过600家。

3. 经济合作领域将日益拓宽

随着《清迈协议》的实施和"电子东盟"的启动，我国与东盟在金融、保险与电信领域的合作将更大规模地展开。基础设施的合作步伐也将加快，同时将带动相关次区域经济合作的进展。农业、环境保护、能源、知识产权及企业之间，特别是中小企业等方面的合作也将启动。中国与东盟国家在"一带一路"框架下，共同开展了中新互联互通项目、中马"两国双园"、中缅油气管道、印尼雅万高铁、中老铁路、中泰铁路等重要项目合作；与东盟国家共建的柬埔寨西哈努克港经济特区、泰中罗勇工业园、越南龙江工业园等经贸园区已落成或运营。

五、中国与俄罗斯的经贸关系

(一) 中俄经贸关系的发展现状

1. 双边贸易高速增长

据中国海关统计，2007年中俄贸易总额达到487.1亿美元，同比增长44.3%，比同期中国对外贸易平均增长幅度高出20.8个百分点。这样高的增长幅度在两国历史上是极为罕见的。不仅如此，中俄贸易的增长幅度在中国十大贸易伙伴中位列第二，这种状况也是极为罕见的。2011年双边贸易额为792.5亿美元，同比增长42.7%。2018年年底，俄中贸易额达到1070.6亿美元，主要贸易领域将是能源资源、采矿业和冶金产品。2019年前11个月中俄双边贸易额再次突破 1000 亿美元，达到 1003.2 亿美元，同比增长了 3.1%。如果保持这一增速，全年双边贸易额有望突破 1100 亿美元，再创历史新高。

2. 中国对俄出口增长强劲

中国对俄出口增长幅度远远大于俄罗斯对华出口增长幅度。2007 年中国对俄出口 284.9 亿美元，同比增长 79.9%，增长幅度空前，高于中国对外出口的平均增幅(25.7%)；俄罗斯对华出口 196.8 亿美元，同比增长 12.1%，低于中国对外进口的平均增幅(20.8%)。2011 年中国对俄出口 389 亿美元，俄对华出口 26.7 亿美元，对俄出口与对俄进口的增长幅度明显不成比例。2019 年前 10 个月，中方自俄罗斯进口农产品同比增长了 12.4%，对俄罗斯出口汽车增长了 66.4%。造成这种局面的原因：一是俄罗斯国内需求旺盛，进口激增；二是俄罗斯对华石油出口出现下降，而石油是俄罗斯对华出口的最大宗产品。

3. 中方开始出现逆差

2007 年中方第一次获得了 88.1 亿美元贸易顺差，顺差数额在迅速扩大。俄罗斯对中国的贸易逆差从 2008 年的 135 亿美元减少到了 2009 年的 61 亿美元。从 2013 年至 2018 年俄罗斯与中国的贸易进出口额来看，进口额和出口额均大幅波动；但贸易差额呈收缩趋势，从 2013 年的逆差额 350.5 亿美元，到 2018 年的顺差额 38.8 亿美元。值得注意的是，2013 年以来，俄罗斯始终保持贸易逆差，中国是顺差方；但在 2018 年俄罗斯首次出口额突破进口额，成为贸易顺差方，中国是逆差方，这主要是受矿产品、贱金属及制品等产品影响较大。

(二)中俄经贸关系存在的主要问题

1. 贸易结构问题

长期以来，中国对俄出口以纺织和轻工产品等劳动密集型产品为主，俄对华出口则以资源原材料产品为主。在贸易规模扩大的情况下，这种传统的贸易结构并未发生实质性改变，中俄贸易中的结构性问题仍然十分突出。这一状况如果长期得不到改观，势必会直接影响双边贸易水平和质量的提高，也不利于双边经贸合作长期稳定发展。

2. 投资规模不大

中俄经贸合作以货物贸易为主，中俄相互投资无论与两国的贸易额相比，还是在两国各自对外投资总额与相互投资在对方吸引外资总量中的比重，均处于绝对低的水平。

3. 能源合作问题

随着能源价格上涨和对安全因素的考虑，中国对与俄罗斯的能源合作越来越重视，而俄罗斯则从调整经济结构、能源安全等方面考虑，在开发其资源性产品方面一直有所保留。加上两国有关业务实体在价格问题上磨合时间拖延和舆论关注度高，能源合作不仅成了经济问题，在一定程度上还成为相互信任的政治问题。

【案例 10-2】

全球原油价格暴跌

石油输出国组织(OPEC)与俄罗斯未能就减产达成协议，导致全球油价在 2020 年 3 月 6 日曾跌超过 8%，美股某些板块则因此遭受重挫。路透社 6 日报道，2019 年冠状病毒病(COVID-19)疫情影响全球原油需求，全球产油大国俄罗斯反对 OPEC 提出的减产计划，最终双方未能达成减产协议。伦敦布兰特原油与纽约 WTI 原油价格因此重挫超过 8%，创下自 2015 年以来最大的单日跌幅。截至当地时间下午 3 时，伦敦布兰特原油每桶报 45.28 美元，下跌 9.38%；纽约 WTI 原油价格每桶报 41.20 美元，下跌 10.20%。

有业内人士认为，目前情况与 2014 年的状况相似，当时正值沙特阿拉伯、俄罗斯与美国页岩油生产商争夺全球市场份额，但美国页岩油生产商未同意与双方达成关于限制产量的协议，而这次油价暴跌可能意味 OPEC 与俄罗斯组成的联盟即将终结。

(资料来源：新浪科技 https://tech.sina.com.cn/roll/2020-03-19/doc-iimxyqwa1645322.shtml)

4. 贸易平衡问题

2007 年在中俄贸易中中方第一次实现顺差，尽管顺差绝对值并不大，特别是还远未弥补十多年来中方累计的巨大逆差，但是这种状况已经让一部分俄罗斯人感到不安，将这一变化视为一个"可怕的开端"。其实，这个新问题完全是一些偶然因素所致，并非中国方面刻意追求的结果，俄方显然对此有些反应过度。

5. 贸易摩擦隐患问题

伴随着双边贸易的快速增长和贸易规模的不断扩大，产生贸易摩擦的可能性也必将不断增大，这是符合国际贸易的一般规律的。及时发现并努力克服有可能引发贸易摩擦的各种因素和隐患，是维护中俄双边贸易正常发展的重要环节。

(三)中俄经贸关系发展的前景

近年来，两国开始加强人文领域和民间层面的合作交往，相继互办"国家年""语言年""旅游年"等重大双边文化交流活动。2006 年中国"俄罗斯年"期间，双方共举办了 21 场科技活动；2007 年的俄罗斯"中国年"期间，双方也开展了 29 场科技活动。中方派团组参加"莫斯科国际航空航天展"等大型展会，举办一系列高水平的学术交流，涉及激光、能源、海洋、航空、自然环境等双方共同关心的话题。2012 年，在"俄罗斯旅游年"框架的 200 多项活动推动下，我国旅游业受惠于各项优惠政策，不断创新旅游产品与线路，加大资金、人力等资源配置，使潜在市场得到充分挖掘。这些主题年活动，加深了俄罗斯民众对中国的了解和对中国文化的认知，巩固了两国交往的社会基础。

1. 在贸易合作方面

两国贸易往来将逐步增加，进出口贸易额将进一步增长，中俄边境贸易有进一步发展的空间。在贸易结构方面，中国对俄出口产品仍以劳动密集型产品为主，同时会促进机电产品、木材深加工产品、电力设备、电子产品和高科技产品等的贸易。俄罗斯对中国的出口产品以资源密集型产品为主，石油供应仍会增加。两国的农业合作、民用产品及汽车贸

第十章 中国对外经济贸易关系

易将进一步发展。中俄贸易的科技含量将会进一步提高。

2. 在投资合作方面

两国相互投资将会进一步增加。中方投资主要集中在房地产、木材深加工、农业开发、化工等领域。2019 年 1—10 月，中国对俄直接投资同比增长了 10.7%，一批汽车、制造、电子商务领域的中资企业在俄罗斯投资的项目顺利投产落地。俄方投资有向中国中部发展的趋势，投资方向主要集中在天然气、能源、电力、制造业、建筑和运输等领域。

3. 在经济技术合作方面

2011 年，中国自俄引进民用技术 33 项，合同金额达 17.6 亿美元，同比增长 0.6%。2012 年 1 月，自俄引进民用技术 4 项，合同金额达 530 万美元，同比增长 253%。自俄引进项目主要集中在核电、航空、航天、电子等领域。两国经济技术合作将进一步加强，汽车生产组装、资源开发、木材深加工、工程承包等投资和经济技术合作项目将逐步增加。

【案例 10-3】

中俄签署联合公报 合作从传统领域向高科技拓展

据新华社报道，应俄罗斯总理梅德韦杰夫邀请，国务院总理李克强于 9 月 16 至 18 日对俄罗斯进行正式访问，并同梅德韦杰夫总理共同举行中俄总理第二十四次定期会晤。

李克强指出，要共同执行好能源领域大项目合作，扩大双向开放，探索炼油一体化的合作模式。同时，深化科技创新合作，发挥互补优势，充分挖掘两国在基础研究、应用研究、科技成果产业化等方面的合作潜力，办好中俄科技创新年。

梅德韦杰夫表示，俄方愿同中方一道努力，将双方合作重点从传统能源领域向高科技领域拓展，不断为俄中新时代全面战略协作伙伴关系注入新动力。

"当前，中俄的合作重点主要还是在能源领域，包括亚马尔天然气项目、今年年底开通的中俄天然气管道东线项目，另外，在航空航天、核能、基础设施方面也有一些合作项目。"但刘华芹说，"在中俄贸易达到 1000 亿美元之后，未来双方需要大力拓宽合作领域。"

多年来，能源一直在中俄经贸合作中发挥着重要作用。2018 年，俄罗斯连续第 3 年成为中国最大石油供应国，向中国出口的石油达 7149 万吨，比 2017 年增长了 19.7%。俄罗斯驻华大使杰尼索夫 4 月向记者指出，在"西伯利亚力量"中俄天然气管道投入使用后，俄罗斯也将成为中国最大的天然气供应国。

刘华芹指出，当前，中俄在制造业领域的合作潜力巨大。"这次的联合公报至少提了十大领域的制造业合作，包括汽车、制药、有色、石化、铁矿石、能源装备、船舶制造、海洋工程、无线电电子、机床等。这些将是我们制造业合作的增长亮点。"

"更重要的就是高新技术领域，其中数字经济是两国未来经济的一个重要增长点，在数字经济，包括物联网、机器人、人工智能等领域，双方合作空间很大。"刘华芹补充道。

此次会晤期间，双方签署了多项高新技术合作文件，包括关于数字技术开发领域合作谅解备忘录，关于建立联合月球与深空探测数据中心的合作协定，关于协同实施"嫦娥七号"月球极区探测任务和"月球－资源－1"轨道器任务的合作协定，关于进一步加强科技人文交流与合作的谅解备忘录。

> 另外，双方已经决定2020年、2021年互办"中俄科技创新年"。9月15日，李克强在接受俄罗斯塔斯社书面采访时说，两国要以此为契机，将中方的产业、资金和市场优势与俄方的资源、科技和人才优势结合起来，为经济社会发展注入新动能。
>
> （资料来源：中国政府网 http://www.gov.cn/xinwen/2019-09/19/content_5431215.htm）

第三节 中国内地与港、澳、台地区的经济贸易关系

由于历史原因，香港和澳门特别行政区及台湾现为中国的三个单独关税区，中国内地在与其进行经济贸易交往时，是按照国际经济通行规则进行的，因此，中国与三个单独关税区的经贸关系被作为其对外经贸关系的一部分。长期以来，互惠互利、优势互补的经贸合作，促进了相互之间生产要素的优化配置，为相互的经济发展做出了积极的贡献。

一、中国内地与香港特别行政区的经济贸易关系

香港原属广东省新安县(今深圳市)，自1840年鸦片战争后被英国长期占领，1997年7月1日中国政府恢复对香港行使主权，香港成为中国特别行政区。

(一)内地与香港经贸关系的现状

20世纪50—70年代，中国内地与香港只有小量贸易额。进入80年代后，随着中国对外开放政策的实施与中国香港国际贸易和金融中心地位的巩固与发展，内地与香港的经贸关系进入了新的发展阶段。2007年，中国内地与香港的双边进出口贸易额达到1972.5亿美元，是香港回归当年的进出口贸易额的3.9倍。其中，内地对香港出口1844.3亿美元，增长18.8%；自香港进口128.2亿美元，增长18.9%。从2008年到2017年，内地是香港最大的出口目的地和货物供应地，平均占香港出口额、进口额的53.2%和47.09%。目前，香港是内地第四大贸易伙伴，两地之间已经形成互补互利、互相促进、共同发展的区域经济合作格局。内地与香港之间的贸易主要呈现以下特点。

1. 香港是内地国际贸易重要的中转地

香港作为内地对外贸易的"出海口"和"中转站"，在内地的对外货物贸易中仍然发挥着重要的作用。2007年，内地经香港转口的进出口贸易额为3280.7亿美元，增长15.2%。但由于世界金融危机的影响不断蔓延，外部需求锐减，2008年广东经香港转口货物出现自2001年以来的首次负增长。2014年香港与内地货物贸易总额达39660亿港元，占香港对外贸易总额的50.3%，其中香港出口和转口内地货物总额达19790亿港元，占香港整体货物出口总额的53.9%。2017年广东省全年实现货物贸易进出口总值6.82万亿元人民币，占全国的比重为24.5%。如果再加上香港贸易中心每年8万亿元左右的进出口(含转口)贸易额，大湾区有望成为我国最大的进出口贸易基地。

2. 双方经贸紧密合作成效进一步扩大

2003年，《内地与香港关于建立更紧密经贸关系的安排》(简称CEPA)签署，众多香港

产品以零关税进入内地。2004年，内地进口CEPA项下香港货物1.5亿美元，2005年较2004年进口翻番，达到3.1亿美元；2006年进口规模继续扩大，为4.2亿美元；2007年，"零关税"优惠协议实施效果继续显现，进口额为5.6亿美元，比2006年增长34%，税收优惠4.6亿元人民币。2010年6月，内地累计受惠进口香港CEPA项下货物30.64亿美元，关税优惠18.10亿元人民币。2014年全年香港与内地货物进出口额为5635.2亿美元，香港自内地进口2631.0亿美元，增长1.8%，占香港进口总额的43.8%，提升2.3%。2018年12月14日，CEPA迎来升级，香港与商务部签署《货物贸易协议》，自2019年1月1日起，原产香港的货物进口内地将全面享受零关税。协议新提出"粤港澳大湾区贸易便利化措施"，推动在粤港澳大湾区口岸实施更便利的通关模式，促进大湾区内生产要素高效流动。

【案例10-4】

商务部：支持大湾区贸易便利化，成立与港、澳经贸合作委员会

经批准，商务部会同内地有关部门，与港、澳特区政府一起对原有经贸合作机制进行了优化升级，分别成立了内地与澳门、内地与香港经贸合作委员会，并于2018年12月12日和14日召开第一次会议。

会上，内地与澳门、香港就"一带一路"建设、粤港澳大湾区建设、支持澳门中葡平台建设和香港参与区域经济合作等一系列重要内容交换了意见，设立了有关专责小组，分别形成了19项和13项互利合作的政策措施。

此外，2018年12月12日和14日，内地分别与澳门、香港签署了《CEPA货物贸易协议》。协议在内地与港、澳货物贸易已全面实现自由化的基础上，为内地与港、澳贸易往来提供了更完善的制度安排。

特别是设立了粤港澳大湾区贸易便利化专章，对大湾区范围内的货物往来采取一系列更加便利的举措，支持内地与港、澳探索口岸信息互换、贸易数据协同对接，并在创新通关模式上先行先试。

(资料来源：奥一网 http://www.oeeeee.com/mp/a/BAAFRD000020190109129998.html)

3. 内地为香港的稳定繁荣提供了充足的保障

内地克服了能源紧张、持续干旱等不利因素影响，切实充分保障对港供电、供水及输港鲜活农产品等，为香港的繁荣稳定提供了有力保障。内地1994年起开始由大亚湾核电站向香港供电，大亚湾每年供电量占全港电力总消耗的1/4，即香港每4户家庭就有1户使用大亚湾核电。2007年内地对港供电达到103.1亿千瓦时，对港供水7.2亿吨，增长15.9%；对港出口农产品30.5亿美元，增长14.3%，其中对港出口蔬菜54.5万吨，大幅增长36.7%，出口水果22万吨，增长9.2%。2015年，南方电网公司与香港电力供应商签订《能源输送协议》，约定在香港电力供应不足的情况下，对港实行不以营利为目的的电能紧急支援。截至2019年6月，广东省东江—深圳供水工程(下称"东深供水工程")自投产运行50多年来，实现不间断地、优质地向香港供水，累计对香港供水255亿立方米。

(二)内地与香港发展经贸关系应遵循的原则

内地与香港的经贸关系是在"一国两制"的方针指引下，依据《中华人民共和国香港

特别行政区基本法》(简称《基本法》)和国际贸易通行规则进行的。

(1) 根据"一国两制"方针和《基本法》的规定,香港特别行政区将保持现行体制,保持自由港地位,继续实行自由贸易政策,保障货物、无形资产和资本的自由流动,在经贸领域享有高度自治的行政管理权。

(2) 根据"一国两制"的方针,内地同香港经贸关系的性质,是中国主体同其单独关税区之间的经贸关系处理,视为对外经贸关系处理,并遵循互不隶属、互不干涉、互不替代的原则。

(3) 根据"一国两制"的方针,两地经贸往来继续遵循国际贸易活动的规则和惯例,两地间出现的经济合同纠纷制裁,参照国际惯例办理。

二、中国内地与澳门特别行政区的经济贸易关系

澳门原属广东省珠海,早在400多年前就已开埠,1887年被葡萄牙侵占,1999年12月20日重回祖国怀抱,成为中华人民共和国的特别行政区。

(一)内地与澳门经贸关系的现状

由于历史渊源及地理位置的接近,内地与澳门一直有着密切的经贸联系。特别是改革开放后,以及20世纪70年代末期开始的澳门经济的腾飞,使双边经贸合作始终保持着发展的态势。2007年,随着澳门特区政府各项施政措施的落实和CEPA等中央支持澳门政策成效的进一步显现,内地与澳门经贸交流与合作进入新的发展期,两地贸易持续增长,双边投资和跨境工业合作稳步推进,工程承包和劳务合作再创新高。

1. 两地贸易持续增长

内地与澳门进出口贸易继续保持了快速增长的势头。2007年两地贸易额达29.2亿美元,同比增长19.8%,其中,内地自澳门进口2.8亿美元,同比增长9.7%;内地对澳门出口26.4亿美元,同比增长21%。2011年内地与澳门的贸易额为25.2亿美元,占内地对外贸易额的0.07%,其中,内地对澳门出口同比上升10%;自澳门进口同比上升31.3%。2018年,内地与澳门贸易额达到31.6亿美元,较回归前增长了3.3倍。2019年1—11月,两地货物贸易额达到了194亿元人民币,同比增长了5.5%;在服务贸易领域,内地医疗、旅游、金融等市场,对澳门扩大开放,为澳门人士在内地执业创造了更加便利的条件。

2. 跨境工业合作稳步推进,双边投资进展顺利

据海关统计,2009年1月至2010年1月间,珠澳跨境工业区珠海园区与澳门之间的保税物流货值达8543万美元,占同期进出境货物总值的87%;珠海园区与内地之间进出区的保税物流货物总值共计6亿多美元,占同期进出区货物总值的97%。双边投资方面,2011年内地共批准澳门客商投资项目283个,同比增长3.28%,实际使用澳门资金额达6.8亿美元,同比增长3.84%。2018年,内地实际使用澳资12.8亿美元,较回归前增长了3.1倍。截至2019年11月,澳门在内地累计投资设立企业18135家,累计实际投资171.4亿美元,内地累计对澳门非金融类直接投资26.8亿美元。

3. 承包工程和劳务合作再创新高

在澳门经济强劲需求的带动下，内地在澳门承包工程、劳务合作再创新高。2007年签署承包工程、劳务合作及设计咨询合同5698份，同比增长137%；完成营业额14.4亿美元，同比增长37%；2007年年末，在澳各类劳务人员45089名，比2006年年底增长18.4%，有力地支持了澳门经济和各类建设项目的发展。2018年内地在澳门承包工程完成营业额25.1亿美元，较回归前增长了20.3倍。

4. 两地经贸合作进入更紧密联系阶段

2007年7月2日，内地与澳门签署了《CEPA补充协议四》，在28个服务领域对澳门采取了40项开放措施，并在加强金融合作、促进贸易投资便利化等方面增加了新的内容。其中，公用事业、社会服务等11个领域为新增领域，而法律、医疗、房地产等17个领域，则在原有开放承诺的基础上，分别采取了取消股权限制、降低注册资本和资质条件、放宽经营范围和地域限制等新的开放措施。据拱北海关统计，自澳门CEPA实施以来，截至2019年11月底，拱北海关进口澳门CEPA货物3851票，货值约4.15亿元人民币，优惠税款3133.8万元人民币；货值占同期全国进口澳门CEPA货值四成以上。

(二)内地与澳门经贸关系的发展前景

展望未来，内地与澳门经济仍将继续稳定增长，两地经贸交流与合作将迎来更加广阔的发展前景。一方面，两地经济的持续向好为两地经贸合作提供了稳定的发展环境；另一方面，澳门经济适度多元化战略的进一步实施，为两地经贸合作提供了新的发展机遇。目前，澳门特区政府正围绕推进综合旅游发展、优化经贸平台建设、发展相关服务行业、推动传统制造业转型和升级等领域，大力实施产业适度多元化战略。2007年9月澳门威尼斯会展中心落成后，澳门会展业的硬件设施大为改善，直接和间接经济效益高达近300亿澳门元。2018年"第八届亚洲贸促论坛(ATPF)联合展览会"首次来澳，在MIF展场内设置展区，为海内外企业与亚洲贸促机构提供交流平台。珠澳跨境工业区及口岸被企业界形象地称为"前院在澳门，后院在珠海"，享受了"保税区、出口加工区税收政策及专用口岸"三重特殊政策，成为全国首个跨境特殊监管区域。启用以来，两地相关部门在海关申报、税收减免等方面出台了一系列优惠政策，为澳门工业适度多元化发展提供了有力的支持。

三、中国大陆与台湾的经济贸易关系

台湾是中国第一大岛，位于我国东南沿海的大陆架上。台湾自古以来是中国的领土，1895年被日本侵占，1945年抗日战争胜利后归还给中国。1949年新中国成立前夕，国民党当局退居台湾。

(一)两岸经贸关系的发展和现状

1. 贸易规模迅速扩张，台湾对大陆顺差持续增长

两岸贸易自清代统一台湾以前就已萌芽兴起，其后发展几经起伏，在1949年国民党政权退守台湾，并宣布台湾进入"战时动员状态"之后的30年内基本陷入中断状态。1978年

起,两岸贸易开始逐渐由停顿走向恢复,并迈入全新发展进程,其主要形态演进历经20世纪80年代的转口贸易,到90年代的转运贸易,至20世纪后期的过境贸易,再到21世纪初期的"准直接"贸易,呈现从间接逐渐向直接转化的发展趋势。

自20世纪70年代末以来,两岸贸易规模不断扩大,发展势头强劲。1978年台湾对大陆出口为零,经香港转口的自大陆进口额也仅为4600万美元。2000—2009年两岸贸易总额为8022.2亿美元,台湾出口市场的40%在大陆。2011年大陆与台湾的贸易额为1600.3亿美元,同比上升10.1%。2012年大陆与台湾之间的贸易额达1689.6亿美元,占同期大陆外贸总值的4.4%,比上一年增长5.6%。2012年大陆进口台湾ECFA(两岸经济合作框架协议)项下商品的货值为84.3亿美元,增长1.05倍;关税优惠39.7亿美元,增长3.3倍。2017年,台湾与中国大陆货物贸易进出口额为1310.1亿美元,增长17.8%。2018年,中国台湾与内地的进出口贸易额为1418.7亿美元,同比增长了8.3%;贸易顺差为343.0亿美元,同比增长了11.6%,增速较快。2019年1—6月,台湾与中国大陆货物贸易进出口额为651.8亿美元,下降4.5%。其中,台湾对大陆出口381.9亿美元,下降9.4%,占台湾出口额的26.2%,下降1.9个百分点;台湾从大陆进口270.0亿美元,增长3.3%,占台湾进口额的19.6%,提升0.6个百分点。台湾与中国大陆的贸易顺差为111.9亿美元,下降30.1%。

2. 贸易关系日趋紧密,大陆成台湾最大的贸易伙伴

两岸贸易的迅猛发展,为双方尤其是台湾创造了巨大的贸易利得,同时也在两岸间建立起日趋紧密的贸易相互依赖度。台湾贸易顺差主要来源地是中国香港和中国大陆,2019年1—6月,其顺差额分别为164.0亿美元和111.9亿美元,分别下降6.6%和30.1%。考虑到台湾出口到香港的货物绝大部分再出口到大陆,在计算台湾贸易对大陆的依存度时,通常是将对大陆和香港出口占比相加。2018年,两岸各自统计的贸易额均有超百亿美元的增加,并且台湾对大陆的货物贸易依存度增长至24.20%的历史新高。台湾对大陆贸易依存度上升,除了是因为对大陆出口同比增长外,另一个原因是对全球其他地区出口下滑所致,台湾对大陆日益表现出高度的市场依赖,而其对大陆的供应依赖也在不断加深;相比之下,大陆对台湾的市场依赖还不明显,对台湾的供应依赖也增幅较缓。

3. 商品结构不断调整,总体趋势迈向多元、互补

两岸贸易商品构成在20世纪80年代转口贸易为主导时,主要为台湾轻工消费品(如日用品和家用电器等,其比重占台湾对大陆出口额的70%以上)与大陆土特产品(如中药材等,其比重占大陆对台湾出口额的90%以上)之间的交易。从20世纪90年代开始,由于台湾厂商,尤其是大企业对大陆投资的增加,台湾工业原材料、半成品、零部件以及机械设备输往大陆的数量大幅扩增,逐步居于主导地位(其比重高达90%以上),而台湾消费品对大陆出口比重则明显下降。同时,由于台湾当局陆续开放大陆农工原料及半成品的进口,该类产品对台出口数量不断增加,逐渐成为大陆输往台湾的主流产品,而土特产品的出口比重则趋于萎缩。

两岸贸易的商品架构已从过去消费品与土特产品之间的交易模式,转变为机械设备及生产零部件与农工原料及半成品之间的交易模式。台湾对大陆出口的主要商品是机电产品、光学钟表医疗设备和化工产品,2019年1—6月其出口额分别为214.9亿美元、42.1亿美元和38.7亿美元,分别下降5.1%、5.7%和18.7%,占对大陆出口总额的56.3%、11.0%和

10.1%。塑料橡胶和贱金属及制品也是台湾对大陆出口的重要商品。在台湾机电产品、贱金属及制品、纺织品及原料、家具玩具的进口市场中,来自大陆的进口分别占台湾同类商品进口份额的 30.5%、19.8%、39.9%和 58.3%,居台湾进口来源的首位。两岸贸易结构呈现出互补性和多元化的发展趋势。

(二)两岸经贸关系发展存在的问题

由于台湾当局的阻挠,双方贸易还不能直接签约、直接运输、直接结汇,只能转口进行。这给双方贸易带来了很大的不便,增加了交易成本,降低了产品在国际市场上的竞争力,阻碍了双方贸易的顺利发展。而且长期以来大陆对台湾出口规模大大小于进口规模,对台贸易逆差逐年扩大,且增长势头强劲。究其原因,一方面是由于台湾当局对从大陆进口设置了重重障碍;另一方面是由于祖国大陆为推进两岸贸易的发展,没有用严格限制台湾商品进口的消极方法来平衡双边贸易。

(三)两岸发展经贸关系应遵循的原则

1979 年 1 月,全国人大常委会发表《告台湾同胞书》,阐明和平统一祖国的大方向,同时也提出了对台通商的基本方针,即发展贸易,互通有无,进行经济技术交流。1980 年 4 月,中国海关总署提出了大陆同台湾之间进行经济贸易是地区间的物资交流,对台贸易视同国内贸易,从台湾进口的商品免征关税(1983 年改为征收直接贸易调节税)。1981 年 9 月,中央领导人提出实现祖国统一大业的九条方针,建议举行国共两党对等谈判,两岸实现通邮、通商、通航。1984 年,邓小平进一步明确提出用"一个国家,两种制度"的构想来解决台湾问题。1988 年 7 月,中国又公布了《国务院关于鼓励台湾同胞投资的规定》,保证不会将台资企业国有化,台资企业可以享受外商投资企业的优惠待遇等。

1991 年 7 月,中国对外经济贸易合作部(今商务部)提出进一步促进两岸经贸交流的五项原则,即直接双向、互利互惠、形式多样、长期稳定、重义守约。1994 年,中共中央又确定了"积极主动、发挥优势、互利互补、共同发展"的对台经贸工作总方针。这都表明了我国对台湾回归祖国、实现祖国统一和发展经贸关系的决心与愿望。2012 年签署了《海峡两岸海关合作协议》,在促进两岸贸易便利化的基础上,为进一步加强双方海关在征税、监管、缉私、统计等方面的合作打下了坚实的基础,提供了制度性的保障。这一协议的落实,将对两岸贸易发展起到积极的促进作用。随着大陆"十二五"规划和台湾"黄金十年"蓝图的对接,海峡两岸将采取更加务实、开放的措施促进贸易的发展,两岸贸易会面临更好的前景。

本 章 小 结

坚持独立自主、平等互利的原则,是我国对外经济贸易发展的基础;坚持自力更生与对外开放相结合,维护国家经济安全,是我国对外经济贸易发展的基本出发点。就年度数据而言,欧盟已超过日本和美国成为中国第一大贸易伙伴。中欧经贸关系发展仍存在很多障碍,如"特保"措施问题、市场经济地位问题、贸易保护问题等。

东盟是我国第二大贸易伙伴。中国—东盟自由贸易协定实施及其升级,东盟经济一体化建设,"一带一路"倡议实施,双方在互联互通、产业、金融等领域开展富有成效的合作,推动了双方贸易往来。从2020年前两个月的数据来看,东盟已跃居为中国第一大贸易伙伴。

美国是我国第三大贸易伙伴。随着中国加入世界贸易组织,中美经贸关系中的许多障碍正在消除,如最惠国待遇、市场准入等;但中美贸易不平衡、美国对中国商品的进出口限制等因素仍影响中美经贸关系的稳定发展,而反倾销调查、知识产权保护等问题也再度成为双边贸易摩擦的焦点。

香港和澳门特别行政区及台湾现为中国的三个单独关税区,中国在与其进行经济贸易交往时,是按照国际经济通行规则进行的,因此,中国与三个单独关税区的经贸关系被作为其对外经贸关系的一部分。长期以来,互惠互利、优势互补的经贸合作,促进了相互之间生产要素的优化配置,为相互的经济发展做出了积极的贡献。

思 考 题

1. 中国发展对外贸易关系的原则是什么?
2. 结合目前实际情况,分析中国与主要贸易伙伴经贸关系的现状、存在的问题和未来的发展前景。
3. 开展经贸合作的意义、存在的问题及主要原则是什么?

案 例 分 析

中美贸易不可能脱钩　争端的核心是世界秩序

北京大学国家发展研究院院长、中国经济研究中心主任姚洋,在12月7日举办的国际贸易关系与全球化重构学术研讨会开幕式上开门见山地表示,在他看来,中美不仅不可能脱钩,而且也不大可能形成新的技术冷战。支持他得出这一结论的有三方面理由。

其一,中国会继续实施开放政策。中国过去40年取得的伟大进步与对外开放息息相关,特别是过去20年中国积累的财富与开放密切相关。

其二,美国商界不愿脱钩。美国反对中国的消息很多,但姚洋认为反对中国的人在美国属于少数。特朗普想通过贸易战把美国企业逼回去创造就业,把贸易不平衡降下来。但美国商界却要和中国做生意,要到中国做生意,因为中国市场很大。

商务部国际贸易经济合作研究院发布的一份报告显示,2017年,苹果公司在中国市场营收447亿美元,占全球营收的19%;波音在华营收119亿美元,占全球营收的13%;英特尔和高通在华营收分别达到148亿美元和146亿美元,占各自总营收的24%和65%。通用汽车和福特汽车在华营收占全球的比重分别达到42%和18%。

其三,中国在全球价值链起到的作用非常重要。生产一部iPhone手机,中国能获得的附加值很小,大部分附加值属于美国、欧洲国家等。如果iPhone不在中国生产,其他国家的相关企业也会受到冲击。

第十章　中国对外经济贸易关系

谈到对技术的影响，姚洋以芯片为例，芯片是"高举高打"的产业，即需要大投入大市场的支撑，没了市场就是等死。有市场才有不断的技术创新。"从这个意义上讲，美国商界与中国脱钩就等于放弃技术进步。"姚洋认为，5G也是一样。5G标准不是国家主导，是企业主导的，不太可能形成两套体系，因为这样付出的成本非常高昂。"我们搞自主创新不是关起门来搞，要开放地搞，要争取更多朋友。不太可能形成技术冷战。"

清华大学五道口金融学院紫光金融学讲席教授、清华大学国家金融研究院国际金融与经济研究中心(CIFER)主任鞠建东强调："趋同论不可以，脱钩论也不可行。""美国GDP占全球GDP的24%，中国GDP占全球GDP的16%，两国加在一起，只占全球的40%。中美贸易争端的结果取决于60%的世界其他国家，这就是第三国效应。保持、加速中国对60%的世界其他国家和地区的开放，是我们应该始终坚持的原则。"

(资料来源：中国新闻网 http://www.chinanews.com/gj/2019/12-10/9029465.shtml)

问题：
1. 中美贸易有哪些鲜明特点？
2. 近几十年来全球经济结构出现了哪些变化？

参 考 文 献

[1] 隆国强. 构建开放型经济新体制(中国对外开放 40 年)[M]. 广州：广东经济出版社，2017.
[2] 张卓元，房汉廷，程锦锥. 市场决定的历史突破[M]. 广州：广东经济出版社，2017.
[3] 张幼文，黄仁纬. 中国国际地位报告(2018)[M]. 北京：人民出版社，2018.
[4] 孙玉琴. 中国对外贸易史：第 2 册[M]. 北京：对外经济贸易大学出版社，2004.
[5] 徐复，刘文华. 中国对外贸易概论[M]. 天津：南开大学出版社，2003.
[6] 曲如晓. 中国对外贸易概论[M]. 北京：机械工业出版社，2005.
[7] 李左东. 中国对外贸易教程[M]. 北京：北京大学出版社，2005.
[8] 王绍熙. 中国对外贸易概论[M]. 北京：对外经济贸易大学出版社，2003.
[9] 黄建忠. 中国对外贸易概论[M]. 北京：高等教育出版社，2004.
[10] 中华人民共和国商务部. 国别贸易投资环境报告 2014[M]. 上海：上海人民出版社，2014.
[11] 国世平. 粤港澳大湾区规划和全球定位[M]. 广州：广东人民出版社，2017.
[12] 国民经济和社会发展第十三个五年规划纲要
[13] 中国与世界贸易组织白皮书
[14] 周小春，马建春. 走向开放型经济[M]. 天津：天津人民出版社，1993.
[15] 廖庆薪，廖力平. 现代中国对外贸易概论[M]. 广州：中山大学出版社，2003.
[16] 胡涵钧. WTO 与中国对外贸易[M]. 上海：复旦大学出版社，2004.
[17] 王绍熙. 中国对外贸易理论和政策[M]. 北京：中国商务出版社，2004.
[18] 李诗. 中国对外经济贸易[M]. 北京：中国对外经济贸易出版社，2006.
[19] 本书课题组. 中国外贸体制改革的进程、效果与国际比较[M]. 北京：对外经贸大学出版社，2007.
[20] 朱国兴. 中国对外贸易经济体制改革[M]. 北京：对外经济贸易大学出版社，1995.
[21] 孙玉琴. 中国对外贸易体制改革的效应：贸易制度创新与贸易增长、经济增长研究[M]. 北京：对外经济贸易大学出版社，2005.
[22] 邹忠全. 中国对外贸易概论[M]. 大连：东北财经大学出版社，2006.
[23] 杜奇华，冷柏军. 国际技术贸易[M]. 北京：高等教育出版社，2006.
[24] 王林生. 论对外贸易经济效益[M]. 贵阳：贵州人民出版社，1997.
[25] 张幼文. 双重体制的扭曲与外贸效益[M]. 上海：三联书店，1995.
[26] 白津夫. WTO 理论与实务[M]. 北京：中国城市出版社，2002.
[27] 薛荣久. 世界贸易组织概论[M]. 北京：高等教育出版社，2006.